KB260258

자신과 세상을 바꾼 사람

바 울

자신과 세상을 바꾼 사람

바 올

조 광 호 지음

비블리카 아카데미아

2006

저자 서문

이 책은 바울의 생애와 사상을 다룬 것이다. 사도 바울은 잘 알려진 바와 같이, 초기 기독교 형성에 절대적인 기여를 한 인물로서, 이후 교회의 역사 곳곳에서 그가 남긴 족적이나 영향력이 확인되고 있다. 따라서 그의 위대함이나 업적에 대해 다시금 언급하는 것은 새삼스러울 정도이다. 지금까지 많은 학자들이 바울의 '삶과 생각'을 정리하여, 활자화하였다. 그러나 우리의 경우, 논문모음이나 부분적인 기술을 제외하면, 최근 10년 간 국내 학자에 의해 저술된 종합적인 바울 안내서는 거의 없는 형편이다.[1] 이런 점에서, 본 졸저는 나름대로 의미가 있다고 하겠다.

이 책은 바울에 대해 저자가 지금까지 미력하나마 깨닫고 느낀 바를 집대성한 것이다. 본격적인 저서로서는 '첫 열매'인 셈이기에, 내용 중에 아직 제대로 가다듬어지지 못한 부분들도 있을 것이다. 이점, 지면을 빌어 미리 독자들에게 사과를 드리며, 너그러운 이해를 바란다.

저술 기간 내내 많은 격려와 성원을 보내주신 서울장신 대학교 동료 교수님들, 흔쾌히 귀한 표지사진을 제공해 주신 한국성서지리 연구원 원장 홍순화 목사님(주심교회), 세심한 교정으로 큰 도움을 준 장윤숙 전도사, 그리고 출판을 기꺼이 허락한 비블리카 아카데미아의 이영근 목사님께 깊이 감사드린다. 이 책을 존경하는 지도교수이자 스승인 François Vouga에게 바친다.

ἡ γνῶσις φυσιοῖ, ἡ δὲ ἀγάπη οἰκοδομεῖ
지식은 교만하게 하며 사랑은 덕을 세우나니 (고전 8:1a)

2006. 02. 광주(廣州) 안골 연구실에서 저자

---

1) 예외적으로 차정식, 『바울신학 탐구』, 대한기독교서회, 2005

재판 서문

이 책에 대한 본인의 애정은 남다를 수밖에 없다. 오랜 기간의 학문과 연구 끝에 나온 저자의 종합적인 첫 저술에 해당되기 때문이다. 인터넷 서점 사이트를 통해 절판되었다는 사실을 몇 달 전부터 알고 있었지만, 현 출판계의 어려운 사정 때문에 선뜻 새로 책을 찍어야겠다는 결단을 내리지 못했다. 그러던 중 재판을 원하는 몇몇 독자의 요구가 있어, 못이기는 척 출판사 대표에게 연락을 취하게 되었다. 짧은 대화의 결과가 바로 『... 바꾼 바울』의 재탄생이다.

초판과 달리 가독성을 더욱 높이기 위해 지중해 지도를 앞쪽에 추가 했다. 갈라디아 교회의 위치와 관련하여 북-갈라디아 설을 버리고 남-갈라디아 설을 채택했다. 자비량 선교의 일환으로 바울이 했던 천막 만드는 일에 대한 기술을 조금 수정했다. 그 외에 제법 많은 오타를 이번 기회에 바로 잡을 수 있어서, 앓던 이가 빠진 것처럼 시원하다.

재판 요청에 흔쾌히 '그러자'고 응해 주신 비블리카 아카데미아 이영근 목사께 감사드린다. 지중해 지도 제작을 위해 포토샵 작업으로 도움을 준 박병현 전도사에게도 감사의 마음을 전한다. 이 책을 통해 바울이 좀 더 많이 소개되고 알려지기를 바란다.

2016. 06. 너른 고을(廣州) 안골 연구실에서 저자가

목 차

일러두기 및 약어

일러두기

1. 국내 책 서명은 『 』, 책 내에 수록된 논문은 「 」, 잡지 내의 논문은 ""으로 각각 구분한다.
2. 외국책인 경우 제목을 이탤릭체로 표시하였다.
3. 책이나 논문은 보통, 제목의 처음 나오는 명사만을 사용하여 인용했다.
4. 주석 책을 인용할 때는 시리즈명만을 사용하였다.
5. 성경 본문의 인용은 기본적으로 한글 개역개정판을 따랐다.

약어

약어는 RGG와[2] ThWNT[3] 그리고 무엇보다도 TRE의[4] 약어집을 (Abkürzungsverzeichnis für TRE ^{2}1994) (= S.M. Schwertner, Internationales Abkürzungsverzeichnis für Theologie und Grenzgebiete, [Berlin/ New York: Walter de Gruyter, ^{2}1992]) 따랐다

흔히 쓰이는 약어 및 그 외에 사용된 약어는 다음과 같다

Bl-D	= F. Blass/A. Debrunner/F. Rehkopf, Grammatik des neutestamentlichen Griechisch, Göttingen ^{17}1990
Jos	= Josephus (요세푸스)
Ant	Antiquitates Judaicae (유대고대사)
Apion	Contra Apionem (아피온에 대한 반박)
Bell	De Bello Judaico (유대전쟁사)

---

2) Die Religion in Geschichte und Gegenwart
3) Theologisches Wörterbuch zum Neuen Testament
4) Theologische Realenzyklopädie

Vita Vita Josephi (요세푸스의 생애)

LSJ = H.G. Liddell/ R. Scott/ H.St. Jones, *A Greek-Englich Lexicon*, Oxford ⁹1940 (= repr. 1966), ergänzt 1968 repr. 1985

NHL = The Nag Hammadi Library in English

Philo (필로)

Aet De Aeternitate Mundi (세상의 무상성에 대해)

All Legum Allegoriae (알레고리적 설명)

Agr De Agricultura (농업에 대해)

Conf De Confusione Linguarum (언어의 혼돈에 대해)

Flacc In Flaccum (플라쿠스에 반反하여)

Her Quis Rerum Divinarum Heres sit (누가 신적인 것들을 상속하는가)

LegGai Legatio ad Gaium (갈리굴라에 가는 사절에 대해)

Migr De Migratione Abrahami (아브라함의 이주에 대해)

Op De Opicio Mundi (세계의 창조에 대해)

Plant De Plantatione (노아의 식목에 대해)

Praem De Praemiis et Poenis (상과 벌에 대해)

Som De Somniis (꿈에 대해)

SpecLeg De Specialibus Legibus (개개의 율법에 대해)

Virt De Virtutibus (덕에 대하여)

VitMos De Vita Mosis (모세의 생애)

Sp. = Spalte (단 段)

Str-Bill = H.L. Strack/ P. Billerbeck, Kommentar zum Neuen Testament aus Talmud und Midrasch, München I-VI

s.v. = sub voce (아래 표현)

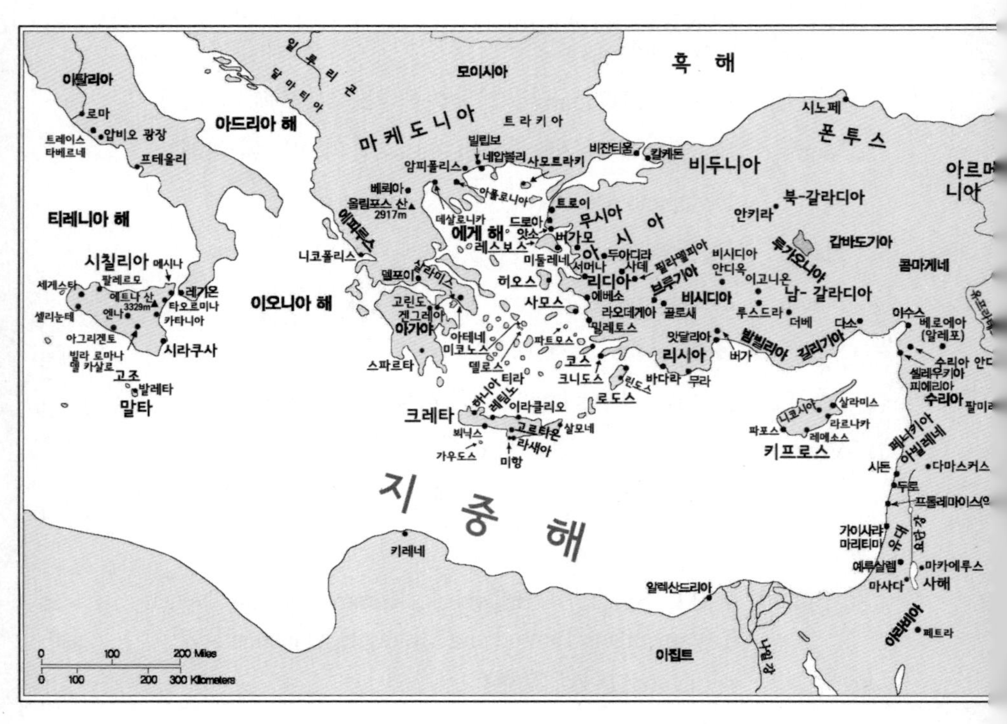
이탈리아
로마
트레이스
타베르네
압비오 광장
프테올리
아드리아 해
일로리쿰
달마티아
마케도니아
모이시아
흑 해
트라키아
시노페
폰투스
빌립보
비잔티온
칼케돈
비두니아
아르메니아
티레니아 해
베뢰아
올림포스 산
2917m
암피폴리스
네압볼리
사모트라키
에파루스
데살로니가
드로아
트로이
무시아
아시아
북-갈라디아
안키라
갑바도기아
콜마게네
에게 해
앗소
버가모
니코폴리스
레스보스
미둘레네
서머나
두아디라
사데
빌라델피아
비시디아
루가오니아
델포이
살라미스
허오스
리디아
브루기아
안디옥
이고니온
남-갈라디아
시칠리아
메시나
세게스타
팔레르모
에트나 산
3329m
레기온
타오르미나
카타니아
시라쿠사
셀리눈테
엔나
아그리겐토
빌라 로마나
델 카살로
고조
발레타
말타
이오니아 해
고린도
겐그레아
아가야
아테네
미코노스
델로스
스파르타
사모스
에베소
밀레토스
라오데게아
골로새
맛달리아
버가
밤빌리아
길리기아
다소
더베
루스드라
리시아
무라
이수스
베로에아
(알레포)
수리아 안디옥
셀레우키아
피에리아
수리아
팔미라
파트모스
코스
크니도스
윈도스
바다라
로도스
니코시아
살라미스
파포스
레메소스
라르나카
키프로스
페니키아
아빌레네
시돈
다마스커스
크레타
하니아
티라
레팀노
이라클리오
살모네
고르타온
뵈닉스
가우도스
라새아
미항
두로
프톨레마이스
가이사랴
마리티마
예루살렘
마카에루스
마사다
사해
지 중 해
키레네
알렉산드리아
아라비아
페트라
이집트
나일 강

0   100   200 Miles
0   100   200   300 Kilometers

I. 어떻게 바울을 읽을 것인가?

1. 기독교와 유대교

빌립보서에는 다음과 같은 구절이 있다.

> 무엇이든지 내게 유익하던 것을 내가 그리스도를 위하여 다 해로 여길뿐더러 또한 모든 것을 해로 여김은 내 주 그리스도 예수를 아는 지식이 가장 고상함을 인함이라. 내가 그를 위하여 모든 것을 잃어버리고 배설물로 여김은 그리스도를 얻고 그 안에서 발견되려 함이니 (빌 3:7)

바울은 여기서 그리스도를 믿기 전, 스스로 이루고 소유하고 누렸던 모든 것이 무가치하고 의미가 없다는 자신의 심정을 토로하고 있다고 사람들은 흔히 생각한다. 물론 그런 측면도 없지 않다. 하지만 바울이 강조하고 있는 요점은, 유대인으로서 어느 누구 못지않게 자랑할 것이 많고 율법의 의로도 흠이 없었지만, 정말로 중요한 것은 그리스도를 믿는 믿음과 그로 말미암는 의(義)라는 것이다. 빌립보서에서 바울은 믿음에 의거한 '의'의 중요성을 역설하면서, 이에 반대되는 '율법의 행위'로 말미암는 '의'를 대비시키고 있다. '행위'를 통해 의로워지려는 시도는 이전의 바울 자신을 포함하여, 유대인들이 추구했던 구원 획득의 방식인데, 이것은 새로 출현한 '그리스도를 아는 지식'에 비교할 때, 효과나 효용가치가 절대적으로 열세 또는 열등하다고 말하고 있다. 위의 구절을 단순히 '바울이 자신의 과거를 전적으로 부정하고 있는 것'으로 이해하고, 그렇기 때문에 기독교 이전의 바울은 고려하거나 연구할 가치가 없다고 판단한다면, 이는 빌립보서 3장의 문맥을 잘못 파악하는, 큰 우를 범하게 되는 것이다.

실제로 사울로[1] 불려지는 기독교 이전의 바울은 사람들의 관

---

[1] "사울(Sha'ul)"은 유대식 이름이다. 일반적으로 바울은 그리스도를

심의 대상에서 벗어나 있다. 연극의 서막처럼, 이전에 박해한 그리스도를 이제는 증거 하는 자가 된 바울의 극적인 변화에 대해 이야기 할 때만, 잠깐 소개되는 정도로 다루어진다. 바울도 자신의 과거에 대해 많은 설명을 하고 있지 않다.2) 사정이 이렇다 보니 기독교 신앙을 갖기 전의 바울에 대해 그리 많은 연구가 이루어지고 있지 않다.3) 하지만 바울의 기독교 '이전' 시기는 그리스도를 만나 이방인의 사도라는 소명의식을 갖게 된 '이후'의 바울을 이해하는데 결코 없어서는 안 되는 부분이다. 왜냐하면 당시 초기 기독교는 유대교와 분리된 하나의 독립된 종교가 아니라 유대교 내의 한 분파로 존재했기 때문이다.

유대교로부터 기독교가 분리된 시기는, 주후 70년 유대전쟁으로 성전이 멸망된 이후, 바리새인들에 의해 '성전 제의' 중심이 아니라 '경전 해석' 중심으로 유대교가 재편되어가기 시작하는 과정과 밀접한 관련이 있다. 유대교 교리가 정립되면서 내부에 이질적인 사고를 가진 부류들을 축출할 때, 기독교는 유대교로

만난 후, "사울"이라는 이름을 버리고 "바울"로 개명했다고 알려져 있지만, 이는 잘못된 지식이다. 행 13:9에 보면 이방인의 사도인 그를 계속 "사울"로 지칭한다. 디아스포라 유대인들은 유대식 이름 외에 발음이 비슷한 헬라-로마식 이름을 가지고 있었다(예: 여호수아 - 야손, 실라 - 실바누스). 즉, "바울"이라는 이름은 헬라세계에서 사용된 반면, "사울"은 가족이나 친숙한 그의 동료 사이에서 사용된 것이다(참고 G. Bornkamm, Art. Paulus, Sp. 167; M. Grant, *Paulus*, 27; G. Bornkamm, *Paulus*, 29; E. Lohse, *Paulus*, 19; J. Becker, *Apostel*, 38).
2) 참고 고전 15:9; 갈 1:13f; 빌 3:5f. M. Hengel, Paulus, 177에 의하면, 이는 2세기 중반까지의 기독교 저술가들 간에 나타나는 공통적인 현상이다. 이들에 비해 오히려 바울은 자신의 개인사를 비교적 많이 언급하고 있다.
3) 최근 M. Hengel의 연구(Der vorchristliche Paulus, 1991)는 이에 대한 갈증을 어느 정도 해소해 주었다(참고 한국말 번역 강한표 역, 『그리스도인 이전의 바울』, 서울: 한들 출판사, 1998).

부터 분리되었다. 대략 주후 70-90년 사이에 기록된 복음서에는 이러한 사정이 반영되어 있다. 마태복음(5:11)에 보면, 아직 유대교로부터 기독교도의 출교가 이루어지지 않았음에 반해 병행구인 누가복음(6:22)에서는 추방이 진행되고 있다. 요한복음(9:22; 12:42: 16:2)에서도 그러한 흔적이 나타난다. 대략 주후 80년대 중반으로 추정되는 '유대인의 18개 기도서'4) 중 12번 째 기도문은 다음과 같다.

> 배교자들에게는 아무 희망이 없게 하시며 (하나님) 당신께서 폭력의 나라를 우리의 시대에서 근절해 주소서. 나사렛인들과 이단자들은 한 순간에 사망토록 하소서. 그들은 생명의 책에서 지워지며 의인들과 함께 기록되지 않게 하소서. 폭력을 행하는 자들을 무릎 꿇게 하시는 여호와여 찬양을 받으소서.

이 기도문을 통해, 대략 80년대 이후 기독교인들과 나사렛5) 이단자들은 유대교 내에서 미움과 박해를 받았으며, 결과적으로 유대교를 떠날 수밖에 없었던 당시 정황이 감지된다.

이 시기와 비교해 볼 때, 성전 멸망 이전의 유대교는 조직이나 사상적으로 아직 통일을 이루지 못한 채, 다양한 분파들로 구성되어 있었다.6) 복음서에는 부활에 대해 "없다"고 부정하는 사

---

4) 인용 H. Conzelmann, *Geschichte*, 152
5) "나사렛인들"은 (기독교인들) 후대에 추가된 것이라고 보기도 한다.
6) M. Hengel, Paulus, 244도 이에 동의한다. 그에 따르면 바리새파도 내적으로 분열되어 있었다. 유대가 주후 6년에 로마의 속주가 되자 바리새인인 사독은 갈릴리의 유다스(Judas)와 함께 해방운동을 주도했다(Ant. XVIII,4-10). 한편 바리새파의 지도자들은 주후 66년 6월 황제를 위한 타미드 제사가 거행된 후 로마와 평화를 유지하기 위해 권위 있는 제사장들과 연합하기도 하였다(Bell II,411). 이 시도가 좌절된 이후에도 가말리엘 I세의 아들인 시몬은 사두개파 지도자들과 함께 호전적인 급진파들에 대항하였다(Bell IV,159; Vita 190ff) (참고 M. Hengel, *Zeloten*, 373.383).

두개인들과, "있다"고 보는 바리새인들 간의 논쟁이 종종 나오는 데, 이는 당시의 유대교가 아직 주요 교리에 대해 합의를 도출하지 못했음을 반증하는 예가 된다. 그렇기 때문에 초기 기독교는 예수를 구약에서 예언된, 전 유대인들이 기다려 온 메시아라고 고백하면서도, 별 어려움 없이 유대교의 한 일원으로 유대교 내에 존재할 수 있었다. 고린도후서(11:24)에서 바울은 유대인에게 사십에 하나를 감한 매를 다섯 번이나 맞았다고 기록한다. 이 벌은 유대교 내에서 이질적이고 이단적인 사고를 가진 자들에게 가하는 형이었다.7) 바울이 이런 박해를 다섯 차례나 받았다는 것은, 비주류의 이질적인 사고로 인해 처벌을 받았음에도 불구하고 계속 주류의 유대교와 관계의 끈을 놓지 않고 있었다는 뜻이다. 사도행전에서 보면, 바울은 새로운 도시에 갈 때 마다 당시 유대교가 건설해 놓은 회당이라는 조직망을 이용하고 있다. 즉, 바울은 유대인으로 계속 유대교 내에 머물러 있으면서8) 회당을 중심으로 동족에게, 그리고 유대교에 호감을 갖고 찾아온 경건한 이방사람들에게 복음을 전했다.9)

바울이 살았던 시대로부터 약 2천년이 지난 지금의 시점에서 보면, 당연히 기독교는 유대교와 구별된 다른 종교이다. 그러나 우리는 종종 현재를 전제로, 바울의 시대를 보는 우를 범한다. 마치, 그때 이미 기독교가 유대교로부터 독립되었다고 여기는 것이다. 하지만 바울은 회심10) 이전이나, 이후에도 변함없이 유대

---

7) Windisch, KEK 6, 355; Wolff, ThHK 8, 233

8) Sch. Ben-Chorin, *Paulus*, 10f은 많은 유대인들과 기독교인들 사이에 유포되어 있는 잘못된 견해, 즉 예수는 유대인이었고 유대인으로 머무른 반면, 바울은 유대교에서 기독교로 옮겨 기독교의 창시자가 되었다는 생각에 반대하면서, 예수처럼 바울도 유대인이었고 유대인으로 머물러 있었음을 강조한다. 그에 따르면 바울은 신학과 메시아론에서도 유대 신학자적인 사고를 하였다(*Paulus*, 11).

9) 참고 고전 9:20f

인으로, 유대교라는 틀 안에서 활동했다. 그렇기 때문에 다메섹 도상에서 그리스도를 만나기 이전의 시기에 대한 연구는 바울의 그 이후를 이해하는 데 매우 중요한 역할을 한다고 할 수 있다.11)

2. 바울에 관한 자료

바울, 특히 그리스도를 만나기 전의 바울에 대해 알고자 할 때, 무엇보다도 사도행전의 내용이 많은 도움이 된다. 하지만 잘 알려져 있듯이 사도행전은 누가복음을 쓴 누가에 의해 기록된 것으로써, 그의 신학적인 입장이 강하게 반영되어 있다. 누가복음은 그의 저작의 전편(前篇)으로, 복음이 그리스도에 의해 어떻게 시작되었는지에 대해 다루고 있다. 후편인 사도행전은 그리스도께서 부활하시고 승천한 '때'를, 성령의 강한 역사에 의해 복음이 예루살렘에서부터 시작하여 땅 끝까지 퍼져나가는 '교회의 때'로 이해하고 있다. 이로써 누가는 어느 정도 재림 지연에 대한 문제를 신학적으로 해결하고 있다.12) 사도행전에서 묘사되는 바

---

10) 바울의 표현에 따른다면 "아들이 자신 안에 나타난(갈 1:16)" 사건이다. 본 저자는 '회심'이라는 말을 쓰는 것을 즐겨하지 않는다(그 이유에 대해서는 본 책 Ⅱ. 4 참고). 대신 '다메섹 체험', 혹은 '그리스도가 나타나심(현현하심)', '소명체험' 등의 용어를 사용한다.
11) M. Hengel(Paulus, 178)에 따르면, 유대인 바울에 대한 지식은 기독교인 바울을 이해하기 위한 전제이다. 전자에 대해 잘 알면 알수록, 후자를 명확히 이해할 수 있다고 한다.
12) 재림 지연은 '행'의 주요한 모티프 중의 하나이다. 1:6ff에 보면, 지금이 종말의 때냐는 질문에 대해 그 문제는 하나님의 소관이며 너희는 단지 복음을 증거하라고 말한다. 전편인 누가복음에서도 임박한 종말사상이 후퇴되고 있음을 발견할 수 있다. 예수의 공생애 첫 설교가 막 1:14에서는 "때가 찼고 하나님 나라가 가까웠으니"인데 눅 4:21에서는 "이 글이 오늘날 너희 귀에

울의 모습은 명연설가(13:16ff; 22장; 27:21ff)이며 이적을 행하는 자로서(14:8ff; 28장), 예루살렘 교회와 유기적인 협력관계를 유지하고자 애쓴다.[13] 사도행전에서 바울의 선교활동은 4단계의 도식으로[14] 묘사되고 있다. 이에 반해 서신에서의 바울은 문장력은 뛰어나지만 언변에는 능하지 못하고(고후 10:10; 11:6), 기적이나 이적을 행하는 권능자도 아니다. 바울과 예루살렘 교회와의 관계도 사도행전의 내용과는 달리 순탄하지 못한 측면이 발견된다(갈 1:17,19f; 2:6; 롬 15:31). 누가에 따르면(행 25:8) 바울은 율법을 지키지 않았다는 유대인들의 비난을 무마하기 위해, 예루살렘 교회 지도자들의 충고에 따라 성전에서 제사를 드리며(21:17ff) 유대인들 앞에서 율법을 범한 일이 없다고 자신을 옹호한다(25:8). 이러한 태도는 십자가상에서 단 한 번에 드려진 그리스도의 희생 제물로 말미암아(롬 3:21-28), 구원은 더 이상 율법이나 행위에 의하지 않는다는 바울의 근본 사고와 배치된다. 또한 여러 곳에서(롬 6:14; 7:1-4; 갈 2:16,19,21; 3:21,23-25; 5:1,4) 강조되고 있는 "그리스도 이후에 더 이상 율법은 그 의미를 잃었다"는 입장과도 반대되는 것이다. 바울이 나름대로 율법에 충

응하였느니라"로서 시간적인 의미가 퇴색되어 있다. 므나의 비유에서 눅은 19:11을 ("... 비유를 더하여 말씀하시니 이는 자기가 예루살렘에 가까이 오셨고 저희는 하나님의 나라가 당장에 나타날 줄로 생각함이러라") 추가한다(참고 마 25:14-30). 막 13:6("많은 사람이 내 이름으로 와서 이르되 내가 그로라 하여 많은 사람을 미혹케 하리라")은 눅 21:8에서 "미혹을 받지 않도록 주의 하라 많은 사람이 내 이름을 와서 이르되 내가 그로라 하며 때가 가까왔다 하겠으나 저희를 좇지 말라"로 바뀌어 있다.

13) 다메섹 체험 이후 사도행전에 따르면(9:26ff) 곧바로 예루살렘 교회와 교류했다. 그리고 1, 2, 3차 선교여행의 출발지와 목적지는 모두 예루살렘이다.

14) 1. 새로운 곳에서 복음을 전함 2. 성공을 거둠 3. 유대인의 방해 4. 관헌에 (고발당해) 추방됨.

실했다고 묘사하는 사도행전의 태도는 유대교와 기독교 간의 대립을 완화해 보려는 속사도시대의 초기 보편주의적인 (Frühkatholizismus) 관점이 반영된 것으로 볼 수 있다.15)

　이상에서 살펴보았듯이 사도행전은 그리스도인이 되기 이전 부분을 포함하여, 바울에 관한 많은 자료들을 제공한다. 하지만 바울보다 한 세대 후대의 것이며, 누가의 신학적 입장이 강하게 반영되어 있다는 점에서, 조심스럽게 사용되어져야 할 것이다.16) 사도행전 이외에도 바울에 대한 자료들이 있다. 바울 사후 한 세대가 경과한 후, 그로부터 영향을 받은 제자들에 의해 기록된 소위 ‘제2 바울서신’(살후, 골, 엡, 딤전후, 딛)과 ‘라오디게아 편지’, ‘알렉산더 편지’, ‘고린도 3서’, ‘세네카의 편지’ 그리고 대략 2세기 중반 이후의 것으로 추정되는 소설과 같은 ‘바울과 테크라 행전’17), 바울을 적대적으로 묘사한 ‘위(僞)-클레멘트 저술’18) 등이 있다. 탈무드에서도 가끔 바울이 아닐까 추정할 수 있는 인물에 대한 비판이 나오고 있다. 예를 들면 모다임의 엘레아잘이라

---

15) F. Chr. Bauer가 일찍이 자신의 책에서(*Paulus*) 이를 지적하였다. 참고 G. Bornkamm, Art. *Paulus*, Sp. 167; H.-J. Schoeps, Paulus, 44

16) 일찌기 F. Chr. Bauer를 위시한 튜빙겐 학파에서 사도행전 자료의 가치에 대해 회의적인 입장을 취하였다. 이러한 경향은 E. Haenchen(Die Apostelgeschichte, KEK 3)이나 H. Conzelmann(Die Apostelgeschichte, HNT 7)의 사도행전 주석에도 나타난다. G. Lüdemann의 주석(Christentum, 1987)은 어느 정도 이와 같은 회의적인 입장에서 벗어나 있다. 이에 반해 M. Hengel(Paulus, 178ff)은 사도행전의 내용을 적극적으로 평가한다.

17) 여기서 바울을 작은 키에, 대머리, 굽은 다리, 그러나 고귀한 태도, 붙은 두 눈썹, 낮은 코, 그리고 친절한 인물이라고 묘사한다(참고 L. Baeck, Glaube, 7).

18) 바울이 적으로(Ep. Petri 2,4) 규정되고 있다(Rec. 3,61). 바울의 사도직에 대해서 비판하면서, 참된 예언자이기 위해서는 개인적인 배움이 중요한데 바울은 사도직을 짐짓 불확실하며 오류에 이르게 할 수 있는 환상과 환각을 통해 몰래 취했다고 한다(Hom. 17,14-19).

는 이름으로 전승되어오는 미쉬나에 다음과 같은 내용이 있다.

> 안식일을 지키지 않고, 금식하지 않으며 이웃을 모욕하고 우리 조상
> 아브라함의 계약을 파기하는 자, 그리고 율법의 말씀들을 곡해하는
> 자에게는 비록 그가 토라에 대한 지식이 많고 좋은 행실을 보인다고
> 하더라고 내세가 그의 것이 아니다.(Abot III 2)[19]

Ruth rabba III에 잠언(21:8)에 대해 해석을 하다가, 할례와 율법에 대해 기이하게 행하는 자에 대한 언급을 한다. Sanh. 107b와 Sota 47a에는 예언자 엘리사의 종복으로 불성실한 게하시가 등장한다. 거기서 랍비 요카난은

> 게하시에 대해 전해 내려오기를 그는 죄를 지었고 대중들을 죄로
> 이끌었기 때문에 회개하기에 부적절한 자이다. 그 외에도 그는
> 문둥병자였다. 이것이 아마도 육체의 가시인가?

라고 말하고 있다. 이처럼 랍비문헌에 바울일 것이라고 추정하는 인물에 대한 묘사가 나오지만, 그가 바울이라는 분명한 증거는 없다. 그러므로 바울의 생애를 재구성하는 데 실제로 도움이 되지 못한다. 바울에 대한 핵심 자료는 그의 서신들(살전, 고전후, 갈, 빌, 몬, 롬)과 사도행전이라고 할 수 있다. 이방 문서에서는 바울의 이름이 거론되고 있지 않다. 따라서 우리가 바울에 대해 기술할 때, 그가 직접 쓴 편지들과, 제2 바울 서신들(엡, 골, 딤전후, 딛, 살후) 그리고 사도행전이 기본 문헌으로 이용될 것이다.

---

19) G. Kittel, *Rabbinica,* 4; H.-J. Schoeps, *Paulus,* 44

II. 바울의 삶

1. 출생과 어린 시절

1) 성서자료 (빌 3:5f)

기독교 신앙을 갖기 이전의 바울에 대한 자료는 많지 않다. 바울 스스로도 자신의 과거에 대해서는 말을 아끼고 있다. 그런 점에서 빌립보 3장의 내용(5f절)은 매우 귀중하다. 여기서 바울은 난지 팔 일만에 할례를 받았고, 이스라엘의 족속이요, 베냐민 지파요, 히브리인 중의 히브리인이요, 율법으로는 바리새인이요, 열심으로는 교회를 박해하였고, 율법의 의로는 흠이 없는 자였다고 과거 모습을 묘사하고 있다. 빌립보서의 이 구절을 통해 우리는 바울의 혈연과 관련된 외양적인 특성을 알 수 있으며, 당시 그가 사회적인 여러 그룹 중 어느 부류에 속했는지, 그리고 얼마나 유대교에 충실했는지를 파악할 수 있다.

먼저 바울은 자신에 대해 난지 팔 일만에(창 17:12; 레 12:3) 할례를 받았다고 소개한다. 이 표현은 그가 정통 유대인의 집안에서 태어난, 율법에 신실한 자라는 뜻이다.[1] 바울은 또한 자신을 "이스라엘 족속(genos Israēl)"이라고[2] 소개하고 있다. '게노스'는 여기서 "민족"이라는 의미로써, 이 단어는 종종 "히브리"[3] 또는 "유대"[4]라는 말과 함께 사용되기도 한다. 바울은 자신이 하나님에 의해 선택된 약속의 백성의 일원으로서 이스라엘인이라

---

1) M. Hengel, Paulus, 22
2) 이러한 표현은 TestLevi 5,6; PsSal 7,8 등에서 나온다. 참고 W. Bauer, Wb, γένος, 3, Sp. 313
3) Jos Bell VII,43; Ant X,183
4) Demetr. 722 fgm. 3

는 사실을 중시했고, 이에 대해 자부심을 가지고 있었다(롬 11:1; 고후 11:22 참고 롬 9:4f).

다음은 베냐민 지파라고(또한 롬 11:1에서도) 자신을 설명한다. 이는 바울의 가문이 족보 상, 확실한 가계에 속해 있음을 공표하는 것이다. 베냐민 지파에서 이스라엘의 첫 왕인 사울이 나왔다. 사울은 바울의 다른 이름을 우리에게 연상케 한다(행 7:58; 8:1,3; 9:1,8 등). 전해오는 바에 따르면 이 지파가 12 지파 중 맨 먼저 홍해 바다를 건넜기 때문에, 성전이 그들의 영역에 세워지게 되는 영예를 상으로 얻게 되었다. 또한 베냐민 지파는 유일하게 조상이 이스라엘 땅에서 태어났기 때문에(Str-Bill III, 622; 창 35:16f) "하나님의 가장 고귀한 자"라고 불리어지게 되었다. 유대교의 주요 인물 중에서 이 지파에 속한 자로는 누구보다도 예후다 하-나시를 들 수 있다. 그의 조부는 바울의 스승인 가말리엘 I 세이다.5) 이렇게 영예스러운 지파였지만, 베냐민 지파도 어두운 과거를 가지고 있다(삿 19:22-26). 따라서 바울이 자신을 베냐민 지파라고 밝힌 이유는 그의 혈통 상의 명성을 위한 것이라기보다는, 자신의 계보를 좀 더 자세히 알리기 위한 것이라고 봐야 할 것이다.6)

그 다음 바울은 자신을 히브리인 중의 히브리인이라고 한다.7) "히브리인(Hebraios)"이란 W. 바우어의 사전에 따르면8) 두 가지 뜻이 있다. 첫째는 유대인이라는 국적을 의미한다. 이런 맥락에서 교회사가 유세비우스(『교회사』 2,4,2)는 헬라 세계에서 교육을 받고 헬라어를 모국어로 사용하는 알렉산드리아의 필로를 Hebraios 라고 칭한다. 둘째는 '그리스어를 모국어로 하는 동

---

5) 참고 M. Hengel, Paulus, 22
6) B. Mayer, SKK.NT 11, 53
7) 히브리인이라는 말은 이곳 외에 고후 11:22에서 만 나오고 있다.
8) W. Bauer, Wb, s.v. Sp. 429

족’과 반대되는 의미로써, 아람어로 말하는 유대인을 뜻하기도 (행 6:1) 한다9). 이러한 사용법에 따라 필로는 Hebraios와 “우리 (헬라어를 사용하는 자들)”를 구분하고 있다(Conf 129).[10] J.B. 라이트푸트, E. 로마이어, M. 헹겔 등이 지적한 것처럼[11] 위 네 가지의 묘사는 바울 자신의 행위나 의지와 상관없는 성격의 것이다. 따라서 Hebraios라는 표현도 아람어를 말할 수 있다는 의미라기보다는, 태어나면서부터 획득한 민족적, 혈통적 특권으로서의 유대 국적을 뜻한다고 보는 것이 옳다.[12] R. 리즈너는[13] “히브리인 중의 히브리인”이라는 구절에 근거하여 바울의 조상들이 얼마 전에 팔레스타인에서 다소로 이주해 갔을 것이며, 바울의 누이가 예루살렘에서 결혼했을 수도 있다고(행 23:16) 추정한다.[14]

바울은 다음으로 자신을 “열심으로는 교회를 박해하고 율법의 의로는 흠이 없는 자”라고(빌 3:6) 소개한다.[15] 단어 “열심 (zēlos)”은 막하비 시대이래, 유대인들의 신앙 및 전통수호와 관련하여 광범위하게 사용된 개념이다.[16] 필로(SpecLeg 2,253)는

---

9) W. 바클레이(『바울』, 11)는 “히브리인”과 관련해 W. 바우어가 제시한 두 가지 뜻 중에서 후자의 의미를 선호한다. 그러나 G. Bornkamm(Art. Paulus, Sp. 167)은 아람어를 사용한다는 뜻으로 보지 않는다. 하지만 G. 보른캄도 바울의 가족이[바울을 포함해] 두 가지 언어를 구사했을 것으로 본다.

10) 참고 Haenchen, *KEK* 3, 253ff; M. Hengel, Jesus, 151-206.

11) Lightfoot, *Philippians*, 144; Lohmeyer, KEK 9, 129f; M. Hengel, Paulus, 221

12) W. Bauer(Wb. Sp. 429)도 국적의 의미로(고후 11:22도) 이해한다. 이에 반해 M. Hengel, Paulus, 220f는 후자를 지지한다.

13) R. Riesner, *Frühzeit*, 136. 이와 유사하게 H. Lietzmann, Paulus, 381은 “히브리인”을 근거로 바울은 팔레스타인 사람이라고 본다.

14) 참고 J. Jeremias, Schlüssel, 10

15) 그 전에 나오는 “율법으로는 바리새인이요”는 II.2 ‘바울의 교육’에서 다룬다.

16) 유딧 9:4; 막하비 상, 2:58; 시편 68:10 LXX; 시편 118:139 LXX; 참고

'율법의 열심당'을 "조상들의 제도를 엄격히 수호하며, 그 제도 들을 파괴하는데 조금이라도 일조하는 사람들에게는 무자비한 사람들"이라고 정의한다. 바울은 다른 곳(갈 1:14)에서도 자신의 과거를 표현하는데 이 단어를 사용한다. "열심"이라는 용어 자체 는 부정적인 의미를 내포하고 있지 않다. 그러나 바른 지식을 좇 지 않는 맹목적인 '열심'(참고 롬 10:2)이 문제가 된다.[17] '율법의 의라는 관점으로 흠이 없는 상태'는 신실한 유대인들이 추구하 는 이상적인 목표이다. 바울은 과거의 자신이 이 의에는 도달했 노라고 자부한다.

그 외에도 "아브라함의 씨(sperma)"라고(롬 11:1; 고후 11:22) 말한다. 구약에 따르면 하나님께서는 아브라함을 통해 이스라엘 자손이 번성할 것이라는 축복과 함께, 가나안 땅을 기업으로 주 셨다(창 17). 아브라함은 이스라엘의 첫 족장이며 믿음의 조상으 로, 이스라엘의 신앙에서 빼놓을 수 없는 인물이다. 따라서 바울 이 스스로를 '아브라함의 씨'라고 선언한 것은 신앙의 역사로 볼 때, 자신이 아브라함을 통해 주신 하나님의 언약과 관련이 있다 는 고백이자, 자기 인식이다.[18]

2) 다소

바울이 정확하게 언제 태어났는지는 알 수 없지만, 대략 예수 와 동년배[19] 또는 주님 보다 약 10년 후 라고 추정된다. 사도행전

요 2:17; 행 21:20. 참고 M. Hengel, Paulus, 240. 그에 따르면 율법에 대한 열심은 막하비 시대부터 주전 70년 까지 유대 팔레스타인에서 나타나는 특징이다.

17) Michel, KEK 4, 325 주 4; U. Luz, *Geschichteversändnis*, 31; 참고 R. Bultmann, *Theologie*, 225f

18) Wilckens, EKK 6/2, 236

19) M. Grant, *Paulus,* 25

의 증언에 따르면(9:11,30; 11:25; 21:39; 22:3) 바울의 고향은 길리기아의 수도 다소이다. 그러나 바울 서신(갈 1:21)에는 1차로 예루살렘을 방문한 후, 시리아와 길리기아 지방으로 갔다는 이야기만 있을 뿐, 이곳이 자신의 고향이라고 언급하지 않는다. 그러므로 과연 다소가 바울의 고향인지, 다시 한 번 확인해 볼 필요가 있다. 이에 대해 회의적인 입장을 보이는 학자들도 있다. 예를 들면 Chr. 부카르트는 사도행전(22:3)을 전승이 아닌, 누가에 의한 것으로 본다. 전승은 단지 '다소의 바울이 안디옥에서 선교했다는 것'이므로, 이 내용이 바울의 고향이 다소임을 보증하지는 않는다는 것이다.20) E. 로제도 다소가 바울의 고향인가 하는 질문에 유보적인 입장을 취한다. 고대에서 인물을 소개할 때는 출생, 성장 및 교육에 대해 언급하는데, 누가도 이러한 관례에 따르고 있다는 사실을 상기시키면서, 로제는 그런 점에서 사도행전의 내용이 절대적인 역사자료에서 기인한 것으로 볼 수 없다고 주장한다.21) 그러나 이방지역 보다는 팔레스타인 본토를 더 선호하면서, 바울을 어떤 식으로든지 예루살렘과 연결시키고자 노력하는 사도행전의 저자가,22) 바울의 고향을 다소로 보고하고 있다는 점에서, 다소가 그의 출신지라는 사실은 의심할 여지가 없다.23) 바울은 셈어의 영향을 거의 받지 않은 헬라어를 사용했다. 그리고 70인역 성경을 이용했다. 이러한 점들은 바울이 헬라 문화권에서 자랐음을 암시하는 것이다.24) 일찌기 A. 다이스만은25)

---

20) Chr. Burchard, *Zeuge,* 34

21) E. Lohse, *Paulus,* 19f

22) 사도행전에 따르면, 다메섹 사건 이후, 얼마 지나지 않아 바울은 예루살렘을 방문한다. 이 도시에는 바울의 조카가 살고 있었다. 그에 앞서, 바울은 이곳의 가마리엘 문하에서 교육을 받으며 유년시절을 보냈다.

23) M. Hengel, Paulus, 182f

24) J. Becker, *Apostel,* 35

고대 대도시의 사회적 문화환경 속에서 바울은 자라나고 교육받았으며, 그의 선교는 이러한 요소를 배경으로 한 것이라고 설명한 바 있다. 이와 같은 지적 외에도, 바울이 대도시 중심(안디옥, 데살로니가, 빌립보, 아덴, 고린도, 에베소, 로마)의 선교를 수행했다는 점도 그의 고향이 대도시였던 다소일 것이라는 추측을 가능케 한다.26)

주전 860년 앗시리아 살만에셀 왕의 정복기에서 다소가 기록상으로 처음 등장한다. 다소는 고대의 역사상 중요한 인물들과 연관되어 있다. 예를 들면 고르디온으로부터 온 알렉산더 대왕이 이 도시의 강 시드누스에서 봄에 목욕을 했다가 감기에 걸렸다. 아마도 냉수 쇼크를 받았다고 추측되는데, 주치의인 필리포스의 간병으로 건강을 회복했다. 이 때문에 시리아로 향한 진군이 수주일 지연되었다(주전 333년). 로마 공화정의 삼두체제 시대에, 세 집정관 중의 하나인 안토니우스가 다소에 머물면서 파르티아인들에 대한 전쟁을 준비하기도 하였다. 이때 그는 이집트의 여왕 클레오파트라를 이곳으로 소환하였다. 그 과정에서 그녀와 사랑에 빠지게 되었다. 다소는 속주 길리기아의 수도이다. 길리기아는 주전 66년에 로마에 편입되었고 그 이후 이곳에는 총독이 파견되었다. 역대 총독 중에는 유명한 키케로(주전 51-50년)도 있었다. 약 50-100km의 넓이에 480km의 폭을 가진 길리기아는 로마의 속주로서는 작은 크기에 속했다. 길리기아가 시리아로부터 분리되어, 독립된 속주가 된 것은 주후 72년 베스파니아 황제 때였다. 따라서 바울 당시에는 아직 분리되지 않은

---

25) A. Deissmann, *Paulus,* 57f

26) M. Hengel, Paulus, 181f: J. Becker, *Apostel,* 35; 참고 W.A. Meeks, *Urban Christians,* 40-50; 이 외에도 다소가 바울의 고향임을 인정하는 학자는 M. Grandt, Paulus, 25; O. Kuss, *Paulus,* 37 등 다수이다.

형태의 시리아-길리기아 속주로 존재했고[27] 수도는 안디옥이었다. 다소의 인구는 대략 50만 명으로 안디옥(인구 80만 명 전후)과 더불어 이 지역에서 가장 주요한 도시였다. 바울이 사도행전(21:39)에서 "나는 유대인이라 소읍이 아닌(원어로는 "유명한") 길리기아 다소성의 시민이니"라고 한 것을 보더라도, 당시 다소가 결코 작지 않은 도시임을 알 수 있다.

다소로부터 약 50km 떨어진 곳에는 높은 타우루스 산맥이 있다. 갑바도기아나[28], 갈라디아 등 소아시아 내륙에서 지중해 연안으로 나올 수 있는 방법은 오직 하나, 시드누스 강안을 따라 바위를 깎아 길을 낸 유명한 '길리기아의 관문'을[29] 지나 다소로 통하는 좁은 도로를 이용하는 것이었다. 다소를 관통하여 흐르는 강, 시드누스는 지중해에 못미쳐 레그마라는 호수를 이루었는데[30] 다소인들은 이 호수를 자신들의 항구로 이용했다. 따라서 다소는 내륙지방으로 물품들이 운송되거나, 그곳의 생산물이 거래되며, 지중해를 통해 운반되어진 무역품들의 교역이 이루어지는, 상업과 무역의 중심지였다. 뿐만 아니라 다소는 내륙을 거쳐 혹해 연안으로 가는 도로와, 시리아 쪽에서 소아시아 연안을 따라 난 도로가 만나는 교통의 요지였다. 라틴어 킬리키움(cilicium)의 뜻은 "염소 털로 만든 모피, 양탄자"이다. 이 처럼, 다소가 속해있는 지방, 길리기아는 모피산업, 특히 직물이나 피혁

---

27) 갈 1:21의 ℵ* 33. 1505. 1881 pc 등의 사본에는 κιλικίας 앞에 정관사 τῆς가 없다 (τὰ κλίματα τῆς Συρίας καὶ Κιλικίας). 이로써 길리기아가 시리아와 함께 속해있는 속주임을 나타내고 있다(참고 행 15:41).

28) 갑바도기아는 주후 17년 이래로 로마의 지배를 받았다.

29) Cilician Gates. 주전 51-50에 걸쳐 이 도시의 총독이었던 키케로는 자신의 저서 Ad Att V 20,2에서 다소가 지중해와 길리기아의 문들에 가깝다고 언급한다.

30) 참고 Strabo, Georgr. 14,5,10-12

공업으로 유명하였다. 바울이 천막 만드는 일로 생업으로 삼은 것은(행 18:3) 다소 출신이라는 것과 무관하지 않다.

다소는 또한 학문의 도시로도 유명하였다. 지리학자 스트라보(약 주전 63년- 주후 19년)의 설명에 따르면31) 다소는 수사학을 배우는 모든 종류의 학생들이 있었으며, 알렉산드리아나 아덴을 능가하는 철학과 학문의 도시였다. 특별히 스토아학파의 본산으로 유명하였다. 대략 주전 140년경 사람인 다소의 안티파드로스는 스토아철학의 거두였다. 그의 제자는 저명한 파나이티오스였다. 유명한 스토아 철학자 크리시푸스(주전 3세기의 인물, 제논의 스승)나 희극작가 필레몬(주전 4-3세기) 그리고 파이노메나의 저자인 아라투스도 다소에서 얼마 떨어지지 않은 작은 마을, 솔리 출신이었다. 황제 아우구스투스는 자신의 스토아 철학 교사인 아테노도로스 (산돈의 아들)로 하여금 이 도시를 새로 조직하도록 하였다. 그뿐만 아니라 플라톤의 아카데미 출신인 네스토르나 에피큐로스 학파 철학자였던 리시아스도 이 도시의 섭정으로 있었다. 이처럼 다소에서 유명한 철학자, 수사학자 시인들이 활발하게 활동하였다. 그리하여 크세노폰은 이 도시를 크고 행복한 곳이라고 칭송하였다.32) 또한 다소는 여러 신들을 위해 다양한 제의를 드리는 판테온이 있는33) 종교의 도시로 유명했는데, 그 신들 중에는 식물의 신인 산돈-헤라클레스도 있었다.

'길리기아의 관문'과 지중해에 가깝다는 점에서 다소는 소아시아 북쪽과 서쪽으로 선교하기에 아주 적합한 곳이었다. 그렇기 때문에 바울이 예루살렘을 방문한 후 길리기아-시리아 지역에 13년 간 머물렀을 때(갈 1:21-2:1), 안디옥뿐만 아니라(갈 2:11-14) 다소에서도 활동했으리라 추정할 수 있다.34) 이 도시에

---

31) Strabo, Georgr. 14,5,13
32) Anabasis I 2,23
33) Dion von Prusa(대략 주후 40-115) (= Dio Chrysostomos, Or. 33.37)

는 일찍부터 유대인들의 공동체가 있었다.[35] 사도행전(6:9)에는
스데반과 변론하는 사람들의 명단이 나오는데, 그 중에서 길리
기아에서 온 사람들도 있었다. 랍비들은 이들을 다소 인으로 추
정한다.[36]

3) 시민권

a) 다소 시민권

바울은 다소의 시민권을 가지고 있었다(행 21:39). 바울이 로
마 시민권을 가졌다는 사실은 잘 알려져 있으나, 다소시의 시민
권 소유에 관해서는 그렇지 못하다. 이 도시의 시민권 소유 문제
는 M. 헹겔의 지적처럼[37] 바울 가족의 유래와, 다소에서 그들의
사회적 지위와 밀접히 연관되어 있기 때문에, 관심을 가질 필요
가 있다.

W.M. 람세이는[38] 바울의 조상들이 일찍이 이 도시가 그리스
인들에 의해 새로 건립된 초기, 즉 셀류시드 왕조 안티오쿠스 IV
세 때에(주전 184-175) 이곳에 정착함으로써 시민권을 획득했거
나, 혹은 조부나 선친 때에 다소시를 위해 특별한 공로를 세움으
로써 취득했을 것이라고 추정한다. 다소로 많은 유대인이 이주해
갔다는 사실은 잘 알려져 있다.[39] 하지만 이것이 다소에 유대인

---

34) 이때 바울이 길리기아의 문들을 통해 갑바도기아 지역에 갔을까?
　　라는 문제는 R. Riesner, *Frühzeit,* 237
35) R. Riesner, *Frühzeit,* 236f
36) Str-Bill II, 663f; W.M. Ramsay, Exp 6/5, 1902 19-33; W. Ruge, Art.
　　Trosos, 2420
37) M. Hengel, Paulus, 189
38) W. 람세이, 『사도 바울』, 41
39) 이는 W. 스테게만, 「사도 바울」, 526f도 인정한다.

들의 식민지가 존재했다는 주장의[40] 근거가 되지는 못한다. 그리
스계의 도시국가는 타 민족에게 쉽게 시민권을 허락하지 않았
다.[41] 예를 들면 스타기라 출신인 아리스토텔레스가 아덴에서 리
키움이라는 학당을 만들고 제자들을 양성함으로서 아덴의 철학
과 문화를 발달시켰지만, 그는 끝내 이 도시의 시민권을 받지 못
했다. 동방 여러 도시들의 예에서, 유대인들은 당국이 주는 특별
한 권리를 향유하고 있었지만, 완전한 시민으로서의 권리는 인정
받지 못하는 경우가 발견되기도 한다. 따라서 사도행전(21:39)의
시민권(politēs)이라는 단어를 시민권과 관련된 법적인 의미가 아
니라, 출신을 나타내는 것으로 보기도 한다.[42] 이와 관련하여 디
오 크리소스톰는 우리에게 흥미로운 정보를 제공하고 있다.

> 다소에는 불분명한 법적 지위를 가진 직조공들(linourgoi)이 있는데
> 그들은 완전한 시민으로서의 권리는 갖고 있지 않았지만 전체 시민
> 모임(Demos)에는 참여할 수 있었다(Or. 34,23)[43]

당시 유대인들이 불완전한 시민권을 소유했을 수도 있다. 그
러나 구레네에서 발견된 한 비문에 따르면[44] 그곳에 사는 유대
인 중, 시민권을 가진 이들도 있었고, 시민권을 갖지 못한 채 특
정 수공업에 종사하는 이들도 있었음이 확인된다. 따라서 바울
의 다소시(市) 시민권이 어떤 종류의 것이라고 분명히 단언하기
란 쉽지 않다. 한편 W. 스테게만은[45] 다소 시민들은 도시 수호신

---

40) W. Ramsay, Cities, 169ff는 그렇게 주장한다.

41) 클라우디우스 황제 41년에 (참고 E.M. Smallwood, Jews under
Roman Rule, 224-255) 유대인들이 알렉산드리아에서 시민권을 위해
투쟁을 벌였다. Jos Ant XIV,110ff

42) R. Riesner, *Frühzeit,* 191

43) 참고 W. Ruge, Art. Tarsos, 2432; A.H.M. Jones, Cloth Industry,
350-364. 직조공업의 가족경영에 대해서는 P. Lampe, Paulus-
Zeltmacher, 259

44) G. Lüderitz, *Corpus,* Nr. 8

경배에 의무적으로 참여해야 했으므로, 유대인들의 입장에서는 다소 시민이 되는 것을 꺼렸을 것이라고 추정한다. 그리하여 바울의 다소 시 시민권 소유 자체에 회의를 표한다.46) 하지만 일반적으로 관직에 있지 않는 한, 황제숭배 제의에 참여할 의무로부터 자유로웠던 당시 관행을 참고할 때, 식민지의 한 도시 시민권을 가졌다고 해서, 그 도시 수호신을 그렇게 강제적으로 숭배해야만 했는지 의문이 든다. 더욱이 평범한 삶을 사는 경우에, 유대인이 시민권을 가졌다고 해서 행동의 제약을 받거나, 배교를 강요당했던 것은 아니리라 여겨진다.

한편, 초기 황제시대나 그리스계의 도시국가에서 시민권을 돈으로 사는 예가 있었다.47) 황제 아우구스티누스는 아덴에 납세나 제의를 담당할 사람들의 수를 늘리기 위해 시민권을 돈으로 파는 행위를 금지했다는 기록이 있다.48) 따라서 선대에 획득하여 내려온 바울의 시민권도 금전 지불을 대가로 취득한 것일 가능성도 없지 않다.49) 디오 크리소스톰의 기록에 따르면 제정 시대 때 다소 시민권은, 당시 일용 노동자들의 2년 치 봉급인 약 500 드라크마에 살 수 있었다.50)

H.W. 타이라는 사도행전(21:39)의 의미를 다소의 시민권이 아닌, 다소 유대공동체의 일원이라는 뜻으로 본다. 그러므로 다소의 시민권을, 예루살렘의 산헤드린 앞에서 로마 시민권을 가진 자가 누렸던 그런 권리와 유사하게 이해해서는 안 된다고 주

---

45) W. 스테게만, 「사도 바울」, 527
46) Jos Ant XII,125ff에는 유대인들은 각 도시 수호신에 대한 제의참여 의무로부터 자유로워져야 한다는 논의가 다뤄지고 있다.
47) 전거는 M. Hengel, Paulus, 192 A.55 참고
48) Cass. Dio 54,7
49) R. Riesner, *Frühzeit,* 130도 이에 동의한다.
50) Or. 34,21-23. 참고 A.H.M. Jones, Cloth Industry, 359; W. Ruge, Art. Tarsus, 2431f

장한다.51) 로마 시민권은 단지 로마 당국에 의한 재판을 보장하
는 것에 불과하기에, 바울이 로마의 황제 앞에서 심문을 받을 수
있었던 것은 다소 시민권 때문이라는 의견을 M. 헹겔은 내놓는
다.52) 다소의 시민권과 로마의 시민권을 동시에 갖는, 이중 시민
권 소유도 당시에 불가능하지 않았다.53) 바울이 마케도니아인의
환상을 본 도시, 드로아 앞 해상 60km 떨어진 지점에 렘노스라는
섬이 있다. 이 섬은 사모드라게에서 남서쪽으로 30km 떨어져 있
다. 렘노스 출신으로 2세기 말에서 3세기 초에 활동했던 필로스
트라토스의 글에 보면, 황제 디도 시대에 몇몇 유대인들이 다소
시민권을 소유했다는 내용이 등장한다.54)

지속적인 이주로 많은 유대인들이 거주하고 있었던 다소는
여러 가지 이유로 유대 본토와 긴밀한 관계에 있었다. 요세푸스
(Ant XIII,374)는 길리기아의 용병들이 알렉산더 얀나이의 모집
에 응한 사실을 기록하고 있다. 헤롯 대왕의 아들 중 하나인 알렉
산더와 주전 20년부터 다소와 접한 길리기아까지 지배력을 행사
한 갑바도기아의 왕 아켈라오스의 딸, 그라피라 간에 결혼이 이
루어지기도 했다.55) 또한 헤롯 대왕은 길리기아에 재산을 투자

---

51) H.W. Taira, *Trial*, 78ff

52) M. Hengel, Paulus, 193 주 57. 그에 따르면 자유시의 시민권을 가진
   자는 재판받을 장소를 선택할 권리가 있었다. P. Garnsey(Lex Iulia,
   167-189, 특히 182-185; Social Status, 75f. 268)는 로마 시민권에도
   차이가 있었다고 본다(참고 W. 바클레이, 『바울신학개론』, 24).

53) 이에 대해선 A.H. Sherwinhite, *Roman Society,* 182를 보라.
   Lüdemann(*Christentum,* 250)은 바울의 다소의 시민권 소유 여부에
   관해서, 가능성이 있다고 본다.

54) 참고 R. Riesner, *Frühzeit,* 131; 참고 C.J. Hemer, *Book of Acts,* 127 (주
   75). 다른 도시의 예를 들면, 알렉산드리아에서는 로마 시민권을
   소유하기 위해서는 우선 시의 시민권을 가져야 했다 (Der kleine
   Pauly I, 1964, 244).

55) 참고 D. Kienast, *Augustus,* 408 주 195; A. Schalit, *König Herodes,*

했으며 이곳에 건축사업을 벌이기도 했다.56) 랍비 문서에도 이 두 지역 간에 농산물뿐만 아니라 직물이 활발하게 교역되었다고 기록되어 있다.57)

바울의 헬라어 구사 능력 등을 포함한 교육정도, 그리고 그가 유대전통(율법, 바리새인)에 충실할 수 있다는 점 등을 고려할 때, 그의 집안은 경제적으로 어느 정도 여유가 있었던 계층에 속했다고 추정된다.58) 바울은 나중에 천막 만드는 일을 했다(행 18:3). 이는 아마도 그의 가업과 연관이 있으리라 생각된다. 바울의 집안은 다소에서 염소 털이나 아마포를 직조하거나 가죽을 세공해서 천막, 양탄자, 신발 등의 재료를 만들어 파는 일에 종사했던 것 같다.59)

바울 집안은 경제적으로 중산층에 속했지만 바리새인이었기 때문에 천막 만드는 일을 했다는 기존의 견해에 대해 반박이 제기되기도 한다.60) 논박의 근거는 이를 증빙하는 자료가 시대적으로 후기인, 주후 2세기 문헌이라는 것이다.61) 하지만 그 이전 유대 자료에도 랍비들은 스스로의 활동을 통해 생계문제를 해결해야 한다는 기록이 발견된다.62) 따라서 바울이 천막 만드는 일

588f. 597f.

56) Jos Bell I,428

57) Str-Bill III, 611, 665, 746f

58) M. Hengel, Paulus, 211

59) M. Grant, *Paulus,* 26; 졸저, 『사람과 세상을 이끈 인물 바울』, 186ff 참고

60) 사회적인 높은 지위에도 불구하고 천한 일을 했다는 것은 상상할 수 없다고 W. Stegemann(Anfragen, 483)은 주장한다. 이에 대해 R. Riesner, *Frühzeit,* 131는 바울 다메섹과 아라비아 시절에 에세네파와 연관된 초기 기독교와 접촉을 가졌을 가능성이 있으며, 그럴 경우 자발적인 가난이 가능하다고 본다.

61) R.F. Hock, Tentmaking, 557

62) M. Hengel, Paulus, 209; R. Meyer, Arbeitsethos, 473f; M. Hengel,

을 한 것은 집안의 경제적 능력과는 무관하다고 봐야 한다.

b) 로마 시민권

누가의 보고에 따르면 바울은 로마 시민권자이다(행 16:37-39; 22:25-29; 25:10-12). 그러나 바울 자신의 편지에서는 시민권에 대해 침묵하고 있다. 따라서 누가의 기록을 신중하게 평가할 필요가 있다.[63] 일찍이 W. 스테게만은[64] 바울의 신분에 관한 연구 결과, 시민권의 소유에 대해 회의적인 입장을 표명하였다. 이같은 태도를 2년 뒤의 논문에서도[65] 계속 견지했다. 그는 무엇보다도 빌립보에서(행 16) 미리 로마 시민권자임을 밝혔더라면 수치스러운 태형을 당하지 않았을 터인데(행 22:25의 경우처럼), 왜 형을 받고 난 후에 그 사실을 언급했는지에 대해 의문을 제기하면서, 사도행전의 자료적 가치에 대해 회의를 표한다.[66] 또한 사도행전 22장에서 바울이 로마 시민권자임을 밝혔음에도 불구하고, 왜 로마 당국(천부장)은 그를 산헤드린 앞에 세웠는지(22:30), 새로 부임한 총독 베스도는 왜 바울이 로마 시민권자임에도 불구하고 이 소송을 속주(유대)의 법정으로 넘기려 했는지(25:9),[67] 그리고 로마로 이송하는 과정에서 바울의 시민권 소유에 대해

Arbeit, 174-212
63) 참고 E. Schuerer, *history III/1*, 126ff
64) W. Stegemann, Anfragen, 480-490
65) W. Stegemann, Wer der Apostel Paulus ein römishcer Bürger?, 200-229 (한국어역: W. 스테게만, 「사도 바울」). 스테게만과 같이 회의적인 시각을 견지하는 대표적인 학자는 K. Wengst, *Pax Romana*, 102f이다
66) W. 스테게만, 「사도 바울」, 499f
67) 이에 대한 반발로 바울은 로마의 황제에게 상소한다(행 28:8-15). 그러나 Th. Mommsen, Rechtsverhältnisse, 94f에 따르면 베스도에게는 그러한 권한이 없다. Haenchen, KEK 3, 639ff도 이에 동의한다.

명시적으로 밝히고 있지 않다는 점 등을 들어, 누가의 시민권 기사를 역사적인 신빙성이 없는 것으로 간주한다.68) 또한 W. 스테게만은 시민권이 없는 구레네 출신의 유대인, 베버 요나단이 반로마 반란을 주도한 혐의로 고발당하자 총독은 그를 로마로 압송해서 보냈다는 요세푸스의 기록(Bell VII,449ff)을 예로 들면서, 바울이 비록 시민권자는 아니라 할지라도 그와 관련한 사안이 로마에 대항한 시카리 지도자였던 이집트인으로 오인될 만큼(21:38) 정치적으로 비중이 있는 것이었기 때문에, 충분히 로마에 가서 재판을 받을 수도 있다고 추정한다.69)

이처럼 바울의 로마 시민권과 관련한 기술에는 석연치 않은 점들이 있다. 하지만 이를 근거로 바울이 로마 시민권을 갖지 않았다고 단언하는 것은 성급한 판단이다. W. 스테게만은 베버 요나단의 예를 들면서 비 시민권자도 로마에서 재판을 받을 수 있다고 했지만, 로마에 대항한 요나단과 바울을 동류로 평가하는 것은 분명히 지나치다고 하겠다. 왜냐하면 로마 당국조차 여러 차례(행 23:29; 25:25; 26:31f) 바울의 무죄를 인정하고 있기 때문이다. 따라서 불충분한 성서 자료만을 가지고 바울의 시민권에 대해서 성급한 판단을 내리기 보다는, 시민권, 특별히 유대인의 시민권 취득과 관련한 당시 로마의 자료들을 광범위하게 참고하여 종합적으로 평가해야 할 필요가 있다.

다소는 주전 3세기에 안디오커스 II세 또는 III세에 의해 그리스계의 도시로 편입되었다가, 주전 66년에 주인이 로마로 바뀌었다. 씨저가 이집트를 평정할 때(주전 48년) 유대의 대제사장 히르칸 II세 군대의(장군은 헤롯 대왕의 아버지 안티파터) 도움을 받았다. 따라서 씨저는 안티파터에게 로마 시민권을 주었으

---

68) W. 스테게만, 「사도 바울」, 502ff, 508-514
69) W. 스테게만: 「사도 바울」, 514f

며70), 이후 유대인에게 호의를 보였다.71) 주전 47년 다소에 온 씨저는 이 도시에 정치적으로 많은 은전을 베풀었다. 그 때 도시는 씨저의 이름을 따서 '율리오폴리스'로 명명되기도 했다. 씨저가 살해된 뒤, 그의 반대파들은 씨저를 지지한 이 도시에 막대한 세금을 부과하였다(주전 43년 여름). 그리하여 다소는 시(市)와 성전의 재정 뿐 아니라 많은 시민들을 노예로 팔아 이를 충당하여야 했다. 씨저의 지지자들이 다시 로마에서 권력을 되찾고, 주전 42년 씨저의 살해자들인 브루투스와 카시우스 세력이 분쇄된 빌립보 전투가 끝난 후에, 다소는 충성의 대가로 자유시가 되는 보상을 받았다.72) 자유시란 주민에 의해 다스려지고, 세금도 스스로 징수할 수 있는 특권을 가진 도시를 일컫는다. 이전에 노예로 팔린 자들은 다시 (아마도 로마 시민권을 획득한) 자유인이 되었다.73) 폼페이우스와 아우구스투스도 이 도시가 보여준 친로마적인 행동의 답례로 다소의 많은 시민들에게 로마 시민권을 수여했다. 참고로 당시 로마 제국의 총 인구수는 약 5천만 명으로 그 중 5백만 명, 즉 주민 중의 10%가 시민권 소유자였다.74)

속주에 거주하는 로마 시민권자가 자식을 낳으면, 부모는 30일 이내에 아이의 이름, 출신, 성별, 생일, 출생지 등의 내용을 자기가 속한 도시의 인구 명부에 올려야 했다. 이러한 절차를 통해 아이는 적법한 로마 시민이 되었다.75) 로마 시민권을 소유하였

---

70) Jos Ant XIV,137; Bell I,194. 안티파터는 유대 땅에서 로마 시민권을 가진 최초 인물이다. 아들 헤롯 대왕은 자동으로 로마 시민권자가 됨
71) 씨저가 죽었을 때 로마의 많은 유대인들이 크게 애도하였다(Jos Ant XIV,127ff, 140ff, 190ff).
72) 참고 F.F. 브루스, 『바울』, 239
73) 이 과정에 대해선 Cass. Dio 47,30f; Appia, Bell. civ. IV,64; V,7 참고
74) M. Hengel, Paulus, 181 주 1
75) F. Schultz, Roman Register, JRS 32, 78-91 and JRS 33, 55-64; 참고 W. Stegemann, 「사도 바울」, 516f

다는 것은 엄청난 특권을 의미하는 것으로, 특별한 의무와 권리를 가지게 된다. 로마 시민은 납세와 병역의 의무가 있었으며 선거권과 피선거권, 체벌을 받지 않을 권리와[76] 항소권 내지 재판 기피 신청권을 가지고 있었다. 이외에도 사적으로는 상속권, 혼인권 및 상업권 그리고 아버지의 경우 부권(patria potestas)을 가지고 있었다.[77] 이처럼 시민권이 갖는 의미가 컸고, 실제적인 권리도 상당한 것이었기 때문에 로마 당국은 속주민들에게 제한적으로 수여하였다.[78] 이와 같은 사실은 버가모에서 나온 비문을 통해서 잘 확인된다.[79] 그러나 유대인들은 자신들의 전통을 열정적으로 수호하려는 태도를 보였기 때문에, 타 민족과 비교할 때, 로마 시민권 소유 비율이 상대적으로 낮았다. 이런 맥락에서 W. 스테게만은[80] 유대교에 신실한 바울의 가문이 로마 시민권을 취득했다는 데에 회의적이다. 더 나아가 그는 로마에 사는 유대인들 사이에서도 로마 시민권을 소지한 자는 소수였다고 주장한다.[81]

로마인이 아닌 타 민족이 시민권을 소유할 수 있는 경우는, 1) 부모가 합법적인 로마 시민권을 가졌을 때, 2) 로마로부터 특별한 공로를 인정받았을 경우, 3) 로마인인 주인 밑에 노예로 있다가 해방된 경우, 4) 25년 간 군대에 복무한 경우[82] 등이 있다.[83]

---

76) 로마 시민권자들은 재판 없이는 고문을 받지 않을 수 있는 권리를 갖고 있었다. Th. Mommsen, Rechtsvertnisse, 89-91 (참고 행 22:25)

77) W. 스테게만, 「사도 바울」, 516f

78) G. Alföldy, Sozialgeschichte, 92

79) 아우구스투스 시대 최고의 도시 관리였던 다섯 명의 장군들 가운데 누구도 로마 시민권을 취득하지 못했다. 트라얀 시대에는 세 사람이 시민권자였다(참고 Chr. Habicht, Inschriften, 163f.

80) W. 스테게만, 「사도 바울」, 533; K. Wengst, Pax Romana, 102도 동의

81) W. 스테게만, 「사도 바울」, 524. 당시 로마 지식인들 간에서 유행처럼 번지고 있었던 유대인들에 대한 혐오감은 이같은 배타적인 유대인들의 태도에 대한 하나의 반작용이라고 할 수 있다.

바울이 시민권을 소유했다고 할 때, 그렇다면 "그의 집안은 어떤 경로로 이를 취득했는지"에 대한 물음이 자연히 생긴다. 우선 그의 부모나 조부84) 대에 군복무를 통해서 시민권을 획득했을 가능성은 희박하다. 로마 군대에 복무한다는 것은 무엇보다도 황제 숭배사상을 받아들여야 함을 뜻했기에, 유대인들은 이를 꺼렸다. 로마 당국도 유대인들이 군인으로 복무하는 것을 달가워하지 않았다. 이런 이유로 로마 치하 유대인들에게는 병역의 의무가 부과되지 않았다. 집정관 루키우스 렌툴루스가 주전 49년 로마 시민권이 있는 에베소 유대인들에게 병역을 면제해 주었다는 사실이 기록으로 남아있다.85) 유사한 조치는 델로스(Ant XIV, 231-2)와 사르디스(Ant XIV, 235f)에서도 시행되었다. 바울 집안이 로마를 위해 공을 세웠는지에 대해서는 알려진 것이 없으므로, 이에 대해 뭐라고 판단할 수는 없다. 하지만 바울을 히브리인 중의 히브리인이자, 율법으로는 흠이 없는 바리새인으로 양육한(빌 3:5) 그의 집안이 외세(外勢)였던 로마를 위해 공을 세웠으리라고 추정하기는 어렵다. 따라서 전공(戰功)을 통해 시민권을 획득했을 가능성도 거의 없다. 바울의 조상들은 셀류시드 왕조 때부터 다소에 살았다는 W.M. 람세이의 주장의 연장으로,86) 그 거주 과정에서 로마 시민권을 획득했다는 견해도 별로 설득력이 없어 보인다. 바울은 자신을 바리새인이라고 소개한다(빌 3:5).

---

82) G. Alföldy, Beurteilung, 225에 따르면 퇴역군인들도 클라우디우스 황제 이전에는 시민권과 혼인권이라는 특권을 받지 못했다.

83) 참고 W. 스테게만, 「사도 바울」, 517ff. 그 외에도 의사나 교사들은 (세습되지 않는) 시민권을 받을 수 있었다.

84) 주전 63년 폼페이우스가 예루살렘을 점령함으로써 팔레스타인이 로마의 지배하에 있게 되었다는 점에서 조부 때를 상정하였다.

85) Jos Ant XIV,228, 234, 240 (Jos Ant XIV,230에 따르면 아시아 전역의 유대인에게 적용). 참고 E. Schuerer, *history III/1*, 22f; H. Bloedhorn (by M. Hengel), 'Schürer', 67

86) *The Cities of St. Paul*, 161-186

바리새인이 팔레스타인 지역 밖에서 살았다는 것은 거의 불가능
하다는 점에서87) 히에로니무스에 의해 전해지는 내용에 관심을
가져볼 필요가 있다. 이에 따르면88) 바울은 갈릴리 북쪽 게네사
렛 호수 근처의 기샬라 출신으로, 이 도시(오늘날 el-Dschîsch)가
로마에 의해 정복되었을 때(주전 63년) 부모와 함께 전쟁포로로
잡혀 다소로 왔다는 것이다.89) 바울은 조상 때부터 이방지역에
정착했던 디아스포라 유대인이 아닌 셈이다. 물론 히에로니무스
의 진술에 대해 의문을 표하는 학자들도 있다.90) 그러나 다수는
다른 대안이 없다는 이유로, 부모 때에 기샬라에서 다소로 옮겨
왔다는 내용을 받아들이고 있다.91) 한편 다소에 잡혀온 바울이
거기서 로마 시민권을 취득했다고 증언하고 있는 히에로니무스
의 언명은92) 나면서부터 로마 시민이라는 성경의 내용(행 22:28)
과 모순된다. 일찌기 주교 포티우스는 이 모순을 해결하고자 바
울은 다소에서 태어났으나 자라난 곳은 기샬라라고 주장한 바
있다.93) 이상의 의견들을 참고해서 바울 시민권에 대한 잠정적
인 결론을 내려보자. 바울의 부모는 폼페이우스 이래(주전 63년)

---

87) M. Hengel, Paulus, 225-232

88) de viris illustribus cap. 5 (MPL 23, 646), Comm. in ep. ad Philemon 23
  (MPL 26, 653f)

89) 따라서 O. Kuss(*Paulus,* 39)는 바울의 고향을 기샬라로 볼 수
  있다고 한다. D. Flusser, Die jüdische und griechische Bildung des
  Paulus, 34도 같은 의견이다.

90) 예를 들면 Chr. Burchard(*Zeuge,* 34 주 42)는 이 내용이 후대의
  것이며 따라서 신빙성이 적다고 한다. E. Lohse(*Paulus,* 19)는 바울이
  자기 고향에 대해 일언반구도 없으므로 히에로니무스의 언급에
  대해 뭐라고 논의를 진행시키기 어렵다는 입장이다.

91) 예 G. Bornkamm, Art. Paulus, Sp. 167; H.-J. Schoeps, *Paulus,* 13 주 1;
  J. Becker, *Apostel,* 35

92) A.v. Harnack, *Ertrag* (2. Teil), 145f는 히에로니무스가 이 자료를
  자신이 사용한 오리겐의 빌레몬 주석에서 가져온 것으로 본다.

93) Quaest. Amphil 116, MPG 101, 687-690

로마가 팔레스타인 지역을 지배하는 과정에서 전쟁포로로 잡혔다가 해방되면서 시민권을 얻었다고 보는 것이 현재로서는 가장 개연성이 있다.94)

공화정에서 제정으로 넘어가는 무렵에 로마인의 노예로 있다가 해방되면서 시민권을 취득하고, 자유인이 된 유대인에 관한 많은 기록들이(참고 행 6:9 "자유민들") 발견되고 있다.95) 당시 로마에는 전쟁포로로 잡혀왔다가 자유인이 된 유대인이 많았는데, 황제 아우구스투스는 이들에게 조상의 율법을 부인하도록 강요하지 않았다.96) 황제는 나름대로 유대의 종교에 대해 잘 알고 있었기에, 유대인들을 로마에서 추방하거나 그들이 누리고 있었던 로마 시민의 권리를 박탈하지 않았던 것이다.97) 친지나 친구들이 속전을 지불함으로써 노예로 있던 자가 자유인이 되기도 하였는데, 유대에선 이것이 종교적인 의미를 띄기도 했다.98) 유대 전통에 신실했던 유대인이 로마에 노예로 있다가 자유민으로 풀려나와 다시 팔레스타인에서 살게 된 예도 있다. 여리고의 골리앗 집안의 비문은 다음과 같다. theododotou apeleutherou basilissēs Agrippeiēs soros (θεοδόδοτου ἀπελευθέρου βασιλίσσης Ἀγριππείης σόρος). 당사자인 테오도투스는 아마도 황제 가문의

---

94) M. Hengel, Paulus, 207; 참고 Lüdemann, *Christentum,* 250f; 참고 H.W. Tajra, *Trial,* 14-21; T. Rajak, Roman charter, 107-123. Th. Zahn, Lebensgeschichte, 31도 바울의 시민권 취득과 관련하여 '석방'을 강조한다. R. Riesner, *Frühzeit,* 135, 주 46.

95) H. Chantraine, Entstehung, 59-67; P. Lampe, *Christen,* 68, 주 196. 그는 G. Alföldy의 주장에 동의하면서 노예가 30-40세가 되면 해방되는 것이 보통이라고 주장한다.

96) 필로, LegGai 155-157

97) M. Hengel(Paulus, 203)은 W. 스테게만을 비판하면서 그가 특히 이 점을 간과했다고 지적한다.

98) M. Hengel, Proseuche, 173f; E. Schuerer, *history* III/1, 35; M. Hengel, *Judentum,* 80f; Str-Bill, IV/1, 572f

노예로 있었던 것 같다. 비문에 나오는 아그리피나는 황제 클라우디우스의 아내이자 네로의 어머니이다. 테오도투스의 히브리 이름은 나다나엘(Nathan'el)이다. 그의 딸 비문엔 "(오슈아) 마리아, 나다나엘의 딸이자 슐롬시온의 딸" (아람어로 שלנציון) 이라고 되어 있다.[99]

바울이 당국으로부터 받은 세 차례의 체벌 형(고후 11:25)과 구금(6:5; 11:23)이 시민권 소유 여부에 관한 판단 근거로 사용되기도 한다. 로마 시민권을 가진 자라면 그러한 벌을 받을 까닭이 없다는 이유로[100] 바울은 비시민권자라는 주장이 제기되기도 한다.[101] 하지만 게시우스 풀로루스 총독은 유대전쟁이 발발하기 전인 66년에 예루살렘에서 로마 기병이었던 두 유대인을 채찍으로 때리고 처형하였다(Jos Bell, II,308).[102] 채찍질은 지방 행정당국이 가하는 벌로써, 당시로서는 흔한 형벌이었다.[103] 황제 갈바 시대에도(주후 68-69) 로마 시민을 십자가형에 처했다는 기록이 있다.[104] 따라서 체벌 형이나 구금 등을 이유로 바울이 시민권을 갖지 않았다고 주장하는 것은 그 논거가 약하다.[105]

로마 시민권은 주로 속주의 상류층에게 제한적으로 부여되

---

99) M. Hengel, Paulus, 206
100) Conzelmann, HNT 7, 105f
101) W. 스테게만, 「사도 바울」, 530f
102) Cicero, In Venrreum II, 5,62. 다른 예는 P. Garnsey, Lex Iulia, 174ff
103) M. Hengel, Paulus, 196
104) Suet, Galba 9,1; 참고 P. Garnsey, Lex Iulia, 174ff
105) Lüdemann(*Christentum,* 249)에 따르면 Lex Lulia 법에 의거, 로마 시민권자에게 채찍질하는 형벌은 금지되어 있었지만(A.N. Sherwin-White, *Roman Society,* 57-60; Th. Momsenn, Rechtsverhältnisse, 89) 이 규정이 무시되는 경우가 종종 있었다(H. Windisch, KEK 6, 356). 또한 바울이 이 형을 받을 때, 로마 시민권자임을 밝히지 않았을 수도 있고, 또는 밝히려 했어도 시민권자임을 증명하기도 어려웠을 가능성도 있다.

었는데, 바울의 직업인 천막제조는 중·하층민이 담당했던 것이
므로 바울은 시민권 소유자가 아니라는 주장도 제기된다.106) 일
찌기 A. 다이스만도 바울의 직업, 시민권, 언어 등을 참고하여 그
의 신분상의 계급이 중하층이라고 판단하였다.107) 이에 대한 반
론으로는, 우선 로마 시민권은 속주의 상류층만 획득할 수 있는
것이 아니라는 점을 들 수 있다.108) 앞서 밝혔듯이, 로마인의 노
예로 있다가 해방되면서 시민권자가 된 경우가 적지 않았다.109)
또한 바울의 집안이 중·하층에 속해서가 아니라, 그가 그리스도
를 영접한 결과 자신의 집안과 관계 단절이 일어났기 때문에, 또
는 선교를 위해 재산을 다 사용했기 때문에 천막 짓는 일을 했을
가능성도 고려해야 한다.110) R.F. 호크는111) 천막 짓는 일을 가죽
가공으로 보는 반면 C.J. 헤머는112) 전통적인 의미의 천막 만드
는 일로 보고 있다. P. 람페는113) 좀 더 상세하게 아마포와 귀한
재료로 만든 천막을 생산, 판매한 것으로 판단한다.

　"바울"이라는 로마식 이름을 통해 시민권과 관련된 정보를
얻고자 하는 노력도 빼놓을 수 없다.114) 로마 시민의 이름은 관례

---

106) W. 스테게만, 「사도 바울」, 534f

107) A. Deissmann, *Paulus,* 38

108) Lüdemann, *Christentum,* 249

109) M. Hengel, Paulus, 206은 노예였다가 해방되어 무역을 통해 부를
　　획득한　페트로니우스(Petronius)를　예로　들고　있다.　또한
　　암피폴리스에서 발견된 묘비를 통해, 우리는 노예였으나 자유인이
　　된　아울로스　카프레일리오스　티모테오스와　같은　경우도　알게
　　된다(M.I. 핀리, 「노예 상인」, 109f).

110) M. Hengel, Paulus, 208

111) R.F. Hock, Tentmaking, 555 주 2

112) C.J. Hemer, *Book of Acts,* 119 주 46; 233

113) P. Lampe, Zeltmacher, 256-261

114) Lüdemann(*Christentum,* 249)은 로마식 이름 "바울"에 근거하여
　　바울은 시민권을 가진 자라고 주장한다.

이름(praenomen "이름"), 귀인의 이름(nomen gentilicium "성 姓")
그리고 가명(家名 cognomen "별명")의 세 마디로 구성되어 있
다.115) 이름 "바울"이 관례 이름인지 가명인지116) 불확실하다.
로마인 가운데 바울이라는 이름이 드물어, 판단하기 어렵다. 바
울 당시 유대인들도 이 이름을 잘 사용하지 않았다.117) 요세푸스
의 글에 파울루스 아룬티우스(Ant, XIX,102) 그리고 '파울리누
스'인 두 로마인에 대한(Bell III,344; VII,434) 언급이 나온다. 또
한 '파울리나'라는(Ant. XVIII,66.69.72.75.77) 여인의 이름도 등
장한다.118) 이름은 보통 아버지나 인간적으로 많은 배려를 해준,
후원자와 연관이 있다. 노예에서 해방된 이들은 보통 후원자들
의 이름과 관례를 따라서 작명하였다.119) 이점에서 비시디아 안
디옥의 서기오 바울이 떠오르지만, 바울의 가족은 비시디아의
바울 집안과 아무런 관련이 없다.120) A.N. 셔윈-화이트는121) "바
울"이라는 이름이 후원자의 것을 채용한 것이 아니라, 히브리 이
름 "사울"을 라틴어로 음역한 것이라고 주장한다. 하지만 "바울"
이라는 흔치 않은 이름이 히브리식 이름 Sha'ul과 유사한 발음이
었기 때문에 사용되었다는 이 견해는 그다지 설득력이 없다.122)

---

115) Cranfield, ICC 6/1 48ff는 바울 편지의 수신자들이 대부분 하류층
   계층이었기 때문에 바울은 세 마디로 된 그의 로마식 이름이나,
   자신이 로마 시민권자이라는 사실을 언급하지 않는다고 주장한다.
   참고 W. 스테게만, 「사도 바울」, 523, 529 주 84; F.F. 브루스,
   『바울』, 51

116) A.N. Sherwin-White(Society, 152ff)과 H. Lietzmann, Paulus, 381은
   가명(cognomen)으로 본다.

117) W. 스테게만, 「사도 바울」, 528; M. Hengel, Paulus, 197f

118) M. Hengel, Paulus, 197, 주 71

119) F.F. 브루스, 『바울』, 51; M.I. 핀리, 「노예 상인」, 111f

120) M. Hengel, Paulus, 199

121) *Roman Society*, 152ff; 참고 H.W. Taira, *Trial*, 83; A. Deissmann,
   Paulus, 73f; G. Bornkamm, *Paulus*, 29; R. Riesner, *Frühzeit*, 125f; C.J.
   Hemer, Name, 179-183

그보다는 오히려 Saoul(Σαούλ LXX)이나 Saoulos(Σαοῦλος)의 단순한 형태인 Saulos(Σαῦλος)가 로마식 이름인 Paulos(Παῦλος)와 동화되었을 가능성이 더 높다.123) "사울"은 주로 요세푸스나 랍비 문헌에만 나오는 히브리 이름으로써, 신약에서는 저자 누가의 기록에서만 등장한다. 사도행전(13:21)은 이스라엘의 초대 왕을 Saoul hyion Kis(Σαοὺλ υἱὸν Κίς)라고 소개하고 있다.124) 즉, 사울은 바울이 속한 베냐민 지파 출신의(빌 3:6; 롬 11:1) 유명한 이스라엘 첫 번째 왕과 같은 이름이다. 이방인의 사도인 바울이 유대-기독교적인 환경에서 벗어나 이방의 환경에서 사역할 그때 이름이 "사울"에서 "바울"로 바뀌고 있다. 단순히 이름만으로 볼 때, 사촌 격이라고 할 수 있는 구브로의 총독 서기오 바울은 사도 바울이 처음 개종시킨 이방인이다.125) 바울서신에서 "바울"이라는 이름만 나오는 이유는 사도가 자신의 선교 원칙 상, 이방인들에게는 이방 이름으로(고전 9:21) 대했기 때문이다. 그렇기에 이제 베냐민 지파 출신이라는 사실이나, 자신의 히브리 이름이 중요한 것이 아니다(빌 3:5.7).

이미 지적했듯이, 유대인들은 병역을 면제받았고, 시민권자이건 아니건 간에 로마 관직에 있지 않는 한 황제숭배와 관련된 제의에 참여할 의무가 없었다. 주전 50년 집정관 루키우스 렌트루스 때에 에베소에 많은 유대인들이 살고 있었는데, 이들이 병역을 면제받았다는 기록이 남아있다.126) 바울 당시 유대인들은 갈리굴라 황제 때(주후 37-41년) 로마 당국으로부터 탄압을 받기

---

122) Lüdemann, *Christentum*, 249
123) M. Hengel, Paulus, 199; 참고 W. Stegemann, Anfragen, 480-490. 격변화로 인해 행 9:17에서는 Σῦλον으로 나온다
124) M. Hengel, Paulus, 199 주 77
125) M. Hengel, Paulus, 200; Lüdemann, *Christentum*, 249
126) Jos Ant, XIV,228-240; 참고 E. Schuerer, *history* III/1, 22-24

도 했지만 이는 일시적인 것이었다. 로마 시민권자인 알렉산드리아의 필로도 황제숭배를 강요받지 않았다. 사데의 유대인들은 로마시민으로서 집회의 자유와 스스로 재판할 수 있는 권한을 가졌다.127) 알렉산드리아와 로마에는 유대인들의 집단 거주 지역까지 생겨날 정도로 유대인들은 로마제국 내에서 나름대로 특권을 누리고 있었다.

한 곳에 정주하지 않고 항시 타 지역을 여행해야 하는 사람은 출생- 또는 신분증명서를 소지할 필요가 있었다. 바울도 그랬을 것이다.128) 바울이 초기에 로마 시민임을 주장하거나 증명하지 못하고 벌을 받는 것은, 이 증명서를 직접 소지하지 않고129) 머물렀던 곳에 놓고 다녔기 때문이라고 주장하는 학자들도 있다.130) 그리고 로마 시민권자라고해서 모두 황제 앞에서 재판을 받은 것이 아니었다. 요세푸스는 로마시민임에도 불구하고 십자가에 달려 처형된 예를 자신의 글에서 소개하고 있다.131) 즉, 총독 게시우스 풀로루스는 유대전쟁이 발발하기 직전 66년에 예루살렘에서 로마의 기사(騎射)인 두 유대인을 십자가형으로 처형했다는 내용이 바로 그것이다(Jos Bell, II,308). 그러므로 이방인인 바울이 황제 앞에서 재판을 받을 수 있었던 것은 로마 시민권 덕분이라기보다는 다소 시민권 때문이었다는 주장도 제기 되고 있다.132)

W. 스테게만은 유대인이 로마 시민권을 소유했다는 의미를

---

127) Jos Ant XIV,235; 참고 E. Schuerer, *history* III/1, 20f; H. Bloedhorn (by M. Hengel), 'Schürer', 66f; H. Botermann, Synagoge, 103-121

128) F. Schultz, Roman Registers, 63f

129) F.F. 부르스, 『바울』, 53은 증명서를 잃어버렸기 때문이라는 뉘앙스로 말하고 있다.

130) M. Hengel, Paulus, 195 주 61

131) 참고 M. Hengel, *Crucifixion*, 39-45

132) P. Garnsey, Lex Iulia, 182ff

이방세계에 적응하기위한 방편으로 이해한다. 이런 관점에서 보면, "바울과 그의 부모가 신실한 믿음을 가진 유대인인데 어떻게 시민권을 취득할 수 있을까?"라는 반문이 자연히 생기게 된다.[133] 그러나 W. 스테게만의 명제는 옳지 않다.[134] 즉, 로마 시민권을 가진 유대인은 자동적으로 유대교에 대해 배교한 자라는 등식이 성립되지 않는다. 알렉산드리아 필로의 기록에 따르면 (LegGai 155) 테베 강 저편 몇몇 지역에 포로로 이탈리아에 잡혀 왔다가 해방되어, 로마 시민으로 사는 유대인들이 있었다. 로마인들은 이들에게 조상들의 규례들을 범하도록 강요하지 않았다. 아우구스투스 황제에 의해 유대인들의 회당과 안식일 법 그리고 예루살렘을 위한 헌금(성전세)이 인정되었으며, 황제는 유대인들이 자신들의 전통을 지킨다고 해서 로마 시민권을 박탈하는 극단적인 조치를 취하지 않았다(LegGai 156f). 이와 같은 사실은 로마의 역사가 타키투스에 의해서도 확인된다(Tac, Ann II 85,4).[135] 바울의 전도여행 동반자 실라도 로마 시민권자였다(행 16:37). 그러므로 '로마 시민권 소유' = '유대 전통을 버린 것'이라는 사고는 너무나 단순한 논리이다. M. 헹겔과 같은 학자는, 바울이 로마 시민권자인 실라를 택한 이유로 '여행의 자유를 위해서'를 꼽고 있다.[136]

---

133) W. Stegemann, 「사도 바울」, 532f
134) 참고 M. Hengel, Paulus, 204
135) R. Riesner, *Frühzeit*, 133f 그리고 주 31
136) M. Hengel, Paulus, 205; 참고 M. Hengel, Jakobusbrief, 255ff

2. 바울의 교육

1) 예루살렘

"바울이 주로 어디서 교육을 받았는가?"라는 문제는 '기독교 이전 바울'에 관한 내용 가운데 핵심이라고 M. 헹겔은 지적한다.[137] 바울은 그리스도인이 되기 전에 이미 바리새인으로서 활동을 한 인물이었다. 따라서 바울의 교육문제는 나중 그의 신학적인 사고를 이해하는데 매우 중요한 열쇠가 된다.

누가의 증언에 따르면, 바울은 로마 당국에 의해 예루살렘에서 체포당할 때 해하려는 예루살렘의 군중들에게 히브리 방언으로[138] 말하기를, 자신은 "길리기아 다소에서 났고 예루살렘에서 자라 가말리엘 문하에서 우리 조상들의 율법의 엄한 교훈을 받았다(행 22:3)"고 한다. 하지만 바울서신에서는 예루살렘에서 자랐다거나, 거기서 교육받았다는 언급이 전혀 나오지 않는다. 따라서 문제는 "바울의 교육과 관련하여 양 쪽의 내용을 어떻게 조화시켜야 하는가?"에 있다. 전체적으로 누가는 예루살렘을 매우 중시한다. 1) 복음서 중에서 유일하게 누가복음에 12살 예수의 유월절 예루살렘 방문기사가 있다(눅 2:41ff). 2) 누가복음에는 전체 분량의 40%를 차지하는 예루살렘으로의 여행에 관한 기사(9:51-19:27)가 나온다. 3) 공관복음 중에서는 누가복음(24:36ff)만이 예루살렘을 부활하신 예수의 현현장소로 설명하고 있다. 반면 마태복음은 갈릴리라고 하고(28:7,16f), 마가복음은 16:7에서 간접적으로 갈릴리를 암시하고 있다. 한편 요한복음에서는 한편에서는 예루살렘으로(20:15), 다른 구절(21:3)에서는 갈릴리라고

---

137) M. Hengel, Paulus, 212
138) 행 21:40; 22:2. W.C.v. Unnik(Tarsus, 304)는 바울의 모국어를 아람어라고 본다.

설정함으로써, 두 곳을 모두 거론하고 있다. 4) 누가에 따르면 예루살렘은 예수 승천 후, 회개와 죄사함의 역사(役事)가 일어나는 복음의 시발지이다(눅 24:47; 행 1:8). 따라서 제자들은 예루살렘을 떠나지 말라는 명을 받는다(행 1:14). 5) 열두 제자 중심의 예루살렘 교회는 이방 교회를 이끌고 지도한다(행 6:1-7; 8:14ff; 11:19ff). 6) 3차에 걸친 사도 바울 전도여행의 시작과 마침은 항상 예루살렘이다.139)

누가의 저작에서 특히 바울이 예루살렘과 밀접하게 연관되는 것은 다음의 경우이다. 바울은 예루살렘에서 자라 바리새인의 교육을 받았으며(참고 26:4f), 다메섹 사건 이후 곧 예루살렘으로 왔다(9:26ff). 그곳에는 바울의 조카가 있었고(23:16), 이방인의 사도라는 소명도 이 성전도시에서 받는다(22:21). 이상에서 볼 때, 누가가 공을 들여 기술하고 있는 바울과 성전도시 사이의 특별한 인연은, 그의 예루살렘을 중시하는 태도와 어느 정도 연관이 있다고 하지 않을 수 없다.140)

"바울이 주로 예루살렘에서 자라고 교육받았는가?" 하는 문제를 파악하는데 걸림돌이 되는 것은 무엇보다도 주후 1세기 전반부의 바리새인, 혹은 랍비교육과 관련한 자료가 거의 없거나, 혹은 있다 하더라도 편향된 관점의 기록이며 그 역사성이 의심되는 내용이라는 점이다.141) 따라서 현재로서는 사도행전과 바

---

139) 참고 김득중, 『복음서 신학』, 165ff
140) 이에 반해 특별히 갈라디아에서 바울은 예루살렘과 거리를 둔다. 독자적인 자신의 사도권 1:11f; 다메섹 사건 후 곧바로 예루살렘으로 가지 않음 1:16f; 첫 번째 방문에서 일시적인 체류 1:18; 그리고 제한적인 수의 예루살렘 교회의 지도자들만 만남 1:19; 두 번째 방문도 그곳 교회가 소집해서 이루어 진 것이 아님 2:2; 이 예루살렘 교회로부터 어떤 제안도 수용하지 않음 2:6; 그들은 바울도 자신들과 동등한 사도직을 가졌다는 사실을 인정 2:7ff 등
141) M. Hengel, Paulus, 213 ("바리새적인 율법 교육에 대해서도

울의 기록을 서로 비교 검토하여 유추할 수밖에 없다. W.C.v. 운니크는 누가의 기술을 신뢰한다. 그에 따르면 바울의 부모는 일찌기 예루살렘에 이주해 왔고, 바울은 거기서 교육을 받았다.[142] H. 콘첼만도[143] 사도행전(22:3)의 내용이 다른 곳(26:4f)에서도 재강조되고 있다는 점을 근거로, 바울이 성전도시에서 성장하고 교육 받았다는 사실에 많은 개연성을 두고 있다. "내가 예루살렘으로부터 두루 행하여 일루리곤까지 그리스도의 복음을 편만하게 전하였노라(롬 15:19b)"는 구절을 통해서, 바울이 예루살렘에서 성장하고 교육을 받았을 것이라고 추론 할 수도 있다. 즉, 로마서 본문에 따르면 예루살렘은 복음의 출발지로서, 다름 아닌 바울 자신이 여기서부터 시작된 복음 전파의 역사에 참여했다고 밝히고 있다. 로마서(15:19)는 예루살렘에 머물고 있었던 바리새인 바울이 그리스도인의 박해를 위해 성전 도시에서 다메섹으로 가던 중에, 예수 그리스도의 계시를 접함으로써 이방인의 사도가 되었다는 의미를 내포하고 있으며, 따라서 바울의 예루살렘 체류 및 그곳에서의 교육을 뜻하는 구절로 이해할 수 있는 여지를 제공하고 있다.[144]

하지만 '예루살렘에서부터 일루리곤까지' 바울이 복음을 전했다고 하는 구절(19b절)은 아래와 같은 사항들을 고려하면서 그 의미를 파악해야 한다. 1) '일루리곤'이라는 단어는 행정구역을 뜻할 수도 있고, 인종적인 의미로서 일루리곤이라는 마케도니아의 특정 지역(Jos Bell II,369)을 칭하는 용어일 수도 있다.[145] 19절 이하에서 주로 로마 행정구역 이름이 나오고 있으며, "일루리곤"

알려져 있지 않다" 242)은 이를 잘 지적하고 있다.

142) W.C.v. Unnik, Tarsus, 301

143) H. Conzelmann, HNT 7, 147

144) 이와 같은 입장을 M. Hengel, Paulus, 219f은 견지한다.

145) Sanday/ Headlam, ICC, 408; R. Riesner, *Frühzet*, 214

이 라틴어를 음역한 형태라는 사실을 고려할 때,[146] 이 단어는 로마의 행정구역을 뜻한다고 봐야 할 것이다. 2) 더 중요한 사실은 '일루리곤'이라는 지명이 로마서 15장 외에 바울 서신이나 사도행전 어디서도 나오고 있지 않다는 점이다. 그렇기에 바울이 직접 이 지역에 가서 복음을 전했다고 단언하기 어렵다.[147] 3) 또한 자신의 복음 및 사도직의 독립성 주장이나, 이방인의 사도가 된 후 곧 예루살렘으로 가지 않음[148] 등, 예루살렘에 대해 비판적인 태도를 취하고 있는 갈라디아서 1-2장에 의거할 때[149], 바울이 예루살렘에서 복음을 전했다는 주장을 단순히 수용하기도 어렵다.[150] 즉, 로마서 15장 19b절은 로마방문과 스페인 선교를 염두에 둔 바울이, 1) 포괄적이며 총체적인 의미에서 이제 복음이 예루살렘으로부터 시작하여, 당시 로마 제국을 동서로 분할했을 때, 그 중간 지점에 해당하는 일루리곤까지 전파되었음을 회고와 결산의 차원에서 진술하는 것이다. 2) 그리고 그처럼 복음이 확장되어 가는 과정에서 바울 자신도 이방인의 사도로서 나름대로 일조를 했다는 내용이다. 그리므로 이 발언에 근거하여, 바울이 직접 예루살렘에서부터 일루리곤까지 이르는 전 지역에 복음을 증거했다고 주장하는 오류에 빠져서는 안 된다.[151]

갈라디아서(1:22)에서 바울은 "유대에 있는 교회들이" 자신

---

146) 헬라식 표현은 "일루리아" Ἰλλυρία 또는 "일루리스" Ἰλλυρίς 이다. 참고 R. Riesner, *Frühzeit*, 215

147) Gwang-Ho Cho, *Vorstellung*, 141ff

148) 갈 1:17의 "다시"라는 표현은 결국 그리스도인이 되기 전 바울의 활동 무대가 (예루살렘이 아니라) 다메섹을 포함한 인근 지역이었음을 암시한다.

149) 예루살렘에 대한 비판적인 태도는 4:25에서도 나온다. 참고 Gwang-Ho Cho, *Vorstellung*,100ff

150) 참고 Käsemann, *HNT 8a*, 380; Wilckens, EKK 6/3, 119; G. Bornkamm, *Paulus*, 72

151) Wilckens, EKK 6/3, 119; J. Knox, Conception, 1

을 "얼굴로 알지 못한다"고 말하고 있다. "유대에 있는 교회들"
이란 광의적으로, 팔레스타인 지역의 기독교인들을 의미한다(눅
1:5; 마 2:1,5). 의미를 조금 축소하면 그곳의 남쪽 지역을 일컫는
말이기도 하다(요 4:3; 막 3:7). 바울에게서 "유대"라는 단어는 네
차례 등장하는데(살전 2:14; 갈 1:22; 고후 1:16; 롬 15:31), 무엇보
다도 이 단어는 그의 여행 목적지를 지칭하는데 사용되고 있다
(고후 1:16). 로마서 15장 25f절을 참고할 때, 고린도후서(1:16)에
나오는 "유대"는 주로 예루살렘을 의미한다고 할 수 있다. 그리
고 로마서(15:30f)에서도 "유대"는 예루살렘과 밀접한 관련이 있
다. 데살로니가전서(2:14ff)에는 "유대에 있는 교회들"이 "유대인
들"에게 고난을 받았다고 기록되어 있다. 여기서 "유대인들"이
란 마태복음(23:37)과 그 병행구들을 참고할 때, 예루살렘의 유대
인들이라고 할 수 있다. 그러므로 데살로니가전서 2장에서 박해
받던 "유대에 있는 교회들"이란 다름이 아닌 예루살렘의 교회라
고 할 수 있다.152) 이상의 관찰을 통해 우리는, 바울이 "유대"라
고 할 때, 주로 예루살렘을 염두에 두고 있다는 사실을 알게 된
다. 그러므로 갈라디아서(1:22)에서 "유대에 ... 있는 교회들이"
바울을 '얼굴로 알지 못한다'고 할 때, 그 의미는 예루살렘의 기
독교인들이 바울을 개인적으로153) 그리고 지속적으로154) 몰랐
음을 뜻한다. 여기에 대해 M. 헹겔은155) 당시 예루살렘의 인구를
3만2천-8만 명 정도로156) 추정하면서 주민 모두가 서로를 알 수

---

152) 참고 F. Vouga, *Geschichte*, 176
153) "얼굴로"(τῷ προσώπῳ)는 관계의 여격이며, 뜻은 "개인적으로"
   이다. 참고 Bl-D §197
154) "알지 못한다"에서 미완료가(ἤμην) 사용되고 있다. 이 시제는
   알지 못함의 지속을 뜻한다. 참고 Bl-D §353,2,a; Vouga, HNT 10, 38
155) M. Hengel, Paulus, 219
156) J. Jeremias, *Jerusalem*, 97f은 당시 예루살렘 주민수를 약 2만5천
   명으로 추정한다.

는 없다고 주장 한다. 그러므로 갈라디아서(1:22)의 내용을 근거
로, '바울이 예루살렘에 없었다'는 주장을 펼 수 없다고 반박한
다. "율법으로는 바리새인이요 열심으로는 교회를 박해하고 율
법의 의로는 흠이 없는 자"였던(빌 3:5f) 바울은 어느 정도 유명
인사였을 것이다. 그럼에도 불구하고 예루살렘 교회가 그를 직
접 본적이 없다는 점에서, 우리는 바울이 예루살렘에서 성장하
고 교육받았다는 사실에 대해서 의구심을 품을 수밖에 없다. 주
전 70년 이전, 즉 바울 당시 예루살렘을 제외한 어디서도 바리새
인이 되기 위한 교육 시설이나 여건이 마련되어 있지 않았다는
것이 일반적인 인식이다. 이를 근거로 일련의 학자들은 바울의
예루살렘 체류를 당연시하고 있다.157) 유명한 메소포타미아 니
시비스의 예후다 벤 바흐티라가158) 세운 학교도 주전 70년 이후
의 것이다. 하지만 G. 스트레커 등이 밝힌 바에 따르면159) 예루살
렘 외의 장소에서도 바리새인 교육이 이루어지고 있었다(마
23:15; Jos Ant XX,38-48).

　　이 밖에 갈라디아서(1:23)에서 나오는 "우리"는 유대의 교회
들을 뜻하는 "우리"가 아니다. 이 문장은 유대의 교회가 들은 내

---

157) 예를 들면 M. Hengel, Ursprünge, 24 주 35; M. Hengel, Paulus, 231f,
　　223, 225f, 240f; J. Becker, *Apostel*, 40; P. Stuhlmacher, Stellung, 148f;
　　A. Oepke, Probleme, 444; J. Jeremias, Jerusalem, 275f; O. Betz, Paulus,
　　105f; E. Barnikol, *Zeit*, 31-46은 예루살렘 외에서는 교육이
　　불가능하다고 본다.

158) J. Neusner, *History* I, 43-49. 121-24. J. 노이즈너에 따르면(*History* I,
　　48) 예후다 벤 바흐티라(Jehuda ben Bahtyra)는 팔레스타인 이외
　　지역에 거주하는 자로서는 처음으로 탄나이틱 유대교의 지도자가
　　되었다. 참고 M. Hengel, Paulus, 231, 주 182

159) G. Strecker, Befreiung, 482f 그리고 주 10; 심지어 바울의
　　예루살렘에서의 수학을 강력하게 지지하는 M. Hengel (Paulus, 231)
　　조차도 바울의 예루살렘 외에서의 교육 가능성을 인정하고 있다.
　　참고 H.J. Schoeps, *Paulus*, 12ff

용을 인용한 것이다. 즉, 유대의 교회가 직접 바울로부터 박해를 당했다는 사실을 전하고 있는 것이 아니라, 제3자가 전한 박해의 소식을 예루살렘 교회가 "듣고"(23절) 인용하고 있는 것이다.160) 누가(행 8:1)에 따르면 박해 대상이 되어야 할 예루살렘 교회가, 여기서는(갈 1:23) 오히려 박해의 소식을 듣고 있다는 점에서, 바울의 박해 장소가 예루살렘이 아닌 다른 곳임을 시사하고 있다.

2) 바리새인 교육

바울은 동년배보다 유대교에서 앞서 있었고, 조상의 유전에 대해 열심을 가진 자였다(갈 1:13f). 그는 아마도 율법에 대한 전문적인 교육을 받았던 것 같다.161) 빌립보서 3장에서 자신을 바리새인이라고 밝히고 있는 점을 고려할 때(참고 행 23:6; 26:5), 아마도 유대교에 그처럼 열심일 수 있었던 것은 바울이 받은 바리새 교육에서 기인한 것이라 여겨진다.162)

"율법으로는 바리새인이요"(빌 3:5) 라는 표현에서도 잘 나타나 있듯이, 바리새인들은 율법에 관심이 많았다. 그들은 제사장 계급인 사두개인이 인정하는 문서화된 토라보다 훨씬 범위가 넓은, 구전까지도 율법으로 보았다. 이 광범위한 율법을 구체적으로 해석하고, 그 내용을 일반인에게 가르치는데 바리새인들은 혼신의 힘을 쏟았다. 따라서 비록 디아스포라에 비해서 늦긴 했지만, 주전 또는 주후 1세기에 본토에서 시작된 회당이나 유대 초등학교가 확대되는 과정에서 바리새인들이 행한 역할이나 공

---

160) G. Strecker, Befreiung, 482f 주 10
161) M. Hengel, Paulus, 223
162) 갈라디아서(3:13f)에서 전개되는 바울의 논지를 통해서도 그가 그리스도인이 되기 전, 바리새적인 율법 교사였다는 사실을 추정해 볼 수 있다. 참고 M. Hengel, Paulus, 223

로가 매우 컸다.[163] 사도행전에 의하면 바울은 가말리엘 I세의[164] 문하에서 교육을 받았다. 그러나 유감스럽게도 바울의 스승에 대해, 그리고 주후 70년 이전의 바리새파 교사들에 대해 알려진 바가 거의 없다. 바울을 지도한 가말리엘 1세는 힐렐의 손자라는 주장도 있지만 확실치 않다. 가말리엘 I세의 아들 시몬은[165] 주후 70년 이후에 온건한 저항집단의 지도자로 활동했으며, 손자 가마리엘 II세는 최초의 랍비라고 알려져 있다. 바리새파는 크게 힐렐파와 샴마이파로 나뉘어 진다. 이중, 바울이 어디에 속했는지도 논쟁거리이다[166]. M. 헹겔은 어느 한편에 일방적으로 손을 들어 줄 수 없다는 신중한 태도를 견지한다.[167] 힐렐파가 개방적인 입장을 취한다는 점에서 바울의 선교나 그의 헬라적 사고에 대한 관심은 힐렐파와 연관이 있다. 반면 샴마이파는 전통을 지키고 유지하는 입장이라는 점에서, 율법에 대한 바울의 '열심'과 끝까지 율법을 포기하지 않는 바울의 태도는(롬 3:31; 8:4; 갈 6:2) 이 파와 관련된다.

주후 70년 이전에는 아직 랍비라는 직책이 없었다. 그러나 당시에 이미[168] 2세기 이후에 생겨난 정식 토라 교육기관의 전 형태로서, 학당 방식으로 운영된 율법을 가르치는 기관이 예루살렘에는 있었던 것으로 추정된다.[169]

---

163) M. Hengel, Paulus, 260

164) 가말리엘 I세에 대해서는 J. Neusner, *Rabbinic Tradition*, 341-376을 참고

165) 참고 Jos Bell. IV,159; Vita 190f, 194-196, 216, 309

166) 참고 M. Hengel, Paulus, 223, 주 157. 랍비 전승에 따르면 (jShab 1,5, 3c,34ff; bShab 17a) 이 두 파간의 반목이 아주 심하여 주후 70년에는 유혈사태에까지 이르게 되었다. 이에 대해서는 M. Hengel, *Zeloten*, 204-211 참고

167) M. Hengel, Paulus, 223, 248

168) 참고 집회서 51:23

169) M. Hengel, Paulus, 224f

　바리새파는 막하비시대의 경건운동 일종인 하시딤에 기원을 둔, 평신도들에 의해 주도되는 일종의 정결운동이다. "바리새"라는 말은 "구별된 자(perushim פְּרוּשִׁים)"라는 의미로, 여기서 유래된 아람어(perishaya פְּרִישָׁיָא)를 헬라어로 전자(轉字)한 것이다(pharisaios φαρισαῖος). 바리새인들의 목표는 성전에서 제사장에게 요구되는 제의적인 정결을 일상의 삶에까지 확대하여 적용하는 것이다.170) "백성을 율법 안에서 교육시킨다"는 슬로건을 가지고, 궁극적으로 구성원 각자는 제사장이 되고, 이스라엘 전체가 거룩한 민족이 되어야 한다고 생각했다.171) 유대교 내 여러 종파들, 예를 들면 사두개파, 에세네파, 헤롯당, 젤롯당 중에서, 사회적으로 가장 영향력이 큰 파가 바로 바리새파였다. 그들은 요한네스 히르카누스 통치 말년에(주전 134-105년) 반하스모니아 운동을 주도해 알렉산더 얀내우스에 대항했으며, 그가 죽고 부인 살로메-알렉산드라가 집권할 때(주전 76-67년) 정치적으로 헤게모니를 장악하기도 했다.172) 헤롯 대왕 당시 바리새인의 수는 대략 6천명으로 추정된다.173) 바리새인들이 일정 기간 동안의 교육 과정을 이수하고, 안수를 받으면 랍비가 되는 제도는 주후 70년 이후에 생겼다.174) 따라서 바울 당시, 즉 주후 1세기 초의 교육은 완전히 제도화 되지 않은, 비교적 자유로운 형태로 운영되었을 것이다.

　일반 백성들도 제사장만큼이나 정결하게 살아야 한다는 바리새인들의 생각은 결국, '정결'과 '부정결'의 이분법적인 사고

---

170) M. Hengel, Paulus, 226f

171) J. Neusner, Überlieferungen, 43, 51

172) W. Förster, 『중간사』, 104f

173) Jos Ant XVII,42에 헤롯에 대한 맹세를 거부한 바리새인의 수가 6000 명이였다는 내용이 나온다.

174) M. Hengel, Paulus, 243

로 귀착된다.175) 이를 지리적으로 대입해 보면, 팔레스타인 이외
의 곳은 부정하다는 결론에 이르게 된다. 본토, 그 중에서도 성전
도시가 제일 거룩하다는 '예루살렘 중심적인 사고'에 빠지게 된
다. 토라의 규정도 이방지역에서는 온전히 지킬 수 없다는 생각
을 일부 유대인들은 실제로 가졌다.176) 총독 벨릭스가 예루살렘
의 몇몇 제사장들을 황제의 법정으로 보냈을 때, 그들은 정결법
을 어기지 않기 위해서 팔레스타인에서 난 무화과와 견과류를
가져갔다(Jos Vita 14). 하지만 외국에 사는 디아스포라 유대인들
은 어느 정도 융통성을 가지고 정결법을 지켰으리라 여겨진
다.177) 그렇기 때문에, 바리새적인 정결의식이 직접적인 동기가
되어, 다소의 바울이 예루살렘으로 거주지를 옮겨, 거기서 바리
새파 교육을 받았다고 보는 것은 다소 무리가 있다. 물론, 종말에
시온에서 토라가 나온다는(사 2:3) 유대 전승을 생각해 볼 때, 성
전이 있는 예루살렘이 세상에서 토라를 배우기에 가장 적합한
곳이라는 사실은 부인할 수 없다.178)

　　바리새인과 예루살렘 간의 밀접한 연관 관계를 인정함으로
써, 바울이 바리새인이 되기 위해 교육을 받은 장소는 다름 아닌
예루살렘이라는 논지를 G. 보른캄도 수용하고 있다.179) 하지만
그는 갈라디아서(1:22)의 문제에 대해서는 명쾌한 설명 없이 지
나치고 있다. 이런 태도는 M. 헹겔도 마찬가지이다.180) 이미 앞

---

175) 참고 M. Hengel, Paulus, 226ff
176) 요세푸스의 글(Ant XIV,223-227)에 에베소의 유대인을 예로 들어,
　　그들이 군인으로 전쟁터에 동원되면 조상 때부터 먹어오던 음식을
　　구할 수 없어 문제라는 내용이 나온다.
177) T. Rajak, Jews and Christians, 253; 참고 E.P. Sanders, Purity,
　　255-308
178) M. Hengel, Paulus, 230
179) G. Bornkamm, Art., Paulus, Sp. 168
180) M. Hengel, Paulus, 232

에서 언급했듯이, 유대의 (주로 예루살렘의) 신자들이 바울을 직접 보지 못했다는 진술은, 무엇보다도 그가 바리새인으로 훈련받는 교육 장소가 예루살렘이라는 주장에 대해 의문을 갖게 한다. 만약 M. 헹겔의 견해처럼 바울이 유명한 가말리엘 I세 문하에서 율법 교육을 받았고, 가말리엘의 제자 중에서 뛰어난 자로서(갈 1:13f) 주로 예루살렘을 방문하는 디아스포라 유대인을 상대로 율법을 가르쳤다면[181], 그는 상당히 인지도가 높은 인물이었을 것이다. 그런데 "어째서 예루살렘 교회가 그를 알지 못했는지"가 잘 설명이 되지 않는다.[182] 누가의 기록에 따르면, 바울은 그리스도인들의 가택을 수색하고, 사람들을 체포하여 투옥시키는 일을 했다(8:3). 비록 이런 탄압이 헬라어를 사용하는 헬라계 유대인들 또는 그들의 회당을 대상으로 이루어졌다고 해도, 예루살렘의 사람들이 그를 몰랐다는 것은 납득이 되지 않는다. 따라서 예루살렘 외에 바리새인을 위한 교육기관이 있었다는 구체적인 증거가 잘 발견이 되지 않는다고 해서, 바울의 교육이 예루살렘에서 이루어 졌다고 추론하는 것은 성급한 태도라고 하겠다. 다소의 바울의 집안이 유대 전통에 신실하기는 했지만, 그렇다고 모든 음식을 본토에서 가져와 섭취하지는 못했을 것이다. 그렇기에 "신실하다"는 이유 하나 만으로 바울의 예루살렘 교육을 당연시 하는 것도 문제가 있다. 바울이 언제 예루살렘에 왔는지에 대해 여러 가지 견해가 있다는 사실도, '바울의 예루살렘 거주 및 수학'에 관한 이론(理論)에는 이론(異論)의 여지가 많음을

---

181) M. Hengel, Paulus, 261, 265

182) M. Hengel, Paulus, 219은 예루살렘 인구를 3만2천명에서 8만명으로 추정한다. 또한 258쪽에서 주변까지 포함해서 10만명까지 가능하다고 본다. 그는 또한 219쪽에서 "튜빙겐은 6만 명의 인구를 가진 도시지만 본인은 그 중에서 소수만을 알고 있다"고 주장한다. 하지만 이것은 바울처럼 유명한 사람에게는 해당이 되지 않는다.

간접적으로 반증하는 것이다. "언제 예루살렘에 왔을까?"에 대한 답변 중 몇 가지를 소개하면 다음과 같다. W.C.van 운니크는 바울이 어렸을 때, 그의 집안이 예루살렘으로 이주했을 것이라는 견해를 표명한다.183) Th. 짠에 따르면184) 바울의 나이 8~10세일 때, 부모가 그를 예루살렘의 친척집에, 그리고 더 나아가 결혼한 그의 누이 집에 있게 했다. 이에 반해 M. 헹겔은, 바울이 청소년기에 예루살렘으로 왔다는, 좀 더 설득력 있는 주장을 편다. 더 나아가 바울이 다소와 예루살렘을 오갔을 수도 있다고 본다.185)

성전 멸망 전의 바리새파의 사상적 특징은 당시 역사상의 여러 사건들과 후대의 랍비 문서들을 참고할 때, 유추가 가능하다. 유대교의 사상이 아직 정리되고 일원화되지 않았다는 점에서, 바리새파의 특징은 다양한 사고를 허용하되, 특히 종말론적, 신정(神政)정치적 그리고 이원론적이라고 요약할 수 있다. 주후 70년 전에는, 예언자적 예시(豫示)가 좀 더 현재와 연관되어 있다고 보았으며, 묵시적-신비적 요소와 카리스마적-열광주의적 운동에도 개방적인 태도를 견지하였다.186)

바리새인들은 유대적인 사고(표상, 모범)에 따라 스스로 생계를 책임질 수 있는 한 가지 기술을 익혔다.187) 바울은 천막 짓는 일을 통해 경제적인 문제를 해결하였다. 이는 편지 여러 곳에서, 누구에게도 누를 끼치지 않고 자신의 손으로 일했음을 강조하는 내용을 통해서 확인된다.188)

바리새인들은 율법을 가르치는 데에 관심을 집중했다. 따라

---

183) W.C.v. Unnik, Tarsus, 301
184) Th. Zahn, KNT 5/2, 751
185) M. Hengel, Paulus, 238f
186) W. Förster, 『중간사』, 253ff; 참고 M. Hengel, Paulus, 254
187) M. Aboth 2,2
188) 살전 2:9; 고전 4:12; 참고 살후 3:8; 행 20:34. M. Grant, *Paulus*, 26

서 그들의 교육은 회당 설교와 같은, 설득력 있는 가르침과 선포에 치중한 것이었다. 바리새인들도 디아트리베 형식 등, 수사학의 기본 지식들을 익혔으리라 여겨진다. 하지만 그들이 배웠던 수사학은 당시 정통 헬라식과는 차이가 있었다. 바울은 헬라어가 통용되는 회당에 다니면서 수사학을 익혔고, 논증과 토론술을 배웠다고 추정된다. 바울의 언어술은 기본적으로 구어체 강연과 교육 중심으로 발달되어 있다.[189]

3) 헬라 교육

편지에 나타나는 바울의 헬라어 구사 능력을 볼 때, 그의 모국어는 헬라어라고 여겨진다.[190] 70인 역으로 구약을 인용하고 있다는 점에서, 바울은 히브리어가 아닌 헬라어 성서를 통해 구약을 접했던 것 같다.[191] 한편 D.A. 코흐는[192] 바울이 이사야서, 욥기, 열왕기상을 인용할 때, 70인 역이 아니라 히브리 본문을 교정한 판본을 사용했다고 주장한다. 여기에 대해 M. 헹겔은 바울이 교정된 판본에 기초하여 자신의 고유한 인용본문을 만들었을 수도 있다고 한다.[193] 하지만 E.E. 엘리스가[194] 주장하는 것처럼 바울은 유대교에 열심이었고 동료보다 여러모로 뛰어났기 때문에 히브리 성서도 알고 있었으리라 여겨진다. 따라서 주로 사용한 70인 역을 히브리 성서 본문과 대조하여, 필요한 경우 고쳐서 사용하는 방식으로 구약을 인용하였던 것 같다. 바울의 헬라어는 무엇보다도 시편에 의해 깊이 각인되어 있다. 어휘나 문체 그

---

189) M. Hengel, *Paulus*, 261f, 265
190) 참고 J. Becker, *Apostel*, 35, 37, 55
191) J. Becker, *Apostel*, 55
192) D.A. Koch, *Schrift*, 48ff
193) M. Hengel, *Paulus*, 234 주 189
194) E.E. Ellis, *Use*, 15f,19f,139ff

리고 내용 등을 살펴볼 때, 70인 역과 솔로몬 지혜서 등의 위경 외에는 다른 그리스 고전 문학을 읽지 않은 것으로 추정된다.[195] 그런 의미에서 바울의 기초교육은 아마도 다소의 유대학교를 통해 이루어진 것으로 보인다.[196]

일부 학자들은 바울이 히브리어를 읽고, 아람어로 말할 수 있는 능력을 갖추지 못했다고 평가하기도 한다. 기본적으로 사도행전의 내용(21:40; 22:2)을 신뢰하는 M. 헹겔은 "히브리인 중의 히브리인"(빌 3:5) 이라는 구절을 근거로, 그리고 무엇보다도 바울이 예루살렘에서 바리새인 교육을 받았다는 점에서 히브리어 소통 능력을 갖추었다고 본다.[197] 바울은 어린 시절에 다소의 유대 교육기관에서 가르침을 받았다. 그리고 그의 집안은 율법에 신실했다. 따라서 바울은 히브리어를 해독할 수 있었고 아람어 구사 능력을 갖추었다고 보는 것이 옳다. 이는 앞에서도 잠시 살폈듯이, 그의 구약성서 인용에서도 간접적으로 증명이 되고 있다.

잘 알려지진 않았지만 대략 주후 100년경의 인물인 예후다 테마는 헬라식 나이구분에 맞춰 남자가 각 단계별로 해야 할 일을 다음과 같이 요약, 정리하고 있다.

---

195) E. Norden, *Kunstprosa*, 496f, 499f. 그는 499f에서 바울의 문체는 히브리서, 클레멘트 1서, 바나바서에 비해서는 비헬라적인 반면, 단순하고 셈어적인 색체가 있는 마가복음, 요한문서들 그리고 요한 계시록 등의 헬라어와도 분명히 구분된다고 지적한다. 참고 M. Hengel, Paulus, 235

196) 바울이 청소년기에 예루살렘으로 와서 교육을 받았다고 보는 M. Hengel도 (Paulus, 238f) 바울의 헬라어 능력을 고려할 때 다소에서의 초등 교육을 늘 염두에 두어야 한다고 말한다. 한편 R. Riesner는 (*Frühzeit*, 238) 행 22:3에 근거하여 예루살렘에서 기초 교육을 받았다고 본다.

197) M. Hengel, Paulus, 220f. 237f

> 다섯 살에는 성경을, 열 살에는 미쉬나를, 열세 살에는 계명들을,
> 열다섯에는 탈무드를 그리고 열여덟에는 신부 방에[198]

이를 참고하면, 바울이 성장하면서 어떤 교육을 받았는지에 대해 어느 정도의 추론이 가능하다. 여기서 분명한 것은, 바울이 초등교육에 이어 토라교육 등 적어도 두 단계 이상의 교육을 받았다는 사실이다.

바울의 진술이나 어떤 주제에 대한 논구는 랍비적 해석 방식과 유사하다.[199] 스스로를 바리새인이라고 밝히고 있다는 점에서(빌 3:5), 그의 구약 해석은[200] 무엇보다도 바리새적으로 각인된 것이라 할 수 있다.[201] 이는 갈라디아서(1:14)의 내용을 통해서도 확인된다. 요세푸스의 글(Vita 191)에 바울의 스승이라고 알려진 가말리엘 I세의 아들 시몬에 관한 설명이 나온다.

> 이 예루살렘 사람[시몬]은 매우 유명한 가문 출신이고 바리새파이다. 그들은 조상의 율법의 영역에서 정확한 지식을 통해 다른 이들을 능가한다.

갈라디아서와 이 구절 간의 유사성에 대해 눈여겨 볼 필요가 있다. 빌립보서(3:5 "율법으로는 바리새인이요")의 표현처럼 바울이 바리새인이었다면 분명 율법학교에서 교육을 받았을 것이다. 그렇다면 "교육장소가 어디일까?"라는 질문이 자연스럽게 제기된다. 우리는 지금까지의 논의를 통해서, 그리고 무엇보다도 갈라디아서(1:22)에 근거하여 교육 장소가 예루살렘이 아닌 다른 곳일 것이라는 견해를 조심스럽게 피력하였다. 따라서 바

---

198) mAbot 5,21

199) 바울의 신학과 바리새파 내지 랍비 유대교의 사상과의 유사성에 대해서는 M. Hengel, Paulus, 248ff를 보라.

200) E.E. Ellis, Use, 173ff, 213ff. 참고 R.N. Longenecker, *Biblical Exegesis*, 104ff

201) 참고 M. Hengel, Paulus, 240

울이 바리새인이 되기 위해 교육을 받은 곳은 고향 다소,[202] 또는 이방인의 사도로 소명을 받은 다메섹일 수도 있고(참고 갈 1:17) 혹은 그 외 제3의 도시일 가능성도 배제할 수 없다.

주전 1세기 초(47-20년)로 소급되는 쉐마야와 압탈리온의 전승에 따르면[203] 지식인들에게 주는 경계의 말씀 중에 "일을 사랑하고 주인이 되는 것을 미워하라"는 내용이 있다. 바울은 예외였지만, 대개 경제적으로 넉넉하지 못한 중간 계층의 바리새인들이 율법 학교에서 수학할 때, 그들은 자신의 생활비를 스스로 벌어야 했다. 따라서 노동은 불가결한 것이었다.[204] 주후 1세기의 일부 교육기관에서 율법 교육을 받는 이들로부터 수업료를 받았다는 사실이 확인되고 있다.[205]

---

202) 바울은 이방인의 사도가 된 이후에도 계속 다소와 연관을 맺고 있다는 점에서, 고향 다소는 바울의 전체의 삶과 불가분의 관련이 있다(갈 1:21; 2:11 참고 행 9:30; 11:25).
203) mAb 1,10. 참고 W. Wiefel, *Vätersprüche*, 114f, 참고 R. Riesner, *Frühzeit*, 137
204) R. Riesner, *Jesus*, 174
205) R. Riesner, *Jesus*, 185

3. 박해자 바울

바울은 과거에 교회를 박해했다고 여러 곳에서 고백하고 있다.206) 사도행전은 이에 대해서 극적으로 묘사한다. 스데반이 예루살렘에서 순교할 때, 청년 바울은 아직 주도적으로 박해에 참여하지 않았다(행 7:58). 하지만 얼마 지나지 않아 적극적으로 그리스도를 믿는 자들을 탄압한다. 가택수색과 투옥(8:3)에 이어, 다메섹으로 도망간 그리스도인들을 잡아 예루살렘으로 압송할 수 있는 권한을 받아 그곳으로 출발한다(9:1f). 그러나 이 도시에 가까이 다가갔을 때 부활하신 주님, 또는 주님의 계시(참고 갈 1:16)를 접하고, 그의 삶은 극적으로 변화된다. 사도행전의 이와 같은 묘사 가운데 몇 가지 짚고 넘어가야 할 것이 있다. 우선, 박해자로서 바울의 활동이나 역할이 스데반 때와 그 이후를 비교할 때, 너무 극명하게 대비되고 있다(소극적 - 적극적). 유대인 최고 의결기관인 산헤드린은 사람을 죽일 권리를 갖고 있지 못했다. 그러나 사도행전 26장에서는 마치 그런 권한이 있는 것처럼 묘사되고 있다(10절, 참고 22:4).207)

동사 "박해한다"(diōkō)는 예수의 추종자들을 종교적으로 탄압할 때 주로 사용되어진 용어이다.208) 바울의 경우, 물리적인 힘

---

206) 갈 1:13,23("하나님의 교회를 심히 박해하여 멸하고", "다만 우리를 박해하던 자가 전에 멸하려던 그 믿음을 지금 전한다 함을 듣고"); 빌 3:6("열심으로는 교회를 박해하고"); 고전 15:9("나는 하나님의 교회를 박해하였으므로")

207) M. Hengel, Paulus, 269도 온건한 가말리엘의 태도에 비춰 볼 때, 바울의 과격한 박해행위는 문제가 있음을 인정한다. 헹겔에 따르면 누가의 이러한 경향은 극적으로 묘사하려는 누가의 특성 때문이다.

208) 갈 1:13,23; 빌 3:6; 고전 15:9 외에, 롬 12:14; 고전 4:12; 고후 4:9; 갈 4:29; 5:11; 6:12 등에서 동사 διώκω가 사용되고 있다. 참고 O. Knoch, Art. διώκω, κτλ., Sp. 817; W. Bauer, Wb, Sp. 404; 참고 막하비 1서

과 압박을 가하는 경우에 이 단어가 등장한다. 갈라디아서(1:13)에서 사용된 시제는 미완료로서, 이는 박해행위가 '지속'적으로 이루어 졌음을 의미한다. "멸한다"(portheō)는 신약의 세 곳에서만(갈 1:13,23; 행 9:21) 나오는 단어로서, 막하비4서(4:23; 11:4), 그리스어 바룩(1:1) 그리고 요세푸스에서도(Bell IV,405) 사용되고 있다. 갈라디아서(1:13)에서 "멸한다"는 미완료 시제인데, 여기서는 '시도'의 의미로서 "~하려 한다"는 뜻이다.209) 박해 장소가 예루살렘이던 다메섹이던 간에, 사도행전(8:3; 9:2; 26:11)을 참고 할 때 박해는 한 곳이 아니라 여러 집이나 회당들을 대상으로 이루어졌다. 하지만 바울은 "교회를 핍박했다"고 하면서, 단수("교회") 표현을 사용한다. 더 나아가 다른 곳(갈 1:13; 고전 15:9)에서는 이 '교회'가 "하나님"에 의해 수식되고 있다. 따라서 "교회"는 구체적인 하나의 교회가 아닌 일반적이고 보편적인 의미로 이해되어야 할 것이다.

사도 바울의 기록을 중심으로 살펴보면210), 그리스도를 만나기 전, 그는 예루살렘과 큰 관련이 없는 것으로 파악되어 진다. 이런 맥락에서 바울이 예루살렘에서 박해를 했다는 전승 역시 역사적인 근거가 희박한 것이라고 봐야 한다. 그렇다면 바울의 박해 장소는 어디일까? 박해와 관련한 사도행전의 내용과 갈라디아서(1:17)의 표현 "다시 다메섹으로 돌아갔노라"에 의거해 볼 때, 바울은 다메섹에서 그리스도인들을 박해한 것으로 추정된다. 즉, 다메섹에서의 박해 과정 중 바울은 그리스도를 만났고, 이후 아라비아에 3년간 머물다가 다시 이전에 체류했던 다메섹

5:22; 에녹서 99:14; 요세푸스, Ant XII,272

209) '시도' = de conatu. 참고 W. Bauer, Wb, πορθέω, 1389; 참고 M. Hengel, Paulus, 274도 같은 의견이다.

210) 사도행전의 역사성을 강조하는 M. Hengel, Paulus, 289도 바울 자료의 우선성에 대해서는 이의를 제기하지 않는다.

으로 되돌아 왔던 것이다.211) 그리고 그곳에서 지역 당국자의 손
길을 피해 도망쳐(고후 11:32f)212) 처음으로 예루살렘을 방문하
였다(갈 1:18). 바울이 어떤 경위로 고향 다소를 떠나 다메섹으로
왔는지는 알 수 없다. 다만 다메섹은 이스라엘과 시리아의 경계
에 해당하는 지역에 위치했고213) 통상과 교역으로 널리 알려진
도시로서 일찍부터 유대인 공동체가 존재했기 때문에, 바울이
그곳으로 갔을 이유는 충분하다.

바울이 그리스도를 믿는 자들을 박해했던 이유는 편지 곳곳
에(갈 1:13f; 참고 빌 3:5f) 나타나고 있다. 그중에서도, 무엇보다
빌립보서에서 언급된(3:5) "열심"이 바로 박해의 직접적인 동인
(動因)이다. 본 저서에서(II. 1. '출생과 어린시절') 이미 밝혔듯이
"열심(zēlos)"이란 외래 종교나 문화에 맞서서 자신의 유대교 신
앙의 전통을 보존하고 수호하는 태도와 관련된 단어이다. 그런
의미에서 동년배 보다 유대교에 대해 앞서 있고, 조상들의 가르
침에 대해 열심이었으며(갈 1:14), 율법의 요구를 철저하게 지킴
으로 흠 없는 의인이라고 자부했던 바리새인으로서의 바울은 그

---

211) M. Hengel, Paulus, 278은 바울이 다메섹에서 박해를 했다는
주장에 찬성하지 않는다. 그 이유로 사도행전에 분명히 다메섹으로
가던 중 그리스도의 계시를 만났다고 기록되어 있다는 점, 그리고
만일 바울이 이곳에서 박해를 행했다면 (아라비아에서 3년 체제
후의) 그가 이곳으로 돌아오려고 하지도 않았을 뿐만 아니라
(자신에 의해 박해를 당한 자들의 보복이 무서워서), 다메섹의
유대인들도 그를 받아줄 리가 없다는 점을 든다. 하지만 이미 3년이
지났다는 점과 그 기간 동안에 갈 1:22f의 내용처럼 이 도시의
그리스도인들은 바울이 완전히 다른 사람이 됐다는 사실을 알게
되었다고 봐야 한다.

212) 여기서도 누가의 기술과 차이가 난다. 행 9장에는 바울이
아라비아로 갔다는 언급이 없다. 그리고 바울은 고관이 아닌 목숨을
노리는 유대인들 때문에 이 도시를 탈출해야 했다(23ff절).

213) 참고 M. Hengel, Paulus, 279f

리스도인들에 대해 참을 수 없었고 결국 물리적인 힘을 사용하여 이들을 응징했던 것이다.

박해가 1) 다메섹에서 행해졌다는 점에서, 그리고 무엇보다 2) 최초의 박해를 받은 사람은 스데반으로(행 7), 그는 헬라계 유대인을 대표하는 일곱 집사 중의 한 사람이라는 점(행 6:1-7), 이에 반해 3) 팔레스타인 본토 출신 유대인들의 대표인 열두 사도는 화를 면하고 있다는 점(8:2), 4) 박해로 피난 나온 사람들은 베니게, 구브로, 안디옥으로 갔으며 이들 중에서 구브로와 구레네인이 거론되고 있다는 점(11:19) 등을 고려할 때, 박해의 대상은 주로 헬라파 기독교인들임을 알 수 있다. 헬라파 기독교인들은 율법에 대해 상대적으로 개방적인 태도를 취했기 때문에 박해를 받은 것이다.214) 전통에 신실한 유대인들이 스데반에게 가한 "성전을 비롯한 전래의 거룩한 것들을 모독하고 전승과 율법에 어긋나게 행동했다(6:13f)"는 비난이나, 바울에 대해 "율법과 기존의 규례를 무시했다(21:21; 참고 갈 5:11a)"고 고발한 내용을 볼 때, 헬라파 유대기독교인들은 율법의 규정들을 문자적인 의미 그대로 엄격하게 지킨 것이 아니라, 그 근본 뜻이 훼손되지 않는 범위에서 상황에 맞추어 유연하게 율법을 해석하고 적용했음을 알 수 있다. 이러한 율법에 대한 태도는 예수의 율법에 대한 인식과 맥을 같이 하는 것이다.

유대인들이 예수를 죽이기 위해 고발한 죄목 중에서 성전 모독죄(막 14:58)가 큰 비중을 차지하고 있었다. 또한 성전정결 사건을 통해서도 보듯이 예수께서는 당시 유대교 신앙의 근간인 성전, 즉 1) 제사를 매개로 죄 사함이 이루어지며, 2) 제한된 장소에서만 하나님의 현존을 경험할 수 있다고 하는 사고에 대해 명

---

214) M. Hengel, Paulus, 287에 따르면 이들은 율법을 본토 유대인들보다 보편적이고 윤리적인 관점에서 율법을 이해했다고 한다.

백히 부정적인 입장을 취하셨다. 그리고 평소 예수가 보여준 율법에 대한 접근 방식, 예를 들면 "사람이 안식일을 위해 있는 것이 아니라 안식일이 사람을 위해 있다", "밖에서 들어가는 것이 더러운 것이 아니라 안에서 나오는 것이 더럽다" 등을 고려해 볼 때, 예수는 전래적인 종교적 전통에 비판적이셨고, 자구(字句)에 얽매이지 않고, 하나님께서 율법을 주실 때의 '원래의 뜻과 의미'를 중시하고 여기에 초점을 맞추셨다. 이러한 태도를 바로 헬라파 유대인들이 수용한 것이었다.215) 전통을 옹호하려는 유대인들의 눈에는 (박해했던 바울도 이들 중의 하나였다) 예수가 그랬듯이 그들도 하나님을 모독하는 자 또는 이단자로 비춰졌을 것이다. 그렇기 때문에 열성이 있는 자들은 이 헬라파 유대인들을 박해하지 않을 수 없었던 것이다.

---

215) M. Hengel, Paulus, 287

4. 소명

다메섹(을 포함한 지역)에서 그리스도를 믿는 무리들을 탄압하는 과정에서 바울은 부활하신 예수 그리스도를 만나게 된다. 여기서 바울은 박해하던 복음을 오히려 증거하는 자로 변화된다(갈 1:23). 이러한 극적인 반전, 즉 소위 '다메섹 도상에서의 체험'은 사도행전에 세 차례에 걸쳐 자세히 소개되고 있다.[216] 하나는 바울에 대한 기술 가운데(9:1-19), 또 하나는 바울이 예루살렘에서 체포된 후 유대인 앞에서 행한 연설 가운데(22:3-16) 그리고 다른 하나는 헤롯 아그립바 II세 앞에서의 변명 부분에서(26:9-19)다. 그런데 이 세 진술은 서로 약간의 차이를 보이고 있다.[217] 그리스도 현현 장면을 비교해 보면 다음과 같은 상이점이 발견된다. 9장에서는 하늘에서 빛이 바울을 둘러 비취며, "왜 나를 핍박하느냐"는 소리와 함께 다메섹 성으로 들어가라는 지시를 듣는다. 동행인들은 소리만 듣지, 아무것도 보지 못한다. 바울은 일시적으로 앞을 볼 수 없게 된다. 22장에서는 구체적으로 오정이라는 때가 언급된다. 하늘로서 큰 빛이 바울을 둘러 비취며 "왜 핍박하느냐"는 소리가 들린다. 이 장에서만 바울은 "무엇을 하리이까?"라고 주님에게 묻고 있다. 동행하는 이들은, 9장에서는 소리만 듣는데 비해 여기서는 빛만 보았다. 바울은 일시적으로 앞을 보지 못한다. 26장에서는 정오라는 시간 언급과 함께 "하늘로부터 해보다 더 밝은 빛"이라고 언급함으로써 '밝음'을 강조한다. 빛은 동행인들까지도 둘러 비춘다. 빛이 비취자, 사람들은 (세 장 모두) 땅에 엎드린다. 한편, 아람어로 "왜 나를 핍박하느냐"는 질문과 함께, 다메섹으로 가라는 말씀대신에, 그리스도 현현

---

216) 참고 전경련, 「회심」, 158ff
217) 이에 대해선 일찍이 E. Hirsch, Berichte, 305ff가 지적했다. 참고
   F.Ch. Bauer, *Paulus* I, 70f

체험을 통해 바울은 복음을 전하는 소명을 받게 되었다고 설명하고 있다. 특이하게도 눈이 멀었다는 말은 여기서 나오지 않는다.

바울에게 밝은 빛으로 나타나신 그리스도 현현의 의미는 그를 통해 모든 민족을("이스라엘과 이방인" 17절) 어둠에서 빛으로 인도해 내시려는[218] 그리스도(하나님)의 구원의지 천명과 다름이 아니다. 마지막 기사(행 26)에서 그리스도 현현은 바울의 소명과 직접 연관이 되고 있다. 따라서 이 기사는 후대의 것으로 추정된다.[219]

한편 바울은 서신에서 자신의 다메섹 체험에 대해 단순하게 설명한다. 하나님에 의해 아들이 내 속에 나타나셨다는[220] ("계시되었다" apokalypsai) 표현이 바로 그것이다(갈 1:16). 갈라디아서 1장에서 바울은 자신의 복음이 사람에서 유래한 것이 아니라 신적인 근원을 가진 것임을 강변함으로써, 한편으로 자신이 전해준 복음에서 떠난 갈라디아인들은 잘못을 범한 것이라고 책망하고 있다. 그리고 다른 한편으로는 예루살렘과 독립된 자신의 사도성에 대해 강조한다. 이런 맥락에서 그리스도가 계시된 다메섹 사건은 바울 복음의 정당성을 노정(露呈)시키며, 아울러 정당성의 근거가 되는 역할과 기능을 담당한다(갈 1:12).

고린도전서(9:1)에서도 "주님을 보았다(heoraka)"는 표현으로 이 계시 체험을 설명한다. 여기서 "봄" 즉, "주님을 본 것"은 바울의 사도직이 여타 제자나 사도들에 비해 열등한 것이 아니라는 결정적인 근거가 되고 있다. 다른 곳(고전 15:8)에서는 "내게도 보이셨다"고 말한다. 단어 "보이셨다 ōphthē"는 부활하신 주님의

---

218) 9장과 22장에서는 이 소명 의식이 아나니아를 통해 주어진다 (9:15; 22:15).
219) 참고 전경련, 「회심」, 165
220) 계시의 핵심 내용은 예수가 하나님의 아들이라는 것이다. Vouga, HNT 10, 34

현현을 나타내는 전통적인 용어이다.221) 이 동사를 통해 맨 마지막 자신에게도 그리스도가 나타나셨다고 설명함으로써, 바울은 자신이 원증인의 반열에 속해 있음을 간접적으로 말하고 있다.222) 이상에서 살펴보았듯이 바울의 다메섹 체험은 단지 개인의 과거사를 설명하는 과정에서 진술되는 것이 아니라 1) 바울의 사도직과 복음의 정당성 그리고 2) 그의 사도성은 원증인들인 제자들이나 다른 사도들의 그것과 비교할 때, 열등한 것이 아니라는 사실을 분명히 하기 위한 증거의 일환으로 기술되고 있다.

"내 속에"(갈 1:16)는 그리스도 계시의 사건이 바울이라는 실존의 한 인물에게 일어났다는 의미로서, 이로 인해 바울은 이방인의 사도라는223) 구체적인 소명의식을 갖게 된다(16b절).224) 따라서 다메섹 체험은 기본적으로 소명체험이라고 할 수 있다. 그렇기에 바울이 예수 그리스도를 만나 이방인의 사도로 부름을 받은, 소위 다메섹 체험을 "개종"이나 "회심"이라고 표현하는 것은, 당시 기독교가 아직은 하나의 독립된 종교로서 유대교와 별개로 존재하고 있지 않았다는 점에서, 적절치 않다. 왜냐하면 "개종"이나 "회심"이란 다른 종교에서 (혹은 무종교에서) 어떤 종교로 귀의하는 것을 의미하기 때문이다. 바울이 사용하고 있는 "부르다", "어머니의 태로부터" 등의(갈 1:15) 용어들도 이런 관점에서 보아야 한다. "부르다(kaleō)"는 하나님의 부르심, 소명을 설명하는 단어이다.225) 그리고 "어머니의 태로부터"라는 표현도 예언자의 소명과 관련해서 사용되는 표현이다.226) 또한 갈라디아

---

221) 눅 24:34; 행 9:17; 26:16; 13:31. 참고 Conzelmann, KEK 5, 303

222) Conzelmann, KEK 5, 305f

223) 이 소명 의식은 사도행전에서도 언급되고 있다. 하지만 9:15에서는 대상이 "이방인과 임금들과 이스라엘 자손"인데 반해, 22:15에서는 "모든 사람", 26:17f에서는 "이스라엘과 이방인들" 이다.

224) 참고 전경련, 「회심」, 168

225) 사 41:9; 42:6; 43:1; 45:3; 46:11; 48:12f,15

서(1:15)의 "택정하다(aphorizō)"도 많은 경우, 구체적 임무와 관련하여 사용된다.227) 갈라디아서(1:15f)에 나오는 이러한 모든 단어들은, 결국 다메섹 체험을 통해서 바울이 이방인의 사도가 된 것을, 구약 예언자들의 경우처럼(사 49:1; 렘 1:5) 하나님의 예정에 의한 소명의 차원으로 이해하며 설명하려는 목적으로 사용되고 있다.228)

십자가에 달리신 그리스도께서 부활하시고 바울에게 나타난 것은, 마치 어둠 속에 있는 자에게 빛이 비취인 것과 같은 그런 사건이다(고후 4:6; 참고 2절).229) 이는 태초의 혼돈과 어둠 속에서 빛을 창조하신 창조주 하나님의 능력으로 말미암은 것이다. 이 사건으로 인해서 헛된 것에 사로잡혀 무지몽매하고 혼미한 상태에 있던(고후 4:4) 바리새인-바울은 참된 하나님의 영광을 아는 지식을 갖게 된다(4:6; 참고 3:18). 이 지식은 그리스도가 주님이시라는 것이며(4:5) 그리스도의 얼굴에 나타난(6절) 하나님의 영광에 관한 것이다(4절).230) 회심을 어두움과 빛을 대비시켜 설명하는 예는 섣서 여러 곳에서 발견된다.231) 알렉산드리아의 유대인 필로는 빛과 태양의 창조를 누스(nous)의 창조와 연계시킨다. 즉, 비유적으로 빛의 창조를 인간의 정신에 '인식'이라는 빛이 비추는 것으로 이해한다.232)

이상을 통해 우리는 다음과 같은 사실을 알 수 있다. 바울이 그리스도를 만난 의미는 한 개인이 무지에서 벗어나 참된 진리

---

226) 사 49:1.5 LXX; 렘 1:5 LXX
227) 사 29:22 LXX; 행 13:2; 롬 1:1
228) 전경련, 「회심」, 170f,; 참고 Vouga, HNT 10, 33
229) M. Hengel, Paulus, 283
230) 참고 Windisch, KEK 6, 136
231) 행 26:18; 롬 2:19; 살전 5:4f; 엡 5:8; 벧전 2:9. Windisch, KEK 6, 139
232) Som I 72-76; Praem 25; Migr 39; Plant 40. Windisch, KEK 6, 139

를 깨닫게 된 사건이다. 이는 결국 예수께서 생전에 하셨던 말씀, 그가 유대교에 대해 취했던 비판적인 태도가 옳았음을 증거하는 하나님의 강권적인 역사(役事)이다. 따라서 열성적인 바리새인이요, 율법의 의로는 흠이 없던(빌 3:6) 바울은 결국 a) 성전을 포함하여 종교적으로 거룩한 것들을 중시여기고 b) 율법과 계명, 그리고 규례들을 철저히 지킴으로써가 아니라 1) 율법으로부터 자유로운 복음을 믿음으로('무조건성') 2) 그리고 한량없는 하나님의 은혜에 근거하여('하나님의 절대적 주도하심') 3) 또한 유대인이나 헬라인을 막론하고('혈통 등 전래되는 개인적인 특성과 무관함' = 보편성) 누구나 구원을 받게 된다는 귀중한 통찰을 얻게 된다.233) 이로써 지금까지 바울의 삶과 행동을 규정해 온 그의 신학적인 근간이 완전히 바뀌게 된다. 과거에 박해하던 복음을 이제는 증거 하게 되었으며(갈 1:23), 유대인에게 거리낌이 되는(신 21:22f; 참고 갈 3:13) 십자가에 못 박히신 그리스도를 전하게 된다(고전 1:23).

바울의 다메섹 체험을 죄의식과 관련한 종교-심리적인 차원으로 설명해 보려는 시도도 있다.234) 즉, 마치 루터의 경우처럼 바울도 율법을 온전히 지키려 했으나 그렇지 못한 자신을 발견하고 죄의식과 좌절 속에서 괴로워했다는 것이다. 결국 바울은 그리스도에서 그 해결책을 발견했는데, 다메섹 사건이 바로 그것이라는 것이다. 하지만 일찍이 W.G. 큄멜이 박사학위 논문에서 잘 밝히고 있듯이, 바울은 완벽한 율법 준수가 옳다고 보았으며 그는 실제 율법을 잘 지켰다(빌 3:6).235) 이러한 태도는 바울과

---

233) M. Hengel은 (Paulus, 284)은 이 전환에 의해 그의 신학적 사고가 규정된다고 본다.

234) 예를 들면 A. Deismann, *Paulus*, 73f, 89, 105

235) Betz, *Galaterbrief*, 264; E.P. Sanders, 『바울, 율법, 유대인』, 60f; 참고 M. Hengel, Paulus, 253, 283도 이에 동의한다.

동시대 유대인들이 율법에 대해 가졌던 보편적인 인식과 부합되
는 것이다. 그러므로 바울에게는 루터와 같이 의로워지려고 혼
신의 힘을 다해 노력했으나 그러면 그럴수록 의롭지 못한 자신
을 발견하고 괴로워한 내적인 갈등이 존재하지 않았다.236) 사도
바울은 그리스도를 만남으로써 자신의 과거 생각이 잘못되었음
을 발견하였고 더 나은 신학적인 통찰을 얻게 되었다. 이 "그리스
도를 아는 지식(빌 3:8)"을 획득함으로써 그는 과거 바리새인 시
절에 가지고 있었고, 가치가 있는 것으로 여겼던 모든 것들을 무
가치한 것으로 여기게 된 것이다. 이런 의미에서 바울의 다메섹
체험은 "의는 율법으로가 아니라 믿음으로 말미암은" 것(빌 3:9)
이라는 지식의 진보를 이룬 사건이요, 믿는 자는 누구나 아브라
함의 자손이요 그리스도의 영을 받아 하나님을 아바 아버지라
부를 수 있게 된다는 복음의 보편성을 깨닫게 되었고, 무엇보다
도 이방인에게 복음을 전하는 이방인의 사도로 헌신하게 된 소
명의 사건이다.

---

236) 참고 본인의 졸고, "갈라디아서에 나타난 바울의 율법이해",
    973-979, 그리고 본 저서 III. 1. 3) '루터로 바울 보기' 참고.

5. 초기 (아라비아, 다메섹) 활동

어떻게 이방인의 사도로 부름을 받게 되었는지를 밝힌 다음
(갈 1:15f), 이어서 바울은 "내가 곧 혈육과 의논하지 아니하고"
라고 말한다(16c절). "혈육"이란 하나님이나 혹은 다른 초자연적
인 존재에 반대되는 개념이다.237) 여기서 사용되는 동사 "의논하
다(prosanatithēmi)"는 신약 중, 유일하게 갈라디아서(1:16; 2:6)에
서만 등장하는 단어로서 1) 여격과 함께 "누구와 상의하다", "누
구에게 의뢰하다" 2) 여격 + 목적어와 함께(2:6) "누구에게 무엇
을 부과하다, 명령하다"의 뜻으로 사용된다.238) 즉 혈육과 의논
하지 않았다는 의미는 소명 체험 이후 자신의 행보가 철저히 하
나님에 의해 인도된 것임을 강조하는 데에 있다. 이로써 바울 복
음의 독자성이(1:11f) 재차 천명되고 있다. 당시 예수 그리스도의
계시를 받은 자라면 대개 신학적, 교회사적 중심지인 예루살렘
교회에 가서 조언을 받았다("사도들"에게 17a절). 바울은 이러한
관행과 다르게 행동하고 있다. 바울은 이들을 "나보다 먼저 사도
된 자들"이라고 표현한다. 여기서 전치사 "먼저(pro)"는 단순히
시간적인 의미만을 내포하는 것이다.239) 바울이 볼 때 이들은 다
만 먼저 사도가 되었을 뿐, 그 외는 자신과 다를 바가 없는 자들
이다. "먼저 사도된 자들"이라는 표현에서 볼 때, 바울은 이들의

---

237) sarks kai haima(σὰρξ καὶ αἷμα). W. Bauer, Wb, σάρξ s.v. 3; Burton,
ICC, 54; Müßner, HThK 9, 89. 주 58; Schlier, KEK 7, 57f; Betz, Galater,
146; Borse, RNT, 64. 참고 예수 시락서 14:18; 마 16:17; 고전 15:50;
엡 6:12; 히 2:14

238) Bauer, Wb, Sp. 1425 προσανατίθημι s.v.; Burton, ICC, 54, "to
betake one's self to", "to hold conference with", "to communicate";
Lightfoot, *Galatians,* 83, "consulting with someone (soothsayers, and
like)"; 참고 J.D.G. Dunn, Relationship, 462

239) πρό. Bl-D § 213,1; Burton, ICC, 54; 참고 οἳ καὶ πρὸ ἐμοῦ
γέγοναν ἐν Χριστῷ 롬 16:7

권위를 폄하하고 있지 않다는 사실을 알 수 있다.240) 예루살렘 교회의 지도자들에 대해 단지 시간적 우위만을 인정하는 바울의 이같은 표현은, 다분히 갈라디아 교회의 대적자들을 염두에 둔 것이다. 그들은 어떤 식으로든 예루살렘을 빙자하여 자신들의 권위의 정당성을 확보하고자 했기 때문이다.241) 바울은 스스로를 사도라고 불렀고, 또 이 사실을 믿어 의심치 않았지만, 종종 일부 사람들은 그의 사도성에 대해 의문을 품었다.242) 왜냐하면 바울은 예수 생전에 직접 선택되었거나 가르침을 받은 제자가 아니었으며, 또한 부활절 이후 최초의 그리스도 현현 당시의 제자 그룹에도 속하지 않았기 때문이다.243) 바울도 이러한 부족을 어느 정도 인정하고 있다(고전 15:8). "모든 사도보다 더 많이 수고"했던 것은 이 모자람을 보충하기 위한 측면도 있었다(고전 15:10).

그리스도를 만난 후, 바울은 다메섹의 직가(直街)라고 불리우는 거리의 유다 집에 있었다(행 9:8ff). "직가(Straight Street)"라는 표현에서 알 수 있듯이, 당시 다메섹은 이미 셀류시드 왕조 때부터 헬라화 되어, 격자형으로 도시가 구획되어 있었다. 다메섹에는 유대인들의 회당이 있었다(Jos, Bell II,560; VII,368; 참고 행 9:20). 다메섹의 유대인들은 특정 지역(ghetto)에 밀집하여 살았다.244) 여기서 잠시 다메섹의 역사를 살펴보자. 이 도시는 셀류시드와 프톨레미 왕조가 서로 맞붙어 힘을 겨루는 전장(戰場)의 한 가운데 위치하고 있었다. 주전 85년에 셀류시드의 힘이 약해진 틈을 타서, 나바테아인들이 무력으로 이 도시를 장악했다. 이후

---

240) Müßner, HThK 9, 91; Betz, Galater, 147; Borse, RNT, 64

241) Betz, *Galaterbrief*, 43, 174; Rohde, ThHNT 9, 9

242) 고전 9:1f,5; 고후 11:5; 12:11

243) Conzelmann, KEK 5, 305

244) 알렉산드리아에서도 유대인은 시의 5개 지구 가운데 두개 지구에 집중해서 살았다. 이는 로마에서도 마찬가지였다 (14개 구[區] 중에서 12~14구에 집단거주). 참고 필로, LegGai 155

폼페이우스가 시리아에 왔을 때도(주전 66년; 참고 Jos Ant XIV,29; Bell I,127), 이 도시는 나바테아인들의 영향권 아래 있도록 허용되었다. 하지만 옥타비아누스와 함께, 씨저 살해의 주모자인 카시우스와 브루투스를 물리친 안토니우스는 자신의 연인인 클레오파트라에게 이 도시를 선사하기도 했다(주전 34년). 악티움 해전에서(31년) 패하자 안토니우스와 클레오파트라는 차례로 자결을 한다. 그 이후, 다메섹은 로마의 통치를 받게 된다. 하지만 주후 34~62년 사이의 다메섹의 주인은 일부 기간을 제외하고는, 로마가 아니었다. 특별히 갈리굴라 황제(37년 3월~41년 1월)는 자신의 치세 말기까지 이 도시를 나바테아 왕 아레다 IV세에게 통치하도록 맡겼다.[245] 주후 66년 내전 때 1만 여명, 또는 1만 8천 명의[246] 유대인들이 다메섹에서 학살당한 일도 있었다.

이방인의 사도로 소명을 받은 바울이 맨 먼저 간 곳은 아라비아이다(갈 1:17). 아라비아는 일반적으로 다메섹의 남동쪽 지역, 나바테아 왕국의 북쪽 지역을 일컫는다.[247] 아라비아는 신약성서에서 관심 밖 지역이다. 단어 "아라비아"는 갈라디아서(1:17; 4:25) 외에는 나오지 않는다.[248] 특이한 점은 이 두 곳 모두 "아라비아"는 예루살렘과 대비되고 있다는 사실이다.[249] 따라서 갈라디아서(1:17)에서 아라비아가 거론되고 있는 이유는[250] 무엇보

---

245) J. McRay, Art. Damascus, 8

246) Bell II,561 - 1만 여명/ Bell VII,368 - 18,000명

247) F.F. 브루스, 『바울』, 95; Schlier, KEK 7, 58; Becker, NTD 8, 19; U. Borse, Art. Ἀραβία, EWNT² 1, Sp. 358

248) Ἄραβϵ 행 2:11; περὶ τὴν Ἀραβίαν 클레멘트 1서 25:1; ἀπό τῆς Ἀραβικῆς Χώρας 25:3

249) 갈 4:24ff에서 단어 "아라비아"는 "지금 있는 예루살렘"과 다름이 아니지만, 이 "지금 있는 예루살렘"은 "위에 있는 예루살렘"과 대비되고 있다.

250) 그것도 예루살렘으로 가지 않고 (οὐδέ) 아라비아로 갔다고 (ἀλλά) 분명히 밝히고 있다.

다도 예루살렘 교회로부터 독립된, 예수 그리스도에 의해 직접 매개된 바울 자신의 복음에 대한 정당한 자리매김을 위해서라고 할 수 있다. 갈라디아서의 다른 구절(4:25 "이 하갈은 아라비아에 있는 시내 산으로")을 참고할 때, 시내 산의 위치에 대한 특이한 사실을 발견하게 된다. 시내 산이 아라비아에 있다는 설명이 바로 그것이다. 역사적으로 시내 산은 주후 4세기 이후에야 비로소 시나이 반도에 있다고 인식되기 시작했다. 그 이전 사람들은 아라비아에 있었다고 생각했다.251) 바울은 당시의 이러한 사고를 그대로 수용하여 갈라디아서 4장에서 시내 산의 위치를 아라비아로 설정하고 있다. H. 게제의 지적과 같이252) 아카바 만(灣)의 동쪽에 시내 산이 있었고, 당시 사람들은 이곳을 아라비아로 생각했다는 점에서, 바울이 소명 체험 후 간, 아라비아는 주로 나바테아 왕국을 가리킨다고 봐야 할 것이다. 나바테아인들은 이스마엘의 후손, 즉 아브라함의 자손들이므로 유대인들과 같은 피를 나눈 종족이라고 할 수 있다.253) '희년서'나 '12족장서'는 이스마엘이나 그의 후손에 대해 호의적으로 묘사하기도 한다.254) 나바테아 왕국이 로마의 반종속국이며 헬레니즘의 영향권 하에 있었다는 점에서, 역사적으로나 문화적으로 유대와 나바테아 왕국은 유사한 상황 하에 있었다. 두 나라 간에는 어느 정도의 교류가 있었다. 예를 들면, 헤롯 대왕의 모친 키프로스는 나바테아 혈통이다. 아레다 IV세의 딸 샤우닷은 헤롯 안티파스가 이복형제 빌립의 아내와 결혼하기 위해 이혼한, 그의 전처였다. 이러한 정

---

251) 가이사랴의 유세비우스, Onomastikon, 172; 참고 142. 또한 Müßner, HThK 9, 323 주 34

252) H. Gese, Ἁγάρ, 88 는 시내 산을 el-'aqaba 만의 동쪽에 있다고 본다.

253) R. Riesner, *Frühzeit*, 230

254) 12족장서 11:2ff; 희년서 15:18; 17:2,7,13ff. 참고 D. Mendels, *Land of Israel*, 145-154

황들을 고려할 때, 하스모니아 왕조 이래 유대인과 나바테아인의 관계는 대체로 적대적이긴 했지만[255], 완전히 관계가 단절되지는 않았다. 따라서 그들 지역에 가서 바울이 전도 했을 충분한 가능성이 있다. 아라비아에서 돌아온 이후 바울은 그곳에 있는 교회에 대해 일절 언급을 하지 않고 있다. 또한 그곳을 방문하고 싶다는 심정도 전혀 토로하지도 않는다. 이러한 점에서[256], 바울의 아라비아 선교는 구체적인 결실을 맺지 못한 채 끝이 났던 것으로 추정된다.[257] 바울은 아라비아를 떠날 수밖에 없었고, 이후 그는 발걸음을 그 반대편으로 돌린다(참고 롬 15:19).

바울은 왜 아라비아에 갔을까? 그 이유는 여러 가지일 수 있다. 1) 이방인 선교를 위해[258] 2) 한적한 곳에서 기도와 묵상을 통해 앞으로의 일들을 위한 내적 준비 시간을 갖기 위해[259] 3) 이유를 알 수 없다 등.[260] 율법에 대한 열심이 투철했던 바리새인-바

---

255) 참고 A. Kasher, *Jews*, 126-191. 앞에서 거론한 이혼으로 두 나라 간에 전쟁이 발발했다(Ant 18,5,1-3 [109-25]); 참고 D.F. Graf, Art. Nabateans, 972; 주후 70년 유대인들이 저항운동을 일으켰을 때 나바테아인들이 이들을 무자비하게 학살한 사건도 있었다(Jos Bell II,68ff; VII,550f; Ant XVII,290).

256) R. Riesner, Frühzeit, 233

257) S. Perowne, *Reisen*, 32-34; Haenchen, KEK 3, 322f; G. Bornkamm, *Paulus*, 48f

258) Betz, Galater, 148; Borse, RNT, 63; Becker, NTD 8, 19; Ch. Burchard, *Zeuge*, 126 주 280; G. Bornkamm, *Paulus*, 48f; M. Hengel, Ursprünge, 24 주 36; D. Lührmann, Abendmahl, 276; Ch. Diezfelbinger, *Berufung*, 143f; F. Vouga, *Geschichte*, 94; W. Schneemelcher, Urchristentum, 139

259) Burton, ICC, 55 "he sought communion with God"; Lightfoot, *Galatians*, 90; F.F. 브루스, 『바울』, 95은 구약의 모세와(출 3:1) 엘리야가(왕상 19:8) 호렙산에서 하나님과 친교를 나누었듯이 바울도 그렇게 하기 위해 아라비아로 갔다고 본다.

260) A.v. Harnack, *Mission*, 699 주 5; R. Riesner, *Frühzeit*, 208, 230f;

울은 예수를 그리스도로 고백하는 기독교인들을 박해하던 도중, 예수 그리스도의 현현을 통해 그들의 믿음이 옳다는 사실을 깨닫게 된다. 그 결과 그의 삶의 방향은 완전히 바뀌어, 박해하던 복음을 오히려 이방인들에게 증거 하는 자가 되었다.261) 다시 말해 그리스도의 계시로 인해 바울은 자신이 이방인의 사도로 부름을 받았다는 사실을 깨달았다(갈 1:16; 참고 롬 1:6). 이미 바리새인으로서 교육을 받았고, 기독교는 유대교 내의 한 분파로 존재했기 때문에, 예수를 그리스도로 고백하게 된 바울은 소명 초기부터 이방인을 위해 복음을 증거할 모든 준비가 갖추어져 있었다. 예루살렘 사도들을 만나 자신이 받은 계시에 대해 의논하고 그들로부터 복음에 대해 배우고 검증을 받을 필요가 없었다. 이런 맥락에서 "아라비아로 갔다"는 표현 속에는 그곳에서 예루살렘 교회와 독립된 복음을 증거했다는 어감이 내포되어 있다고 봐야 한다.262)

아라비아 활동에 대해서 구체적인 언급을 회피한 채, "다시(πάλιν)"라는 불변사로 그 이후의 행적을 밝히고 있다(갈 1:17). 우리는 "다시 다메섹으로 돌아갔노라"라는 표현을 통해, 바울의 그리스도 현현 체험은 다메섹이거나 또는 사도행전의 기록처럼 이 도시로 가던 중에 발생했음을 간접적으로 알 수 있다.263) 사도행전은 바울의 아라비아 체류나 활동 자체에 대해서 함구하고 있다. 사도행전(9장)에 보면 다메섹 체험 이후부터 1차 예루살렘

Müßner, HThK 9, 92

261) Ch. Burchard, *Zeuge*, 126 주 280; F. Hahn, *Verständnis der Mission*, 82f; Ch. Diezfelbinger, *Berufung*, 141f, 143; G. Bornkamm, Paulus, 48f "이방인의 사도로 부름 받은 자는 곧 아라비아로 갔다. 우리는 바울이 이 지역에서 이미 복음을 전했다고 본다"; F. Vouga, *Geschichte*, 94, 99, 110

262) 참고 F.F. 브루스, 『바울』, 95

263) Burton, ICC, 58; 참고 행 9,1-22

방문까지의 여정 가운데 아라비아 행은 그 어디서도 들어갈 수 있는 여지가 없어 보인다. 더 나아가 여기서는 일련의 사건이 3년이 아니라 비교적 짧은 기간에(참고 9:19 "며칠", 23절 "여러 날이 지나매") 발생된 것처럼 묘사한다. 또한 아레다 왕의 신하인, 고관의 손아귀에서 벗어난 것이 아니라 유대인을 피해 탈출한 것으로 되어 있다(23ff절). 바울서신과 사도행전의 이러한 차이는 고대 역사 기술상의 일반적인 특징에서 - 자료에서 지명이 정확하게 사용되지 않는 경우가 종종 있다264)- 기인한 것일 수 있다. 또한 요단 동쪽을 아라비아라고 했던 요세푸스나, 다메섹을 아라비아로 본 저스틴처럼, 아라비아를 다메섹이나 그 부근으로 봐도 사도행전의 기술 문제는 해결된다.265) 하지만 일반적으로 당시 '아라비아'는, 나바테아 왕국 또는 그 영토에 해당하는 지역을 지칭하는 말이다.266) 그런 점에서 누가의 기술 가운데 아라비아에 관한 언급이 없다는 점은 특이하다. 아라비아가 나바테아 지역을 의미한다고 할 때, 대도시를 선교지로 선호했던 바울이 그곳의 수도인 페트라를 그냥 지나쳤을 리 만무하다.267)

교부들의 글에268) 따르면 아라비아는 유향과 몰약의 땅으로

---

264) H. Bietenhard, Dekapolis, 227-230

265) Jos Bell I,89; III,47; V,160; Ant VIII,179; Apion I,133; II,25; 저스틴, Dial 78.10. 참고 R. Riesner, *Frühzeit*, 228

266) Schlier, KEK 7, 58; Oepke, ThHK 9, 61f; Müßner, HThK 9, 91f. 이와 달리 아라비아를 다른 곳으로 보는 학자들은 다음과 같다. 헤롯 왕조의 지배 하에 있었던(Bell I 398; II 95.215) Auranitis로 보는 이들 - J. Klausner, *Jesus*, 313f; W. Feneberg, *Paulus*, 89f. 다메섹 서쪽의 데가볼리에 속한 도시들이나 혹은 도시 팔미라(palmyra)와 인접한 다메섹 북쪽으로 보는 이들 - B. Rigaux, *Paulus*, 100 주 4; G. Schneider, HThK 5/1, 131 주 48; H. Bietenhard, Dekapolis, 255f.

267) J.A. Montgomery, *Arabia*, 34; M. Lindner, Geschichte, 74; D.F. Graf, Art. Nabateans, 972는 아라비아의 어디에 머물렀는지 알 수 없다는 조심스러운 입장을 취한다.

알려져 있다. 나바테아인들은 일찍부터 아라비아의 향료들을 지중해 연안의 지역에 판매하는 무역에 종사하였다. 주전 2세기 초에 남아라비아의 미네안 왕국이 쇠퇴하자 나바테아인들은 향료들을 운반하는 대상(隊商)의 역할까지 도맡게 되었다. 그 결과 히자즈 - 다메섹, 혹은 페트라 - 가자 등의 대상로를 따라 나바테아인들의 수많은 정착촌이 건설되었다.269)

바울은 아라비아에서 다메섹으로 돌아와 주로 유대인의 거류지에서(행 9:19-22) 복음을 전하던 중, 유대인들의 방해와 적대적인 태도에 위협을 느낀 나머지, 나바테아인들이 모여 살던 지역으로 피신했던 것으로 보인다. 그러나 그곳의 지도자(또는 당시 도시를 지배하고 있던 자)도 바울을 잡으려 했다. 결국 바울은 위험을 피해 성을 극적으로 탈출한다. 고관이 바울을 잡으려 한 배후에는, 그를 미워한 유대인들의 사주가 있었던 것으로 추정된다.270) 즉, 유대인들과 친분관계나 또는 유대인들과 우호적인 관계를 유지하려는 나바테아인들이 유대인의 부탁을 받고 자신들의 영내에 들어온(또는 성에 있는) 바울을 잡으려 했던 것이다.271) 아라비아에 가서 선교를 하면서 필연적으로 야기되었던, 그곳 토착 종교와의 갈등 내지 대립272) 소식을 직·간접적인 경로를 통해 알고 있었던 다메섹의 나바테아인들은 바울에 대해 부정적인 이미지를 갖고 있었다. 그런 상황에서 바울을 붙잡아 달라는 유대인들의 요청이 들어오자 이에 응한 것이다.273)

---

268) 클레멘트 1서 25:1-2; Dial. Trypho 78,1; 터툴리안 adv Marcion 3,13

269) D.F. Graf, Art. Nabateans, 970, 972

270) 행 9:23-25. 참고 R. Riesner, *Frühzeit*, 72

271) 고관이 바울을 잡으려 했던 것은 그의 선교 활동을 통해 그 지역에서 불필요한 인물이 되었기 때문이라고 K.P. Donfried, Art. Chronology, 1020f는 주장 한다.

272) 참고 W.A. Meek, *Urban Christians*, 10

273) R. Riesner, *Frühzeit*, 78는 주후 36년 여름 아레다 왕이 헤롯

6. 제1차 예루살렘 방문

부활한 그리스도를 만난 직후 사람들의 예상과 달리 예루살렘이 아닌, 아라비아로 바울은 갔다. 이후 다메섹에서 활동했으나 (유대인들의 사주를 받은) 나바테아인들의 방해 및 체포하려는 움직임 때문에, 그곳을 도망 나와야 했다. 이제 바울은 복음의 출발지요(롬 15:19), 자신보다 먼저 사도가 된 자들이 있는 성전 도시, 팔레스타인의 중심지인 예루살렘으로 발걸음을 옮긴다.

갈라디아서(1장)에 의하면 이 방문은 그리스도를 영접한지 대략 3년 만에 이루어 진 것이다. 단지 15일 동안의 체류기간 중에 베드로와 야고보 외에는 아무도 만나지 않았다고 강조함으로써, 바울은 이 여행의 의미를 애써 축소하고 있다. 그가 이렇게 말하는 이유는 갈라디아서의 저술 목적과 밀접한 관련이 있다. 바울이 갈라디아 지역에 교회를 세운 뒤 다른 곳으로 간 틈을 타서, 몰래 들어온 대적자들은 자신의 정신적, 신학적인 배후가 예루살렘이라고 사칭했다. 그들은 예루살렘을 빙자하여 자신들의 권위를 정당화하고, 바울의 '율법으로부터 자유로운 복음'에 반(反)하는 '다른 복음'을 전한다. 갈라디아인들은 대적자들의 감언이설에 미혹되어, 바울이 전한 복음을 버리고 율법의 계속적인 유효성을 주장하는 쪽으로 마음이 기울어가고 있었다. 이에 바울은 분연히 붓을 들어 갈라디아서를 저술한다. 갈라디아 교인들을 질책하며, 그들을 다시 올바른 길로 인도하려 한다. 따라서 이 편지에서 바울은 대적자들의 권위와 정당성의 근거 역할을 하고 있는 예루살렘에 대해 어느 정도 거리를 두고 있는 것이다.

안티파스와의 전쟁에서 승리한 사실 등을 염두에 두면서(Jos Ant XVIII,113-116), 아레다 왕이 헤롯 안티파스와의 분쟁에도 불구하고, 유대인들과는 좋은 관계를 유지하려 했기 때문이라고 본다.

이 방문의 목적은 게바(kēphas)를 심방하기 위함이었다. 게바는 '반석'이라는 뜻의 베드로의 아람어 별명(כיפא)을 그리스어로 전자(轉字)한 것이다. 게바는 열 두 제자의 수장이요(고전 15:5), 예루살렘 교회를 대표하는 세 사람 중의 하나로서, 초대 기독교에서 가장 중요한 인물 가운데 한 사람이다. 바울이 그를 칭할 때, 헬라어로 '반석'의 뜻을 가지고 있는 "베드로" 보다는 아람어 "게바"라는 호칭을 즐겨 사용한다.274)

"방문한다(historēsai)"는 동사는 신약성서 중에 여기에만 나온다. W. 바우어는 자신의 사전에서 이 단어를 "알기위해 방문한다"는 뜻으로 본다.275) 거기에 비해 LSJ는 "어떤 개인을 조사하기 위해(inquiry) 방문한다"는 의미로 이해한다. 갈라디아서에서 바울의 독립적인 복음이 강조되고 있다는 점을 염두에 둘 때, 방문의 목적이 "조사"에 있기보다는 "단순히 알기위해"가 더 적합해 보인다.276) 성서는 왜 바울이 게바를 만나려 했는지 그 이유에 대해 말하는 대신에, 단지 15일만 머물렀다고 말한다. 15일이라는 숫자는 앞에서 언급된 기간인 3년과 대비되면서, 바울이 예루살렘 교회의 지도자들로부터 어떤 영향을 받을 수 있을 만큼 충분한 시간이 아니었음을 암시하고 있다. 이 기간 동안에 바울은 게바와 함께, 자신의 복음에 대해서 그리고 소명체험과 그 이후의 행적에 관해서 이야기를 나누었을 것이다. 이때 게바가 바울의 복음에 대해 어느 정도까지 동의를 했는지에 관해서는 알 수 없다.277) 아마도 바울은 게바로부터 최소한의 동의만을 받았던 것 같다. 만약 게바가 상당부분 바울의 복음에 대해서 동의를 했

---

274) 갈 2:7f는 예외이다.

275) W. Bauer, Wb, 776 s.v

276) Burton, ICC 59; Vouga, HNT 10, 36; O. Hofius, Gal 1,18, 262, 267

277) 참고 J. Roloff, *Apostolat*, 68. 그는 게바가 바울의 복음에 동의했다고 본다.

다면, 이는 바울의 사도성을 증명하는데 좋은 자료가 되기에, 갈라디아서에서 이 사실이 반듯이 언급되었을 것이다. 하지만 그러한 내용이 나오지 않는 점에서, 바울은 게바로부터 전적인 동의를 얻어내지 못한 것 같다. 하지만 바울이 안디옥 사건(갈 2:11-14) 때, 야고보가 보낸 사람들이 아니라 베드로를 비난한 것을 보면 적어도 첫 예루살렘 방문 당시, 바울과 게바 사이에 어느 정도의 공감대는 형성되었다고 추정된다.

바울은 갈라디아서(1:19)에서 예루살렘을 처음 방문했을 때에 베드로와 야고보[278] 이외에 아무도 만나지 않았다고 한다. 비록 초대교회에 대한 직접적인 자료가 없기는 하지만, 초대교회 교인들은 성전 제의에 참가하는 동시에[279] 대략 20-30명 정도[280] 모이는 가정교회에서도 예배를 드렸으리라고 추정된다(행 2:46; 5:42; 12:12; 참고 8:3). 초대교회 교인들은 서로 모이기에 힘썼다(행 4:26). 첫 예루살렘 방문 기간 중, 적어도 두 번의 안식일 내지 주일이 있었음에도 불구하고, 바울이 게바와 주의 형제 야고보만 만난 이유는 아래의 경우들 중의 하나일 것이다. 1) 예루살렘 교회의 지도자들이 박해자였던(참고 행 9:26f) 바울을 만나기 꺼려했다. 2) 그들이 당시 예루살렘에 없었다. 3) 율법에 신실한 유대인들로부터 해를 당할까(행 9:23ff; 고후 11:32f) 염려하여, 바울이 숨어 있었다. 4) 율법과 성전제의에 비판적인 복음이해 때문에 의도적으로 바울은 성전제의에 참여하지 않았으며, 따라서 짧은 체류기간 때문에 다른 사도들을 만날 기회가 없었다. 이

---

278) O. Cullmann, *Petrus*, 42는 야고보는 의도하지 않고 우연히 만났다고 본다.
279) F. Vouga, *Geschichte*, 40, 121; F. Hahn, Verständnis des Opfers, 69; 참고 행 2:46; 3:1; 5:42
280) L. Schenke, *Urgemeinde*, 73f

가운데 가장 설득력 있는 설명은 제일 마지막 경우이다. 게바와 야고보를 만났다는 점에서 1)은 적당치 않다. 예루살렘에 초대교회가 자리 잡은 것은 그곳에 부활하신 그리스도께서 재림하실 것이라는 유대-묵시문학적 기대 때문이었다. 따라서 이 교회의 지도자들이 예루살렘을 떠나 있었다는 2)도 설득력이 없다. 또한 주후 40년대에는 아직까지 유대교가 과격한 국수주의적-민족주의 성향을 띄지 않았기 때문에 기독교인들이 당국이나 동료 유대인으로부터 박해당하는 경우는 거의 없었다.281) 그리고 그러한 위험이 있었더라면 방문의 목적을, 단순히 알기 위해서라는 의미인 "심방한다"는 용어로 표현하지 않았을 것이다. 따라서 바울이 1차 예루살렘 방문 중 두 명의 지도자만을 만난 이유에 대해 다음과 같이 정리할 수 있다. 바울은 계시에 의해 예수 그리스도의 복음을 진리로 수용하였다. 그 결과 사도는 율법에 대해 비판적인 입장을 취하게 된다. 그로 인해 바울은 예루살렘 방문 기간 중, 성전제의에 참석하지 않았고 따라서 베드로와 야고보 밖에 만나지 못했다. 물론, 우리가 알지 못하는 어떤 이유로 인해 바울은 예루살렘 방문 기간 중에 사도들과 제한된 접촉을 가졌을 수도 있다.

---

281) 예외적으로 주후 43-44년경에 헤롯 아그립바 I세에 의해 요한의 형제 야고보가 죽임을 당한 사건이 있었다(행 12:1ff).

7. 시리아-길리기아 지역에서의 활동

사도행전은 다메섹에서 예루살렘으로 간 바울이 그곳에서도 유대인을 상대로 선교활동을 했으며, 그 와중에 헬라파 유대인들의 반대에 직면하게 되어, 교회 지도자들의 주선으로 다소로 보내지는 것으로 기록하고 있다. 이에 반해 바울 서신에서는 단지 15일 간 예루살렘을 방문한 후, 시리아-길리기아 지방으로 갔다고 설명한다. 왜 이곳으로 갔는지에 대한 구체적인 언급은 나오지 않는다. 아마도 바울의 고향이 다소이며, 바리새인으로 활약했던 지역인 다메섹도 크게 보면 시리아-길리기아에 속해 있기에, 자신의 과거 활동 무대이자 연고지로 간 것이라고 추정해 볼 수 있다.

갈라디아서(2:1)의 기록 "십 사년 후에 내가 바나바와 함께 디도를 데리고 다시 예루살렘으로 올라갔나니"를 통해 볼 때, 이 지역에서 바울은 대략 13-14년을 보냈다. 그가 이방인의 사도로 본격적으로 활동한 삶의 궤적을 정리해 보면, 회심 후 2-3년 간 아라비아와 다메섹, 그리고 시리아-길리기아 지역에서 13-14년, 마지막으로 예루살렘 사도회의 후 대략 8-9년에 걸친 유럽(마케도니아, 아가야)과, 소아시아(에베소)에서의 활약 등 세 부분으로 구분할 수 있다. 그 중에서 시리아-길리기아 지역에서의 선교활동이 시기적으로 가장 길다.282) 이 기간 중에 구체적으로 어디서, 어떻게 활동을 했는지에 대해 바울서신은 별다른 설명을 하지 않는다. 다만 유대에 있는 기독교인들이 자신의 변화된 삶에 대해 전해 듣고 하나님께 영광을 돌린다고(갈 1:23f) 전언함으로써, 간접적으로 자신이 이 지역에서 복음 증거를 위해 활발하게 활동했음을 시사하고 있다. 사도행전에 따르면 예루살렘에서 가이

---

282) J. Becker, *Apostel*, 87

사랴로 내려간 바울은 그곳에서 배를 타고(행 9:30) 고향인 다소로 갔다(11:25). 안디옥에서 처음으로 헬라인에게도 복음이 전해져(11:20) 신자들의 수가 증가하자 예루살렘 교회는 바나바를 그곳으로 파견한다. 다소에 있던 바울도 바나바의 요청으로 안디옥에 온다. 그리고 거기서 1년 간 복음을 증거 하였다. 그 후 안디옥 교회의 후원으로(13-14장) 바울과 바나바는 구브로, 밤빌리아, 비시디아, 루가오니아 지역에서 그리스도를 증거 하였다(1차 선교여행)283).

바울의 고향인 다소는 교통의 요지에 자리 잡고 있었다. 따라서 바울이 수리아-길리기아 지방에 약 13-14년 간 머물러 있는 동안에, 이 도시를 중심으로 북쪽과 서쪽 지역에 가서 선교를 했을 가능성에 대해서도 생각해 볼 수 있다.284) 다소에서 유명한 '길리기아 문'을 지나 타우루스 산맥을 넘으면 바로 갑바도기아 지역으로, 이곳은 주후 17년 이래 로마의 지배 하에 있었다. 따라서 바울이 다소에도 있었다면, 그의 발길이 갑바도기아까지 닿지 않았을까 상정해 볼 수도 있다.285) 하스모니아 왕조 이래 유대인은 이곳에도 거주했다(막하비 1서 15:22-24; 참고 행 2:9; 요세푸스 Ant XIV,104). 하지만 갑바도기아 지역은 헬라화가 늦게 진행되었기 때문에 바울이 활동하기는 그다지 여건이 좋지는 않았을 것이다. 갈라디아서(1:21)에서도 바울의 활동지역으로 시리아와

---

283) 사도행전에 따르면 이후 바울은 2차, 3차 전도여행을 떠난다. 누가는 바울의 전도 활동이 1, 2, 3차에 걸쳐 계획적으로 (출발지 또는 도착도시는 예루살렘) 이루어진 것으로 묘사한다. 하지만 사도행전의 역사적인 가치에 대해 적극적으로 평가하고 있는 R. Riesner, *Frühzeit*, 273 조차 2차, 3차 여행은 누가의 신학에서 (도식적인 구도) 나온 것임을 인정하고 있다. 참고 D.T. Rowlingson, Orientation, 341-344

284) 참고 R. Riesner, *Frühzeit*, 236f

285) 참고 R. Teja, Provinz, 1083-1124

길리기아만 언급되고 있다는 점에서, 그가 이 시기에 타우루스 산맥 북쪽까지 가서 선교했을 가능성은 희박하다. 갑바도기아와 북쪽의 본도는 바울 보다는 베드로의 활동지역으로 알려져 있다(벧전 1:1). 바울이 다소에 얼마나 머물렀는지 우리는 정확히 알 수 없다. 하지만 그 이후 안디옥에서 1년 간 있었고(행 11:25f), 그 다음 비교적 짧은 여정의(약 2200km)[286] 1차 전도여행(행 13-14장)을 하는데 시리아-길리기아에서 13-14년간의 기간이 모두 소요되고 있다는 점에서, 다소 체류 기간이 짧지 않았으리라 추측된다.[287]

앞서 밝혔듯이 시리아-길리기아에 있는 동안 바울은 안디옥에서도 활동한다. 이는 바울서신에서도(갈 2:11ff) 간접적으로 확인된다. 갈라디아서(2:1)를 참고할 때, 바울이 바나바와 함께 디도를 동반하고 예루살렘의 사도회의를 위해 출발한 곳은 안디옥이라고 볼 수 있다. 더욱 상세한 정보는 사도행전을 통해 보충된다. 다소에 있던 바울은 바나바의 요청에 따라 안디옥으로 가서 활동하게 된다(행 11:25f). 바나바는 구브로 출신의 레위 족으로, 초기부터 예루살렘 교회의 일원으로 활동하던 중(행 4:36f), 예루살렘 교회에 의해 안디옥에 파송되었다(행 11:22). 누가의 평가에 따르면 바나바는 착하며 성령과 믿음이 충만한 자였다(24절). 그는 바울이 안디옥으로 오기 전에 이미 안디옥 교회의 기반을 닦은 자이며, 사도회의 때 바울과 함께 예루살렘의 지도자들과 교제의 악수를 했다는 점에서(갈 2:9) 안디옥 교회를 대표하는 지도자라 할 수 있다. 안디옥 교회의 기틀이 어느 정도 잡히자 바울과 바나바는 전도 여행을 떠난다. 여행의 첫 번째 목적지는 바나바

---

286) 대략 2차, 3차 여행의 거리는 각각 4500km이고, 로마 압송 길은 3500km 이다.

287) R. Riesner, *Frühzeit*, 239는 다소에서의 체류 기간을 3~10년으로 본다.

의 고향, 구브로이다(행 13:4). 당시는 오늘날처럼 운송수단이 잘 발달되어 있지도 않았고, 숙박시설이나 여행정보가 완비되어 있거나 잘 준비될 수도 없었기 때문에 첫 여행의 목적지로, 잘 아는 지역과 장소로 정한 것은 현명한 처사였다. 바나바의 고향을 첫 여행지로 택했다는 점에서 당시 그의 영향력을 간접적으로 가늠할 수 있다. 후에 야고보가 보낸 자들이 안디옥에 왔을 때, 바나바는 그들의 주장에 동조하여(갈 2:13) 구원을 위해 율법도 계속 지켜야 한다는 입장을 택한다. 따라서 바나바는 전반적으로 예루살렘 교회의 영향권 내에 있었던 인물이라고 봐야 한다. 그의 신앙은 유대 기독교적인 성향에 가까웠다. 이 안디옥 사건(2:11ff)은 바울과 바나바가 서로 등을 돌리게 되는 단초가 되었다. 사도행전에 따르면, 일차 전도여행 때에 밤빌리아에서 예루살렘으로 돌아간 마가 요한(행 13:13)을 2차 여행에서도 계속 동반자로 데려 가느냐, 마느냐의 문제로 바울과 바나바는 의견이 갈렸고, 결국 둘은 제각기 길을 떠나게 된다. 바울은 실라를 데리고 소아시아로 갔고 바나바는 마가와 동행하여 구브로로 향한다(행 15:36ff).

안디옥 교회의 지도자들의 이름이 사도행전(13:1)에 나온다. 우리가 잘 아는 바나바와 바울 외에 니게르라 하는 시므온, 구레네 사람 루기오 그리고 분봉 왕 헤롯의 젖동생 마나엔이 바로 그들이다.[288] 누가는 이들을 선지자와 교사라고 소개한다(참고 고전 12:29).[289] 일부에서는 교회 지도자들 중 바울의 이름이 맨 마

---

288) 시므온, 루기오, 마나엔에 관해선 F.F. 브루스, 『바울』, 164ff 참고

289) 교회 지도자의 명칭 중 '사도'는 고린도전서에서 비로소 등장한다. 사도행전에서 '사도'는 주로 12제자에 국한해서 사용된다. 이런 맥락에서 안디옥 교회의 지도자를 지칭하는데 사도라는 명칭이 사용되지 않고 있다.

지막에 거론되고 있다는 이유로, 바울이 이곳에서 주도적인 역할을 하지 못했다고 보기도 한다.[290] 그러나 안디옥 교회의 대표 자격으로 바울이 예루살렘에 갔다는 점에서, 이런 주장은 억측에 가깝다.

예루살렘 회의 때 함께 동행 한 디도(갈 2:1)는 바울 편지의 서두 어디에서도 공동의 발신자로 거론 되고 있지 않다. 바울은 그를 그리스도를 믿는 이방인임에도 불구하고 강제로 할례를 받게 하지 않은 실증적인 예로, 예루살렘 교인들에게 보일 목적으로 데려 간다(2:3). 따라서 그는 바울과 대등한 동역자라고 보기는 어렵다. 디도는 고린도 후서(2:13; 7:6,13f; 8:6,16,23; 12:8)에서 집중적으로 거론되며, 특별히 예루살렘 모금 운동에 깊이 관여한 인물이다. 갈라디아서의 몇 구절(2:1,11ff 등)을 참고할 때, 앞에서 이미 잠시 언급했듯이, 바울과 바나바 그리고 디도는 예루살렘 회의에 참석하고자 안디옥에서 출발했다고 볼 수 있다. 310년 무명의 아프리카인이 전하는 전승에 따르면[291] 디도의 고향은 안디옥으로 알려져 있다.

오론테스 강 유역에 위치한 안디옥은 셀류시드 니카토에 의해 주전 300년에 건립되었다(Jos Apion II,39; Ant XII,119). 안디옥은 소아시아와 팔레스타인을 연결하는 길목에 있을 뿐 아니라, 서방과 동방세계가 맞닿아 있는 접경의 배후지로서 그 역할이 매우 중요하였다. 시리아의 산물들은 이 도시에 집결되어 강 하류 쪽으로 30km 떨어진 항구 실루기아 피에리아에서 지중해 연안의 여러 도시들로 보내졌다. 주전 175년, 안디옥은 유대인들에게 악명 높은 안티오쿠스 에피파네스 IV세에 의해 셀류시드 제국의 수도가 되었으며, 후에 로마의 지배하에서도 속주 시리아-

---

290) 참고 R. Riesner, *Frühzeit*, 241
291) 참고 Zahn, KNT 5/2, 399-405

길리기아의 행정 중심지로 역할을 수행하였다. 주전 25년에는 동부 길리기아가 시리아에 병합되는 사건도 있었다. 시리아 안디옥은 로마, 알렉산드리아에 이어 제국에서 세 번째로 큰 도시로 발달하였다. 대략 주전 2세기 경부터 유대인들이 이 도시에 거주하였다(Jos Bell VII,44; Ant XII,119). 안티오쿠스 에피파네스 IV세의 폭정과 그의 후계자들에 의한 적대적인 행위들 그리고 막하비 혁명 등의 역사의 격변기 중에도 이 도시의 유대인들은 종교적 자유를 누리며, 번영을 구가하였다(Bell VII 44f). 안디옥에는 셀류시드 왕조 때부터 유대인의 회당이 있었다.292) 로마의 지배 하에서도 이 도시의 유대인의 지위나 상황은 크게 변하지 않았다.293) 어떤 학자는294) 아우구스투스 시절 안디옥의 유대인 수가 4만 5천 명이라고 추산한다. 하지만 전체 인구 중 12~13%가 유대인이었던 이집트의 경우를 참고하고, 안디옥은 대략 4세기에 이르러야 인구가 15만 명, 근교까지 합치면 40만 명이였다는 계산에 근거하여,295) 바울 당시 약 2만 2천 명의 유대인이 있었을 것으로 추정되기도 한다.296)

누가의 보고에 따르면, 스데반의 박해로 흩어진 헬라 출신의 유대 기독교인들이 유대인에게만 복음을 전했으나297) 안디옥에 이르러 비로소 본격적으로 이방인에게 그리스도의 복음이 전해

---

292) 안티오쿠스 에피파네스의 후계자들은 선왕이 예루살렘 성전에서 약탈해온 성전 제기들을 안디옥의 회당에 돌려주었다(Jos Bell VII,44).

293) W.A. Meeks/ R.L. Wilken, *Jews*, 3f

294) C.H. Kraeling, Community, 136

295) J.H.W.G. Liebeschutz, *Antioch*, 40f, 92ff

296) W.A. Meeks/ R.L. Wilken, *Jews*, 8

297) 이는 "우선 유대인에게", 그러나 그들이 복음을 거부함으로 이방인에게 기회가 넘어갔다는 누가의 기본 사고에서 기인하는 것이다. W.A. Meeks/ R.L. Wilken, *Jews*, 14

졌다(행 11:19). 도시 안디옥이 이방 기독교과 밀접한 관계라는 사실은 일곱 집사의 명단 중에서 유일한 이방인 니골라가 바로 안디옥 출신이라는 점을 통해(6:5) 잘 나타난다. 분봉왕 헤롯 안티파스(주전 4~주후 39년, 참고 눅 3:1; 9:7-9; 13:31; 23:6-12; 행 4:27)의 젖동생, 다른 말로 하면 죽마고우가 마나엔인데, 그가 바로 안디옥 교회의 지도자였다는 점은 시사하는 바가 크다. 안디옥은 헤롯 가문과 관련이 깊다. 헤롯 대왕은 일찍이 이 도시의 유대인 거주지에 20스타디온 길이의 길을 포장해 주었다(Jos Bell I 425). 누가(행 13:1f)는 바울을 셈어인 "사울"로 명명하고 있다. 따라서 구레네 사람 루기오도 셈족 이름이라고 추정된다.298) 구레네 사람인 그가 안디옥 시의 교회 지도자 중 한 명이라는 점에서, 두 도시 간에 특별한 인연이 있었다고 볼 수 있다. 즉, 이방인 선교의 발단은 구레네와 구브로 출신의 익명의 몇 사람이 안디옥에서 헬라인에게도 복음을 전하므로 촉발된 것이다(행 11:20). 안디옥에서 처음으로 "그리스도인(26절)"이라는 칭호가 사용되었다. 이 명칭은 유대교와 다른 믿음을 가진 사람들이라는 의미를 가지고 있다.299) '기독교'(Christianismos)라는 단어를 처음으로 쓴 사람도 다름 아닌 안디옥의 이그나티우스였다는(Mag 10:1,3; Rom 3:3; Philad 6:1) 점에서, 이 도시의 기독교인들은 교회사의 관점에서 그리스도교 신앙의 차별성과 정체성을 부각시키고 확립하는데 남다른 기여를 했다고 평가할 수 있다.

바울과 바나바의 주도하에 안디옥에서 발전한 기독교가 유대교와 근본적으로 달랐던 점은, 바로 이방인까지도 포용하는 보편적 성격을 띤 신앙 태도에 있었다. 안디옥 지역에서 이러한 믿음을 가진 자들의 규모와 세력이 점점 커지고 많아짐에 따라, 주로 유대인으로 구성된 팔레스타인의 예루살렘 교회와 안디옥

---

298) W.A. Meeks/ R.L. Wilken, *Jews*, 15
299) W.A. Meeks/ R.L. Wilken, *Jews*, 16; Haenchen, KEK 3, 312

교회 간에 '율법'에 대한 견해 차이가 분명하게 드러나기 시작했다. 따라서 앞으로 두 교회 간에 문제가 발생하리라는 것은 충분히 예측될 수 있었다. 과거 율법에 충실했던 시절의 바리새인-바울은 그리스도인들의 신앙 태도에 대해 모세의 율법과 성전을 모독하는 것과 다름이 아니라는 데에(참고 행 6:13f) 십분 동감했다. 그래서 바울은 그들을 박해하는 데에 동참했고 앞장을 섰던 것이다. 그러나 그 과정에서 부활한 주님을 만났고, 이방인의 사도로 소명을 받게 되었다. 이 다메섹 체험으로 말미암아 바울은 지금까지 자신이 가졌던, '율법과 규례의 모든 규정들을 지킴으로 구원 받는다'는 생각이 잘못되었다는 사실을 깨닫게 되었다. 그 결과, 율법으로부터 자유로운, 오직 그리스도를 믿는 믿음이 구원의 관건임을 인식하게 되었다. 바울의 이 같은 구원에 대한 새로운 이해는 특별히 유대교에 호감을 가지고 있지만, 할례나 엄격한 안식일 준수 그리고 정결과 관련된 까다로운 규정들 때문에 개종하는데 부담을 느끼고 있었던 이방인들("경건한 자")에게는 참으로 '복음'이였다. 사도행전(11:21)에서 보듯이 이방인과 유대인들이 함께 예배드리는 안디옥 교회가 그렇게 부흥할 수 있었던 것은 바울의 율법에 대한 비판 및 새로운 구원이해에 힘입은 바 크다. 한편 유대적 성향이 강한 예루살렘 교회는 이런 현상을 별로 탐탁하게 여기지 않았다. 그렇기 때문에 이 두 집단 간의 이견을 조정하고 중재하는 어떤 조치가 필요하였는데 그것이 바로 예루살렘 사도회의이다(갈 2:1ff; 참고 행 15).

8. 제 2차 예루살렘 방문 (예루살렘 사도회의)

사도회의를 위해 예루살렘으로 떠난 이 여행을 바울은 '계시'에 의한 것이라고 설명한다(갈 2:2). 이 표현을 통해 앞으로 예루살렘에서 일어나는 일련의 사건들이 직접적인 신의 섭리에 의해 주관되는 것임을 독자들에게 주지시키고 있다. 즉, 이번 예루살렘행의 계기를 "계시"로 설명함으로써, 여행의 동기가 그곳 교회의 소환이나 요청에 의한 것이 아님을 분명히 하고 있다.300) "계시를 따라"라는 표현은 성전도시 방문에도 불구하고 바울 복음의 독립성을 계속 강조하고 확보해 주는 역할을 한다. 이 '계시'가 어떤 종류의 계시인지 구체적으로 알 수는 없지만, 아마도 환상(Vision)이라기보다는301) 특별한 은사를 소유한 자가 알려준 구체적 지시나 예언 등의 형태라고302) 보는 것이 옳다. 한편 누가는 유대에서 온 사람들이 할례를 받지 않으면 구원이 없다고 설명한 것이 계기가 되어 안디옥 교회에 논쟁과 다툼이 생겼으며, 예루살렘 교회 지도자들로부터 이 문제에 대해 자문을 받기 위해 안디옥 교회가 바울과 바나바를 파송했다고(행 15:1ff) 설명한다.303) 방문길에 할례 받지 않은 이방인 디도를(갈 2:3) 대동한 것을 보면, 사도행전의 기록처럼 이방인들도 할례를 받아야 되는가, 아닌가의 문제가 논란의 핵심이었다는 것을 알 수 있다. 갈라디아서 곳곳에 할례에 대한 언급이 여러 차례(5:2f,6,11; 6:12f) 나오고 있는데, 이 또한 할례와 관련한 율법의 준수 여부가 이견과 논쟁의 중심에 있었음을 증거하는 것이다.

---

300) Vouga, HNT 10, 43

301) Lührmann, ZBK.NT 7, 37

302) T. Holtz, Art. ἀποκαλύπτω κτλ., Sp. 315; D. Lührmann, *Offenbarungsverständnis*, 42

303) 이와 달리 1차 전도여행을 위한 바울과 바나바의 선출은 성령의 역사로 말미암은 것이다(행 13:2f).

대략 13년 후, 예루살렘을 다시 방문하게 된다(갈 2:1). "십 사 년 후에"라고 할 때 기준이 어디서부터인지에 대해 논란이 많다. 혹자는 바울이 사도로 부름을 받은 후부터라고 주장하며304) 혹자는 첫 예루살렘 방문 후 라고 보기고 한다.305) 혹은 "시리아, 길리기아로 간 후 13년이 지나서" 라고 말하기도 한다.306) 그러나 이어 나오는 "다시" 라는 부사를 염두에 둘 때, 두 번째 견해가 설득력이 있어 보인다.

여행의 목적은 "복음을 그들에게 제시하기" 위해서 였다(2d절). "제시하다(anethemēn)"라는 동사는307) 성경과 그 외 여러 곳에서(행 25:14; 미 7:5: 막하비 2서 3:9; Plutarch Moralia 772 D, Polybius 21,46,11.등) 사용되고 있다. 그 용례를 살펴보면 이 단어는 하위 직책에 있는 사람이 자신보다 고위의 사람이나 기관에게 무엇을 제출한다는 의미로는 사용되고 있지 않다. 그러므로 예루살렘 교회나 지도자들에게 바울이 자신의 복음을 제출한다고 할 때, 그들보다 바울이 열등하거나, 하위에 있는 어떤 존재라고 보는 것은 잘못이다.308)

이어서 나오는 2d절의 표현 "내가 달음질하는 것이나 달음질한 것이 헛되지 않게 하려 함이라"는 복음을 제시하는 바울의 심정과 그 이유를 잘 설명하는 것이다. 지금까지 수고하고 앞으로도 수고할 사역이309) "헛되지 않게" 하려고 복음을 제출한다고

---

304) Lührmann, ZBK.NT 7, 37; D. Georgi, *Geschichte*, 13; A. Suhl, *Paulus*, 46f

305) Zahn, KNT 9, 78f; Lietzmann, HNT, 233; Schlier, KEK 7, 65; Müßner, HThK 9, 101; Becker, NTD 8, 22; Betz, *Galaterbrief*, 163; Rohde, ThHNT 9, 74; Burton, ICC, 68; Lightfoot, *Galatians*, 102; Vouga, HNT 10, 43

306) T. Holtz, Bedeutung, 157 주 76

307) 참고 W. Bauer, Wb, s.v.; LSJ, s.v.

308) 비교 Rohde, ThHNT 9, 76; J.D.G. Dunn, Relationship, 466ff

말한다. 여기서 부정사 mē 는 두려움이나 염려를 암시하고 있다.310) 바울은 자신의 복음이 옳다는 점에서는 확고부동했다(갈 1:11f,16). 그러므로 바울의 염려는 '애써 전한 복음이 혹시 좋은 결실을 맺지 못하면 어쩌나'하는 우려에서 나온 것이다. 안디옥이 두 번째 예루살렘 여행의 출발지였는지,311) 그리고 거짓 형제들이(갈 2:4) 안디옥에서도 활약했는지 여부에 대해서 약간의 이견이 있다. 하지만 앞에서 이미 거론했듯이 일반적으로 안디옥이 두 번째 예루살렘 방문의 출발지로 널리 알려져 있으며312), 갈라디아서(2:4)를 참고할 때, 외부에서 들어온 거짓 형제들은 예루살렘과 어떤 식으로든 관련을 갖고 안디옥을 포함한 외부세계에 영향력을 끼치는 자들이었다고 보아야 한다. 후에 야고보가 보낸 어떤 이들이 안디옥에 왔을 때, 베드로가 이방인과의 식탁에서 물러나는 외식 행위를 저지르게 된다. 이때 바울은 야고보 쪽 사람들을 거짓 형제라고 칭하거나 이들을 직접 비난하고 있지 않다(2:11ff). 예루살렘 교회가 바울의 복음도 옳다고 인정한 것을 볼 때, 안디옥에 나타난 다른 복음을 전하는 이들과 예루살렘 교회와의 직접적인 연관은 없다고 추정할 수도 있다. 그러나 거짓 형제들이 예루살렘 교회 내의 한 부류였을 가능성도 배제할 수 없다.313)

---

309) Bl-D § 370 주 2; 동사 τρέχω(가정법, 현재)는 미래에 일어날 것을(살전 3:5), ἔδραμον은(직설법, 단순과거) 이미 일어난 일을 지칭한다. Burton, ICC, 72; Vouga, HNT 10, 44

310) Bl-D § 370 주 2; Burton, ICC, 73ff; Schlier, KEK 7, 67; Betz, *Galaterbrief*, 169f; Rohde, ThHNT 9, 76f; Vouga, HNT 10, 43f

311) Lührmann, ZBK.NT 7, 37; 참고 행 15:1ff

312) Lightfoot, *Galatians*, 102; Lietzmann, HNT 234; Betz, *Galaterbrief*, 164; Becker, NTD 8, 22, 24; D. Georgi, *Geschichte*, 13, 15; P. Stuhlmacher, *Evangelium* I, 87

313) Burton, ICC, 77

이 거짓 형제들은 가만히 들어와 안디옥 교회의 교인들이 누리고 있던, 예수 그리스도에 의해314) 성취된 '율법으로부터의 자유'(참고 2:18f; 4:21-5:1)를 엿보고(kataskopeō)315) 신자들을 다시 율법의 굴레에 매어, 종으로(참고 3:23,25) 삼고자 했다. 그들은 전래적인 율법이 계속 유용하다는 주장을 고수한 자들이다. 그들은 그리스도인이 된다는 것을 믿음을 갖되, 아울러 할례도 받고 계속 율법을 준수하는 것으로 보았다. 이처럼 율법주의에 경사(傾斜)된 유대 기독교인들은 갈라디아에서 큰 호응을 받았고, 그 결과 지금까지 이 지역에서 땀 흘린 바울의 노력이 수포로 돌아갈 위험에 처하게 되었다(2:2c). 다시 말해 당시 안디옥에서는 서로 조화될 수 없는 두 종류의 복음이 대립되어 있었다. 안디옥의 교인들은 바울의 복음에 대해 점차 등을 돌리기 시작했다. 이러한 위기에 직면하여 예루살렘으로 올라가, 바울은 그곳 교회의 지도자들과 자신의 복음에 대해 의논을 한 것이다.

바울은 예루살렘에 올라가 두 차례 이상의 회합에 참여했다. 한 번은 "그들에게", 또 한 번은 "유력한 자들에게"(hoi dokountes) 복음을 제출했다(갈 2:2). 요세푸스의 글(Bell II,199)에서, 고대의 모임에 두 차례의 회합이 있었던 예를 발견할 수 있다. "그들"과의 회합은 예루살렘 교회 내 규정되지 않은 어떤 이들과의 만남을 의미한다.316) 두 번째 회동은 사적인 즉, "사사로운" 성격을317) 띤 특별 모임으로318) 여기에 참석한 자들은 "유력한 자들"이었다. "유력한 자"라는 표현은 신약성서 내에서 갈라

---

314) ἐν Χριστῷ Ἰησοῦ 참고 Bl-D § 219,2; Burton, ICC, 83

315) 동사 κατασκοπέω는 신약에서 유일하게 이곳에서 사용된다.

316) Schlier, KEK 7, 66; Lietzmann, HNT, 233; Vouga, HNT 10, 43

317) W. Bauer, Wb, i;dioj s.v. 4; Burton, ICC, 71; Lightfoot, *Galatians*, 103

318) Lietzmann, HNT, 233; Müßner, HThK 9, 104; Betz, *Galaterbrief*, 168

디아에서만 4회 나오고 있다(2:2, 6[2회], 9). 이 단어는 어느 정도 풍자적인 의미로 사용되고 있다(2:6a). 그러나 "유력한 자들"은 바울의 의논 상대자이며, 그들 중 야고보와 게바와 요한(2:9)은 교회의 기둥으로서 긍정적인 회담 결과를 이끌어 낸 장본인들이라는 점에서, "유력한 자들"이라는 표현에 일방적으로 비하하거나 조소하는 의미가 담겨있다고 볼 수는 없다.319)

많은 학자들은320) 갈라디아서(2:2)에 근거하여 바울의 운명은 이 예루살렘 회의의 결과에 달렸다고 본다. 그러나 바울의 두 번째 예루살렘 방문이 이방인의 사도로 부름을 받은 후 대략 15년 후에 이루어졌고, 그 사이에 바울은 예루살렘 교회로부터 어떤 인정이나 허가 없이 독자적으로 이방인에게 복음을 전했다는 점에서, 위와 같은 생각은 잘못된 것이다. 바울은 다만 안디옥에서 이룩해 놓은 선교의 노력이 수포로 돌아갈 처지에 놓이게 되자 해결을 위해, 이러한 위기를 야기시킨 이들의 직, 간접적인 배후였던 예루살렘으로 올라간 것이다. 이 방문을 통해 바울은 자신의 복음을 예루살렘 교인들과 지도자들에게 잘 소개하고 설명하여, 성공적으로 그들을 설득시켰다.321) 그 결과 그들은 종국에

---

319) 긍정적인 표현이라고 보는 학자들: Lietzmann, HNT, 233; Oepke, ThHK 9, 73f, 81; Rohde, ThHNT 9, 86; Müßner, HThK 9, 120 주 107; G. Kittel, Art. δοκέω κτλ., 236.32f 등. 이 단어로 한편으로 바울은 예루살렘 교회의 지도자들의 특별한 지위를 인정하면서도 다른 한편으로 자신의 독립성을 계속 확보하려 한다고 보는 학자들: Betz, *Galaterbrief*, 168f; Vouga, HNT 10, 43, 49; C.K. Barrett, Paul, 17; J. Roloff, *Apostolat*, 71

320) 예를 들면 Lietzmann, HNT, 233; Schlier, KEK 7, 66; Müßner, HThK 9, 105, 105 주 28

321) 거짓 형제들과 예루살렘 교회 지도자들과의 상관관계가 어떤지는 불분명하다(갈 2:2.4). 친 유대적인 성향을 띠고 야고보로부터 파견 나온 사람들에 대해 바울은 거짓형제라고 칭하지 않는다(2:11-14).

예루살렘으로부터 독립적인, '율법으로부터 자유한' 바울의 복음도 옳다는 사실을 인정하게 된다(갈 2:7ff). 그럼으로써 바울은 안디옥에 들어온 이들로부터 제기된 의혹, 즉 바울의 복음은 근거가 없거나, 잘못된 것이라는 혐의를 깨끗이 씻을 수 있게 되었다. 이처럼 바울은 자신의 필요에 따라, 스스로 그리고 적극적인 자세로 예루살렘을 방문했다. 사도는 이 사건을 통해 승리를 쟁취해낸다.322) 그러므로 회의의 개최 동기에서부터 시작과 폐회 때까지 줄곧 예루살렘 교회가 일방적인 주도권을 장악하고 있었고, 바울의 간청과 힘겨운 증명을 통해 그들이 마지못해 바울의 복음을 인정한 일련의 사건이 바로 예루살렘 사도회의라고 평가하는 것은 잘못이다(참고 2:6).

어떤 학자들은, 바울이 '교회의 일치'를 위해 예루살렘에 올라갔다고 한다.323) 하지만 앞에서도 말한 바와 같이, 바울은 자신의 복음이 진실하다는 것에 대해 추호도 의심하지 않았다는 사실과, 이방인의 사도로 부름을 받은 후 2~3년 후에 단지 두 주일 가량 예루살렘에 올라가 두 명의 지도자를 만난 것을 제외하고는 지금까지 15년 간 독립적으로 복음을 전해왔다는 사실에 주목해야 한다. 그렇다면 바울은 교회의 일치 문제에 관심이 있어 예루살렘에 간 것이라기보다는, 안디옥에서 직면한 위기를 극복하는 차원에서 예루살렘에 올라갔다고 보는 것이 더욱 설득력이 있다.324)

갈라디아서(2:7ff)에 보면, 왜 율법으로부터 자유로운 바울의 복음, 즉 이방인을 주 대상으로 한 복음을 예루살렘 교회의 지도자들이 인정하지 않을 수 없었는지 그 이유가 나온다. 그들의 경

---

322) Schlier, KEK 7, 81
323) Schlier, KEK 7, 68; Müßner, HThK 9, 105; Oepke, ThHK 9, 74; Becker, NTD 8, 22f; C.K. Barrett, Paul, 18; Borse, RNT, 79
324) 참고 Betz, *Galaterbrief*, 167

우와 마찬가지로, 바울이 전하는 복음과(7절) 사도직이(8절) 하나님께로부터 유래되었다는 사실이 너무나 명백하게 드러나기 때문이다. 그리하여, 예루살렘 교회의 지도자들은 바울에게도 하나님의 은혜가 주어졌음을 인정하지 않을 수 없었다(9a절). 바울과 예루살렘 교회는 서로, 주님 안에서 공동의 목표를 위해 일해나가는 동역자임을 인정하고 교제의 악수를[325] 나누게 된다(9bcd절).[326] 계약을 맺거나 친근감의 표시로 "오른손을 주는" 풍습은 히브리인들과[327] 헬라인들[328] 사이에 널리 퍼져 있었다. 이때 속격으로 사용되고 있는 단어 "교제(koinōnia)"는[329] 연합, 교류, 일치(독일어 Gemeinschaft)의 속격이다[330]. 이러한 과정을 통해 바울과 바나바 그리고 기둥[331] 같이 여겨지는 야고보와[332] 게바와 요한, 두 측 사이에 협약이 맺어지는데, 그것이 바로 9d절의 내용이다. "우리는 이방인에게로, 그들은 할례자에게로". 여기서 할례자는 유대인을 의미하는 것으로(2:7f; 롬 3:1,29f; 4:9), 합의의 내용이 인종과 관련된 것인지 아니면 선교의 영역을 정한 것인

---

325) 문자적으로 번역하면 "교제의 오른손을 나와 바나바에게 주었으니"

326) J. Gnilka, Kollekte, 302, 312

327) 막하비 1서 6:58; 요세푸스 Ant XVIII,328f; Bell III,344

328) 참고 Burton, ICC, 95f; W. Grundmann, Art. δέξιος, ThWNT 2, 37f; Betz, *Galaterbrief*, 190 주 394

329) W. Bauer, Wb, ἴδιος, s.v. 4

330) Schlier, KEK 7, 79; Betz, *Galaterbrief*, 190; W. Bauer, Wb, κοινωνία, s.v. 1

331) 책임을 맡은 자를 기둥이라고(στῦλος) 표현하는 어법은 그리스와 유대교 그리고 기독교 기록에서 흔히 발견된다. 참고 Str-Bill I, 208f; 3 537; 클레멘트 1서 5:2; 요계 3:12; 참고 딤전 3:15. 참고 U. Wilckens, Art. στῦλος, ThWNT 7,732ff; Schlier, KEK 7, 78f; Burton, ICC, 96

332) 야고보가 맨 처음 거론된다는 점에서 이 당시 그가 예루살렘 교회를 이끄는 수장이었을 것으로 추정된다(Burton, ICC, 92; Betz, *Galaterbrief*, 189).

지 논란이 되고 있다. 이 구절에서 동사 "복음을 전하다" (euaggelizomai)가 생략됐다고 볼 수 있다.333) 동사 euaggelizomai 는 전치사 eis 와 함께, '장소'나334) '사람'에335) 상관없이 "…에게 복음을 전하다"는 의미로 사용된다. 그렇기 때문에 전치사 eis에 근거하여 이 구절을 '장소'나 '사람' 중, 어느 한쪽으로 판단하는 것은 부적절하다.336) 보통 "선포한다"는 종류의 동사가 eis와 함 께 사용되어 인물을 지칭하면 이는 선포의 대상을 의미한다(막 13:10; 눅 24:47).337) 한편 en이 올 때는 그 대상이 일반적이며 집 단적인 의미로서의 사람임을 뜻한다(갈 1:16; 2:2).338) 그런데 이 경우, en대신 eis가 사용될 수도 있다.339) 이 두 구절에서 보듯이 바울은 자신을 이방인의 사도라고 규정하고 그들에게 복음을 전 했다고 말한다. 여기서 '이방인'이란 구체적인 선포의 대상, 아니 면 집단적 의미로써의 사람을 뜻하던 간에 유대인이 아닌 다른 인종을 뜻하는 것이다. 따라서 바울이 복음을 전한(했)다고 할 때, 이는 지역적인 의미가 아니라, 이방인이라는 구체적인 인종 을 염두에 두고 한 말이다.340)

선교의 대상을 서로 정한 후에, 바울과 예루살렘 교회의 지도

---

333) Bl-D § 480,9

334) 고후 10:16; 참고 살전 2:9

335) 벧전 1:25

336) Burton, ICC, 97ff는 바울이 '선포하다 + εἰς' 를 "사람"이라는 뜻으로 쓰는 경우가 거의 없고(살전 2:9), 사람일 경우 주로 전치사 ἐν 을 사용한다는 전제 하에(갈 1:16; 2:2) 9절은 지역 구분에 관한 것이라고 본다.

337) A. Oepke, Art. εἰς, ThWNT 2, 423.43ff; Betz, *Galaterbrief*, 197 주 402

338) A. Oepke, Art. ἐν, ThWNT 2, 535.25

339) Bl-D § 206,4

340) Betz, *Galaterbrief*, 191; H. Conzelmann, *Geschichte*, 71. Vouga는 (HNT 10, 49) 유보적인 태도를 취하고 있다.

자들 간에 또 다른 합의가 이루어 졌는데 그것이 바로 모금 약속이다.

"다만 우리에게 가난한 자들을 기억하도록 부탁하였으니" (2:10a). [341]

바울은 6d절에서 "저 유력한 이들은 내게 의무를 더하여 준 것이 없고"라고 공표함으로써 자신의 복음이 예루살렘과 상관없는 독자적인 권위를 갖고 있음을 분명히 하고 있다. 그러므로 모금에 관한 합의는 바울의 독립적인 권위를 폄하하는 것이 아니다. 그런 의미에서 바울은 "다만"이라는 수식어를 사용하면서 이 새로운 합의에 대해 설명하고 있다.[342] 이 협약은, 따라서 회합에서의 주 쟁점도 아니요[343], 본 합의와(9d절) 상관없는 추가적인[344] 약속과도 같은 것이다.

동사 "생각한다(mnēmneuōmen)"는 일차적으로 경제적으로 돕는다는 의미가 아니라 "배려한다",[345] "염두에 둔다"는[346] 뜻이 강하다. 사용되고 있는 가정법 현재라는 시제는 그러한 행위를 항상, 계속 지속한다는 의미를 내포하고 있다.[347] 돕는 대상은 가난한 자들(ptōchoi)이다. "가난한 자들"이라고 할 때 영적으로 가난하다는 의미인지[348] (참고 마 5:3), 실제 경제적으로 빈곤한

---

341) 원문 상으로는 '부탁하였다'가 아니라 '생각하다'이다.

342) Betz, *Galaterbrief*, 193; Borse, RNT, 91

343) 참고 Betz, *Galaterbrief*, 192f

344) J. Becker, *Apostel*, 273

345) W. Bauer, Wb, s.v.

346) 신약에서 21회 모두 다 (참고 K. Aland, Konkordanz, I/2, s.v.); 막하비 2서 12:11; 지혜서 2:4; PsSal 3:3; 토비아스 4:5,19; 필로에서 5회 모두 다 (All I, 55, 89; VitMos II 292; Virt 176; Aet 66; 참고 G. Mayer, *Index*, s.v.); 요세푸스에서 37회 모두 다 (참고 K.H. Rengstorf [ed.], *Condordance*, s.v.)

347) Burton, ICC, 99; Betz, *Galaterbrief*, 193

상태를 뜻하는 지에349) 대해 논란이 되고 있다. 포로기 이후 "가난한"(ptōchos, anawim)이라는 단어가 점차 종교적인 의미로 사용되는 경우를 발견할 수 있다.350) 이 용어는 경건한 무리들이 스스로를 지칭하는 단어로서(시 39:18 LXX; 69:6) 거의 hosios, dikaios 등과 같이 사용되고 있다.351) 하지만 바울 서신에서는 그 같은 징후를 찾아 볼 수 없다. 바울은 이 단어 군을 모두 7회 사용한다. 그 중에서 예루살렘 교인을 지칭하는 경우(갈 2:10; 롬 15:26)와, 다른 의미로 사용한 갈라디아서(4:9)를 제외하면 세 경우(고후 6:10; 8:2,9)만 남게 되는데, 이들 모두 '실제 경제적으로 곤궁하다'는 의미로 사용되고 있다. 즉, 이 단어는 바울 서신에서 '물질적인 곤궁'을 뜻하는 의미로 사용되고 있다. 따라서 10a절에서 가난한 자들을 "생각하고, 염두에 둔다"고 할 때, 거기에는 경제적인 지원이라는 뜻이 함축되어 있다.

지금까지의 논의를 정리하면 다음과 같다. 예루살렘 교회와 어떤 식으로 관련이 되어 있는 친율법적인 성향의 무리들이, 율법으로부터 자유로운 복음을 수용한 안디옥 교회에 와서, 자신들의 신앙적인 신념을 전파하기 시작하였다. 이들에 따르면 구원을 위해서는 예수 그리스도를 믿을 뿐 만 아니라 율법도 지켜야 했다. 유감스럽게도 바울과 바나바에 의해 복음을 배운 기존

---

348) K. Holl, Kirchenbegriff, 16 Lietzmann, HNT 8, 123; Schlier, KEK 7, 80; E. Bammel/ F. Hauck, Art. πτωχ́ς κτλ., ThWNT 6, 909,3ff; D. Georgi, Geschichte, 23; H. Merklein, Art πτωχ́ς κτλ., EWN 3, Sp. 47

349) W.G. Kümmel, Kirchenbegriff, 16; L.E. Keck, Poor in NT, 117-23; J. Eckert, Kollekte, 71; K. Berger, Almosen, 181. 이와 달리Betz(*Galaterbrief*, 194)는 "가난한"이라는 단어는 두 가지 의미를 동시에 함축하고 있다고 한다 Michel, KEK 4, 464도 이에 동의한다

350) 사 29:19 LXX; 41:17; 61:1; PsSal 5:2,11; 10:6; 15:1; 18:2; 1 QH 5:13; 1 QM 11:9,13

351) 예 PsSal 5:2,11; 15:1; 18:2. 참고 D. Georgi, *Geschichte*, 23

의 신자들 중 다수가, 점차 이들의 주장에 동의하기 시작했다. 이제까지 이곳에서 노력한 수고가 물거품이 될 지경에 이르게 되자, 바울은 이 사태의 직, 간접적 배후인 예루살렘 교회로 올라가 교회지도자들과 교인들을 상대로 자신의 복음도 그들의 경우와 마찬가지로 하나님으로부터 유래한 것임을 설득하고 주지시킨다. 예루살렘 교회는 바울의 주장을 인정하지 않을 수 없었고, 그 결과 바울과 예루살렘 교회, 양자는 주님을 위해 함께 사역 하는 동역자라는 연대의식을 서로 확인하기에 이르렀다. 회담 결과 선교 대상을 특화시키자는 합의가 이루어 졌고, 서로를 생각하고 배려하는 상호협력의 정신하에서 추가로 경제적으로 어려운 예루살렘 교인들을 바울측이 돕기로 합의했다. 이같은 예루살렘 사도회의를 통해 안디옥에서 바울이 처했던 위기가 극복되었을 뿐 아니라, 예루살렘 교회와 이방 기독교를 대표하는 바울 간에 서로를 동역자로 인정하고 함께 복음을 전한다는 의식이 생김으로써352) 초대 기독교는 상호 존중과 협력이라는 차원에서 한층 더 성숙한 단계에 이르렀다고 할 수 있다.

---

352) 참고 O. Cullmann, *Petrus*, 48

9. 안디옥 사건

안디옥 사건은 야고보가 보낸 사람들이 안디옥에 옴으로써 촉발되었다. 안디옥에서는 이방 기독교인과 유대 기독교인들이 함께 참여하는 공동식사가 이루어지고 있었다. 그 자리에 베드로도 참여했다. 이때 예루살렘에서 사람들이 오자, 베드로는 슬그머니 자리에서 물러났다. 이로서 정결의식과 관련한 두 교회 간의 인식의 차이가 분명히 드러나게 되었다. 문제 해결 과정에서, 이견이 조정되고 좁혀진 것이 아니라 오히려 증폭되어 걷잡을 수 없는 파국으로 치닫게 되었다. 그 결과, 안디옥 교회는 분열된다(갈 2:11-13).

어떤 이유 인지 알 수 없지만[353] 베드로는 안디옥으로 왔다. 아마도 시간이 지남에 따라 예루살렘 초대교회 내에서 지도자로서 베드로의 영향력이나 위상이 감소했던 것 같다. 예루살렘 사도회의에서 세 '기둥'의 이름이 언급되는데(갈 2:9) 베드로의 이름은 야고보에 이어 두 번째로 거론되고 있어, 이러한 추측은 더욱 설득력을 얻게 된다. 베드로가 안디옥에 나타난 것은 그의 영향력 약화 외에도, 요한의 형인 야고보를 죽이고 베드로를 투옥했던 헤롯 아그리바 1세(41-44년)의 박해(행 12:1ff)[354] 및 기독교인들에게 비우호적으로 변해가는 당시 환경 탓일 수도 있다.[355] 주후 48-49년 사이에 시리아 안디옥과 로마에서 젤롯당의 영향을 받은 유대인들이 소요를 일으켰다. 이처럼 40년 대 말은, 과격주의자들의 봉기로 인해서 어수선한 상황이었다.[356]

율법과 관련하여 베드로는 개방적이고 유연한 입장을 취했

---

353) Müßner, HThK 9, 137 주14
354) M. Hengel, Jakobus, 100f; W. Grundmann, Apostel, 129
355) Betz, *Galaterbrief*, 200; H. Conzelmann, *Geschichte*, 94
356) R. Riesner, Frührzeit, 248f

다.357) 베드로의 이런 성향은 한편으로 1) 율법에 대해 비판적이었던 스승 예수의 영향을 통해, 또 다른 한편으로는 2) 광범위한 해외선교 활동 가운데(갈 2:8; 참고 고전 1:12; 3:22 [고린도]; 벧전 1:1 [본도, 갈라디아, 갑바도기아 등]) 많은 이방인들과 접촉하면서 터득하고 형성된 것이라고 볼 수 있다. 정결법에 따르면 이방인들은 부정한 존재로 치부되었다. 따라서 유대-기독교인들은 그들과 함께 식사를 해서는 안 된다. 하지만 베드로는 안디옥에 머물 때, 이방 기독교인과의 공동 식사에 기꺼이 참여했다. 그러나 야고보가 보낸 사람들이358) 예루살렘에서 왔을 때 자리를 피하고 말았다. 무엇 때문에 베드로는 그처럼 행동했을까? 바울은 그가 할례자들 즉, 예루살렘에서 온 자들이 두려워서 그렇게 했다고 보고한다(갈 2:12). 예루살렘 사도회의에서 예루살렘 교회와 바울측은 동역자로 서로를 인정했는데, 왜 베드로는 그들을 두려워 한 것일까?

예루살렘 사도회의의 주요 의제는 바울이 동반하여 데려간 디도의 예를 통해 알 수 있듯이(2:3), '새로 믿은 이방인 출신의 기독교인들은 율법에 대해 어떤 입장을 견지해야 하는가'에 관한 것이었다. 즉, '이방인들도 할례를 받고 유대인들의 율법과 규례 그리고 조상들의 유전들에 따라 살아야 하는가, 아니면 바울이 전한 복음의 내용처럼 율법으로부터 자유로운 신앙의 삶을 살면 되는가'가 핵심 논제였다.359) 회의의 결과, 바울의 복음도 정당하다는 것이 확인되었고(2:7ff), 각기 선교의 대상을 달리하자고(9d절) 합의하였다. 즉, 예루살렘 교회는 바울을 통해 이방인들에게 전파된 '율법으로부터 자유로운 복음'도 잘못된 것이 아

---

357) O. Cullmann, *Petrus*, 45; M. Hengel, Jakobus, 100f
358) Müßner, HThK 9, 139는 이들을 예루살렘 교회가 보낸 공식 사절단이라고 본다. 그러나 Rohde, ThHNT 9, 106은 이에 반대한다.
359) Müßner, HThK 9, 134ff; Betz, Galaterbrief, 200f

니라는 점을 인정했다. 그러나 이러한 인정이, 예루살렘 교회의 신앙 형태가 잘못이라는 자인(自認)을 뜻하지는 않는다. 예루살 렘 교회는 사도회의 후, "유대 기독교인들도 이제 더 이상 율법을 지킬 필요가 없다"는 식으로 생각을 수정하지 않았다.

앞에서도 잠시 언급했듯이, 유대인들은 이방인들 혹은 그들 의 음식이 부정하다고 보았다(겔 4:13; 참고 행 10:9ff; 고전 8; 10:14ff; 롬 14). 정결법이나 음식에 관한 율법규정에 따르면 유대 인들은 이방인들과 함께 식사를 할 수 없었다. 그러나 이방 지역 에 사는 디아스포라 유대인들로서는 이 같은 규정을 문자 그대 로 지키기 불가능했을 것이다. 하지만 일부 유대인들은 팔레스 타인 본토에서 음식물을 가져다 먹기도 했다.360) 율법을 지키겠 다는 이런 태도는 예루살렘 중심의 지역에서 더욱 널리 퍼져있 었을 것이다. 주님의 형제, 야고보가 보낸 사람들이 안디옥에 나 타나자 베드로는 이방인 출신의 기독교들과의 공동식사를 하다 말고 그 자리에서 빠져 나왔다는 사실을 통해 볼 때, 우리는 당시 예루살렘 교회의 수장이었던 야고보는 율법을 엄격하게 지키는 입장을 대변하고 있었으며, 그곳에는 율법을 충실히 지켜야 한 다는 견해가 팽배해 있었음을 알 수 있다.361) 베드로는 예루살렘 으로부터 온 이들로부터 율법을 충실히 지키지 않는다고 비난 받을 것이 두려워362) 이방 기독교인들과의 공동식사 자리에서 피한 것이다. 율법에 대한 확고한 입장이 없었기 때문에 베드로 가 그렇게 행동한 것은 아니다.363) 견해가 다른 두 공동체의 입장

---

360) 요세푸스 Vita 74f; Bell II,591f에 보면 가이사랴 빌립보, 시리아에 사는 유대인들이 갈릴리의 올리브기름을 수입해서 먹었다는 기록이 나온다.

361) W. Grundmann, Apostel, 129f; O. Cullmann, *Petrus*, 47

362) 참고 O. Cullmann, *Petrus*, 47, 57; Schlier, KEK 7, 84; Betz, *Galataerbrief*, 205f

363) O. Cullmann, *Petrus*, 45; M. Hengel, Jakobus, 100f. 헹겔은 심지어

이 한 곳에서 만나고, 서로 충돌하게 됨으로써 발생한 것이 바로 안디옥 사건이다.

이방 기독교인과의 공동식사 거부라는 베드로의 행태는 단발성의 사건으로 종결되지 않았다. 바나바와 안디옥에 있던 나머지 유대 기독교인들도 이에 동조함으로써(13절) 바울은 이곳에서 더 이상 설 자리를 잃게 된다. 안디옥에 있던 대다수의 유대인들이 베드로를 따라 예루살렘 교회의 입장에 동조한 것을 볼 때, 당시 "율법은 구원의 길이므로 이를 지켜야 한다"는 이 고정관념을, 유대인의 입장에서, 깨기가 얼마나 힘든 것인지 확인할 수 있다. 바울이, 비난의 화살을 야고보가 보낸 사람들이 아니라 베드로에게 향하고 있다는 점도 주목해야한다. 이는 다음의 내용을 시사하는 것이다. 바울은 율법에 충실했던, 예루살렘을 중심으로 한 유대 기독교인들의 입장을 전적으로 잘못된 것이라고 치부하지 않았다. 즉, 바울은 독선적으로, 율법에서 자유로운 자신의 복음만 옳다고 주장하지 않았다. 그러나 자신의 견해에 동조했던 베드로가, 신학적인 깊은 사유나 새로운 깨달음, 또는 통찰에 의해서가 아니라, 단지 외적인 이유만으로 기존의 생각을 바꾸었기 때문에, 바울은 그를 비난하는 것이다. 그러므로 베드로 뿐 만 아니라 입장을 바꾼 바나바와 안디옥의 유대 기독교인들도 바울의 책망으로부터 자유로울 수 없다. 또한 이 사건이 예시되었다는 점에서, 친 율법주의적인 복음의 입장으로 퇴보해 가려는 갈라디아 교인들도 질책의 대상에 포함된다.

13절에 나오는 동사 "같이 외식하므로(sunypokrinomai)"는 신약성서에서 오직 이곳에서 만 쓰이고 있다. U. 빌켄스에 따르면 이 동사는 디아스포라 유대교 내에서 '배교'나 '하나님을 거역한

그랬기 때문에 바울은 회심 후에 그를 만나러 갔다고 까지 주장한다. 참고 Vouga, *Geschichte*, 154

다’는 뜻으로 사용되었다.364) 바울이 이해한 복음은 한마디로 "자유(5:1)", 즉 '율법으로부터의 자유'(2:4)라고 말할 수 있다. 그러므로 베드로가 다시 율법에 종속되는 삶을 사는 것을 "복음의 진리를 따라 바르게 행하지 아니"하는 것으로(14a절) 진단하고, 많은 사람 앞에서 그의 잘못을 지적하며(14b절) 비난한다(14cd절). "유대인답게 살지 아니하면서"라는 표현은 베드로가 이방 기독교인과의 공동 식사에 참여했던 사실을 가리키는 것이다. "유대인답게"(ioudaikōs)는 주전 2세기 유대교가 헬라화 될 위기에 처해 있을 때, 외세에 저항한다는 맥락에서 흔히 사용된 단어였다(막하비 2서 2:21; 8:1; 14:38).365) 14절 마지막 부분에서 나오는 동사 "하려느냐(anagkazō)"도 유사한 용례이다.366) 바울의 표현에 따르면, 이방인과의 공동식사에 참여한(14c절) 베드로의 태도는 결국 율법에 따라 살지 않은 것이 된다. 따라서 그는 비애국자라는 식으로 논지가 전개된다. 바울은 마지막으로 "어찌하여 억지로 이방인을 유대인답게 살게 하려느냐"고 베드로를 힐난하다. 바울의 베드로에 대한 이러한 비판은 그러나 당시 안디옥 교회의 상황과 잘 맞지 않는다. 우선 베드로는 율법에 대해 개방적이고 유연한 태도를 취했기 때문에, 이방 기독교인과의 공동식사 자리에 합석한 것이지 이방인을 따랐기 때문에 그런 것이 아니다. 소위 안디옥 사건에서 문제가 된 것은, 헬라 유대인들이 이미 부정적으로 평가하고 구원의 수단으로는 더 이상 의미가 없다고 여겼던 율법을, 베드로는 아직 유효한 것으로 인식했기 때문이다. 베드로는 바울의 질책과는 달리 억지로 이방인을 유대

---

364) συνυποκρίνομαι. U. Wilckens, Art. ὑποκρίνομαι, ThWNT 8, 564.30f

365) O. Betz, Art. ἰουδαΐζω, EWNT² 2, Sp. 471

366) 막하비 1서 2:25; 막하비 2서 6:1,7,18; 요세푸스 Bell I,34. 참고 W. Grundmann, Art. ἀναγκάζω κτλ,, ThWNT 1, 349.13ff; Betz, *Galatbrief*, 211 주 484

인답게 살게 하지 않았다. 다만 그 스스로가 신앙생활에서 율법이 아직 의미가 있다고 인정하는 태도를 보였기 때문에, 질책을 받게 된 것이다. 백보 양보하여 바울의 표현("억지로 이방인을 유대인답게 살게 하려느냐")처럼 이방인들도 베드로의 이런 태도를 본받아 율법적인 삶을 살게 되었다면, 베드로에 대해서는 "다시 유대인답게 살게 되었다"고 지적을 해야 한다. 그러나 이런 발언은 등장하지 않는다. 이상의 관찰을 참고할 때, 바울의 베드로에 대한 비난은 실제 안디옥 사건과 관련된 것이 아니라, 갈라디아 교회의 대적자들을 염두에 둔 것이라는 여러 학자들의 의견에367) 상당한 공감이 간다.

---

367) 예 G. Bornkamm, Paulus, 66; D. Lührmann, Abendmahlsgemeinschaft?, 280; Müßner, HThK 9, 145f; Betz, *Galaterbrief*, 21

10. 갈라디아 교회

　　안디옥 사건 이후 바울은 더 이상 팔레스타인과 그 인근 지역을 활동 무대로 삼지 않았다. 서신 제목을 통해서도 알 수 있듯이, 그 대신에 갈라디아, 빌립보, 데살로니가, 고린도 등 소아시아와 그리스 지역을 오가며 복음을 전했다. 바울은 에베소(고전 16:8) 및 아시아(고후 1:8ff)에 있었고, 드로아에서 마케도니아로 갔으며(고후 2:12f; 7:5ff), 빌립보(살전 2:2), 데살로니가(4:16f), 아덴(3:1) 등에서 활동했다. 또한 마케도니아를 거쳐 고린도로 가겠다는 내용(롬 16:3,5f), 그리고 마케도니아로 갔다 다시 고린도로 가려 했으나 계획을 연기할 수밖에 없었던 전후 사정 설명(고후 1:15f [1:12-2:4]), 세 번째로 고린도에 가겠다는 선언(고후 12:14; 13:1) 등을 통해, 우리는 바울이 고린도를 두 차례 이상 방문했으며 마케도니아와 아가야 지방을 자주 왕래했다는 사실을 알 수 있다(참고 고후 9:2,4f).

　　따라서 이제부터 다루는 지리적인 대상은 약속의 땅과 그 주변이 아니라 서쪽, 즉 지금의 터키와 그리스를 포괄하는 광범위한 지역으로 바뀐다. 우리는 일차적으로 편지를 통해서 바울의 여정을 재구성하고자 한다. 바울의 여행 경로는 각 서신에서 산발적으로 다루어지고 있다. 따라서 어떤 순서로, 그리고 무슨 이유로 각 도시들을 방문했고 또 거기서 구체적으로 어떤 활동을 했는지에 대해 정확히 알기란, 사도행전의 도움을 받지 않고는 거의 불가능하다.

　　서술 순서상, 시리아 안디옥에서 가장 인접한 갈라디아에서부터 바울의 발자취를 좇아가는 것이 합리적일 것이다. 바울이 건립한 갈라디아 교회(들)는 어느 지역에 위치하고 있으며, 또한 세워진 연대는 언제인지 결정되면, 소아시아에서의 여타 바울 여정이 이 기준에 따라 어느 정도 체계적으로 정리될 수 있기 때문이다.

1) 속주 갈라디아

로마의 속주 중의 하나인 갈라디아는 소아시아의 중심부에 자리 잡고 있다. "갈라디아(hoi Galatai)"라는 이름은 라틴어 갈리(galli)에서 유래된 것으로 켈트족을 가리킨다. 이들의 원래 근거지는 중앙 유럽의 다뉴브 강 분지였다. 주전 4세기 초, 그들 중 많은 수가 서유럽 쪽으로 이동하였다. 주전 3세기에는 또 다른 일부가 내려와 트라케, 마케도니아 그리고 테살리를 약탈하면서 그리스 지역으로 접근하였으나, 주전 279년에 델피로부터 축출을 당한다. 그러자 이들은 비두니아의 왕 니코메데스의 제안에 따라, 주전 278년 소아시아로 넘어가 그의 용병 역할을 수행하였다.368) 이후 갈라디아인들은 곧 자립하여 약탈을 통해 소아시아에서 자신들의 영역을 확보하여 나갔다. 갈라디아인들은 세 부족으로 이루어 졌는데, 대략 주전 240-230년 사이에 산가리오스 중부 지역과 하리스 사이에 정착하는 과정에서 각각 페시누스, 앙키라, 타비움을 근거지로 삼았다. 이들은 이후에도 지역 맹주들의 영토 지배와 정복 야욕에 편승하여, 용병 혹은 독자적으로 전쟁을 수행함으로써 소아시아 내부의 끊임없는 분규와 전란의 원인 제공자로서 역할을 담당하였다. 주전 230년 버가모 왕 아탈루스 I세에 패배한 이후, 갈라디아인들의 세력권은 원래 브루기아 지방에 속해 있던 지금의 터기 수도 앙카라 부근으로 축소되었다. 주전 190년 갈라디아인 일부가 용병으로 셀류시드 왕 안티오쿠스 III세의 군대에 합세하여 로마에 대항하는 전투에 참여하였으나, 이듬 해 로마 장군 만리우스에게 패하게 된다. 이후 갈라

---

368) 김창락, 100주년 주석 40, 42f; 참고 Betz, *Galaterbrief*, 35

디아인들은 로마에 우호적인 입장을 취하였다. 특별히 그로부터 몇 년 후, 버가모의 왕 유메네스가 갈라디아인들과 싸워 그들의 지역을 자신의 영토로 합병했을 때, 로마는 주전 166년에 갈라디아의 편을 들어 갈라디아인들은 자신들의 거주지에 머물러 있어야 한다는 조건으로 자치를 인정해 주었다. 이후 갈라디아인들은 로마의 편에 서서, 로마인들이 소아시아의 넓은 지역을 정복하는데 적극 협조하였다. 특별히 갈라디아는 로마가 미트리다테스 VI세와 싸울 때, 로마를 도움으로써, 종전 후 그 공로에 대한 보답으로, 폼페이우스로부터 분봉왕국이 되는 영예를 얻기도 하였다.369) 주전 25년 갈라디아인들의 마지막 왕인 아민타스는 북타우루스로부터 온 침입자들과 맞서 전쟁을 벌였으나 패하고 말았다. 이 사건으로 나라는 급속히 쇠퇴한다. 그는 죽으면서 자신의 왕국을 로마 제국에 귀속시키라는 유언을 남겼다. 후손들은 왕의 유언을 따랐고, 이에 로마 황제 아우구스투스는 갈라디아인들의 왕국을 로마의 속주로 편입시켰다(주전 25년).370) 아우구스투스는 그 과정에서 갈라디아인들의 영토 밖의 지역 일부(브루기아, 이사우리엔, 밤빌리아, 비시디아, 루가오니아, 파프라고니엔, 본도)를371) 신설된 갈라디아 주에 편입시켰다. 따라서 이 새로운 속주는 크게 볼 때, 이전 갈라디아인들의 영토였던 북부 갈라디아와 주로 새로 편입된 남부 갈라디아로 이루어지게 된다. 주요 도시로는 북부의 페시누스, 앙키라(왕국의 수도), 타비움과 남부의 비시디아 안디옥, 이고니온, 루스드라, 더베 등이다.372)

문화적으로 갈라디아인들은 점차 헬라, 로마화 되는 과정 가

---

369) 참고 Ph. Vielhauer, *Geschichte*, 104f; Betz, *Galaterbrief*, 35
370) 참고 F.F. Bruce, 『바울』, 180
371) Betz, *Galaterbrief*, 35
372) 참고 F.F. Bruce, 『바울』, 180

운데 있었다. 특별히 상류층과 도시에 사는 부유층들에게는 이
러한 경향이 두드러졌다.373) 하지만 지방에서는 여전히 켈트어
가 히에로니무스 시대에도(주후 420년 사망) 사용되었다.374) 바
울 편지의 수신인인 갈라디아인들은(갈 3:1) 순전히 옛 켈트족의
후손들이라기보다는 헬라 문화권에 속해 있었고 헬라어로 의사
소통이 가능했으며, 대 도시 중심으로 생활했던 켈트족 또는 켈
트족과 헬라인들의 혼합집단으로 보는 것이 타당할 것이다.375)

2) 갈라디아 교회의 위치

신약성서에서 "갈라디아"는 잘 쓰이지 않는 단어이다. 지명
으로 사용된 경우는, 편지 초두에서 수신인을 언급하는 갈라디
아서(1:2)에서, 그 외 고린도전서(16:1), 디모데후서(4:10) 그리고
베드로전서(1:1)에서 각각 한 번씩 나오고 있다. 갈라디아서(3:1)
에서는 갈라디아인들을 일컬어 "갈라디아 사람들아"라고 부르
고 있다.376) 그 외에는 형용사 형태로 사도행전에서 두 번 나온다
(16:6; 18:23).377) 해당 구절들에서 갈라디아의 위치와 관련된 추
가의 정보를 얻을 수 없기 때문에, 위의 사용용례를 통해 갈라디
아 교회가 어디에 있었는지를 파악하기란 불가능하다. 앞에서
설명한 속주 갈라디아의 역사를 고려할 때, 단어 "갈라디아"는 1)
원래 갈라디아인들의 근거지였던 북부 지역을 의미하는 것일 수
도 있고, 아니면 2) 로마의 행정구역으로서 새로 편입된 남쪽 지

---

373) C. Schneider, *Kulturgeschichte*, 1.810-814
374) Hieronymus, Commentarius in epistulam ad Galatas, PL 26,357;
    Lukian, Alexander, 51. 참고 K. Holl, Fortleben, 244
375) C. Bosch, Kelten, 283ff; Ph. Vielhauer, *Geschichte*, 104f
376) Betz, *Galaterbrief*, 37
377) 재미있는 사실은 사도행전의 두 곳 모두 브루기아라는 지명과
    함께 사용된다는 점이다

역까지도 포함한 광범위한 영역을 지칭하는 것일 수도 있다. 따라서 구체적으로 바울이 어느 곳에 가서 선교 했는지 논란이 되고 있다.

일반적으로 바울이 선교한 지역은 북쪽의 앙키라를 중심으로 한 곳이었다고 보는 견해, 즉 북-갈라디아설, 혹은 지방(territory)설과 남쪽의 새로 갈라디아 주로 합병된 지역을 일컫는다고 주장하는 남-갈라디아설 혹은 행정구역(province)설378), 이 두 견해가 첨예하게 대립되고 있다. 남-갈라디아설의 장점은 무엇보다도 사도행전의 내용과 잘 부합된다는 점이다.379) 사도행전(13-14장)에 보면 시리아 안디옥에 머물고 있던 바울과 바나바는 구브로와 밤빌리아를 거쳐 비시디아 안디옥(13:14ff), 이고니온(14:1ff), 루스드라, 더베(6ff절)에서 복음을 전했다는 기사가 나온다. 이것이 소위 말하는 바울의 일차 전도여행이다. 남-갈라디아설을 주장하는 자들에 따르면 "갈라디아"란 행정구역 명칭으로써, 바로 이 지역을 뜻한다는 것이다. 바울은 이 지역을 2,3차 여행 때 다시 방문했다(행 16:6; 18:23). 이런 관점에서 보면 갈라디아 교회의 설립은 바울의 선교 여행 기간 중에서 비교적 초기에(일차 전도여행 때) 이루어 진 것이다. 이 남 갈라디아설을 지지하는 자들은 기본적으로 사도행전의 기록을 신뢰한다. 이 이론의 옹호자들 가운데 다수는 다음과 같은 논지를 펴기도 한다. "갈라디아서를 읽어보면, 수신인들의 지역 교회에 분명 유대인이 있었을 것이라는 암시를 여러 곳에서 받게 된다. 그런데 역사적으로 당시 북-갈라디아 지역에는 유대인들이 거주했다는 기록이나 흔적이 없다. 따라서 신약에서 '갈라디아'라고 할 때는 분명히 남-갈라디아를 일컫는 것이다". 또한 "예루살렘 교회에서 파견된 자들이 멀리 소아시아 내륙까지 왔다고 생각하기보다는,

---

378) F.F. Bruce, 『바울』, 180, 189, 236
379) Betz, *Galaterbrief*, 38f

비교적 가까운 남갈라디아 지역에서 활동했다고 생각하는 것이
자연스럽다".380)

남-갈라디아설의 대표적인 단점은 바울 서신에서 이 지역이
(비시디아 안디옥381), 이고니온382), 루스드라383), 더베384)) 전혀

---

380) 참고 W.G. Kümmel, *Einleitung*, 258f

381) 이 도시는 비시디아에 있기 보다는 브루기아 지역에 위치하고
있다. 지리학자 스트라보는 좀 더 정확하게 "비시디아 근방의
안디옥"이라고 말한다. 과거의 브루기아는 아시아 속주와 갈라디아
속주에 양분되어 편입되었다. 따라서 비시디아 안디옥은 갈라디아
속주에 속한 옛 브루기아 지역에 있다고 할 수 있다(F.F. 브루스,
『바울』, 180). 그런 점에서 행 16:6; 18:23에서 갈라디아와
브루기아가 함께 언급되는 것은 자연스러운 현상이다. 비시디아
안디옥은 해발 약 1000미터의 고원 근처에 위치하고 있었다. W.
람세이, 『사도 바울』, 96f는 바울이 밤빌리아에서 중병을 앓았기
때문에 고지대인 안디옥에 머물며 건강을 회복하려고 하였다고
추정한다(참고 "내가 처음에 육체의 약함으로 말미암아 너희에게
복음을 전한 것을 너희가 아는 바라" 갈 4:13). 과거에(주전 3세기
초) 이 도시는 셀류시드 왕조의 근거지였다. 아우구스투스는 주전
6년 이 성읍에 식민시의 지위를 부여하여 그 부근을 로마화하기
위한 근거지로 삼았다(F.F. 브루스, 『바울』, 180). 요세푸스 Ant
XII,149에 따르면 안티오쿠스 III세(주전 223-187)에 의해 브루기아
지역에 유대인들이 정착하게 되었는데 이 비시디아 안디옥은 그
중에서도 다수의 유대인이 거주한 주요 정착지였을 것이다.

382) 비시디아 안디옥에서 약 150킬로미터 떨어진 이고니온(지금의
콘야)을 크세노폰(주전 400년경)이 브루기아의 최후의 성이라고
불렀던 것처럼(Xenophon, Anabasis I.2.19), 이 성읍은 브루기아와
루가오니아의 접경지대에 위치하고 있었다. 이고니온은 2세기
중엽에 쓰여진 바울과 데크라의 행전(Acts of Paul and Thekla)의
중심 무대로 알려져 있다.

383) 이고니온에서 약 30킬로미터 떨어진 루스드라는 루가오니아
지역에 위치하고 있다. 아우구스투스는 비시디아 안디옥에서
그랬던 것처럼, 이 도시도 로마의 식민시로 만들고 두 도시를 직접
연결하는 도로를 만들었다(참고 F.F. 브루스, 『바울』, 186).

384) 루스드라 남동쪽으로 약 100킬로미터 떨어진 더베는 지금의

거론되고 있지 않다는 사실이다. 그리고 사도행전은 갈라디아
지방에서의 바울 선교 활동을 지나가는 말투로 간략하게 설명하
고 있다(16:6; 18:23). 따라서 사도행전의 저자인 누가가 과연 바
울이 갈라디아 지역에서 선교를 한 사실에 대해서, 또는 그와 관
련한 자료를 정확히 알고 있었는지 의구심마저 들 지경이다.[385]
행정구역설을 반박하는 대표적인 구절은 갈라디아서 3장 1절이
다. 바울은 여기서 "어리석도다 갈라디아 사람들아"라고 꾸짖고
있다. "갈라디아 사람"이란 그 말뜻 그대로 켈트족을 일컫는 것
이지, 새로 편입된 갈라디아 속주의 주민들을 지칭하는 것이 아
니다. 바울의 이런 표현은 갈라디아서의 수신인이 북쪽의 옛 갈
라디아 왕국의 주민들임을 대변하는 것이며, 따라서 남-갈라디
아설은 잘못이라는 결론에 이를 수 있다.[386] 만일 일차 전도 여행
때 바울이 남-갈라디아 지역에 교회를 세웠다면 갈라디아서
(1:21)에서 "그 후에 내가 수리아와 길리기아 지방에 이르렀으
나"가 아니라 "그 후에 내가 수리아와 길리기아 지방에 이어 너
희에게 갔으나"로 말했을 것이라는 반론도 가능하다.[387] 바울은
갈라디아서(1: 21f)에서 '수리아'와 '길리기아' 그리고 '유대'라
는 지명을 각각 사용하고 있다. 바울 당시 수리아와 길리기아는
아직 분리되지 않은 하나의 속주였다. 유대는 행정조직 상으로
볼 때, 수리아에 속해 있었다. 그럼에도 불구하고 바울이 이 세

케르티 휘이윅(Kerti Hüyük) 또는 그 부분에 위치하고 있다. 이
성읍은 갈라디아 속주와 로마 속국인 콤마게네 왕국(주후
41-71년까지 안티오쿠스 IV세가 통치) 사이의 변경 지대에
위치하고 있었다.

385) Betz, Galaterbrief, 39 그는 누가가 언급하지 않는 (혹은 알지
  못하는) 어떤 기회에 이 공동체를 세웠을 것으로 추정한다.
386) W.G. Kümmel, *Einleitung*, 259; 김창락, 100주년 주석 40, 37f; Ph.
  Vielhauer, *Geschichte*, 105, 107
387) W.G. Kümmel, *Einleitung*, 259

지역을 각각 열거했다는 점에서, 그는 로마의 행정구역명이 아닌 통상적인 지방 명을 즐겨 사용했다는 사실을 알 수 있다.[388] 따라서 바울의 '갈라디아'라는 명칭도 지방을 의미할 가능성이 높다.[389] 최근 고고학적 발굴 결과에 따르면 소아시아 내륙 지역 (특히, 북-갈라디아)에 유대인이 존재했다는 사실이 확인되고 있다.[390]

북-갈라디아설의 단점은 소아시아 내륙 지방이 비교적 덜 헬라화된 지역인데 과연 바울이 이곳까지 갔겠냐는 점이다. 또한 갔다면 언제, 그리고 어떤 경로를 거쳐 갔느냐는 것이다.[391] 만약 이곳에 교회를 세웠다면 바울은 비두니아로 행하기 위해 무시아 앞으로 갈 필요도 없다. 북-갈라디아와 비두니아는 서로 접해있기 때문이다. 여러 측면에서 살펴볼 때 사도행전과 잘 어울리는 남-갈라디아설이 더 개연성이 많다고 할 수 있다.[392]

---

388) 참고 W.G. Kümmel, *Einleitung*, 259; Ph. Vielhauer, *Geschichte*, 106, 106f

389) 김창락, 100주년 주석 40, 38. 바울은 로마의 행정명칭을 주로 사용한다는 남-갈라디아설 옹호자들의 주장은, 따라서 근거가 없는 것이다. 참고 Haenchan, KEK 3, 465f 주 2; W.G. Kümmel, *Einleitung*, 258; Ph. Vielhauer, Geschichte, 106f

390) Betz, *Galaterbrief*, 39; 참고 A. Harnack, *Mission*, 764-769

391) 참고 김창락, 100주년 주석 40, 38

392) 북-갈라디아 설 지지자: Schlier, KEK 7, 16; Oepke, ThHK 9, 23ff; Rohde, ThHK 9, 6ff; Müßner, HThK 9, 6ff; Lietzmann, HNT, 227f; Borse, RNT, 7f; Lührmann, ZBK.NT 7, 10; Becker, NTD 8, 1f; W. Marxsen, *Einleitung*, 57f; H. Conzelmann, *Geschichte*, 75f; W.G. Kümmel, *Einleitung*, 258ff; G. Lüdemann, *Paulus I*, 172; Ph. Vielhauer, *Geschichte*, 105ff; 김철손 외, 『신약성서 개론』, 130; Betz, *Galaterbrief*, 39(몇 번째 선교여행에서 '갈' 교회를 세웠는지는 알 수 없다고 봄, 39f); 김창락, 100주년 주석 40, 36ff도 북-'갈' 설 지지, 하지만 무엇을 택하던 '갈'을 해석하는 데 상관이 없다고 한다(37). 남-갈라디아 설 찬성자: Zahn, KNT 9, 9ff; R. Riesner, *Frühzeit*, 254f; W. Michaelis, *Einleitung*, 183ff; 졸고, "사도행전 16장 6-8절에 나타난

3) 갈라디아 지역에서의 활동 시기

사도행전 16장 6절에는 바울이 갈라디아 지역을 별다른 선교 활동 없이 지나간 것처럼 기록되어 있다. 하지만 18장 23절은 "갈라디아와 브루기아 땅을 … 다니며 모든 제자를 굳건하게 하니라"라고 설명함으로써, 소위 2차전도 여행 때 교회가 설립되었고, 3차 여행 때 바울이 그곳을 재차 방문했음을 간접적으로 시사하고 있다.393) 사도행전(19:1)은 바울의 여행 경로에 대해서, "윗지방으로 다녀 에베소"로 갔다고 언급한다. "윗지방(ta anōterika merē)"은 소아시아 고지를394) 뜻한다. "다녀(dielthonta)"는 '가로질러 갔다'는 뜻이다. 따라서 리쿠스-, 마에안더 골짜기를 통한 길이 아닌395), 케스트로스 골짜기로 향한 고지대의 길을 지나갔다는 의미로 이해된다.396) S.E. 존슨은 이런 의미에서 사데를 거치는 북쪽 루트로 갔다고 주장한다.397)

바울의 전도여행 경로에 대한 고찰 ―남·북 갈라디아설과 관련하여", 98ff; 졸저, 『사람과 세상을 이끈 인물 바울』. -바울의 리더십 연구, 138ff

393) Ph. Vielhauer, *Geschichte*, 108은 누가는 바울의 갈라디아와 부르기아 지역의 선교에 별로 관심이 없었다고 한다.

394) Haenchen, KEK 3, 530

395) 골로새와 라오디게아 사람들은 바울을 직접 보지 못했다고 한다(골 2:1). 또한 골 4:12f을 참고할 때, 바울은 히에라볼리에서 활동하지 않았다고 봐야 한다. 즉, 바울은 비시디아의 아파메아에서 리쿠스-, 마에안더 골짜기를 통해 에베소 쪽으로 지나간 적이 없다는 의미이다(참고 R. Riesner, *Frühzeit*, 254).

396) C.J. Hemer, *Book of Acts*, 120

397) S.E. Johnson, *Paul* , 126. 하지만 그는 리쿠스, 마에안더를 거치는 여행 경로도 배제하지 않는다.

갈라디아인들은 바울을 통해 처음으로 그리스도의 복음을 접했다(갈 1:8f, 11f; 3:2ff; 4:8ff,19). 갈라디아 지역에 갔을 때, 사도 바울은 병이 들어 있었다(4:13). 그럼에도 불구하고 갈라디아인들은 바울의 복음을 기꺼이 받아 들었다(14f절). 바울이 다른 계획을 갖고 있었는데, 발병 때문에 갈라디아로 오게 되었는지, 혹은 그곳 체류 중에 병을 얻게 되었는지는 확실치 않다. 전자의 경우라면 사도행전 16장 6절과 관련이 될 수 있다. 바울은 아시아 속주에서 복음을 전하려 했으나 성령의 방해로 즉, 병이 나서, 발걸음을 브루기아와 갈라디아 지역으로 돌릴 수밖에 없었다.[398]

이처럼 건강한 상태가 아니었음에도 불구하고 바울이 전한 복음에 대해 이 지방 주민들이 보인 반응은 예상외의 것이었다(3:3f). 바울은 갈라디아인들의 환대와 호의에 대해 깊이 감사하는 마음으로 당시를 회상하고 있다(4:14f). 바울은 갈라디아 지역을 두 번 방문한 것 같다. 왜냐하면 갈라디아서(4:13)에 나오는 "처음"은, 두 번 중의 처음을 의미하기 때문이다.[399] 바울의 편지 형식은 일반적으로, 인사말에 이어 감사의 말이 나오는데, 갈라디아서에서 이 규칙이 깨진다. 곧바로 1장 6절에서 틈을 주지 않고 "그리스도의 은혜로 너희를 부르신 이를 이같이 속히 떠나 다른 복음을 따르는 것을 내가 이상하게 여기노라"라고 질책한다. 이를 통해 우리는 다음과 같이 추론할 수 있다. 바울이 갈라디아를 떠난 지 얼마 지나지 않았을 때, 외부에서 온 대적자들이 갈라디아인들을 미혹케 하고 유혹하여 바울이 전한 복음을 져버리도록 만들었다. "너희가 달음질을 잘하더니 누가 너희를 막아 진리

---

398) 참고 Ph. Vielhauer, *Geschichte*, 109
399) W.G. Kümmel, *Einleitung*, 264; 참고 W. Bauer, Wb, 1445 s.v. 1.b.β는 그렇게 해석하는 것이 가능은 하지만, 사전적인 확실한 증거는 없다고 조심스럽게 말한다.

를 순종하지 못하게 하더냐(5:7)"는 바울의 탄식을 통해 알 수 있
듯이, 갈라디아 지역에 교회가 세워진 뒤 교인들은 사랑으로 서
로를 섬기며(참고 5:13) 그리스도의 법을 성취하는(참고 6:2) 삶
을 살았다. 바울의 2차 방문 때까지도 이러한 모범적인 태도가
유지되었다. 그러나 얼마 지나지 않아 갈라디아인들은 다른 복
음에 마음이 끌려, 다시 할례를 받고 율법에 속박된 삶을 살고자
했다. 그리하여 바울이 지금까지 이곳에서 한 수고와 노력이 물
거품이 될 위기에 처한 것이다(4:11). 이상을 통해서 볼 때, 1차와
2차 방문 사이에는 상당한 시간이 경과하였으며 갈라디아서의
저술 시기는 두 번째 갈라디아 방문으로부터 멀지 않은 어느 때
라고 볼 수 있다.400) 이를 사도행전의 내용과 맞추어 본다면, 13
장 이하의 소위 1차 또는 16장 6절의 2차전도 여행 때(갈 4:13의
"처음에"는 '일찍이'라는 뜻 외에 '두 번 중 처음'이라는 의미로
도 해석 가능), 남-갈라디아 지방에 교회들을("갈라디아 여러 교
회들에게" 갈 1:2) 세웠으며, 이후 사도행전 18장에 나오는 방문
때에(23절; 참고 행 19:10), 두 번째로 갈라디아 지역에 왔다고 볼
수 있다. 이 당시 바울은 예루살렘 교회를 위한 모금에 갈라디아
교인들이 많이 동참하도록 독려하였다(고전 16:1ff; 참고 갈
2:10). 첫 번째 방문 때부터 바울이 이 모금을 위해 노력했는지에
대해서는 잘 알 수 없다. 다만 갈라디아 교회에게 준 모금을 위한
지침이 이상적인 것이었기 때문에, 본받을 예로서 고린도 교회
에도 제시되었다는 점에서, 갈라디아에서의 모금 운동은 나름대
로 성과가 있었던 것으로 평가할 수 있다. 이상의 사실들은, 갈라
디아 교회가 바울의 복음으로부터 등을 돌리기 전 까지, 배운 대
로 신앙의 삶을 열심히 살았음을 예증하는 것이다. 두 번째 갈라
디아 방문 후에 바울은 에베소에 도착했다(행 19:1). 그리고 그 곳

---

400) Ph. Vielhauer, *Geschichte*, 110은 갈라디아 교회를 건립한 첫
　　방문은 49년, 두 번째 방문은 일러야 52년이나 53년으로 본다.

에서 삼 개월(8절) 회당을 거점으로 활동하였고, 이 년간의 두란
노 서원에서 강론(9f절; 참고 20:31)을 했다는 점에서, 갈라디아
서는 에베소에서 저술되었을 가능성이 높다.

4) 갈라디아서 저술목적

　갈라디아서의 수신인은 갈라디아에 있는 교회 공동체들(1:2;
참고 고전 16:1) 혹은 '갈라디아인'이다(3:1). 그들은 지방 이름인
'갈라디아'에, 즉 현재의 앙카라 근처에(북갈라디아설) 살고 있
었다. 갈라디아의 교회들은 바울에 의해 설립되었다(4:13). 바울
이 이곳을 떠나 다른 곳에서 활동하고 있는 동안, 바울의 경쟁자
또는 대적자들이 들어왔고 갈라디아인들에게 "다른 복음"을 선
보였다(1:6). 대적자들의 활동 결과 갈라디아인들은 바울의 복음
으로부터 떠나갔으며(1:6; 참고 3:3; 4:9) 친율법적인 성향이 그들
의 신앙생활에 가미되기 시작했다(6:12f; 참고 3:1f). 바울이 갈라
디아서 1-2장에서 집중적으로 자신의 사도성이 인간에 의해서가
아니라 신적인 기원을 가지고 있으며, 예루살렘과 무관한 것임
을 강조하는 것을 볼 때, 아마도 갈라디아에서 활약했던 대적자
들은 어떤 식으로든지, 실제이거나 아니면 단순히 그들의 주장
에 불과할 뿐이건 간에, 자신들의 신학적인 근거와 배후로서 예
루살렘 교회를 내세웠다고 추정된다. 그들은 바울이 1) "율법으
로부터의 자유"라고 하는, 당시로서는 급진적인 복음을 선포하
며, 그가 2) 부활절 이후에 형성된 최초의 제자부류에 직접적으
로 속하지 않았다는 점을 들어(참고 고전 15,3ff), 바울을 사도로
인정하려 하지 않았다. 또한 이 사실을 가지고 바울이 전하는 복
음의 정당성에 의문을 제기했던 것 같다. 시간이 경과할수록 갈
라디아에 전파된 바울의 복음은 수세에 몰리게 되었다. 점점 사
람들은 바울의 복음으로부터 떠나기 시작했다. 그 결과 그가 갈

라디아 지역에서 선교를 위해 지금까지 쏟은 수고와 노력이 헛되게 될(2:2) 위험에 처하게 되었다. 이러한 상황에 직면하여 바울은 붓을 들어 갈라디아서를 쓴다. 이 편지에서 그는 명백하게 자신의 복음과 다른 교사들의 복음을 구별한다. 그는 자신의 복음이 신적인 근원을 가진 것이라고 강조한다(1:1, 11f, 15f). 바울이 이해한 복음은 율법의 행위에 의해서가 아니라, 예수 그리스도를 믿는 믿음에 의해 의롭다고 인정을 받는 것이다(2:16ff). 믿음의 결과 신자들은 영을 받게 되며(3:2; 참고 5:16ff), 새 에온(시대)에 속하게 된다(1:4). 아울러 자유인이 되며(5:1) 새 피조물이 된다(6:15). 바울은 다른 한편으로 자신의 경쟁자들에 대해 비판을 가한다. 그들은 율법을 지켜야 한다고 하면서도(참고 1:6-9; 3:1-5, 10-14) 스스로는 율법을 지키지 않는 자들이다(6:12f). 이러한 관점에서 율법에 사로잡힌 다른 복음을 받아들이는 것을 이방세계로의 퇴보라고(4:8ff; 참고 3:3) 선언한다. 이로서써 갈라디아 교회들에서 일어나는 퇴행과 배신의 움직임을 저지하고, 갈라디아인들로 하여금 다시 바울의 복음을 신뢰하도록 도모하고 있다.

11. 바울의 소아시아 여행

갈라디아서가 기록되었다는 사실과 드로아에서 마게도냐로 갔다는 고린도후서(2:12f)의 내용을 참고할 때, 우리는 안디옥을 떠난 바울이 소아시아 지역으로 가서 활동했음을 알게 된다. 안디옥에서 소아시아 중앙부로 접근하는 방법 중의 한 가지는, 사도행전에 나와 있는 경우처럼(행 13) 해로를 이용하여 밤빌리아로 간 후, 내륙으로 가는 것이다. 또 다른 방법은 바울의 고향 다소 쪽으로 가서, 거기서 그 유명한 '길리기아의 문'을 통해 타우루스 산맥을 넘어서 내륙으로 들어가는 것이다. 바울은 이 루트를 2차 전도여행 때 이용한다(행 15:41). 갈라디아서의 수신인이 로마 속주 갈라디아의 북부 지역에 있는 교회들이라는 점에서, 남부 지역을 여행할 때 이용한 해로 보다는 '길리기아의 문'을 통한 육로가 역사적 실체에 더 근접한 루트일 것이다. 이 '문'을 통과한 바울은 구체적으로 어떤 경로를 통해 소아시아 내륙으로 갔을까?

'길리기아의 문'을 지나 산맥을 넘은 후 내륙으로 들어가는 방식은 크게 둘로 나뉘어 질 수 있다. 하나는 갑바도기아 지역을 통과하여 곧장 북쪽으로 향하는 것이고 다른 하나는 북서쪽으로 우회하여 일찍부터 로마화한 지역을 통과하여 가는 방법이다. 갑바도기아는 비교적 늦게(주후 17년) 로마의 속주가 되었기에, 다른 주에 비해 헬라화 되지 않았다. 따라서 바울은 북서쪽으로 가는 길을 택했을 것으로 추정된다. 이 루트는 사도행전(16:1, 6ff)에 의해서도 지지를 받고 있다. 즉, 바울은 다소에서 북쪽으로 가다가 서쪽으로 방향을 바꾸어 아우구스투스 황제 때부터 식민시가 된 루스드라, 비시디아의 안디옥 쪽으로 향했다. 루스드라에서 얼마 떨어지지 않은 도시 이고니온 북쪽(동-브루기아)으로는 황무지가 전개된다. 이곳은 비잔틴 시대까지도 브루기아어나 켈트어가 주로 통용되었다.[401] 아직도 터키 내에서 인구 밀도가 가장 낮은 지역 중의 하나가 바로 이곳이다.402) 그러므로 바울이 이곳을 통과해 갔을 가능성은 거의 없다.403) 아마도 셀류시드 왕조의 근거지였으며. 주변을 로마화하는 전초기기로 이용되었고 일찍부터 유대인들이 정착하고 있었던404) 비시디아 안디옥을 경유했을 것이다. 그리고 이곳까지 오면서 도중의 여러 도시들에서 바울은 복음을 전했을 것이다(참고 행 16:1-5).

바울은 원래, 소아시아에서 가장 큰 도시였던 에베소로 가려 했던 것 같다.405) 바울이 주로 대도시 중심으로 선교를 했다는 점에서, 이 추측은 더욱 힘을 얻고 있다.406) 그러나 알 수 없는 이유로 바울은 계획을 바꾼다. 사도행전에서는 이를 '성령이 아시아에서 말씀을 전하지 못하게 했다'고 표현한다(16:6). 그 결과, 비시디아 안디옥 부근에서 바울은 진로를 바꾸어407) 갈라디아 교회들이 있는 곳으로 향했다. 갈라디아서의 내용(4:13)을 통해 볼 때, 바울이 에베소로 가지 않고 북-갈라디아 쪽으로 가게 된 것은 아마도 건강상의 문제가 크게 작용했던 것 같다.

---

401) R. Schmitt, Sprachverhältnisse, 566-568

402) R. Riesner, *Frühzeit*, 250f

403) Pesch, EKK 5/2, 101는 이곳을 통과해서 북-갈라디아로 갔다고 본다. F.F. Bruce, 『바울』, 236는 그 경우, 예상되는 가상의 루트를 제시하고 있다. 이고니온으로 가서, 비시디아 안디옥으로 가는 길을 벗어나 브루기아 파로레이오스(Phrygia Paroreios, 술탄 다우 산맥의 북쪽과 남쪽에 있는 지역)로 가는 길을 택했을 것이다. Bruce도 이 길을 취하지 않았을 것으로 본다.

404) F.F. 브루스, 『바울』, 181

405) 참고 F.F. 브루스, 『바울』, 236

406) Pesch, EKK 5/2, 101; J. Roloff, *Apostolat*, 241; M. Dibelius, Apostelgechibhte, 169

407) 참고 F.F. 브루스, 『바울』, 236에 따르면 비시디아 안디옥으로 가다가 술탄 다우 산맥을 넘어 브리기아의 파로레이오스(Paroreios)을 지나 필로멜리움(Philomelium, 지금의 악쉐히르)을 거쳤을 것으로 추정한다.

갈라디아 교회들이 대략 북쪽의 어느 지역에 위치하고 있었는지도 살펴 볼 필요가 있다. 바울이 선교한 갈라디아 지역이 어디냐는 질문에 대해, 학자들은 약간 견해 차이가 있는 대답을 내놓는다. 예를 들면 R. 페쉬는[408) 브루기아와 비두니아 사이에 인접해 있는 곳으로서, 갈라디아인들이 사는 나콜레야, 도리라이온, 페시누스, 앙카라 및 그 주변이라고 한다. E. 헨첸은[409) 앞에서 거론한 도시 중 마지막 두 도시는 바울의 선교 지역이 아니라고 본다. E. 헨첸은 갈라디아인이 사는 지역으로, 주로 나콜레야와 도리라이온을 지목한다. M. 디벨리우스는[410) 바울이 갈라디아 지방을 지나 무시아에 가까이 이르러 비두니아로 들어가려 했다는 사도행전 기사에(16:6f) 의지하여, 그렇다면 동쪽인 페시누스와 앙카라까지 왔다고 볼 수는 없다는 입장을 취한다. 즉, M. 디벨리우스는 아모리온, 오르키스토스, 나콜레야 등을 바울의 선교지로 본다. 이러한 다양한 의견들을 고려하면서, 나름대로 정황을 추정해 볼 때, 대략 다음과 같이 말할 수 있을 것이다. "비시디아 안디옥에서 아파메아를 거쳐 골로새, 라오디게아를 지나 에베소로 가는 길을 포기한 바울은 북쪽으로 발걸음을 돌려[411) 북-갈라디아 지역에 교회들을 세운다".[412) 한편, 이와 관련된 구

---

408) Pesch, EKK 5/2, 100

409) Haenchen, KEK 3, 465 주 2

410) M. Dibelius, Apostelgechibhte, 169 주 2

411) 도미티안 황제 때 이미 로마인들에 의해 비시디아 안디옥에서 코티아이온(Kotiaion)과 도리라이온까지 길이 건설되어 있었다 (참고 R. Riesner, *Frühzeit*, 244).

412) K. Lake, Paul's Route, 236는 라오디게아(Combusta), 아모리온, 오르키스토스, 나콜레야 그리고 아마도 도리라이온에서 활동했을 것으로 본다. 이에 대해 R. Riesner, *Frühzeit*, 252는 나콜레야와 도리라이온은 켈트어가 아닌 브루기아어가 사용되는 지역이며, K. Lake가 언급한 도시들 간에는 당시에 서로를 연결하는 도로가 존재하지 않았다. 따라서 "갈라디아 땅"이라고 할 때 나콜레야와

절인 사도행전(16:6)의 "브루기아와 갈라디아 땅으로 다녀
가"(diēlthon de tēn Phrygian kai Galatikēn Chōran)의 의미에 대한
논란이 뜨겁다는 사실을 염두에 두어야 한다. W. 람세이는413) 자
신의 책에서 '브루기아와 갈라디아 땅'을 Regio Phrygia Galatica
로 이해한다. '레기오'란 행정단위로서 로마 속주 갈라디아에 편
입된 옛 왕국의 일부를 뜻한다는 것이다. 즉, "브루기아와 갈라디
아 땅"이란, 옛 브루기아 지역으로 갈라디아 속주에 편입된 지역
이라는 의미로서, 비시디아 안디옥, 더베, 루스드라, 이고니온을
포괄하는 지역이라는 것이다. 이곳 교회들이 갈라디아서의 수신
인이라고 W. 람세이는 본다. '브루기아'를 형용사로, 등위 접속
사 kai를 통합의 의미로 이해함으로서 he Phrygia kai Galatikē
Chōra를 Phrygo-Galatien으로 보는 R. 리즈너의 견해도414) 람세이
와 유사하다.415) R. 리즈너는 바울이 전도했던 지역을 '브루기아
와 갈라디아 땅'으로 표기한 것은 아시아에 속한 옛 브루기아 지
역에 대비된 개념으로서의 "브루기아-갈라디아"를 나타내기 위
함이라고 주장한다. 하지만 R. 리즈너의 설명대로라면 사도행전
의 다른 곳(18:23)에서는 왜 tēn Galatikēn Chōran kai Phrygian과
같은 표현을 사용하고 있지 않는지 의문이 생긴다. 즉, 그의 주장
대로 18장의 브루기아는 아시아 속주 브루기아를 뜻한다면, 왜
이전 선교지인 갈라디아 지역에 대해서는 그냥 tēn Galatikēn
Chōran 이라고 했는지 설명이 되지 않는다.416)

이와 달리 E. 헨첸은 Galatikē Chōra를 갈라디아인이 사는 지
역으로 이해한다.417) K. 레이크는418) 1) 소아시아의 로마 행정체

───────────────

도리라이온이 포함되지 않는다고 주장한다.
413) W. 람세이, 『사도 바울』, 106
414) R. Riesner, *Frühzeit*, 253
415) 참고 F.F. 브루스, 『바울』, 236
416) 참고 R. Riesner, *Frühzeit*, 253

계는 대도시 중심이었다. 그러므로 regio는 한 도시와 그 배후지를 의미한다. 2) Phrygia Galatica는 어디서도 사용되고 있지 않다. 그리고 만일 사용된다면 hē Galatikē Phrygia 라고 했을 것이다. 3) 프톨레메우스, 타키투스 등 몇몇 로마의 역사가들이 로마 속주명으로 hē Galatika를 사용하지만419) 이는 이례적인 것이다. hē Galatai 라는 표현은 갈라디아 지역에 사는 '주민을 지칭하는 것이다 등 세 가지 관점을 강조한다. 이상으로 사도행전(16:6)과 관련한 여러 학자들의 의견을 대비해 보았다.

사도행전의 기사(16:6ff)를 참고한다면 이 지역은 앙키라 근처라기보다는 페시누스 혹은 갈라디아 주민들이 살았던 나콜레야와 도리라이온과 그 부근이라고 말할 수도 있을 것이다. 그러나 바울 편지에서 이런 추측을 뒷받침 해 줄 만한 내용이 발견되고 있지 않다. 재차 말하지만 바울이 대도시나 행정 중심지를 선호했다는 점에서, 그가 갈라디아 속주의 수도였던 앙카라를 자신의 희망 선교지 목록에서 제외시켰으리라고는 보기 어렵다.

갈라디아 지역에서 활동한 이후의 바울 행적은 500km 이상을 건너 뛰어 드로아로(고후 2:12f) 이어진다. 서신은 그가 무슨 이유로, 어디를 거쳐 이곳에 도착했는지에 대해 침묵하고 있다. 따라서 우리는 사도행전의 도움을 받아, 서신에서 침묵하는 부분을 채울 수밖에 없다.420) 갈라디아 지역에서 복음을 증거 한

---

417) Haenchen, KEK 3, 465
418) K. Lake, Paul's Route, 231
419) Schlier, KEK 7, 15
420) 참고로 드로아 부문에서 "우리"로 설명되는 여행기사가 나온다. 일인칭 복수 "우리"로 묘사되는 부분은 사도행전에서 다음과 같다(16:10-17; 20:5-15; 21:1-18; 27:1-28:16). 드로아에서 시작되어 빌립보 체류 시 까지, 그리고 다시 빌립보에서 드로아를 거쳐 밀레도 까지, 밀레도에서 예루살렘 방문, 그리고 로마로 압송되기까지의 과정에서 "우리"로 묘사된 형식이 등장한다.

후, 바울은 일찌기 헬라화 되었고 흑해와 지중해 무역의 중개지
로 유명한 비두니아의 니코메디엔을 다음 목적지로421) 정했다.
그러나 이번에도 알지 못하는 어떤 이유로422) 사도 바울은 계획
을 변경한다. 그 이후 어떤 경로를 택했고, 소아시아의 어느 항구
에서 마케도니아 쪽으로 떠났는지에 대해서 서신들은 말하고 있
지 않다. 바울은 아마도 무시아 지역 서쪽에 인접한 옛 브루기아,
혹은 북-갈라디아 지역에서 비두니아로 가려던 생각을 바꾸어
우선 프로폰티스 해(海) 연안의 아파메아로 간 후 해안을 따라 난
길을 택해, 드로아로 갔다고 추정된다(참고 행 16:8). 이후에 아시

이러한 현상에 대해 일반적으로 사람들은 드로아에서 사도행전의
저자인 누가가 비로소 바울의 여행 팀에 합류했고, 따라서 여기서
부터 "우리"라는 표현이 나온다고 이해한다(김경진, 100주년 주석
36, 342f; F.F. 브루스, 『바울』, 238). 이에 따르면 누가는
드로아에서 시작하여 빌립보까지 동행했으나 어떤 이유로 그곳에
남아 있게 되었다가 예루살렘으로 가는 바울 일행에 합류했다고 할
수 있다. 그러나 문제는 빌립보 체류 중간에 이 "우리"라는 형식이
끝난다는 점이다. 따라서 이 견해에 회의적인 학자들도 적지 않다.
예를 들면 C.K. Barrett, Acts, 4은 누가가 바울을 개인적으로 알지
못했다고 봄으로써, 사도행전의 자료가 되고 있는 여행일지의
저자와 누가를 근본적으로 구분한다. 혹자는 누가가 어떤 자료를
이용했다고 보기도 하고, 아니면 발생한 사건들을 독자들에게
생생히 표현하기 위해 누가가 고안한 문학적인 기교라고 주장하는
이들도 있다. 하지만 문제는 왜 얼마 안 되는 몇몇 부분에서만
사용되었냐는 것이다(참고 H. Conzelmann/ A. Lindemann,
Arbeitsbuch, 314f).
421) 아마도 교통의 요지였던 도리라이온에서(D.H. French, Roman
Road-System, 707-712) 니코메디엔으로 가려고 했던 것 같다.
도리라이온의 북쪽에는 니코메디엔이 있고, 동쪽에는
북-갈라디아의 주요 도시 중의 하나인 페시무스가, 바로 아래
쪽에는 나콜레야가, 그리고 남서쪽으로는 도시 코디아이온이 있다.
422)누가는 예수의 영이 방해를 했다고 한다. "예수의 영"이라는
표현은 신약에서는 이곳에서만 유일하게 나온다.

아에서 유럽으로 갈 때, 항구 드로아를 이용했다는 점에서(고후 2:12f), 이번에도 드로아를 통해 그리스로 건너갔으리라고 여겨진다.

도시 드로아로부터 약 16km 떨어진 곳에 20세기 초 독일인 발굴가 살레이만에 의해 발굴된 고대 성읍 트로이가 있다. 살레이만은 호머의 일리아드에 나온 기록을 참고로 트로이를 찾아냈다. 드로아는 이전에 시게이아라는 헬라 성읍의 터 위에 자리 잡은 도시이다. 이곳은 원래 항구로 적당한 곳이 아니었으나 알렉산더 대왕의 장군 중의 하나였으며 대왕 사후 마케도니아를 다스린 안티고누스에 의해 항구도시로 건립되었다. 후에 그의 후계자 리시마쿠스에 의해 도시가 증축되면서 '알렉산드리아 드로아'로 개칭되었고, 그 과정에서 드로아는 자유시의 지위를 획득하였다. 이 도시는 그리스와 소아시아를 연결하는 주요한 항구로서423), 씨저가 이곳을 제국의 수도로 삼으려 했을 정도로 전략적으로나 상업적으로 중요한 곳이었다.424) 보스포루스 해협의 콘스탄티노플을 수도로 정한 콘스탄틴 대제도 처음에는 드로아를 고려했었다. 드로아를 로마 식민시로 건설한 것은 아우구스투스 황제였다.425)

---

423) C.J. Hemer, Alexandria Troas, 91
424) Sueton, Life of Julius Caesar, 79.3
425) F.F. 브루스, 『바울』, 237; 참고 S.E. Johnson, *Paul*, 72

12. 유럽으로

1) 빌립보

바울 서신에서 확인되는 유럽의 첫 도시는 빌립보이다.[426) 현존하는 바울의 저술 중 가장 먼저 씌어진 데살로니가전서(2:2)에는 바울이 빌립보에 있었을 때 겪었던 사건이 잠시 언급되고 있다. 빌립보서(4:16ff)에서도 바울은 그곳 교인들에게, 데살로니가에 있는 자신에게 필요한 것을 에바브로디도를 통해 전해 주었다고 감사하고 있다. 바울의 유럽 첫 도시 빌립보와 그 다음 도시인 데살로니가는 이처럼 긴밀한 연관 속에 있다. 바울은 드로아에서 상대적으로 가까운 트라케 쪽으로 가지 않고 마케도니아로 갔다. 이는 당시의 항로나 주요 항구, 그리고 장차 가고자 하는 도시들의 위치를 고려하여 종합적으로 내린 판단에 따른 것이다. 참고로 R. 리즈너는 마케도니아로 간 이유에 대해 흥미로운 가설을 제시한다.[427) 바울은 이사야서(66:19)를 참고로 여행 경로를 잡았다는 것이다. 두발(비두니아) → 야완(마케도니아).

---

426) 사도행전에 의하면 바울은 드로아에서 네압볼리로 가던 중, 사모드라게라는 섬에서 하루 밤을 지냈다. 황량한 이 섬은 올림피아나 델피만큼 성소(holy place)로 유명하였다. 그곳에는 위대한 신들의 사원이 있으며, 신비종교의 일종인 대모신(Great Mother-God) 숭배의 본산지로 널리 알려져 있었기 때문에, 매년 수많은 순례객들이 방문하였다. 그 중에는 마케도니아의 왕 필립 II세와 알렉산더 대왕의 어머니 올림피아스도 있었다. 전해져 내려오는 이야기에 따르면, 이 둘은 섬에서 거행되는, 신성한 결혼식으로 상징되는 비의(mysterious) 의식에 참석했다가 한눈에 서로 반해 사랑에 빠지게 되었다. 사모드라게 섬은 이처럼 다양한 이방 신을 섬기는 성지로서, 소아시아 전역에서 사람들은 다양한 형식으로 이 섬의 신들을 숭배했다(S.E. Johnson, *Paul*, 72).

427) R. Riesner, *Frühzeit*, 273

도시 빌립보가 속해 있는 마케도니아는 그리스의 타 지역 보다 기후나 환경 조건이 좋지 못했다. 그리스 도시들의 정치 형태는 과두정(obligarchy)에서 민주정으로, 그리고 독재정(tyranny)으로 변화를 거듭했지만, 마케도니아 지역은 변함없이 군주정(monarchy) 체제를 유지하였다. 마케도니아가 낳은 유명한 군주 둘을 들라면, 누구나 주저하지 않고 필립 II세(주전 359-336)와, 그의 아들 알렉산더 대왕(주전 336-323)을 떠올린다. 필립 II세는 카이로네이아 전투(주전 338년)에서 승리함으로써 그리스 도시 국가들에 대한 통제권을 확보했다.[428] 한편 알렉산더 대왕은 잘 알려져 있듯이 자신의 영토를 그리스, 소아시아, 시리아, 이집트, 페르시아 그리고 인도의 접경 지역까지 확대하였다. 대왕 사후에 제국은 장군들과 그들의 후손들에 의해 분할 통치되었다. 그 중, 마케도니아는 필립 V세와 그의 아들 페세우스 통치 기간 중(주전 197-168) 로마에 의해 정복되었다. 이 지역은 주전 148년부터 로마의 속주가 되었으며, 수도는 데살로니가였다. 하지만 빌립보가 속한 지역의 중심지는 암비볼리였다.

바울은 아마도 항구 네압볼리에 (뜻은 New City[429], 현재 카발라 카발라) 도착하여 로마인이 닦은 도로인 비아 에그나티아(Via Egnatia)를 이용해 16km 떨어진 빌립보에 도착했다. 이 도로는 이탈리아 반도의 장화 뒤축에 위치하고 있는 브린디시에서 아드리아 해를 건넌 맞은편에서 시작되어 그리스 지역을 관통하여 에게해까지 이어진다. 그래서 이 도로는 소아시아와 이탈리아 본토를 연결하는 역할을 했던, 제국의 주요 기간도로 중의 하나였다. 이 길은 바울 당시 네압볼리에서 끝났지만 나중에 콘스

---

428) S.E. Johnson, *Paul*, 73; C.A. 로빈슨 2세, 알렉산드로스, 76
429) 고대에는 이런 이름을 가진 도시들이 많았다. 현재까지 이 이름이 남아있는 곳은 이탈리아의 나폴리, 팔레스타인의 나불루스(Nablus) 등이다.

탄티노플까지 연장되었다. 빌립보, 데살로니가, 베뢰아 등을 이 도로가 통과하고 있다. 따라서 바울이 그리스 본토에 도착하여 아덴, 고린도 쪽으로 가기 위해서는, 일단 베뢰아까지 가야 했는데 그 과정에 이 도로를 이용했다.

도시 빌립보는 알렉산더 대왕의 부친인 필립 II세에 의해 건설되었다. 선왕은 대략 주전 6세기 경 다소인들에 의해 세워진 도시 크레니데스의 터 위에 새로이 도시를 건설하고, 그곳으로 주민을 이주시키고 자신의 이름을 따서 빌립보라고 명명하였다. 누가는 빌립보를 마케도니아 지경의 첫 성이라고 소개하며, 이 도시를 로마의 식민시라고 한다(행 16:12). 당시 로마의 식민시는 여럿이 있었다. 그럼에도 불구하고 누가는 유일하게 빌립보를 식민시(kolōnia)라고 부르고 있다. 안토니우스와 옥타비아누스(후의 아우구스투스 황제)는 씨저의 암살범들인 브루투스와 카시우스 일당들을 이 도시 근처에서 물리치고 주전 42년 이 성읍을 로마의 식민시로 만들었다. 아우구스투스가 황제가 되고 난 후, 이 도시는 콜로니아 아우구스타 율리아 필리펜시스(Colonia Augusta Julia Philippensis)로 개명되었다.430) 주민들 중 주요한 인종은 로마인, 트라케인 그리고 마케도니아인 등이다.

불란서 고고학 발굴팀의 보고에 의하면 이 도시는 평지에 자리를 잡고 있었다. 극장이 있었고 북쪽의 나지막한 언덕 위에 아크로폴리스가, 그리고 방어 목적의 성벽이 있었다. 다른 발굴에서는 주후 2세기 후반의 것으로 추정되는 포룸 주변의 상점들, 그 근처에 위치한 두 개의 성전, 도서관 등의 공공건물이 발견되었다.431) 누가(행 16:13ff)는 빌립보에서 바울이 안식일 날에 성문 밖 강가에 유대인들이 기도하는 처소가 있음직 한 곳을 찾아

---

430) H.L. Hendrix, Art. Philippi, 314f
431) S.E. Johnson, Paul, 75

가, 그곳에 모여든 여자들 중에서 소아시아의 두아디라 출신인 자색 옷감 장수 루디아에게 세례를 주었다고 기록하고 있다. 이 기사를 참고 할 때, 빌립보에는 유대인의 회당이 아직 없었다고 추정된다.432)

유럽의 첫 선교지 빌립보에서 바울은 어려움을 당했다. 데살로니가전서에 이 사실이 확인된다.

> 너희가 아는 바와 같이 우리가 빌립보에서 고난과 능욕을 당하였으나 우리 하나님을 힘입어 많은 싸움 중에 하나님의 복음을 너희에게 전하였노라. (살전 2:2)

바울은 "우리가 빌립보에서 고난과 능욕을 당하였으나"라는 표현을 통해 그곳에서 있었던 애로와 고충을 기술한다. "고난... 을 당하였으나(propathontes)"는 신약에서 유일하게 이곳에서만 쓰인 단어이다. 여기서 접두사 pro는 시간적으로 선행(先行)을 내포하는 의미로 사용되고 있다.433) 본동사 paschō는 그리스도께서 당하신 고난을 표현할 때, 혹은 그리스도를 위한 신자들의 고난을 뜻할 때 주로 사용된 용어이다.434) 바울은 자신이 빌립보에서 당한 고난을 먼저 언급함으로써, 독자들을 위로하고 있다. 이어 나오는 표현인 "능욕을 당하다(hybristhentes)"는 "모욕적인 벌을 받다"는 의미로서435) 흔히 공개적인 태형과 투옥과 연관되어 있다(참고 행 16:22-24).436) 이 두 단어만을 가지고 바울이 빌립보에서 어떤 일을 당하였는지에 대해 구체적으로 밝혀내기란 쉽지 않다. H. 제세만은 앞의 단어 "고난"은 뒤의 "능욕"과 비교할 때, 상대적으로 '자진한다'는 능동적인 의미가 더 내포되어 있다고

---

432) S.E. Johnson, Paul, 75도 동의한다.
433) Holtz, EKK 13, 67 주 236; Dobschütz, KEK, 84
434) H. Seesemann, Art. πάσχω, 910.15f
435) G. Bertram, Art. ὕβρις κτλ., 305.22
436) Holtz, EKK 13, 67; Dobschütz, KEK, 84

본다(참고 빌 1:29).437) 이에 반해 T. 홀쯔는 둘 사이에 내용상 별 차이가 없다고 본다. 단지 수사학적인 의미에서 이중으로 사용한 것일 수 있다는 입장이다.438)

바울은 빌립보에서 "많은 싸움 중에" 복음을 증거하였다고 밝힌다(살전 2:2). "싸움(agōn)"이란 일반적으로, 그리스도를 전함으로써 당하는 고난이라고 볼 수 있다.439) 그렇기 때문에 바울뿐만 아니라 빌립보인들도 후에 이 고난을 겪게 되는 것이다(빌 1:30). 한편 W. 바우어는 데살로니가전서(2:2)의 "싸움"을 "지대한 노력"의 의미로 이해한다.440) 그러나 관련 구절(빌 1:30)은 '복음을 위한 고난'이라고 본다.441) W. 막센은 빌립보서(1:30)에 '박해'라는 의미가 없다는 의견을 피력한다. 빌립보서의 문맥 상, "싸움"은 극복해야 할 저항이나 대립을 뜻하며, 그것은 회당에서 혹은 경쟁자들에 의해 유발되었을 것이라고 추정한다.442) 심지어 E. 도부슈츠는 용어 polemos가 기본적으로 "전투", "전쟁"을 의미하는 데 반해(막 13:7; 고전 14:8: 히 11:34 등), agōn은 몇몇 구절(딤후 4:7; 딤전 6:12)의 예에서 보듯이, "경기", "경쟁"을 의미한다고 지적한다. 따라서 빌립보서(1:30)의 "싸움(agōn)"도 그 문맥상 "협력하다"(27절), "두려워하지 아니하다"(28절) 등 경기 때 사용되는 용어들과 함께 등장하고 있다는 점에서 이 단어를 "어

---

437) H. Seesemann, Art. πάσχω, 924.9ff

438) Holtz, EKK 13, 67

439) Holtz, EKK 13, 70

440) W. Bauer, Wb, ἀγών, Sp. 26 s.v. 2; E. Stauffer, Art. ἀγών κτλ., ThWNT I, 137.12도 이와 유사하게 살전 2:2를 이해한다("ein zähes Mühen").

441) W. Bauer, Wb, ἀγών, Sp. 26 s.v.

442) Marxen, ZBK. NT 11.1, 44 그는 사도행전 기사 빌립보에서 바울과 실라의 체포와 석방(16:23-29), 유대 사람들의 바울에 대한 시기(17:5-8), 베뢰아에 활동(17;10-15) 등은 누가의 전형적인 윤색으로 본다.

려움"의 의미 보다는, 주를 위해서 열심히 일하는 "기쁨"의 뉘앙스가 그 안에 있는 것으로 봐야 한다고 설명한다.443)

크게 "싸움"과 "경기"라는 두 가지 뜻을 가지고 있는 단어 agōn 및 그 파생어는444) 주로 바울(제2 바울 서신 포함)이 즐겨 사용하는 것이다.445) "경기"라는 의미로 사용되는 대표적인 구절은 고린도전서 8장 24-27절이다. (특별히 25절 ho agōnizomenos). 이러한 용례를 참고할 때 빌립보서(1:30)는 그렇다고 하더라도446), 적어도 데살로니가전서(2:2)에 나오는 agōn은 포괄적인 의미로서 "노력", "대립"이란 뜻으로 봐야 한다.447) 신약성서에 보면, agōn과 관련된 단어를 통해 그리스도인의 삶의 모습을 비유적으로, 경기에 참여한 자로 표현하는 예가 곧잘 발견되곤 하는데,448) 데살로니가전서(2:2)도 이런 유형에 속한다. 이 같은 예는 필로(Agr 112)와 요세푸스(Ant XIX,92) 등에서도 발견된다.449) 따라서 바울이 당한 고난에 빌립보인들도 함께 참여하고 있다는 내용은 빌립보서 1장 30절(agōn)이 아니라 4장 14절 ("너희가 내 괴로움에 [thlipsis] 함께 참여하였으니 잘하였도다") 과 긴밀하게 관련되어 있다.

---

443) Dobschütz, KEK, 85f

444) G. Dautzenberg, Art. ἀγών κτλ., Sp. 59

445) 총 6회 중 5회: 빌 1:30; 살전 2:2; 골 2:1; 딤전 6:12; 딤후 4:7. 나머지 한 곳은 히 12:1

446) G. Dautzenberg, Art. ἀγών κτλ., Sp. 61; Becker/ Conzelmann/ Friedrich, NTD 8, 147; Mayer, SKK NT 11, 26는 빌 1:30을 전투, 고난의 상황으로 이해한다. 하지만 빌 1:30도 복음을 위한 "선한 싸움", 즉 열심을 다하는 삶의 자세를 표현한 것으로 봐야 할 것이다.

447) G. Dautzenberg, Art. ἀγών κτλ., Sp. 61

448) 그러한 예로는 앞에서도 밝혔듯이 고전 8:24-27; 골 2:10; 딤전 6:12; 딤후 4:7; 히 12:1 등이 있다.

449) G. Dautzenberg, Art. ἀγών κτλ., EWNT² 1, Sp. 63

    빌립보는 바울이 유럽에서 복음을 전한 첫 도시였다(참고 빌 4:15 "복음의 시초에"450)). 바울은 이곳에서 많은 고난과 역경에도 불구하고(살전 2:2a) 열심히 복음을 증거하였다(2b절). 그 결과 빌립보의 교인들은 처음 믿었던 신앙을 유지하면서 변함없이 바울을 후원하여(참고 빌 4:15) 복음이 전파 되는데 많은 기여를 하였다(1:5f). 이 같은 모범적인 신앙의 태도를 견지함으로써 빌립보인들은 자신들의 어려움에도(참고 1:30) 불구하고 초기에 마케도니아에서 유일하게 바울을 도운(4:15) 교인이라는 칭찬을 받게 되었다. 바울이 데살로니가에서 활동할 때에도 에바브로디도를 통해(2:25ff) 몇 차례 지원하였다(16절; 참고 고후 11:9). 빌립보에 대적자들이 들어오게 되자(1:28; 3:2), 바울은 불안한 마음을 떨칠 수가 없었다. 이에 바울은 디모데를(2:19) 빌립보에 보냄으로써 빌립보 교회의 형편을 알고자 했다. 그리고 그 편에 에바브로디도를 함께 보냄으로서, 그가 아팠다는 소식을 듣고 근심하는 교인들을 안심시키고자 했다. 바울은 기본적으로 빌립보 교인들이 직면한 시련과 위기를 잘 극복하고 대처해 가리라고 믿고 있었다(1:6; 1:27-30). 따라서 디모데의 편에 빌립보서를 전함으로써 그들을 격려하고 필요한 여러 가지 권면들을 하게 된 것이다. 즉, 사랑과 지식과 모든 통찰력이 풍성하게 되어 가장 좋은 것을 분별할 줄 알게 되며, 따라서 순결하고 흠이 없게 되기를(1:9ff; 2:15), 같은 생각을 품고, 같은 사랑을 가지고 뜻을 합하고 한 마음이 되며 겸손한 마음으로 일을 함으로써 그리스도 예수의 마음을 품으며(2:2ff), 더욱 순종하여 두렵고 떨리는 마음으로 자기의 구원을 이루어 가며(2:12), 다 함께 바울 자신을 본받아

---

450) 이 구절은 이방인의 사도로서의 바울 활동이 무엇보다도 먼저 마케도니아에서 시작되었다는 뜻이 아니라, 빌립보를 기준으로 한 말이다. 즉, "마케도니아에서 처음 복음을 증거한 빌립보 시절에"라는 의미이다. Mayer, SKK NT 11, 69f; Becker/ Conzelmann/ Friedrich, NTD 8, 174; Muller, NIC, 148f

(3:17), 주님 안에서 든든히 서고(4:1), 항상 기뻐하며(4:4), 아무 염려하지 말고 오직 기도와 간구로 모든 일을 하고(6절), 선하고 좋은 것들만을 생각하고(8절), 배우고 받고 듣고 본 것들을 실천하라고(9절) 권면한다.

2) 데살로니가

데살로니가는(현재 살로니카) 만(彎)의 머리 부분에 해당되는 곳에 자리 잡고 있으면서도 악시오스 강과 불과 수 킬로 밖에 떨어져 있지 않는 천혜의 항구 도시였다. 오늘 날과 마찬가지로 당시에도 상업과 교통의 요지로서 마케도니아 속주의 수도였다.451) 데살로니가전서의 수신자들은 주로 이방인에서 그리스도교로 개종한 자들이다(살전 1:8-9). 이 도시는 디오니소스와 카비루스 신에 대한 숭배로 유명했는데 이 두 제의 모두 풍요를 기원하는 종교행위였다. 자연을 찬양하고, 모든 생명체들을 온화함으로 길러주는 자연의 힘에 대해 감사하는 의식을 거행했는데, 거기에는 흥분과 광란적 요소가 포함되어 있었다. 디오니소스는 포도주의 신이기도 하였으며, 카비루스 신은 원래 사모드라게 섬에서 숭배되고 있던 신이었다. 로마에서는 술 취하고 소란을 피우는 제의가 허용되지 않았지만, 속주 지역인 데살로니가에서는 이에 대한 제재가 거의 없었다. 따라서 성적인 문란이나 만취하는 일들을 일상에서 쉽게 접할 수 있었다. 이와 관련하여 바울이 편지에서, 음행을 멀리하라는 경고와(4:3ff) 술 취하지 말라는(5:7) 권면을 하는 것이다.

주전 1세기부터 데살로니가는 공식적으로 로마의 신들을 숭배하였다. 그리고 아우구스투스 시대에는 씨저를 신으로 숭배하

---

451) S.E. Johnson, *Paul*, 76. 현재, 그리스에서 두 번째로 큰 도시이다.

기 위한 신전이 건립되기도 했다. 그러나 이곳에서도 로마나 황제에 대한 충성의 맹세를 전체 시민에게 요구했는지는 확실치 않다. '평화'와 '안전'은 주후 1세기 중엽 로마가 표방한 구호였다. 바울은 잘못된 안전 의식 속에서 피상적인 평화를 말하던 자들에게 갑작스러운 최후가 온다고 경고함으로써(5:3) 이를 거부하고 있다. 따라서 이 서신의 근저에는 어느 정도 세상이나 제국에 대한 거부감과 그와 관련된 위기의식이 깔려있다고 볼 수 있다. 데살로니가 지역의 기독교인들은, 마치 팔레스타인 본토에서 신자들이 그랬던 것처럼, 지역주민들에 의해 박해를 받았다(2:14). 이 때문에 진노의 최후 심판 사상(4:15,17)이 어느 교회보다 강했던 것 같다. 다른 한편 데살로니가 교회에 종말사상이 팽배했던 것은 바울의 책임도 크다. 바울은 데살로니가를 방문할 당시, 곧 종말이 오리라고 믿고, 신자들이 죽으면 어떻게 되는 지에 대해 제대로 설명을 하지 않았다 (살전 4:13). 그러나 동료들 중에 먼저 죽은 이들이 생겨나자, 데살로니가 교인들은 이들 운명이 어떻게 되는지 몰라 당황해 하고 있었다. 바울은 붓을 들어 교인들에게 그들의 운명이 어떻게 되는지에 대해 설명을 한다(4:13-18). 이유에 대해서는 잘 알려져 있지 않지만, 데살로니가 전서에서는 바울의 종말 의식이 유독 강하게 표출되고 있다. 대부분의 장 마지막에 그리스도의 재림에 대한 언급이 나오고 있다(1:10; 2:19; 3:13; 4:13ff; 5:1ff).

데살로니가 전서는 바울 서신 중에서 가장 먼저 기록된 글이다. 여기서는 바울의 대표적인 사상, 즉 '믿음으로 의롭게 된다'거나 '신자는 세례 의식을 통해 상징적으로 그리스도의 죽음에 동참하여 서로 하나가 된다'는 등의 사고가 발견되지 않는다.452) 주로 이방 사람들로 구성되어 있었던(1:9) 데살로니가 교인들은

---

452) S.E. Johnson, *Paul*, 80

어려움 중에도 말씀을 잘 받아들여(1:6; 2:13) 그리스 지역에서 모범이 되었다(7f절). 특별히 형제 사랑의 가르침을 직접 하나님으로부터 받아, 마케도니아의 교인들을 대상으로 이를 실행했다(4:9f). 그들은 하나님과 바울, 그리고 유대의 교회를[453] 본받았다는 점에서(1:6; 2:14) 모범적이었다. 그들은 바울을 잘 영접하였다(1:9). 그러나 바울은 어느 누구에게도 폐를 끼치지 않고 자비량으로, 전심전력을 다해 그곳에서 선교 활동을 하였다(2:9f; 참고 빌 4:16ff). 바울은 교인들이 곤경과 환난을 당할 것을 알고 있었으며(살전 3:4), 재차 방문하려 했으나 사정이 허락하지 않았다(2:18). 대신 디모데를 보냈는데(3:1ff) 그는 돌아와 "데살로니가인들은 어려움 가운데서도 굳게 서있다"고 보고를 한다. 이에 사도는 기뻐하며(3:7ff), 종국에 다시 그들을 방문하여 부족한 면을 채울 것을 다짐한다(10ff절). "조용히 살라, 자기 일에 전념하며 자기 손으로 일하라, 그래서 바깥사람들에 대해 품위가 있게 살아가고 아무에게도 신세지는 일이 없도록 살기를 힘쓰라"는 권면(4:11f)이 나오는 것을 볼 때, 데살로니가 교인들 일부가 임박한 종말 사상에 사로잡혀 생업을 등한시함으로써, 믿지 않는 이들로부터 조롱을 받는 일도 생겼던 것 같다.

사도행전에 따르면 데살로니가의 유대인들은 바울 선교에 대해 훼방을 놓았고, 그들로 인해 박해 당할 위험까지 생기게 되자, 그곳 신자들이 바울을 베뢰아(오늘날 베리아)로 보냈다고 되어 있다(행 17:10). 베뢰아는 평원에 위치하고 있으며 그 주위에 옛 마케도니아 왕국의 수도가 있었다. 필립 II세의 무덤이 발견된 베르기나도 베뢰아에서 10km 정도 밖에 떨어져 있지 않다. 필립 I세(주전 359-336)의 무덤이 발견된 곳으로, 주변 지역의 중심지 역할을 했던 에데사나 알렉산더 대왕의 출생지인 펠라도 베뢰아

---

453) 살전 2:14

에서 그리 멀리 떨어져 있지 않다.454) 누가의 기록에 따르면(행 17:10-15) 베뢰아에서 바울은 고결한 유대사람들로부터 환영을 받았으며, 지체 높은 그리스인들 사이에서 많은 신자를 얻을 수 있었다. 그러나 이 소식을 들은 데살로니가의 유대인들이 베뢰아에까지 와서 전도를 방해하자, 바울은 신도들의 권유에 따라 배를 타고 아덴으로 가게 된다.

3) 아덴

바울의 다음 활동지는 아덴이다. 아덴은 아주 오래된 도시로서 석기 시대 말기인 주전 3천-2천5백 년부터 사람이 살기 시작했다. 아크로폴리스가455) 후기 청동기 시대 중(주전 1600-1125년)에 건설되었다. 아덴인들은 자신들이 아카이아 인들이 오기 전부터 아덴에 살았다고 주장한다. 그들은 도리안족이 그리스를 정복했을 때도 정체성을 잃지 않았다는 자부심을 가지고 있었다. 도리안족에 의해 시작된 소위 암흑시대(1100-776년)가 끝나자 아덴과 소아시아 서쪽 해안의 이오니아 그리스 지역에 르네상스가 찾아왔다. 이때 아덴은 경제적, 문화적 부흥의 중심지가 되었다. 최고의 전성기는 주전 5-4세기였다.456) 페르시아의 두 차례 공격을 막아내고 살라미스 해전과 플라테아에서 승리함으로써 아덴의 영화와 영광은 극에 달했다. 이때 페리데스(429-401년)가 아덴의 지도자로 등장하여 아크로폴리스에 판테온 등 많은 신전과 건물을 지었다. 철학자 소크라테스, 플라톤 아리스토텔레스 그리고 극작가 소포클레스, 유리피데스, 아리스토파네스 등도 이때 활약했다.457) 그러나 아덴은 펠레폰네스 전쟁에서 패

---

454) S.E. Johnson, *Paul*, 80
455) akropolis 문자적으로는 "the upper city", 즉 citadel
456) P. 레베크, 『그리스 문명의 탄생』, 94ff

함으로써, 필립 II세에게 그리스 지역의 패권을 내주어야 했다. 그리스 신들이 아덴을 구하지 못했다는 생각에 아덴인들은, 대신 철학이나 동방의 종교에 눈을 돌렸다. 심지어 알렉산더 대왕과 그의 후계자들을 신으로 섬기기도 했다. 아덴과 그리스가 로마에 복속되자, 인생에 내적으로 순응할 것을 가르치는 스토아 사상이 인기를 끌게 되었다.458)

바울은 자신이 아덴에 남고, 대신 디모데를 데살로니가로 보냈다고 언급함으로써(살전 3:1f), 단 한번 이 도시에 대해 거론하고 있다. 아덴에 남는다는 내용을 통해 바울이 여기서 일정 기간 머물면서, 선교 활동을 했음을 확인하게 된다. 아덴의 당시 인구는 5천 명으로, 큰 도시는 아니었지만 아고라와 아크로폴리스 그리고 그 주변에 역사적인 건물로 가득 차 있는 헬라 문화의 중심지요, 살아있는 박물관과 같은 곳이었다. 처음 이곳을 방문한 바울은 이러한 아덴의 모습에 큰 감명을 받았으리라 쉽게 상상이 간다. 누가(행 17:16)에 따르면 바울은 온 도시가 우상으로 가득 차 있는 것을 보고 격분한다. 조각상들은 헬라 도시 어디서나 쉽게 접할 수 있다. 헬라 문화권에서 자라나고 많은 도시를 여행한 바울이 유독 아덴에서 그렇게 화를 냈다는 것은, 그곳에 조각물들이 매우 많았음을 반증하는 것이다. 바울은 여느 곳에서와 마찬가지로 회당에서 유대 사람과 이방인을 대상으로, "장터"(agora)에서는 만나는 여러 사람을 상대로 말씀을 전했다(행 17:17). 그 중에는 에피큐로스학파와 스토아학파 사람들도 있었다(18절). 유대인들은 에피큐로스학파 사람들을 무신론자라고 여겼다. 왜냐하면 비록 그들이 신의 존재는 인정했지만, 이 신들이 인간사에는 관여하지 않는다고 보았기 때문이다. 실제 당시에 가장 영향력 있는 이들은 스토아 학파였다.459)

---

457) S.E. Johnson, *Paul*, 86
458) S.E. Johnson, *Paul*, 87

바울은 아덴에서 아레오바고로 끌려갔다고 되어있다 (17:19ff). 아레오바고의 헬라어는 Areion pagon 이다. 그 중 pagos 는 "언덕"이라는 뜻이고, Areion은 아레스(Ares)의 형용사 형태이 다. 아레스는 제우스와 헬라 여신 사이에서 태어난 전쟁과 학살, 싸움과 역병의 신이다. 로마식으로는 마르스(Mars) 신에 해당한 다. 따라서 "아레오바고"는 전쟁과 재난의 신(神)인 '아레스의 언 덕'이라는 뜻이다. 이곳은 아덴시의 광장인 아고라에서 남쪽으 로 약 200m, 아크로폴리스의 중심부 판테온 신전에서 북서쪽으 로 300m 떨어진, 대략 해발 90m 정도의 나지막한 언덕이다. 아크 로폴리스는 해발 110m에 위치하고 있었으므로 여기서 아레오바 고가 내려다보인다. 아덴에서 바울의 선포를 듣고 믿음을 갖게 된 사람들 중에 디오누시오도 있었는데, 그는 아레오바고 관원 이라고 소개 된다(17:34). 그런 점에서 19절 이하의 아레오바고는 단순히 지명을 의미하기 보다는 기관이라고 봐야 할 것이다.460) 로마시대에 아레오바고에서 회합을 가졌던461) 이 기구는 교육에 대한 감독권을 가지고 있었다.462) 아레오바고 법정이 어떤 시기 에는 정치, 교육, 종교와 관련된 다양한 사안들까지도 담당했기 때문에, 바울도 여기서 자신의 발언에 대해 조사받았을 수도 있 다. 하지만 이 기구가 철학자들의 발언할 권리를 허가하는 역할 까지도 했는지는 불확실하다. 바울의 연설은463) 비록 22절의 "아

---

459) S.E. Johnson, *Paul*, 88

460) 조광호, "아레오바고 연설", 140ff

461) P.M. Fraser의 보고를 참고할 때(Archaeology, 3f), 아레오바고는 아고라 북서쪽 모서리에 있었던 Stoa Basileios에서 모임을 가졌던 것으로 추정된다. 반면, 주전 6세기에 건립된 Royal Stoa에서 회합을 가졌을 것이라는 주장도 있다(S.E. Johnson, *Paul*, 90).

462) W. Bauer, Wb, ″Αρειος παγος, s.v. Sp. 211. W. Bauer는 따라서 여기서 심문 당했던 바울의 기사는 어느 정도 역사성이 있다고 본다.

463) 바울의 아레오바고 연설에는 스토아 철학자나 세네카 그리고

레오바고 가운데 서서” 라는 표현에도 불구하고 아덴인 일반에게 한 것으로 봐야 한다.464) 또한 바울이 조사를 받게 되는 이유도 검열이라기보다는 아덴 사람들의 호기심 때문이다.465)

바울은 아덴에서 좋은 성과를 얻지 못했다. 이는 아가야 지방의 첫 열매는 아덴 사람이 아닌, 고린도인인 스데바나와 그의 집이라는(고전 16:15) 발언을 통해서도 간접적으로 확인된다. 바울은 아덴에서 단지 소수의 신자를 얻었을 뿐이다. 그 중에서 이름이 밝혀진 이들은 디오누시오와 다마리 두 사람이다(행 17:34). 교회의 전승에 따르면 아레오바고 관원인 디오누시오가 나중에 아덴의 첫 주교가 되었다. 하지만 분명한 자료에 의해 확인된 사실은 아니다.466) 여인 다마리(Damaris)에 대해서도 알려진 것이

헬라화 된 유대인인 필로나 요세푸스에서 발견되는 하나님의 본성과 행동, 그리고 그 분의 자비심에 대한 교리들이 등장한다. 이것은 바울 보다 한 세기 뒤인, 누가 시대의 기독교 설교자들이 교양을 갖춘 이방인들에게 접근하는 방식으로서, 2세기의 기독교 변증가들 사이에서도 발견되는 방법이다. 당시 헬라 철학은 유일신론적인 경향을 보였고 ‘완벽한 연설’이라는 모티프는 대중 철학의 저술에서도 발견되고 있다. 바울 연설 중에 단지 두 가지만 유대적, 기독교적인 전통을 갖고 있다(한 사람에서 전 인류를 만들었다는 사고 26절, 부활하심으로 권위를 인정받은 한 사람을 통해 하나님은 세상을 심판하시므로, 회개가 필요하다는 선언 30f절). 바울이 아고라와 아레오바고에서 설교를 했다고 보는 S.E. 존슨은 그러나 그 내용이 어떤 것이었는지에 대해 한두 가지 개연성만을 열거하고 있다. 즉, 바울의 설교에 누가가 헬라 철학으로 윤색했을 수도, 바울이 아덴의 연사들을 흉내 내어 헬라적 색체로 연설했을 수도 있다고 본다(*Paul*, 91f).

464) 조광호, 아레오바고, 146
465) 조광호, 아레오바고, 144ff; S.E. Johnson, *Paul*, 90. 누가의 표현에 따르면 아덴에 거주하는 이들은(외국인을 포함하여) “가장 새로되는 것을 말하고 듣는 것 이외에 달리는 시간을 쓰지 않”았다(행 17:21).
466) 참고 S.E. Johnson, *Paul*, 92

없다. 다마리는 당시에 여인을 지칭할 때 거의 사용되지 않는 이름이다. 일찌기 G. 그로티우스는 흔히 여자의 이름으로 사용된 다마리스(Damalis)로467) 대치하기도 했다.468) 헬라 문화의 중심지인 아덴에 기독교인이 있다는 증거 중 가장 오래 된 것은 약 주후 170년 경으로 추정되는, 고린도의 주교인 디오니시우스가 아덴의 교회에 보내는 편지이다.469)

4) 고린도

고린도는 고린도 만으로부터 2km 떨어진 해발 60m 높이의 언덕에 자리 잡고 있다. 이 도시는 아폴로 신전과 배후의 높은 산, 아크로고린도에 있는 몇몇 폐허들 외에는 유명한 것이 별로 없는 도시이다. 하지만 고린도는 그리스 본토로부터 펠로폰네소스의 남쪽 지역을 분리시키고 있는 좁은 지협(地峽)에 가장 가까이 위치하고 있었기 때문에 상업적으로 아주 중요한 거점이었다. 고린도와 가장 가까운 항구이며 지협 서쪽에 자리하고 있는 레카이온과 고린도 사이에는 폭 1,2m의 포장도로가 깔려 있었다. 지협 동쪽에 있는 항구 겐그레아와470) 서쪽의 항구 사이를 잇는 포장 도로 디올코스가 당시에 이미 존재했다. 따라서 반대편에 있는 배로 물건을 쉽게 옮길 수 있었다. 고린도는 호머의 글에서, 시지푸스와 메데아의 고향인 에피라로 문서상 처음으로 등장한다. 신석기 시대와 청동기 시대 초기에 이미 고린도에 사람들이 정착해 살았다. 하지만 주전 2천년 경 파괴되었고, 그 후 천

---

467) 'Färse', 'heifer' "세 살 미만의 새끼를 낳지 않은 암소", "젊은 여자"
468) W. Bauer, Wb, Δάμαρις, s.v. Sp. 340
469) S.E. Johnson, Παυλ, 92
470) 이곳의 교인이 뵈뵈이다(롬 16:1).

년 후에 도리아인들에 의해 점령되었다. 주전 7세기에 이르러 고린도시는 역사의 조명을 받게 된다. 폭군이었던 킵세루스의 아들 페리안더(대략 주전 625-583년)가 도시를 번영시켰다. 주전 7세기 고린도는 케르키라, 코르푸 등을 식민지로 가지고 있었다. 시실리의 시라쿠스에도 식민지가 건설되어, 고린도는 그리스 도시 중에서 가장 선도적인 위치를 확보하였다.471) 주전 5세기에는 아덴시가 세력을 확대해 옴에 따라 두 도시 간에 전쟁이 벌어졌다. 발단은 아덴이 시실리 섬과 남 이탈리아와 통상하기 위해, 통로인 고린도만을 차지하려는 야심을 보인데서 시작되었다. 처음에는 고린도와 베가라가 함께 싸웠지만, 힘이 부친 고린도는 동맹관계에 있는 스파르타를 끌어들였다. 그 결과 페르폰네소스 전쟁이 발발되었다(431년). 시라쿠스에서 벌어진 전투에서 고린도가 아덴을 대파함으로써 승리했지만, 심한 손실은 피할 수 없었다. 후에 스파르타에 대항하여 고린도, 아덴, 아르고스, 보에티아가 동맹을 맺고 싸우는, 이른바 고린도 전쟁(395-387)이 발발하였다. 거듭되는 전쟁으로 고린도는 더욱 쇠약해 졌다. 이 때, 마케도니아의 왕 필립 II세가 카에로네아 전투(주전 338)에서 승리함으로 고린도를 포함한 그리스의 도시들은 그의 지배하에 놓이게 된다. 후에 고린도는 헬라 동맹의 수장으로서 알렉산더 대왕을 도와 페르시아와 전쟁을 벌이기도 했다. 그런 과정에서 고린도시는 그리스 지역의 산업과 상업의 중심이 되었다. 필립 II세 시절 이전의 유명한 고린도 인을 들라면 크세노폰을 꼽을 수 있다. 그는 고린도에서 '헬레니카'라는 작품을 저술하였다. 그 외에, 통속에 살았다고 전해지며, 알렉산더 대왕이 "무엇을 도와줄까" 묻자 "당신이 햇볕을 막고 서있어 볕을 쬐지 못하니 비켜 달라"고 대답했다는 견유학파 철학자 디오게네스(대략 주전 412-323)도 오랜 기간 고린도에 있었던 인물이다. 알렉산더 후계

---

471) S.E. Johnson, *Paul*, 95

자들의 시대가 지난 후, 그리스는 로마라는 새 주인을 맞게 된다. 로마가 흥기하면서 생긴 힘의 공백기를 이용하여 주전 196년 그리스의 도시들은 독립을 선언한다. 이때 고린도는 자신이 속해 있는 아가야 동맹을 부추겨 로마에 대항하였다. 하지만 그 결과는 비참했다. 로마의 집정관 뭄미우스에 의해 고린도시는 철저히 파괴되었다(주전 146년). 남자들은 살해당하고 여인들과 아이들은 노예로 팔렸다. 그 뒤 백여 년 동안 시는 폐허의 상태로 있었다. 주전 44년 율리우스 씨저가 고린도를 재건하라는 명령을 내려, 시는 다시 건설되었으며, 이후 로마의 식민시가 되었다.472)

바울 시대의 고린도는 정치적, 경제적 그리고 지적인 면에서 아덴을 능가하였다. 아덴은 박물관 수준의 도시였지만 고린도는 속주 아가야의 수도였으며, 로마 풍으로 새로 건설된 신도시였다. 이곳은 라틴어를 사용하는 제국의 서쪽 민족들과(갈라디아, 북아프리카 족) 그리스어를 사용하는 동방인들이 함께 어우러져 사는 국제도시였다. 또한 항구 도시로서 상업을 통해 부가 축적되어 있었기에, 사업가나 해방된 노동자에게 매력적인 곳이었다. 노예들도 또한 이곳에 많았다. 고린도는 당연히 각지 사람들이 가져온 이방신 숭배와 많은 제의 의식들로 차고 넘쳐나는 곳이 되었다.473) 지금까지 살던 곳을 떠나 대도시에 오면서 사람들은 뿌리를 잃게 되고, 전래의 전통이나 종교로부터 자유로워지기도 하는데, 이런 현상이 고린도에도 나타났다. 그러므로 고린도인들은 바울의 복음을 받아들일 수 있는 여지와 마음의 준비가 되어 있었다. 다른 곳과 마찬가지로 고린도에도 신앙적으로 "경건한 사람들"이 있었고 유대 공동체가 있었다(행 18:4).474) 고

---

472) J. Murphy-O'Connor, Art. Corinth, 1135f

473) S.E. Johnson, *Paul*, 97

474) 신전 앞뜰의 문(Propylaea) 가까이에 있는 도로 레카이온 (Lechaion)에서 "히브리 인들의 회당"이라고 쓰인 바울 후대의

린도인들은 다른 도시의 사람들과 비교할 때, 수준 높은 삶을 영위했다. 고린도에는 문화시설과 오락거리들이 많았다. 예를 들면 1만 8천 석을 가진 극장과, 3천 석의 음악 홀, 2년 마다 한번 씩 열리는 운동경기, 순례하는 음악가들과 댄서들 그리고 약장수들, 아프로디테 신전의 천여 명의 여사제들. 그래서 시인 호라스는 "모든 사람이 고린도에 갈 만큼 행복한 것은 아니다"라는 말을 남기기도 했다.

바울은 이 도시에서 회당장 그리스보와 그의 식구를(고전 1:14; 참고 행 18:8) 믿게 하였다. 고린도에서 바울은 클라우디우스 황제의 추방령으로 로마에서 쫓겨 온 아굴라와 브리스길라를 만났다(롬 16:3에는 "브리스가"로 되어 있다). 그들은 바울을 위해서라면 자신들의 목이라도 내놓을 정도로 헌신적인 자들이었다(롬 16:4). 알렉산드리아 출신으로 에베소에 온 아볼로도(행 18:24ff) 한때 고린도에 머물렀다(고전 3:4ff, 22; 16:12[475]); 참고 행 19:1). 이밖에 고린도시와 연관된 사람으로서 꼭 거론되어야 할 인물은, 이 도시의 재무관[476] 에라스도이다(롬 16:23). 고린도의 극장 옆 광장의 석회석 덩어리 중 하나에서 명문(銘文)이 발견되었는데 거기에 에라스도는 Aedile로서, 광장을 자신의 비용으로 세웠다는 글이 기록되어 있었다. Aedile라는 직책은 헬라어로 agoranomos이다. oikonomos가 일반적인 의미의 관리자, 행정관을 지칭하는 데 반해 agoranomos는 아고라 시장에서 팔고 사는 것을 관장하는 전문직 관리를 뜻한다.[477]

―――――――――

것으로 추정되는 명문 조각이 발견되기도 하였다. 참고 S.E. Johnson, *Paul*, 98

475) 고린도 전서를 쓸 당시는 아볼로는 에베소에 머물고 있었고, 바울은 그를 다시 고린도로 보내려고 설득하는 중이었다.

476) ho oikonomos tēs poleō. 참고 G. Teißen, Schichtung, 236-245; W.A. Meeks, Urban Christians, 58f

477) H.G. Liddell/R. Scott/ H.St. Jones, *A Greek-Englich Lexicon*, s. v.

13. 에베소

고린도에서 활동한 지, 대략 1년 반이 지난 무렵, 바울은 갈리오 총독 앞에서 재판을 받게 된다. 장소는 신전 앞뜰의 문(gate)인 프로피라에아 반대편에 있는 재판석 베마이다. 이 사건을 계기로 바울은 고린도를 떠날 결심을 하게 된다. 바울은 아굴라와 브리스길라를 동반하여, (아마도) 겐그레아 항구를 이용하여 소아시아 속주 중에서 최대 도시였던 에베소로 갔다(행 18: 18f). 이때 에베소에 그리 오래 머물지 않았다. 그는 바로 예루살렘으로 가고자 했다. 에베소 사람들이 좀 더 머물러 달라고 간청했지만 거절하면서, 하나님의 뜻이면 다시 오겠다는 말과 함께 작별인사를 남기고 떠났다. 한편, 유대인 부부는 이곳에 남겨두었다(20f절). 사도행전이 전하는 바울의 이후 행적은 다음과 같다. 1) 예루살렘 방문 2) 안디옥 일시 체류 3) 갈라디아와 브루기아 지방의 신도들의 신앙심을 돈독하게 하기(22f절). 이와 같은 짤막한 제목 나열식의 서술에 이어, 바울은 '윗 지방'으로 해서[478] 다시 에베소에 오게 된다(행 19:1). 예루살렘에 왜 갔는지, 그리고 그곳에서 구체적으로 무엇을 했는지에 관해 아무런 설명이 없다. 또한 다시 에베소로 오는 과정에 대한 묘사도 너무 도식적이다. 그렇기에 일부 학자들은 이 부분에 대해, 바울과 예루살렘 교회와의 유기적인 협력 관계를 중시하는 누가의 입장이 많이 반영되어 있다고 평가하기도 한다.[479] "윗 지방"(anōterika merē)이란 단어와, 골로새나 라오디게아 교인들이 바울의 얼굴을 보지 못했다(골 2:1)는 내용을 참고할 때, 바울은 리쿠스나 마엔더 계곡을 따

---

478) 참고 R. Riesner, *Frühzeit*, 254

479) Lüdemann, *Christentum*, 212ff; Weiser, ÖTK 5/2, 496ff 한편 S.E. Johnson, *Paul*, 106는 이처럼 짧은 요약을 누가의 부족한 여행 정보 탓으로 돌린다.

라 간 것이 아니라, 케스트로스 계곡을 따라 난 길을 이용해서 에베소로 다시 돌아갔을 것이다.

이상에서 보는 것처럼, 고린도 다음으로 꼽을 수 있는 바울의 주요 체류지는 에베소이다. 학자들 중 일부는[480] 바울이 에베소로 간 이유를, 이전에 활동했던 갈라디아지역의 교회들과 그리스의 교회들을 서로 이어주는 연결 고리가 필요했기 때문이라고 설명한다. 에베소는 속주 아시아에 속해 있었다. 아시아의 수도는 버가모였지만, 실제적인 중심지는 다름 아닌 에베소이다.[481] 누가에 따르면 이곳에서 바울은 이년간 두란노서원에서 강론하였다(행 19:9f).[482] 에베소에서 바울은 큰 성공을 거두었다. 마술을 부리던 자들이 마술 책을 불살랐고 많은 유대인과 이방인들이 회개하고 주께 돌아왔다(19:18ff).

에베소하면 아데미 신전을 빼놓을 수 없다. "아데미"라고 하면 곧바로 데메드리오가 동료 장인들을 선동하여 벌인 해프닝이 머리에 떠오른다. 아데미 여신의 모형을 제작, 판매함으로써 생계를 이어가던 은장색(silversmith) 데메드리오가 동료들과 함께 "에베소 사람의 아데미 여신은 위대하다!"는 구호를 외치며 바울의 동행인인 마케도니아 사람 가이오와[483] 아리스다고를 잡아 극장으로 데려갔다(행 19:21ff). 아데미는[484] 고결한 사냥의 여신

---

480) R. Riesner, *Frühzeit*, 264; J. Knox, *Chapters*, 50, 63f

481) 바울과 에베소와의 관계에 대해서는 R. Schnackenburg, Ephesus, 43-54를 참고하라.

482) 어떤 사본에는 다섯 시부터 열 시까지(오전 11시 ~ 오후 4시) 강의하였다고 한다. 이때를 택한 이유는 더위로 인해 보통 이 시간에는 강의가 없으므로, 빈 장소를 이용할 수 있기 때문이었다. 혹은 그리스도인들이 시원한 아침과 저녁에는 일을 하고, 쉬는 시간에 모여 예수 그리스도의 도를 배웠다고 볼 수도 있다.

483) 그는 바울 및 고린도 교회의 재무관이다(롬 16:23).

484) 아데미("Ἀρτεμις)에 상응하는 로마의 신은 다이아나(Diana)이다.

으로, 매력적이고 활동적인 모습으로 조각된 신상이 현재 나폴리 박물관에 소장되어 있다.485) 야생 동식물의 후견자인 이 여신의 모습은 그러나 실제 에베소의 아데미와 사뭇 다르다. 옛 도시 에베소의 남쪽 구역에 있는 한 도로를 올라가다 보면, 얕게 부조된 아데미 여신을486) 볼 수 있다. 이 아데미는 시빌레 또는 다른 이름으로 불리어지는 아시아의 대모(大母)와는 다른 모습이다. 아데미 여신은 근본적으로 풍요의 여신이며 가슴에는 달걀 모양의 20개 이상의 유방이 있다. 두 다리는 서로 붙어 있어 하반신은 마치 여러 종류의 심볼로 장식된 기둥 모양처럼 생겼다. 하지만 학자에 따라서는 이것을 꽉 끼는 치마로 보기도 한다. 그녀의 머리 부분은 세 면이 베일로 가려져 있고 꼭대기에는 큰 건축물 모양의 왕관이 있는데, 거기에 많은 상징들이 조각되어 있다. 보통 여신들의 그러한 왕관들은 그녀가 후견하고 있는 도시를 상징한다.487)

아데미는 소아시아에서 생겨난 토종 신으로, 그리스인들이 가져다가 숭배하기 시작하였고, 주전 천년 경에 에베소에 유입되었다. 신전은 주전 6세기에 건립되었는데 356년 알렉산더 대왕이 태어나는 날에 한 미치광이의 방화에 의해 소실(燒失)되었다. 이후 1세기가 지나지 않아 다시 이전과 같은 웅장한 규모로 재건되었다. 그 과정에서 주전 334년, 봉헌 비명에 자신의 이름을 넣어 준다면 건립비용을 감당하겠다고 알렉산더 대왕이 제의를 해 왔다. 하지만 에베소인들은 이를 거부하고, 자력으로 신전을 지었다. 그리스인들이 소아시아로 이주할 때, 역사적으로 보

---

485) S.E. Johnson, *Paul*, 112
486) 에베소의 아데미 신전은 세계 7대 불가사의 중의 하나로 여겨졌다. 아데미 신전은 델피 신전과 사모드라게 섬의 대모신 신전과 더불어 당시 제일 영험했던 3대 신전 중의 하나였다.
487) S.E. Johnson, *Paul*, 114

면 맨 먼저 이오니아 인들이 동쪽에서 에게 해를 건너 터키 중부 해안지대에 정착하였다. 그 후 아이올리스 인들은 북쪽에서 내려와 북부 해안지역에, 도리아 인들은 남쪽으로부터 와서 남쪽 해안지대에 각각 정착했다. 에베소는 그리스의 중앙 지역에서 이주해 온 이오니아 주민들로 이루어진, 다시 말해 에게해에 접한 소아시아의 중앙 부분에 속하고 있는 이오니아의 일부였다. 이오니아 지역은 대체로 부유했다. 아데미 신전에 바쳐진 막대한 제물로 인해 당시 에베소는 매우 부유한 도시 중의 하나가 되었다. 고대 세계에서 신전 재산은 신성불가침이었기 때문에, 종종 신전은 은행의 역할을 감당하기도 하였다.[488] 이미 주전 5세기에 아데미 신전은 돈을 보관해 주고 빌려주었던 것으로 추정된다. 또한 세금 징수자들의 조합 본부도 에베소에 있었다. 그들의 은행이 에베소와 라오디게아에 있었던 것으로 확인된다. 그리스 본토에 속한 도시들은 독립을 유지 하였으나, 소아시아 쪽의 도시들은 외세의 영향을 많이 받았다. 에베소는 이전에 리디아의 왕 크로에수스, 그 다음에는 페르시아 제국의 지배를 받았다. 알렉산더 대왕은 그리스 도시들이 자치적이어야 하며, 공납의 의무로부터 해방되어야 한다고 생각하고, 이를 실행에 옮겼다. 대왕 사후 트라케의 리시마쿠스, 이집트의 프톨레미, 시리아의 셀류시드 등, 그의 후계자들은 그리스계 도시에 대해 선왕이 시행했던 정책을 그대로 답습하였다. 시리아 왕인 안티오쿠스 III세는 에베소를 자신의 활동 근거지로 만들었다. 그러나 로마가 동방 쪽으로 진출하면서 셀류시드 왕조를 압박하기 시작했다. 버가몬의 가장 위대한 왕 중의 하나인 유메네스 II세의 도움으로 로마는 안티오쿠스 III세를 공격하여(주전 190년) 결국 소아시아에서 패권을 장악하였다. 에베소는 안티오쿠스 III세를 지지하였기 때문에 자유를 박탈당한 채, 유메네스 II세의 수중에 들어

---

488) S.E. Johnson, *Paul*, 118

가게 되었다. 그러나 얼마 지나지 않아 버가몬의 마지막 왕 앗탈루스 III세가 자신이 다스린 모든 영토를 로마에 바칠 때에, 에베소는 잃었던 몇 가지 권리를 회복하면서, 소아시아 타우루스 산맥 이북 지역에서는 가장 큰 무역의 중심지가 되었다. 로마는 앗탈루스의 영토를 아시아 속주로 만들었다. 그리고는 곧 에베소와 사데에 자치권을 부여하였다. 속주 아시아는 원로원의 감독 하에 있었으며 총독에 의해 다스려 졌다.489) 에베소에는 이탈리아 본국으로부터 와서 상업에 종사한 로마인들도 많았다. 이들은 거래를 통해 얻은 이익을 본국으로 보냈다. 부의 외부 유출과 세금 징수자들의 가혹한 징세 활동으로 말미암아 에베소인들 사이에 불만이 고조되어 가고 있던 중, 본도의 미트라다테스 VI세가 그리스계 도시들의 해방자로 자처하면서 소아시아 서부 지역을 침공하자(대략 주전 89년) 누구보다도 에베소가 가장 열렬히 환영하였고, 성문까지 열어 주었다. 이 과정에서 본도의 왕은 에베소에서 8만 명의 로마인들을 학살했다고 전해진다. 하지만 미드라테스는 로마의 장군 술라에 의해 격퇴 당한다. 이제 로마는 아시아 지역에서 자신의 패권을 다시 한 번 확립하였다. 이같은 전란 가운데 많은 도시들이 파괴되었고, 설상가상으로 로마 군대가 사용한 전쟁비용을 지불해야 했기 때문에, 아시아 속주 지역 도시들의 경제는 파탄 지경에 이르렀다. 세금 징수원들의 착취 행위는 그치지 않았으며, 폼페이우스와 씨저 간의 내전으로 인해 에베소를 포함한 그리스계 도시들의 상황은 더욱 악화되었다. 씨저가 주전 48년 에베소에 왔을 때 온정적인 조치를 취하여 소아시아 전체 세금의 1/3을 감면해 주었다. 그리고 부분적으로 세금 징수 제도를 수정하였다. 씨저가 살해당하자 상황은 다시 악화되었다. 씨저의 암살자 브루투스와 카시우스는 향후 10년간 세금을 더 많이 낼 것을 요구했으며 그들의 전례를 따른 안토니

---

489) S.E. Johnson, *Paul*, 118

우스도 9년 이하로는 할 수 없다고 공언했다. 악티움 해전에서 (31년) 안티오니우스가 패하자 옥타비아누스는 황제 아우구스투스로 즉위하였다. 내전 중에 그리스계의 도시들은 아우구스투스가 아니라 그 반대파를 지지했지만, 제위에 오른 황제는 이를 문제 삼지 않았다. 아우구스투스는 정부 조직을 개편하여 효율적으로 제국을 통치하였는데, 그 결과 에베소가 속해 있는 지중해 동쪽에도 안정과 평화가 찾아왔다.490) 에베소 남쪽의 작은 도시 프리에네에서 발견된 비문에(주전 9년) 다음과 같은 글이 기록되어 있는데, 당시 소아시아 사람들이 황제를 어떻게 평가하는 지를 잘 반영하고 있다.

> 신(아우구스투스)의 생일은 세상에는 … 좋은 소식의 시작이다.

동방에서 왕은 종종 신으로 숭배되었다. 그런 맥락에서 볼 때, 속주 아시아와 비두니아가 아우구스투스에게 황제를 신으로 숭배할 수 있도록 해달라고 요청한 것은 놀랄만한 일이 아니다. 황제는 속주에 한해서, 로마와 황제 자신을 연계하여 숭배하는 것을 허락하였다. 버가모와 서머나에 황제를 위한 신전이 처음으로 건립되었다(참고 "사탄의 권좌" 요계 2:13). 적어도 도미티안 황제 때(주후 81-96년)에는 에베소에 아우구스투스 신전이 있었다. 제사는 '공동의 집례자'들이나 '아시아 총회(the assembly of Asia)'를 통해 거행되었는데, 이들은 이 일과 다른 시의 사안들을 처리하기 위해 매년 만났다. 사도행전(19:31)에 "아시아 관리"(Asiarchēs)라는 명칭이 등장하는데, 이들이 여신 아데미의 제사장인지 혹은 아우구스투스의 제사장인지는 불분명하다. 다만 이 명칭이 제사와 관련된 공공의 일을 하는 인사에게 주어진 것이라는 점은 분명하다.491)

---

490) S.E. Johnson, *Paul*, 120
491) W. Bauer, Wb, s.v.

에베소 서기장의 지적처럼(행 19:35) 에베소인들은 자신들의 도시가 아데미 신전의 수호자 역할을 한다는 사실에 큰 자부심을 느끼고 있었다. 그리스 도시들은 많은 경우, 자유시로서 자치권을 갖고 있었기 때문에, 이같은 시민들의 자기 도시에 대한 자부심이(종교적인 것 까지 포함하여) 그 도시를 계속 유지, 발전시키는데 매우 중요한 역할을 하고 있었다. 종교는 신자들의 가정이나 국가, 문화와 일상의 삶의 모든 가치와 깊이 연관되어 있었다. 특별히 에베소에서처럼 신이 특정 도시의 수호자 역할을 할 때 더욱 그랬다. 에베소의 아데미 숭배는 그들의 시민 제도, 농업이나 상업에서의 경제적 안정과도 깊은 연관이 있다. "사람의 손으로 만든 것들은 신이 아니다"(행 19:26)라고 하는 바울의 설교는 에베소인들이 가장 소중히 여기는 두 가지, 즉 여신과 시의 경제를, 뿌리부터 흔드는 위험천만한 것이었다. 바울은 여신의 능력을 폄하했으며, 그 결과 종교적 행위를 통해 시에 부가 유입되는 것을 저해하는 결과를 낳게 만들었다.492) 바울이 박해 받을 수밖에 없었던 이유는 바로 여기에 있다.

고대 에베소는 카에스터 강의 입구에 자리 잡은 중요한 항구였다. 이 도시를 거점으로 해서 내륙 지역의 상품과 특산물들이 위쪽의 헤르무스와 아래쪽의 마엔더 계곡을 통해 운반되어 왔고, 이곳에 집하되었다가 다른 지역으로 팔려나갔다. 또한 바닷길을 통해 운반되어온 물품들은 반대로 에베소를 거쳐 내륙으로 흘러들어 갔다. 현재는 해안에 토사가 축적되어, 결과적으로 도시가 내륙으로 들어간 형태가 되었지만, 예전의 에베소는 바로 바다에 접해 있었다. 에베소에서 가장 거대한 기념물은 극장이다. 이는 사도행전을 통해서도 확인된다. 광장 아고라는 현재까지도 남아 있다. 주후 1세기에 지어진 연립주택도 있으며, 주후 2

---

492) S.E. Johnson, *Paul*, 122

세기 원로원 의원 켈수스를 기리기 위해 건립된 켈수스 도서관, 그리고 거대한 두 교회의 기초 등이 아직 남아있다. 그 중 하나는 성모 마리아에게 봉헌된 교회로서, 여기서 주후 431년 에베소 회의가 열렸다. 그리고 복음서(와 계시록)의 저자라고 알려져 있는 요한을 기념하여 지어진 교회가 시의 북쪽 언덕에 있다. 2세기까지 소급되는 전승에 의하면 요한이 여기서 최후를 마쳤다고 한다. 요한복음(19:27)에는 사랑하는 제자가 예수의 어머니 마리아를 자신의 집으로 모셨다고 되어 있다. 에베소 지방의 전승에 의하면, 도시 남쪽에 있는 소예배당 자리가 바로 마리아가 마지막으로 거주했던 곳이라고 한다. 이처럼 마리아는 에베소의 전승에서 중요한데, 아마도 기독교라는 새 종교가 도입되면서 기존의 여신 아데미에 대한 시민들의 사랑이 마리아로 대치된 것이 아닌가 하는 생각이 든다.493)

비교적 장시간 에베소에 머무는 동안에 바울을 이곳에서 갈라디아서와 고린도전서와 후서를 쓴 것 같다. 바울은 이 도시 체류 중에 감옥에 갇힌 적이 있었다.494) 아마도 이때 빌레몬서가 저술되었을 것이다. 빌립보서(1:8; 2:12,19)를 읽다보면, 바울과 디모데는 교회를 세운 이후 오랫동안 교인들을 만나지 못했다는 느낌을 받는다. 따라서 이 편지도 에베소 수감 기간에 기록되었으리라 여겨진다.495) 빌립보서(1:13)에 나오는 "시위대(praetorium)"라는 표현에 착안하여, 바울이 당시 로마에 있었다고 본다면, 빌립보는 가장 나중에 기록된 서신이 된다. 하지만 "시위대"란 총독이 집무하는 관저(참고 마 27:27; 요 18:28)를 의미하므로496) 이 표현을 근거로 바울이 빌립보 저술 당시, 로마에

---

493) S.E. Johnson, *Paul*, 117
494) 고전 15:32; 고후 1:8f "아시아에서 당한 환란"
495) N. Hyldahl, *Chronologie*, 18ff
496) W. Bauer, Wb, s.v.; Barth, ZBK.NT 9, 25

있었다는 주장은 별로 설득력이 없다.

두란노를 중심으로 2년, 또는 3년 동안(행 20:31) 활동한 결과, 아시아에 사는 사람들은 유대인이나 헬라인을 막론하고 모두 주의 말씀을 듣게 된다(19:10). "아시아에 사는 자"라고 할 때, 구체적으로 누구를 지칭하는 지 모호하다. 하지만 분명한 것은, 바울이 이 기간 동안에 성서에 미처 기록되지 못한 많은 일들을 했을 것이라는 점이다. 바울은 에베소에만 머물러 있지도 않았을 것이다. "아시아의 교회들이 너희에게 문안하고(고전 16:19)"라는 구절을 참고할 때, 그가 세운 교회가 에베소뿐만 아니라 속주 아시아의 여러 지역에 있었다고 볼 수 있다.497)   바울이 이 도시에 머물면서 했던 일 중에서 빼놓을 수 없는 것이, 디도와 함께 수행한 모금 사역이다. 누가의 기록에는 생략되어 있지만, 디도는 이 시기에 예루살렘을 위한 모금 활동에 적극적으로 헌신한 바울의 동역자였다. 그는 적어도 한 차례, 많게는 세 차례나 이 모금을 위해 고린도와 마케도니아를 다녀갔다(고후 2:13; 7:6,13f; 8:6,16,23; 12:18). 모금을 위한 바울의 활동도 사도행전에서 언급되고 있지 않다. 바울은 헬라지역에서 시행하고자 했던 마지막 모금을 위한 방문 이전에(행 19:21f; 20:1ff) 이미 한 차례 더 에베소에서 고린도를 방문하였다(참고 고후 12:14; 13:1). 초대교회 이후, 에베소에 대한 추가적인 정보를 제공하는 것은 안디옥의 이그나티우스가 2세기 초 에베소에 보낸 편지이다. 이 서신에서 안디옥의 감독은 에베소인들의 신실함과 하나가 됨 그리고 사랑을 이유로, 그곳 교회와 주교 오네시모를 칭찬한다.498)

소아시아 서쪽 지역에 리쿠스라는 강이 있다. 이 강은 남동쪽에서 흘러오다가 북동쪽에서 온 마에안더 강과 합류한다.499) 이

---

497) R. Riesner, Frühzeit, 266; J. Knox, Chapters, 63
498) IgnEph 1:3
499) 현재 Menderes. 영어 meandering("구불구불한 길", "정처 없이

름 그대로 사행천인, 이 강은 오랜 세월에 걸쳐 토사를 하류로 운반하였다. 따라서 강 하류의 항구 도시 밀레도는 토사 침적으로 현재는 더 이상 바다와 접하고 있지 않다. 리쿠스 강과 마에안더 강이 만나는 지점에서 얼마 떨어지지 않은 곳에 히에로폴리스와 라오디게아가 있다. 이 두 도시로부터 남동쪽으로 약 25km 떨어진 곳에 골로새가 있다. 위의 세 도시는 골로새서(4:13)에서 언급된다. 한편 요한 계시록(3:14ff)의 소아시아 일곱 교회의 명단에는 셋 중에서 라오디게아만이 거론되고 있다. 주전 6세기부터 소아시아를 지배해 온 페르시아 왕조는 정복지역을 효율적으로 통치하기 위해 도로를 정비하였으며 그 유명한 급사(急使)제도(courier service)를 고안해 냈다. 소아시아 서쪽에 페르시아인들이 만든 길은 크게 두 가지였다. 하나는 필라델피아와 사데가 있는 헤르무스 계곡을 따라 에베소로 가는 것이고 또 하나는 케라에나에서 시작, 리쿠스 계곡을 지나 골로새를 거쳐 마에안더 강을 따라가다 에베소로 향하는 길이었다.

거닐기”, “두서없이 말하기”)이나 meander(“굽이쳐 흐르는”)는 여기서 유래했다.

14. 마케도니아, 아가야 재방문

　직접 방문할 수 없기에 차선의 방책으로, 하고 싶은 말을 써서 보내는 것이 서신이다.[500] 따라서 편지에는 기본적으로 '가고 싶다'는 바램이 전제되어 있다. 갈라디아서(4:20)의 ēthelon은 '시도의 미완료'로서[501] 이루어지지 않는 소망을 나타내고 있다. 따라서 이 구절을, 구체적으로 가겠다는 의지 표현으로 이해해서는 안 된다. 오네시모를 보낸다는 내용이 있는 사적(私的)인 성격을 띤 편지 빌레몬서(10ff절)와, 임박한 방문을 앞두고 기록된 로마서는 말할 것도 없고, 여타 편지에서도 바울은 자신이나 동역자가 곧 갈 것이라는 말을 늘 하고 있다.[502] 반면에 갈라디아서에는 바울 자신을 포함하여 누구를 보낸다거나, 그곳 교회가 모금 활동을 완료했다는 등의 이야기가 나오지 않는다. 아마도 갈라디아 지역 교회의 상황이 바울에게 불리한 쪽으로, 긴박하게 전개되어갔기 때문에 더 이상 모금에 대한 권유를 할 수 없던 것 같다.[503] 또한 그곳 교회의 사정이 워낙 다급했기 때문에 바울 자신의 방문이나 누구를 보내겠다는 이야기를 꺼낼 형편이 못되었다.

　바울은 대신, 마케도니아와 아가야로 갈 계획을 세웠다. 에베

---

500) Betz, *Galaterbrief*. 407

501) ἤθελον 'imperfectum de conatu' Bl-D § 326; §359,2

502) 빌 2:19 - 디모데, 2:24 - 바울 자신, 2:25 - 에바브로디도; 살전 2:18; 3:11 - 바울 자신, 3:2 - 디모데; 고후 12:14; 13:1 - 바울 자신의 세 번째 방문, 9:5 - 마케도니아 형제들; 고후 2:12f; 7:5ff - 디도; 고전 4:17; 16:10 - 디모데, 4:18ff; 16:5ff - 바울 자신

503) 그렇다면 갈라디아 교회가 모금한 것이 어떻게 되었는 지는 다음 세 경우 중의 하나이다. 1) 갈라디아 교인들이 직접 예루살렘교회로 보냈거나 2) 이 활동이 중간에 흐지부지 되었거나 3) 구체적인 표현이 없을 뿐, 어떤 식으로든 바울에게 전달되어 예루살렘에 보내졌다.

소에 머물고 있는 중에 글로에의 집 사람들 편으로 바울은 고린
도 교인 사이에 분쟁이 발생했음을 알게 된다. 그들은 서로 "바울
파", "아볼로파", "게바파" 혹은 "그리스도파"라고 주장하면서
자신들의 신앙이 더 낫다고 뽐내고, 상대방을 업신여겼다(고전
1:11f). 이에 바울은 디모데를[504] 보내 고린도 교회가 다시 올바
른 신앙의 삶을 회복하도록 권고한다. 자신의 편지를 전달하는
디모데를 잘 대접하여, 자신에게 보내주기를 바라면서(16:10f)
필요하다면 바울 자신도 기회가 허락하는 대로 고린도에 가겠다
고 약속한다(4:18ff; 16:1ff). 아울러 바울은 모금(16:1ff)을 부탁한
다. 바울은 마케도니아를 거쳐(5f절) 고린도까지 가고자 했다. 확
실치는 않지만 고린도에서 겨울을 나게 될 것이라고 예고까지
한다(6절). 그러나 당장 출발하려는 것은 아니었다. 오순절까지
는 에베소에 머물면서 해야 할 일이 있다고(8절) 쓰고 있다. 이러
한 기술 가운데서 우리는, 바울이 에베소에서 구속되어 있거나,
곤궁 또는 환란에 빠져 있다는 분위기나 징후는 찾아볼 수 없다.
고린도에 도착한 이후의 계획(6절)은 그곳에 잠시 있다가 예루살
렘으로 가는 것이다. 이때까지만 해도 바울은 성전 도시에 꼭 가
야겠다는 의지를 표명하고 있지 않다. 자신이 방문하는 것이 좋
지만, 여의치 않으면 고린도 교회가 선정한 사람이(3f절) 모금한
것을 예루살렘에 가서 전달할 수도 있다는 입장이다.

아볼로파가 고린도에 있다는 내용을 통해(고전 1:12), 우리는
알렉산드리아 출신의 아볼로가 이미 고린도에서 활동을 한 적이

---

504) 그는 루스드라 출신으로 아버지는 이방인, 어머니는 유대인인
가정에서 태어났다. 유대사회의 혈통은 모계를 따르므로 유대인을
어머니로 둔 디모데는 혼혈인이 아닌 합법적인 유대인이다. 누가의
기록에 따르면 그는 신앙이 돈독한 가정에서 자라났으며, 브루기아
지역의 교회에서 좋은 평판을 받고 있었다. 할례를 받게 하지 않은
디도와는 달리 바울은 그를 전도 여행의 동역자로 삼으면서 할례를
받도록 했다(참고 행 16:1ff; 갈 2:1ff).

있음을 알게 된다. 그러나 고린도전서 저술 즈음에는 에베소에 머물고 있었으며, 바울은 그를 고린도로 갈 것을 권유하는(16:12) 상황이었다. 비록 고린도 교회 안에 아볼로파를 비롯한 여러 분파 간의 갈등이 있었지만, 바울은 아볼로에 대해 "나는 심었고 그는 물을 주었다"라고 설명함으로써(3:6) 아볼로를 동역자로(5, 9절) 인정하고 있다. 바울은 고린도 지역에서 교회를 개척했고, 아볼로는 그 교회가 잘 성장할 수 있도록 영양분을 제공한 자로 소개함으로써, 각자 맡은 소임은 다르지만 모두가 하나님 안에서 복음을 위해 일하는 일꾼임을 강조하고 있다. 고린도 교회 내에서 '어떤 파벌에 속하느냐'는 '누구로부터 세례를 받았느냐'에 달려 있다. 이에 대해 바울은 그리스보와 가이오 그리고 스데바나 가족 외에는 아무에게도 세례를 주지 않았다고 말하면서(1:14ff), 중요한 것은 세례가 아니라 복음 증거라고 강조한다(17절).

마케도니아에서 온 형제들이 필요한 것을 채워주었다는 고린도후서(11:9)의 내용은 빌립보서(4:15)와 관련이 된다. 아마도 갈라디아 교회를 두 번째로 방문한 이후, 갈라디아서를 쓸 무렵이나 그 이후에, 에베소에서의 환경이 바울에게 점차 비우호적으로 변했던 것 같다(고후 1:8ff). 감옥에 대한 이야기가 나오는 빌립보서나 빌레몬서는 이처럼 악화된 상황 가운데 기록된 것이다. 그런 가운데 바울은 디모데를 빌립보 교회에 보내(2:19) 빌립보 교회의 형편을 파악함으로써, 그로 인해 위로를 받으려고 한다. 가는 편에 에바브로디도(25절)를 함께 보낸다. 그는 바울이 데살로니가에 있을 때, 빌립보인들이 바울을 위해 모은 긴요한 것을 바울에게 전달하는 역할을 했던 자로서(4:16ff; 2:25), 바울과 함께 있으면서 병으로 목숨이 위급할 지경에 이르렀다. 이 소식을 들은 빌립보인들은 심히 근심하였다(2:26ff). 에바브로디도는 바울의 형제요 동역자이며 그리고 전우(25절)였다. 바울은 자신이 비록 감옥에서 영어(囹圄)의 상태에 있지만, 곧 풀려나리라는 것을 확신하고(24절) 있었다.

예상대로 바울은 자유로운 몸이 되었다. 하지만 더 이상 에베소는 안전하지 못했다(고후 1:8 "아시아에서 당한 환난"). 그리고 그리스를 방문하겠다는 약속을 위해서라도 에베소를 떠날 수밖에 없었다. 그의 발걸음은 먼저와 마찬가지로 드로아로 향했다. 그곳에서 하나님께서는 바울에게 일할 수 있는 길을 마련해 주셨다(고후 2:12). 드로아에 머무는 동안 바울은 복음 전파를 위한 사역을 했으리라 추정된다. 하지만 에베소에 있을 때, 드로아에서 서로 만나기로 약속하고, 고린도로 보낸 디도를 만나지 못해 바울의 마음이 편치 않았다(13a절). 바울은 고린도 교회의 소식이 궁금하기도 하고, 그를 마중할 겸하여 마케도니아로 떠났다(13b절). 마케도니아에 도착했지만, 생각만큼 여건이 호전되지 않았다. 바울의 표현에 따르면 오히려 감당해야 할 수많은 일들 때문에 육체적으로 매우 지치고 피곤한 상태가 되었다. 맞닥뜨려 극복해야 할 여러 가지 싸움과 환란 때문에 내적으로 두렵기까지 하였다(7:5). 하지만 곧 고린도로부터 돌아오는 디도를 만나게 됨으로써(6절) 바울의 심적인 상태는 완전히 역전된다. 디도편을 통해 전해진 고린도 교회의 변화된 모습에서 바울은 참다운 위로를 받았으며 진정 기쁨으로 충만하게 되었다(7절).

고린도후서(2:4; 7:8)에 따르면 바울은 이전에, 고린도 교인들을 슬프게 하는 편지를 써서 보낸 적이 있었다. 이 편지가 고린도전서인지505) 아니면 분실된 편지인지, 혹은 고린도후서의 일부(10-13장)인지 논란이 되고 있다. 하지만 대체로 분실된 편지로 보는 것이 학계 주류의 의견이다.506) '슬퍼하게 한' 편지라는 점에서, 이 서신은 고린도인들을 준엄하게 꾸짖고 질타하는 내용

---

505) R. Riesner, *Frühzeit*, 266
506) Lang, NTD 7, 261; Wolff, ThHK 8, 41

으로 채워졌으리라 쉽게 짐작이 간다. 비판적인 내용의 편지 때문에 교인들은 매우 충격을 받았고, 그들의 마음은 슬픔으로 가득 차게 되었다(8-12절). 편지를 전하는 디도의 마음이 매우 초조했는데, 의외로 고린도인들이 환대하며 맞아줌으로써 그는 마음에 안정을 얻었다(7:13c)는 디도의 설명을 참고할 때, '슬프게 하는' 편지도 디도 편에 전달된 것 같다. 이 '슬프게 하는' 편지는 눈물로 쓴 편지이지만, 실제로 고린도인들의 마음을 아프게 할 의도가 아니라, 사랑의 발로로서 애정 어린 질책과 호소에 가까운 간절한 바울의 권면이 주를 이루고 있는 편지였다(2:4).

디도를 통해, 고린도 교회가 회개하고 바울을 열렬히 변호하는 등(7:7), 변화된 모습에 대한 보고를 접한 바울은 이전에 마음 먹었던 것(1:23; 2:1), 즉 고린도인들을 아끼기 때문에, 그들에게 아픔을 주지 않기 위해 다시는 가지 않겠다는 다짐에서 자유로워진다. 그리하여 세 번째로 가겠다고 선언하게 된다(12:21; 13:1). 바울이 드로아에서 일시 머물렀을 때, 그곳에서 성공적인 선교활동을 했다고 주장하는 학자들도 있다(참고 고후 2:12).[507] 드로아를 두 차례나 방문하는 과정에서, 비록 간접적인 방법으로나마 배후 지역인 무시아에 복음이 전파되었을 것이며, 더 나아가. 프로폰티스 해안을 따라 전개된 해안도로를 통해 그의 복음이 비두니아(아파메아, 니코메디아)에까지 전해졌을 가능성도 있다. 그런 까닭에서 바울은 자신의 복음이 동쪽에서는 편만하게 전파되었다고(롬 15:19) 느꼈을 수도 있다. 이제 바울은 다시 마케도니아와 아가야 지방을 방문하게 되었다. 그곳 교회들이 그동안 예루살렘 교회를 위해 모은 "육적인 것"(롬 15:27)을 가지고 예루살렘으로 가고자(15:25f) 한다.

---

507) C.J. Hemer, Alexandria Troas, 79-112; E.M. Yamauchi, Art. Troas, 666

54년 10월 13일 클라우디우스 황제가 죽자, 후계자 네로는 유대인들의 로마 거주금지령을 어느 정도 완화 또는 폐지한 듯 보인다. 50년도 중반에 쓴 로마서의 수신인 중의 일부는 유대인이다. 로마 교회에 유대인이 존재하려면, 네로 황제의 유대교에 대한 규제 완화가 필연적으로 선행되어야 한다(참고 디오 XXXVII 17). 우호적으로 변한 정치·사회적인 분위기에 고무되어, 바울의 선교 열정은 더욱 뜨거워 졌으리라 짐작된다. 사도행전은 바울이 마케도니아를 거쳐, 헬라에 와서 석 달 동안 있었다고 기록한다(20:1ff). '헬라'(Hellas)라는 단어는 신약에서 이곳에만 나온다. 이 용어는 아가야를 지칭하는 것이다.508) 아가야의 중심도시는 고린도이다. 바울은 2차전도 여행 때, 이 도시에 상당히 오래 머무른 적이 있다. 따라서 '헬라 3개월'이란, 주로 고린도에서 석 달 체류했다는 의미가 된다. 바울의 증언(롬 15:25)을 참고할 때, 최후 서신인 로마서는 여기서 예루살렘으로 떠나기 직전에 쓰여졌다.509) 바울은 이 마지막 서신에서, 모금한 것을 가지고 예루살렘에 갔다가 로마에 들른 후, 스페인으로 갈 것이라는(롬 15:28) 계획을 밝히고 있다. R. 페쉬는510) 바울의 예루살렘 여행 목적에 대해 다음과 같이 설명한다. 소아시아, 그리스 등의 이방지역에서의 성공을 기반으로, 바울은 자신의 교회들과 예루살렘 교회와의 관계를 수립하려고 예루살렘에 갔다는 것이다. 성전 도시로 향하는 여행에 대해서 바울은 이미 고린도전서(16:3f)에서 의향을 밝힌 바 있으며, 후서(1:16)에서도 재차 언급했다. 예루살렘을 두 번째 방문했을 때에, 사도는 이 도시를 돕기로 약속(갈 2:11)을 했다. 그리고 이를 지키기 위해 바울은 사역 기간 내내 열

---

508) W. Bauer, Wb, Ἑλλας, s.v.; J. Wanke, Art. Ἑλλας, Sp. 1061

509) Schlier, HThK 6, 2; Michel, KEK 4, 25f; P. Stuhlmacher, Abfassungszweck, 189

510) Pesch, EKK 5/2, 157f

심히 노력했다.511) 따라서 예루살렘으로 향하는 여행은 주님 안에서 '복음 전파'라는 동일한 사명을 감당하는 동료가 어려움에 처해 있기 때문에, 같은 지체로서 돕겠다는 동역자 의식의 발로로서, 상부상조의 정신에서 비롯된 것이다.

몇몇 학자들은 바울이 마지막으로 그리스 지역을 방문한 동안(참고 행 20:1f) 아드리아 해를 접한 지역까지 가서 활동했으리라 본다.512) 그렇게 되면 로마서(15:19)의 "일루리곤까지"라는 표현과 잘 부합될 수 있다. 바울이 니고볼리에서513) 겨울을 나겠다고 말하는 내용은(딛 3:12) 이 기간과 연관이 될 수도 있다.514) F.F. 브루스는515) 심지어 라틴어가 사용되는 남일루리곤까지 가서, 앞으로 있을 로마 여행을 위하여 바울은 라틴어를 배우려 했다고 주장한다. M. 디벨리우스도516) 바울이 니고볼리와 에피루스에517) 갔다고 하는데 대해 긍정적이다.518) 그러나 바울이 아드리아 해에 면한 곳까지 갔다는 사실이 바울 서신이나 누가의 기록 어디에서도 나타나있지 않다. 따라서 그런 의견에 쉽게 동의하기는 힘들다.

---

511) '마케도니아-아가야' 롬 15:26; '고린도' 고전 16:1; '갈라디아' 고전 16:1

512) Ph. Vielhauer, *Geschichte*, 80 발칸반도 북서쪽을 이때 전도했다고 본다. 그는 더 나아가 행 19:10을 리쿠스 계곡 지역 선교와(골로새, 라오디게아, 히에라폴리스) 연결시키면서 바울의 동료들에 의해 이곳에 교회가 세워졌다고 주장한다. 참고 Cranfield, ICC, 6/2, 761

513) 주전 31년에 일어난 악티움 해전 승리를 기념하여 아우구스투스가 건설한 도시이다.

514) W. Metzger, *Reise*, 42f

515) Bruce, NIC, 381

516) M. Dibelius, HNT 13, 115

517) 아마도 네로 시대 때 속주로 격상되었다고 추정된다.

518) 참고 W. Metzger, *Reise*, 42f

15. 예루살렘 교회를 위한 모금활동

사도행전에 따르면 바울의 이방교회는 예루살렘 교회를 두 차례에 걸쳐 도왔다. 한번은 클라우디우스 황제 때 천하에 큰 흉년이 들자 안디옥의 교회가 "유대에 사는 형제들"에게 "부조"를 보냈다(행 11:29). 고대의 기록 중 유일하게 이곳에서만, 클라우디우스 황제 때 전국적인 흉년이 있었다는 내용이 소개되고 있다. 디오 카시우스(Dio LX 11,1)는 클라우디우스 황제 때(41-43년) 로마에 기근이 닥쳤다고 기록하고 있다. 45-46년에 이집트에도 큰 흉년이 든 적이 있다(텝튜니스 파피루스). 요세푸스(Ant XX,51, 101)는 클라우디우스 통치 기간 중에 기근으로 팔레스타인의 유대인들이 굶어 죽기도 했다고 기록하고 있다. 사도행전 기사에서 1) 예루살렘에서 온 선지자들에 의해 구호활동이 촉발되었다는 점 2) 바울서신에서도 "유대"라고 할 때 주로 예루살렘을 지칭하고 있다는 점(롬 15:31; 갈 1:22)[519] 등을 고려할 때, 이 "부조"는 분명히 예루살렘 교회와 관련된 것이다. 누가는 이 도움을 diakonia라는 용어("봉사, 자선적인 도움")로 표현하고 있다. 로마와 스페인 행을 앞두고 다시 예루살렘을 방문하여, 총독 벨릭스 앞에 섰을 때 바울은 이 도시를 방문한 목적을 구제와 성전 제사를 드리기 위해서라고 설명한다(행 24:17). "구제(eleēmosynē)"라는 단어는 신약성서에서 몇 몇 동사와 함께[520]

---

519) 예루살렘으로 가면서 바울은 로마에 사는 기독교인들에게 "유대에서 순종하지 아니하는 자들"로부터 해를 당하지 않게 기도해달라고 간청하고 있다(롬 15:31). 따라서 여기서 "유대"는 예루살렘과 밀접한 관련이 있다. 또한 갈 1:22의 "유대의 교회들"도, 바울이 예루살렘 외 유대 어느 곳에서도 활동한 경우가 없다는 점에서 주로 예루살렘에 있는 교회들을 지칭하는 용어이다.

520) 예를 들면 ποιεῖν + ἐλεημοσύνη (마 6:2f; 행 9:36; 10:2; 24:17), 또는 διδόναι + ἐλεημοσύνη (눅 11:41; 12:33), 또는 αἰτεῖν +

사용된다. 그 외 사도행전의 몇 구절에서도(3:10; 10:4; 10:31) 등
장한다. 이 에 따르면, "구제"는 자선행위라는[521] 뜻으로, 대부분
누가의 저작에서 사용되고 있는 용어임을 알 수 있다. 한편 바울
서신에서는 예루살렘 교회를 돕는 행위에 대해 '봉사 diakonia'
(롬 15:31; 고후 8:4; 9:1,12,13 등), 사랑에 기초한 행위임을 나타
내는 '은혜 charis'(고후 8:7f; 8:24 등), 파트너 관계임을 나타내는
'사귐 koinōnia'(롬 15:26, 고후 8:4; 9:13 등), '선물'의 의미인
eulogia(고후 9:5f), 자발적인 '호의'라는 어감을 가진 prothumia
(롬 7:15f: 갈 5:17; 몬 14; 고후 8:19), "의무"라는 어감이 어느 정
도 내포된 leitourgia(고후 9:12; 롬 15:27), 모금은 바울 선교와 활
동의 산물이라는 뜻을 가진 karpos(롬 15:28) 등의 용어가 사용된
다. 그 외에 모금은 이방 기독교인들이 예루살렘 신앙공동체를
사랑한다는 확증의 의미를 가지고 있다. 따라서 '사랑 agapē'(고
후 8:8,24)이라는 용어로도 표현된다. 이상에서 우리가 알 수 있
는 것은,[522] 예루살렘 교회를 위한 모금은 의무나 법적인 차원의
요구에 부응한 행위가 아니라, 자발적인 사랑에 기초한 이방 기
독교인들의 은혜의 행위라는 점이다. 물질을 모아 전달하고, 또
이것을 받음으로써, '모금'은 두 신앙의 진영 간의 공동체 의식을
돈독하게 만드는 역할을 한다.

갈라디아 교회에 모금을 부탁하면서, 바울은 그 절차와 방법
에 대해 상세히 설명을 했다. 이 방식대로 고린도 교회도 모금할
것을 요청한다(고전 16:1ff). 이에 따르면 매 주일날(매주 첫날)[523]
해야 한다(2a절). 모금은 어떤 조직을 통해서[524], 또는 예배 때에

ἐλεημοσύνη (행 3:2), 그리고 λαμβάνειν + ἐλεημοσύνη (행 3:3).

521) W. Bauer, Wb, s.v.

522) 참고 Gwang-Ho Cho, *Vorstellung*, 159ff

523) W. Bauer, Wb, s.v.2.

524) Conzelmann, KEK 5, 354; Lang, NTD 7, 246.

거둬져서도 안 된다(par heautō, "각자 집에"). 그리고 정해진 일정한 금액을 매번 납부하는 형식도 아니다("수입에 따라" 2a절).

앞에서도 언급했듯이, 고린도전서에서는 로마서(15:22-33)와 달리 바울이 모금한 것을 직접 예루살렘으로 전할 것이라고 구체적으로 언급하지 않는다(16:3f). 이 서신에서는 아직 로마서(15:39f)와 달리, 예루살렘교회가 이 모금을 안 받을 수도 있다고 우려하고 있지 않다. 그 까닭은 고린도 전서를 쓸 당시, 아직까지 바울과 예루살렘교회와의 관계가 본격적으로 악화되지 않았거나, 예루살렘 교회 내의 사정을 바울이 미처 파악하지 못했기 때문일 것이다.

바울은 유월절 축제를 위한 순례선편으로 고린도에서 예루살렘으로 직접 가려 했다(행 20:3). 하지만 유대인들의 방해 때문에 부득불 육로로 마케도니아까지 가게 되었다. 학자 중에는 로마서(15:25)를 근거로 바울이 고린도에서 배를 타고 직접 예루살렘 쪽으로 갔다고 보는 이들도 있다. 이는 마케도니아 쪽의 육로로 우회했다는 누가의 기사에 그다지 큰 신빙성을 부여하지 않는 태도이다.525) 계속 지적해 왔지만, 누가의 자료에 대한 평가는 양 극단으로 나뉘어져 있다. 로마서(15:25)를 직접 예루살렘으로 가고자 하는 내용이라고 보더라도 다음과 같은 해석이 가능하다. "바울은 원래 고린도에서 항로를 이용하여 직접 예루살렘으로 가려 했고, 이를 로마서에 썼다. 하지만 유대인들이 간섭하고 방해함에 따라 부득불 육로로 마케도니아 쪽으로 갈 수 밖에 없었다." 그리고 엄밀히 볼 때, 25절 어디서도 바울이 고린도에서 직항로를 이용하여 예루살렘으로 가려한다는 내용을 찾을 수 없다. 따라서 누가의 우회 여행길에 대한 진술이 잘못되었다고 주

---

525) 예를 들면 Lüdemann, Christentum, 233. 바울의 모금 여행에 대한 자세한 내용은 C.J. Thornton, *Zeuge*, 229-267를 참고.

장할 확실한 근거는 없다. 즉, 바울은 고린도에서 육로로 마케도
니아 지역으로 우회하여 간 다음, 네압볼리에서 바다를 건너 드
로아에 간 이후, 뱃길로 소아시아 쪽 에게해의 인근 연안을 지나
예루살렘으로 갔다.

16. 스페인 - 바울의 궁극적 선교지

바울은 이미 오래 전(15:23)부터 "수차례(롬 1:13)"[526], 혹은 "여러 번(15:22)"[527] 로마에 가려 했다. 23절의 "여러 해 전부터 (apo pollōn etōn)"를 일부 사본은[528] apo hikanōn etōn으로 읽기도 한다. 이에 대해 일찌기 E. 퀼은 pollōn에는 지나친 강조의 의미가 있기 때문에 hikanōn("충분한")이[529] 맞을 수도 있다고 본다.[530] 하지만 사본학적으로 볼 때, 양질의 읽기들이[531] pollōn을 지지 하고 있다는 점에서 hikanōn이 옳다는 주장은 설득력이 떨어진 다. 여하튼 이미 상당히 오래전부터 몇 차례 로마로 갈 마음을 먹 었다는 점에서, 바울은 아마도 소아시아에서 그리스로 넘어 왔 을 때부터 이미 로마 방문을 염두에 두고 있었다고 추정된다.[532] 그렇다면 바울의 여행 경로는 애초 빌립보 → 데살로니가 → 베 뢰아, 그리고 그 다음에 아덴이 아니라 계속 에그나티아 가도(街 道)를 따라 일루리곤의 아드리아해까지 간 다음[533] 바다를 건너 부린디시에 도착하여 아피아 가도(Via Appia)를 거쳐 로마로 상 경할 생각을 했다고도 볼 수 있다. 바울의 이러한 당초 계획은 우

---

526) 개역개정에서는 "여러 번"으로 번역.

527) 이 단어는 "종종, 항상 다시"의 의미이다. Wilckens, EKK 6/3, 주 597

528) B C P 81 326 365 등

529) ἱκανῶ이 쓰인 예에 대해서는 막하비 2서 1:20을 참조.

530) Kühl, *Brief an die Römer*, 473

531) P[46] A D (F) G 등

532) 참고 R. Riesener, *Frühzeit*, 262; G. Bornkamm, *Paulus*, 70

533) 이 길(Via Egnatia)은 아드리아 해 바로 직전에 둘로 갈라진다. 바울은 윗길을 택했다면 로마 식민지였던 트라키움에 도착, 여기서 배를 탔을 것이다. 에그나티아 가도에 대해서는 N.G.L. Hammond, Western Part, 185-194와 D.H. French, Roman Road-System, 698-729 참고.

리가 알 수 없는 이유들로 인해 이루어 지지 않았다.534)

　바울의 선교원칙은 남의 터 위에 건축을 하지 않는다는(고후 10:16; 롬 15:20) 것이다. 이미 예루살렘에서 일루리곤(롬 15:19)까지 복음이 전파되었다고 생각한 바울의 시선은 따라서 필연적으로 당시로서는 땅 끝인 스페인으로 향하지 않을 수 없었다. 마케도니아에 도착했을 때 바울은 이미 스페인 여행을 염두에 두고(고후 10:16) 있었다. 이런 맥락에서 그 중간 지점인 로마를 주목하게 되는 것은 당연한 일이다.535)

　고린도에 머무는 동안, 시(市)의 재무관 에라스토스(롬 16:23)를 통해 바울은 로마에 대한 충분한 정보를 얻을 수 있었으리라. 바울이 비교적 로마 교회의 사정에 정통하다는 사실은 로마서(13-15장)에 잘 나타나 있다. 13장 1-7절의 세금문제는 특별히 로마서를 기록할 즈음의 상황과 관련이 깊다.536) 황제 클라우디우스는 죽기 직전인 53/54년에 재차 세금에 대한 강력한 법을 반포했는데537), 그 결과 제국 전역에 불만이 고조되었다. 결국 58년 네로는 이 법을 완화할 수밖에 없었다.538) 이런 점에서 로마서 저술은 클라우디우스 재임 말기나 네로 황제 초기로 보는 것이 가장 설득력이 있다.

　바울은 왜 스페인으로 가려고 했을까? 다른 표현을 빌리자면, 왜 고울(Gaul) 지역은 복음화 할 생각을 하지 않았을까? 그의 선교원칙이 제국의 동쪽에서부터 시작하여 인접한 지역을 우선적으로 복음화 하는 것이라면 일루리곤, 로마 다음으로 고울 지역

---

534) "여러 번 막혔더니(15:22)", "여러 번 너희에게 가고자 한 것을 … 모르기를 원하지 아니하노니(1:13)"

535) R. Riesner, *Frühzeit*, 271

536) J. Friedrich/ W. Pöhlmann/ P. Stuhlmacher, Situation, 156-159

537) 참고 Tac, Ann XII 60; Suet, Claud 12; A. Strobel, Zeitrechnung, 2225

538) Tac, Ann XIII 50f; 참고 Suet, Nero 10

이 목표가 될 수도 있다. F.F. 브루스는 이를 다음과 같이 설명하고 있다. 1) 당시 지중해 주변은 이미 복음화 되었다 2) 현재 프랑스 프로방스 지역인 나르본-고올도 부분적으로 이오니아 헬라인들에 의해 수세기 전에 식민지화 된 까닭에, 에게해의 세계와 긴밀한 관계를 유지하고 있었다. 따라서 이곳은 이미 아시아 교회의 영역에 속해 있었다.[539] F.F. 브루스가 이렇게 주장하는 데에는 나름대로 근거가 있다. 주후 177년 론계곡의 리옹과 비에나 교회들이 아시아와 부르기아 교회에 자신들이 당한 고난을 보고하는 서신을 보냈으며, 포티누스가 순교한 후, 소아시아인인 리옹의 이레네우스가 고올 지역의 주교로 임명되었다는 기록이 있다.[540] 일부 학자들 중에는 디모데후서(4:10 "그레스게는 갈라디아[어떤 사본에는 '고올']로 갔고)"를 근거로, 바울 또는 그의 제자들과 고올 지방이 어느 정도 관련이 있다고 보기도 한다.[541] 고올의 남쪽 지방은 헬라화 되었고 스페인에 비해 이곳에는 많은 유대인들이 거주하고 있었다는 점에서[542] 외적인 조건으로만 볼 때, 바울은 이곳을 더 선호했을 수 있다. 그러나 바울이 고올이 아니라 스페인을 택한 것은 무엇보다도 그곳이 땅 끝이었기 때문이다. 종말에 복음이 땅 끝까지 전파되리라고 한 이사야서(66:19)를 알고 있었던 바울은 고올이 아닌 스페인을 택했다(롬 10:18b). 당시 지리학적인 서술에서 스페인은 세상의 끝으로 묘사되고 있었다.[543] 이런 점에서 사도행전 1장 8절의 표현도("땅 끝까지") 스페인을 의미하는 것이라고 볼 수 있다.[544] 스페인은

539) F.F. 브루스, 『바울』, 341f
540) 유세비우스, 『교회사』, V 1
541) 참고 Lock, ICC, 117
542) E. Schuerer, *history III/1*, 84f; H. Solin, Juden und Syrer, 753-755
543) Lucan, Phars III, 454 "die Grenzen der Welt"; Silius, Punica, XVII 637 "Ende der Welt"
544) R. Riesner, *Frühzeit*, 272, 138, 참고 E.E. Ellis, Ende, 279, 281, 286

다른 곳을 전도하기 위한 전략상의 거점이 아니었다. 바울은 재림이 얼마 남지 않은 것으로(롬 13:11f) 생각했다. 따라서 그 전에 땅 끝까지(롬 10:18b), 즉 스페인까지 가서 복음을 전파하고자 했다.

17. 바울의 최후

이방 교회가 예루살렘 교회를 위해 모금한 것을 가지고 예루살렘으로 올라가기 직전에 바울은 로마서를 썼다. 거기서 바울은 교인들에게 두 가지를 놓고 기도해 달라고 당부한다. 하나는 유대에서 순종치 아니하는 자들로부터 건짐을 받도록, 또 하나는 예루살렘 교회가 이방교회들이 애써 모은 모금을 잘 받을 수 있도록 기도를 요청하고 있다. 자신을 해하려 벼르고 있는 유대인들이 예루살렘에 있다는 사실을 바울은 알고 있었다. 더 나아가 예루살렘 교회 내 일부에 반바울적인 정서가 형성되어 있어, 지금까지 그토록 노력을 해서 모은 모금이 흔쾌히 받아들여지지 않는 사태도 발생할 수도 있음을 예견하고 있다. 유대인들의 이러한 반응과, 예루살렘 교회 내부의 변화는 50년대 이후 팔레스타인 전체가 국수주의적이고 강경론적인 유대주의에 휩쓸리게 된 당시의 상황과 밀접한 관련이 있다.[545] 이러한 기류 속에서, 율법으로부터 자유로운 복음을 증거한 바울의 입지는 점점 줄어들 수밖에 없었고, 심지어 신변의 위협까지도 느끼게 되었다.

바울의 염려는 현실에서 그대로 나타났다. 유대인들은 예루살렘에 나타난 그를 가만히 내버려 두지 않았다. 바울은 우여곡절 끝에 체포되어 벨릭스, 베스도 총독 재임 기간 중 가이사랴에 감금되기에 이른다. 로마 시민권자가 가진 권리 중의 하나인 황제 앞에서의 재판을 바울이 요청함으로써, 결국 그는 로마로 압송된다.

재판을 통해 죄의 유무가 결정되기 전까지, 또한 유죄 판결 후에도 형량이 선고되기 전까지, 로마의 죄인은 비교적 자유로

---

545) 예를 들면 주의 형제 야고보는 주후 62년 대제사장 안나스의 치세 하에, 돌에 맞아 처형당했다.

운 영어(囹圄)의 생활을 하게 된다. 로마의 형벌은 감금형이 아니라, 사형을 제외하면 주로 추방형이거나 가택 연금형이었기에, 형이 확정된 죄인들도 비록 제한된 범위 내에서나마 행동의 자유를 누릴 수 있었다.546) 따라서 재판을 아직 받지 않은 피고소인 신분인 바울은 최소한의 제약 가운데 생활할 수 있었다. 사도행전(28:16ff)에 따르면 바울은 비록 거주가 제한되기는 했지만 어느 정도 자유가 허락된 상태에서547) 찾아오는 사람들을 만날 수 있었다. 이를 기회로 활용하여 그는 로마에서도 주님의 복음을 전파하였다.

바울의 최후에 대해서는 분명히 알려져 있지 않다. 혹자는 목회서신에서 이후의 발자취를 찾고자 한다. 즉, 이 서신들은 로마에서 석방된 뒤의 바울의 행적과 깊은 관련이 있다는 것이다.548) 누가의 필체(참고 딤후 4:11)로 기록된 것이 바로 목회서신인데549) 여기에 따르면 바울은 로마에서 풀려 나온 뒤, 지중해 동쪽에서 활동했다는 것이다.550) 1차 투옥에서 바울이 석방되었을 것이라는 주장에 결정적인 힘을 실어주는 것은 다름 아닌 교회사가 유세비우스다. 그는 "소문에 의하면"이라는 서두로 시작하는 문장에서, 바울이 석방되었다고 말하고 있다.551) 석방은 아니지만 다른 형태의 형(流刑)을 받음으로써 바울이 로마에 1차로 감금되어 있다가 다른 곳으로 가게 되었다는 주장도 있다.552) 티아나의 아폴로니우스는 바울이 스페인으로 유형을 갔다고 주장한다.553) 그 외에 바울이 스페인에 갔다는 기록은 주후 96년 경 로마

---

546) A.A 벨, 『신약 시대의 사회와 문화』, 34ff
547) 소위 '자유로운 연금생활' libera custodia
548) P.N. Harrison, *Problem*, 193ff, 115ff
549) A. Strobel, Schriben des Lukas?, 191ff
550) 크레타: 딛 1:5, 니고볼리: 딛 3:13, 고린도, 밀레도: 딤후 4:20
551) 유세비우스, 『교회사』, II 22
552) P.N. Harrison, *Problem*, 127ff

에서 고린도의 교회에게 보내진 클레멘트 1서에서도 발견된다.

> 일곱 번 쇠고랑을 찼으며, 추방되었으며 ... 서쪽에서 뿐만 아니라
> 동쪽에서도 사자(使者)로서 자신의 믿음에 합당한 고귀한 명성를
> 얻었다. 온 세상에 의를 가르쳤고, 서쪽의 끝에(to terma) 이르렀고,
> 지배자들 앞에서 증언하다가 이 세상을 떠나 거룩한 곳으로
> 들려갔다 – 인내의 위대한 모범. (5:6–7)

한 학자는554) 여기서 "끝"이라는 의미를 가진 terma를 '목적
지'로 보고, 이 구절이 스페인이 아닌 바울의 로마 도착을 뜻하는
것으로 해석한다. 하지만 terma를 목적지로 해석하는 것은 사전
적인 지식에 근거해 볼 때, 억지에 가깝다.555) 클레멘트 1서 뿐 아
니라 2세기 말경 로마에서 작성된 것이라고 여겨지는 무라토리
단편에서도 바울의 스페인 여정에 대해 언급을 한다.556) 단편의
내용은 2세기 초·중반에 쓰여진 위경 베드로행전에 근거한 것이
다.557) 후대에 바울의 스페인 행을 언급한 이들이나 그들의 글들
중 상당수가 위의 세 기록에 근거하고 있다.558) '이 기록들의 내
용이 얼마만큼의 신빙성이 있는냐?'는 질문에 누구도 자신 있게
대답할 수 없다. 다만 바울의 최후를 지켜보았던 사람들이 아직
살아 있던 1세기 말의 글(클레멘트 1서)에, 그리고 바울의 순교지
라로 알려진 로마에서 기록된 글(무라토리단편)에서 바울의 스

---

553) Philostratus, Life of Apollonius, IV 47; L.P. Pherigo, Paul's Life, 278

554) P.N. Harrison, *Problem*, 107

555) W. Bauer, Wb, s.v.는 τὸ τέρμα τῆς δύσεως 를 "가장 먼
　　서쪽"이라고 번역한다.

556) (단편 37) sicuti et semote [-ta] passionem [-ne] Petri evidenter
　　declarat, sed et profectionem [-ne] Pauli ab urbe ad Spaniam
　　proficiscentis

557) 참고 Th. Zahn, *Einleitung*, Bd. I, 440, 448f

558) 예를 들면　예루살렘의 키릴은 클레멘트 1서를, 칸티파와
　　폴리케나 행전은 베드로행전에 따른 것이다. 참고 Th. Zahn,
　　Einleitung, Bd. I, 449

페인 행이 언급되고 있다는 점에서 바울의 스페인 행은 어느 정도 역사적인 개연성이 있다고 할 수 있다.

바울이 순교를 당한 시기는 클레멘트 1서(6:1)와 유세비우스의 인용을[559] 참고해 볼 때 네로 치하로 추정된다. 주후 64년 7월에 로마 중심부에서 대화제가 발생했는데, 강풍을 타고 닷새 동안 타올라 로마시 전체에 큰 피해를 입혔다. 시민들 사이에서는 네로가 방화했다는 소문이 돌았다. 이에 당황한 황제는 소문을 진화하기 위해 기독교인들을 범인으로 몰았다고 로마의 사가(史家) 타키투스는 기록하고 있다.[560] 따라서 바울은 60년대 중반에 있었던 박해와 관련하여 로마에서 최후를 마쳤다고 보는 것이 가장 설득력이 있다. 이는 베드로행전에서도 증언되고 있다. 그 중, 중요한 부분을 발췌하면 다음과 같다.

> 정식 재판을 통해서가 아니라, 문지기 쿠알투스가 신앙을 갖게 됨으로 바울은 감옥에서 빠져나오게 되었다" … "삼일간의 금식 후에 바울은 스페인 전도라는 비젼을 갖게 되었다" … "자신들을 잊지 말고, 오래 동안 가있지 말라고 로마 기독교인들은 바울에게 간청했다" … "포르투스까지는 많은 사람들이 동행했고, 거기서 스페인까지는 뱃길로 두 명의 제자가 바울과 함께 했다" … "바울이 로마를 떠나 있는 기간은 일년이 채 되지 않는다" … "그때 베드로가 로마에 와서 마술사 시몬과 싸워 승리했으나 거꾸로 십자가에 매달려 순교 당한다. 베드로는 설교를 시작한지 12년 만에 예루살렘을 떠났다" … "베드로는 네로 치하에서 죽임을 당했다" … "베드로가 로마에서 순교당한 뒤 바울은 로마로 돌아왔다" … "바울이 스페인에 있을 동안 디모데와 바나바가 바울의 요청으로 로마에서 빌립보로 갔다" … "바울은 네로 치하에서 순교한다. … (W. Schneemelcher, *New Testament Apocrypha* II, 297ff)

그러므로 바울이 스페인에 갔다고 할 때, 다음과 같은 일련의

---

559) 유세비우스, 『교회사』, III 1.3에 따르면 오리겐이 자신의 창세기 주석(3권)에서 이와 비슷한 증언을 했다고 한다.

560) 타키투스, 『연대기』, XV 44 3-8. 참고 수에톤, 『네로의 생애』, 16. 2

사건들이 일어났다고 추론해 볼 수 있다. 로마의 1차 구금에서 풀려나온 바울은 지중해 동쪽 지역을 순회하며 전도 활동을 한 뒤, (또는 이 단계를 거치지 않고) 스페인으로 가서 복음을 증거하였다. 이때 베드로가 로마에 와서 마술사 시몬과 대결하여 승리한다. 베드로가 처형당하자 바울은 1년도 채 안되어 다시 로마로 돌아온다. 그리고는 2차로 체포, 구금된다. 이 때의 바울 심정을 잘 표현하고 있는 것이 디모데후서(4:6-8)의 내용이다. 바울은 네로 치하에서 처형당했다(주후 65년 전후).

18. 바울의 연대기

바울 사상에 대한 조망을 하기 전에, 지금까지의 내용을 정리하는 의미에서 바울 연대기에 대해 다루어 보자.

1) 바울의 출생 연도

바울은 자신의 나이를 추측케 할 수 있는 단서나 정보를 별로 남기고 있지 않다. 다만 빌레몬서 9절에서 스스로를 "나이가 많은" 자(presbutēs)로 소개하고 있다. 빌레몬서는 옥중 서신이다 (1,9절). 집필 장소로서 유력한 곳은 에베소, 가이사랴, 로마 셋 중의 하나이다.[561] 이 서신을 기록한 이유는 도망친 오네시모 때문인데, 이 노예는 도시 골로새로부터 왔다. 골로새서(4:7ff)에 따르면 그는 두기고 편에 다시 골로새로 보내지고 있다. 골로새는 브루기아 지역의 한 도시로 에베소와 다소를 잇는 도로에 접해 있는 교역 도시였다. 빌레몬서(23f절)에 나오는 바울 동역자의 이름들이 골로새서(4:10,12,14)에 그대로 언급되고 있다는 점에서, 골로새서와 빌레몬서 두 서신 간에 밀접한 관련이 있다고 하겠다.[562] 자신을 노인[563]이라고 밝힌 빌레몬서는 에베소에서 쓰여졌다고 보는 것이 가장 타당하며, 저작시기도 바울의 활동 말기인 에베소 체류 기간 중이거나(고전 16:8) 혹은 그 이후일 것이다.

누가(행 7:58)에 따르면 스데반이 박해를 당할 때 바울은 청년이었다.[564] M. 디벨리우스가[565] 소개한 고대 나이 분류에 따르

---

561) Ph. Vielhauer, *Geschichte*, 173

562) Ph. Vielhauer, *Geschichte*, 174; W.G. Kümmel, *Einleitung*, 307

563) 물론 이 표현이 인간의 성장과정에 따른 구체적이고 객관적인 육체적 나이 분류로서의 의미가 아닌, 상징적으로 사용된 것일 수는 있다.

면 청년은 22-28세이고, 노인은 49-56세566) 이다. 따라서 스데반의 박해를 예수 처형 및 부활로 부터 얼마 지나지 않은, 대략 주후 32-35년으로 볼 때567), 바울은 주후 10년 전후에 출생했다고 추정할 수 있다. 참고로 여러 학자들이 추정하는 바울 출생연도는 다음과 같다. A. 율리허/ E. 파셔는568) 바울이 예수보다 두 서너 해 늦게 태어났다고 본다. J. 클라우즈너는569) 바울의 출생을 약 5-10년으로, A. 빌켄하우저는570) 주후 10년 보다 이르지 않다고 말한다. J. 베커는571) 주후 10년경으로, M. 디벨리우스/ W.G. 큄멜572), 그리고 G. 보른캄은573) 주후 초반으로 본다.

2) 갈라디아서 1-2 장

연대기 작성에 아주 유용한 정보를 제공하는 곳은, 바울이 자신의 과거 행적을 언급하고 있는 갈라디아서의 첫 두 장이다. 비록 여기에 절대적인 연대가 나오고 있지는 않지만, 그의 생애에 중요한 사건들이 서로 얼마간의 시차를 두고 발생했는지가 분명하게 기술되어 있다. 그리스도를 만난 사건 이후의 행적이 세 번의 "그 후"를 통하여(1:18; 1:21; 2:1) 소개됨으로써, 예루살렘 사도회의(갈 2:1-10)까지의 주요 행적이 차례로 나열되고 있다. 1) 부활하신 그리스도를 만남 2) 아라비아에 갔다 다시 다메섹으로

---

564) 헬라어 νεανίας는 W. Bauer, Wb, Sp. 1081에 의하면 24-40세이다.

565) Dibelius, HNT 13, 104

566) 필로, Op 105에서도 56세까지이다.

567) M. Hengel, Paulus, 233

568) A. Jülicher/ E. Fascher, *Einleitung*, 33

569) J. Klausner, *Von Jesus*, 290

570) A. Wilkenhauser, *Einleitung*, 250

571) J. Becker, *Apostel*, 33

572) M. Dibelius/ W.G. Kümmel, *Paulus*, 27

573) G. Bornkamm, *Paulus*, 10

옴 3) 3년 후 예루살렘 방문 4) 시리아-길리기아 지역에서 활동 5) 14년 후에 바나바와 디도를 대동하고 재차 예루살렘 방문(사도회의). 여기서 주의해야 할 것은, 당시에 아직 숫자 "영"이라는 개념이 없었다는 사실이다. 따라서 햇수를 셀 때 첫 해도 포함시켜야 한다.574) 즉, 3년 후라고 하면 대략 2년 내지 2년 반 정도가 된다. 또한 고려해야 할 것은 불변사 "그 후"의 기준이 어디냐는 것이다. 즉 '그리스도 체험, 아라비아 체류, 다메섹으로 귀환' → "그 후" (약 2년 ~ 2년 반 후) '예루살렘 방문' → "그 후" '길리기아-시리아 지역에서 활동' → "그 후" (약 13년 후 ~ 13년 반 후) '재차 예루살렘 방문'이라는 도식에서 "그 후"라는 표현이 각각 선행하는 사건을 기준으로 한 것인지, 혹은 다메섹에서 그리스도를 만난 체험을 기준으로 한 것인지 모호하다. 만일 전자의 경우라면575) 2차 예루살렘 방문은 이른바 다메섹 체험 후 15-16년 만에 이루어 진 것이다. 그러나 후자라면 13-14년이 지난 후의 사건이 된다. 갈라디아서 두 구절(1:21; 2:1)에서 보면, "그 후"는 앞의 사건과 지금 진행되는 일이 분명한 시간적인 연속관계 속에서 이루어지고 있음을 강하게 암시하고 있다. 따라서 "그 후"의 기준은 바로 앞의 선행 사건이라고 보는 것이 옳다.576)

3) 클라우디우스 황제의 유대인 추방령

사도행전(18:2)에 보면, 바울이 아덴에서 고린도로 왔을 때, 황제 클라우디우스(41-54년)의 추방령으로577) 로마에서 온 지 얼

---

574) Schlier, KEK 7, 59; Betz, *Galaterbrief*, 151 주 178
575) 여기도 그리스도를 만난 체험을 기준으로 한 것인지, 아니면 다메섹으로 돌아온 이후인지가 문제될 수 있다. 참고 Betz, *Galaterbrief*, 151 주 179
576) Betz, *Galaterbrief*, 15

마 되지 않은 아굴라와 브리스길라 부부를 만났다는 기사가 나
온다. 이는 2세기 초의 로마사가 수에톤의 연감에 기록된 내용과
일치하는 것이다.

> 그리스도에 의해 흥분된 유대인들을 황제가 로마에서 쫓아냈다.
> (클라우디우스 황제편 25,4)[578]

여기서 "그리스도(Chresto)"란 미지의 어떤 인물을 지칭하는
것이 아니라[579] 바로 예수 그리스도를 의미한다. R. 엘스러는 이
구절을 일컬어, 마술사 시몬이 로마에서 활약했던 것을 암시하
는 것이라고 하나[580], 시몬이 그리스도라는 칭호를 가진 적이 없
다는 점에서 설득력이 없다.[581] 라틴어 "흥분하다(tumultuare)"는
공공의 질서가 위협받는 수준의 소란을 의미한다. 따라서 이 구
절은 그리스도에 의해 팔레스타인에서 시작한 새로운 종교운동
이 로마에까지 영향을 미치고 있음을 시사하는 것이다.[582] 이 사
건이 언제 일어났는지를 알면 바울의 연대기 작성에 큰 도움이
될 수 있다. 하지만 유감스럽게도 수에톤은[583] 이 사건의 연대에

---

577) 당시 수도 로마에는 대략 5만 명의 유대인이 있었는데(로마시의
　　 인구는 100만 명) 그리스도를 믿는 유대인과 그렇지 않은 유대인들
　　 간에 불화가 생기면서 소요가 생기자 황제는 유대인 전부를
　　 추방하였다.
578) Iudaeos impulsore Chresto assidue tumultuantis Roma expulit
579) M. Hengel, Ursprünge, 16, 주 9
580) R. Elsler, ΙΗΣΟΥΣ, 132f; E. Bammel, Judenverfolgung, 299도 이에
　　 어느 정도 동의한다.
581) R. Riesner, *Frühzeit*, 147
582) 참고 E. Preuschen, Chresto, 96; B. Reike, *Zeitgeschichte*, 208
583) 그는 주후 70년 기사계급으로 북아프리카에서 출생하여
　　 수사학을 익히고 변호사로 활동을 하다가 소-플리니우스의
　　 후원으로 트라얀 황제 때는 국가 문서고(a bibliotheci)의 총
　　 책임자를, 하드리아누스 황제 때에는 국가 공문서(ab epistuli) 관리
　　 총책임자로 일했다. 그는 황제 문서고를 자유로이 이용할 수

대해 침묵하고 있다. 따라서 다른 자료를 참고해야만 한다.

디오 카시우스는584) 주후 207-229년에 기록한 '로마 역사'에
서 클라우디우스 황제의 재위 첫 해(41년)를 다음과 같이 설명하
고 있다.585)

> 유대인들이 다시 늘어나 그들의 많은 수로 인해 조용히 시에서
> 추방하기 어렵게 되었을 때, 황제는 이들을 내쫓지 않고 그들
> 자신들의 전래의 삶을 계속 영위해 갈수는 있지만, 함께 모이지는
> 못하도록(mē sunathroizesthai) 영을 내렸다. (Dio LX 6,6)

디오도 여타 로마의 문필가들처럼 반기독교적인 성향을 보
이고 있다. 그의 기술을 분석해 보면, 클라우디우스 황제도 아우
구스투스 이래 로마에서 내려오는 이방종교에 관한 원칙을 따르
고 있음을 알 수 있다. '정치적인 평화를 해치지 않는 범위 내에
서 타 종교에 대해서 관용 한다'는 입장은 이집트에 반포된 유대
인들에 대한 칙령에서도 확인 된다.586) "그들 자신들의 전래의
삶을 계속 영위해 갈수는 있지만"이라는 표현을 Th. 짠은587) 안
식일 법을 지키고 예배를 드리는 것으로 이해한다. 디오의 보고
에 나오는 동사(sunathroizesthai)는 요세푸스의 글 등을588) 통해
볼 때, 종교적인 모임을 의미한다. 일부 학자들은 디오의 보고에
따라, 클라우디우스 통치 원년(41년)에 집회금지령이 일어났다
고 본다.589) 그러나 3세기 중반에서 4세기 초의 포르피리우스라

있었다. 클라우디우스 황제 때 일어난 유대인 추방령은(Vita Claudii
  25,4) 따라서 문서고에서 직접 본 내용일 가능성이 많다.
584) 그는 원로원 가문 출신이여서(160-233) 황제에 대해 비판적인
  입장을 견지하고 있다. 참고 J. Murphy-O'Connor, Corinth, 127f
585) 참고 H. Conzelmann, *Geschichte*, 146
586) Jos Ant XIX,285
587) Th. Zahn, *Einleitung* II, 646
588) συναθροίζεσθαι Bell II,289
589) 예를 들면 J.W. Swain, Gamaliel's Speech, 348f; D. Slingerland,

는 이름으로 기록된 보고에 의하면590) 갈리굴라 황제의 마지막 집권기나 클라우디우스 황제 초기에 유대 기독인들이 로마에 존재한 것으로 판명된다. 유세비우스의 『교회사』나 히에로니무스에591) 따르면 클라우디우스 황제 2년(42/43)에 베드로는 로마에 있었다. 오로시우스도592) 예수의 수제자 베드로가 로마에서 활동했다고 묘사하고 있다. 따라서 41년에 황제가 유대인들을 쫓아냈다는 디오의 기술에 그다지 신뢰가 가지 않는다.

5세기 초에 활동한 역사가 오로시우스도593) 자신의 저서 '역사'에서 수에톤의 기록을 인용하면서 아래와 같이 언급한다.

클라우디우스 재위 9년에(즉 49년) 유대인들은 요세푸스의 보고에 따르면 황제에 의해 로마에서 추방되었다. (VII 6,15)

이 기록과 디오의 것을 비교하면 박해나 추방이 한편에서는 41년, 다른 쪽은 49년으로 서로 차이가 있다. 디오와 오로시우스의 기록이 서로 다르다는 사실과 관련해, 학자들이 취하는 입장은 대략 세 가지이다. 1) 클라우디우스 황제 통치 기간 중에 서로 다른 유대인 추방이594) 일어났다고 보는 것이다.595) 이와 유사한

Suetonius, 307-316; G. Lüdemann, *Paulus* I, 185-195

590) Augustinus, Ep 102,8

591) 유세비우스 『교회사』 II 14,6; 히에로니무스 Vir I 11,5

592) Adv Pag VII 6,1f

593) 그는 현재의 포르투칼 출신의 장로로서, 교부 아우구스티누스에 의해 고무되어 일곱 권으로 된 '이방인에 대항한 역사'(Historia adversus Paganos)를 저술하였다. 여기서 그는 아우구스티누스의 신국을 보충하는 의미에서, 비록 로마가 서고트족에 의해 점령당하기는 했지만 그리스도가 이 땅에 오신 이래로 인류의 외적인 상태는 나아지고 있다고 말하고 있다. 그의 저서는 질적으로, 당시 역사가들과 비교하여 괜찮은 수준이라고 평가된다. 참고 C. Andresen, *Einleitung*, 36

594) Jos Ant XVIII,81-84; 타키투스 Ann II 85,4; 수에톤 Tib 36, 디오 카시우스 LVII 18,5등을 참고할 때, 티베리우스 황제 때에도(주후

견해로, 역사가 디오도 두 번째(49년)의 클라우디우스 황제의 조치를 기록했으나 책의 파손으로 인해 이것이 분실되었다고 보는 입장이 있다.596). 2) 클라우디우스 황제 치하에서는 박해가 한 번밖에 일어나지 않았다는 의견으로, 디오의 언명은 갈리굴라 치세 말기의 소요와 관련한 행정당국의 조치인 반면597) 수에톤이 보고한 것은 클라우디우스 황제에 의한 더 강화된 형태의 것이라는 생각이다. 즉, 상당수의 학자들이 디오의 보고는 티베리우스 황제의 추방 행위를(LVII 18,5) 암시하는 것이라고 본다.598) 3) 디오나 오로시우스는 같은 사건을 상이하게 보고한 것이라고 보는 입장도 있다.599) G. 뤼데만과 J. 머피-오 코노는600) 이런 맥락에서, 수에톤이 말하는 추방이 있기는 했지만, 집회가 금지된 일정 기간이 지난 후에 이 추방령은 완화되었다고 본다. 그리고 규제의 정도가 티베리우스 시대의 것에 미치지 못했기 때문에 디오는 이에 대해 구체적으로 언급하지 않았다고 주장한다.

오로시우스의 보고에서 문제는, 요세푸스를 인용해서 주후 49년에 유대인들이 추방되었다고 말하는 데에 있다. 왜냐하면, 우리가 아는 요세푸스 어디서도 49년에 유대인들이 로마에서 추

19년) 로마에서 유대인 추방이 있었음을 알 수 있다. 필로는 이에 대해 침묵하며(LegGai 160f), 요세푸스는 본디오 빌라도 총독(26-36년) 이후 때에 가서 이를 언급함으로서 혼란을 주고 있다.

595) E. Bammel, Judenverfolgung, 296; W. Wiefel, Gemeinschaft, 78; R.K. Jewett, *Paulus-Chronologie*, 69-72; D. Slingerland, Suetonius, 322; D. Slingerland, Acts 18:1-17, 687ff

596) A. Momigliano, *Claudius*, 31f

597) J.W. Swain, Gamaliel's Speech, 348f; F.F. Bruce, Christianity, 321

598) F.F. Bruce, *Zeitgeschichte* II, 97; P. Lampe, *tadtrömischen Christen*, 8; D. Slingerland, Acts 18:1-17, 689

599) 이런 의견을 가진 학자들의 명단은 R. Riesner, *Frühzeit*, 156f를 참고하라.

600) G. Lüdemann, *Paulus* I, 184-188; J. Murphy-O'Connor, Mission, 85f

방되었다는 기록은 나오지 않기 때문이다. 49년이라는 연도는 사도행전에서 유추되어 나온 것일 수도 있다.601) 하지만 이것이 '왜 오로시우스가 요세푸스를 언급했는지'에 대한 설명은 되지 못한다. 49년 유대인의 추방이 현재는 전해지지 않는 요세푸스의 어떤 작품에 근거한 것일 가능성도 있다.602) 또한 오로시우스는 유세비우스의 연대기를 통해 요세푸스에 접근했다고 여겨지므로,603) 오로시우스가 요세푸스에 대해 현재 우리가 갖고 있는 것과 다른 유세비우스의 연대기를 통해 알고 있는 내용에 근거해서, 그런 말을 했다고 볼 수도 있다.604) 더 나아가 오로시우스는 히에로니무스가 가공한 형태의 연대기도 많이 이용한 것으로 알려지고 있다. 클라우디우스 황제 편을 기록할 때, 아마도 우리가 모르는 추가 부분이 포함된 히에로니무스 판을 사용하여 49년 유대인 추방에 대해 설명했을 수도 있다.605)

사도행전 18장에 나오는 클라우디우스 황제의 유대인 추방에 대한 기사에서 눈여겨봐야 할 점은, 모든 유대인이 로마를 떠나게 되었다는 사실과 브리스길라와 아굴라가 이탈리아로부터 "새로" 왔다는 두 가지이다. 바울은 고린도에서 그리스보와 가이오 그리고 스데바나 집 사람 외에는 누구에게도 세례를 주지 않았다(고전 1:14-16). 그리고 아가야 지역의 첫 개종자는 스데바나(고전 16:15)이므로, 추방된 이 유대인 부부는 바울에게서 세례를 받지 않았다고 봐야 한다. 고린도에 도착한지 얼마 되지 않은 이들과 바울 사이에 일면식이 없었음에도 불구하고, 함께 거하며 일했다는 점에서(행 18:2f) 이 부부는 이미 로마에 있을 때부터

---

601) B. Rigaux, *Paulus*, 127; G. Lüdemann, Judenedikt, 296
602) 참고 A. Deissmann, *Paulus*, 223
603) H. Schreckenberg, *Flavius-Josephus-Tradition*, 95
604) 참고 R. Riesner, *Frühzeit*, 161
605) C. Andresen, *Einleitung*, 38f

신앙을 가진 기독교인이었을 것이다.

추방의 규모에 대해서도 눈여겨 볼 필요가 있다 누가는 2절에서 "모든 유대인"이라고 분명히 밝힌다. "모든"은 누가가 좋아하는 단어이다.606) 따라서 2절의 "모든"은 문자적인 '모든'이 아닐 수도 있다. G. 오그는607) 절충해서, 원래 전체 유대인을 추방했는데, 나중에 완화되었다고 본다. 갈리오 총독 앞에서 재판을 받는 사건(행 18:12-17)을 기준으로 볼 때, 바울은 대략 50년 초에 고린도로 왔을 것이다. 거기서 막 로마에서 쫓겨 온 브리스길라와 아굴라 부부를 만났다. 물론 그들이 고린도로 오기 전에 이탈리아에서 오래 머물렀을 수도 있으나608) 추방이 돌발 상황임을 암시하는 누가의 논조로 봐서 그럴 가능성은 희박하다.609)

클라우디우스 황제가 추방령을 내렸던 이유는 49년 로마 제국의 전체적인 정치적 상황과 어느 정도 관련이 있다. 그 해 황제는 특별히 옛 로마 종교를 재건하려고 노력했다. 클라우디우스의 전기 연구가인 B. 레빅에610) 의하면 40년대 말은 황제가 자신의 자리와 공공의 안녕에 대해 불안감을 느끼고 있던 때였다. 알렉산드리아 시(市)에 보내는 황제의 편지에서도 알 수 있듯이, 당시 많은 수의 유대인들이 각 지역의 대도시에 이주해 살고 있었다. 제국의 수도에도 많은 유대인들이 있었다. 로마시의 전체 인구 100만 중, 대략 5만 명 가량이 유대인이었다고 추정된다. 이들 중에는 율법으로부터 자유로운 기독교의 복음을 받아들인 자들

---

606) 신약 전체 약 1244회 사용, 그 중 눅 157회, 행 172회. 그 외에 가장 많이 나오는 곳이 마태복음이다(129회).

607) G. Ogg, *Chronology*, 100

608) 참고 N. Hyldahl, *Chronologie*, 124

609) 조기 추방 설을 주장하는 G. Lüdemann도 (*Paulus* I, 194) 로마에서 추방과 고린도 도착 간의 시간 차이는 없다고 본다.

610) B.M. Levick, *Claudius*, 87

도 있었다. 따라서 기존의 유대인들과 갈등이 생기게 되었다. 기독교가 전파됨으로 회당 안에서 분쟁과 소란이 생긴 예는 사도행전에서 쉽게 찾아 볼 수 있다.611) 추방은 기본적으로 시민권이 없는 외국인들에게 해당되는 조치였다.612) 그렇지만 일찍이 티베리우스 시절에 발생했던 추방 사건은 유대인 전체를 대상으로 한 사건이었다.613) 이에 대해, 비록 디오(LVII 18,5a)는 대부분이 추방되었다고 보고하고 있지만, 필로의 글(LegGai 160f) 등을 통해 볼 때, 근위대장 세야누스가 권좌에서 물러난 이후 티베리우스의 추방령은 완화되거나 무효화된 것으로 보인다.

수에톤의 언급(Claud 25,3-5)에 따르면 이 추방령은 여러 민족과 종교들에 대한 조치의 일환이라는 점과, 30년이 지난 후에도 누가가 그 대상을 "모든 유대인"이라고 한 점에서, 주후 49년 클라우디우스 황제의 명령도 대부분의 유대인을 겨냥한 것이리라 짐작이 간다.614)

마지막으로, 디오가 언급하고 있는 집회 금지가 추방과 어떤 관련이 있는지 불분명하다는 점에서, 디오의 진술을 충분한 설명이나 근거 제시 없이 추방과 연결시키는 것은 성급한 태도이다. 지금까지 유대인 추방을 여러 측면에서 살펴본 결과에 의거, 우리는 다음과 같이 결론을 내릴 수 있다. 수에톤과 오로시우스의 보고를 근거로 할 때, 로마에 있던 유대인 추방은 클라우디우스 황제 재임 9년 째 되던 해, 즉 49년에 일어났다. 이 명령으로 고린도로 쫓겨온 브리스길라와 아굴라 부부는 이 도시에 온지 얼마 안 된 바울을 만나 함께 복음을 위해 헌신하게 되었다.

---

611) 13:45,50; 14:2,5; 14:19; 17:4-8; 17:13; 18:12-17; 참고 살전 2:15f; 고후 11:24
612) E. Bammel, Judenverfolgung, 297
613) Jos Ant XVIII,83; 타키투스 Ann II 85,14; 수에톤 Tib 36
614) 이에 대해서는 D. Slingerland, Suetonius, 310ff를 보라.

4) 갈리오 총독의 재임기간

바울의 연대기 작성에서 중요한 기준이 되는 것은 갈리오가 아가야 지역 총독으로 재임했던 시기이다. 그는 유명한 로마의 철학자 세네카의 친형인데, 그의 임기는 1905년 부르게(E. Bourguet)에 의해 델피에서 발견된 갈리오 비문을 통해 추정할 수 있다.[615) 갈리오가 총독직을 수행하고 있을 당시, 칙령을 보낸 클라우디우스 황제는 재판권을 넘겨받은 지 12년 째 되는 해였으며 황제로서 26번 째 연호(acclamation)를 받았다고 한다. 문제가 되는 것은 이 칙서가 누구에게 반포된 것이냐는 것이다. 비문 17째 줄 중에 나오는 (εἰς τῶν [...]εια σε ἐντέλλομαι, ἵν[α) 2인칭 단수 대명사(se [σε])는 갈리오의 후임자를 가리킨다고 볼 수 있다. 하지만 J.H. 올리버는[616) 동사 entellomai는 일반적으로 여격(soi)과 연결되므로 se는 인칭대명사가 아니라 동사의 꼬리부분이라고 주장한다. 그는 비문 여섯째 줄에서 (Γαλλίων ὁ φ[ίλος] μου κα[ι. ἀνθύ]πατος) 갈리오를 총독으로 칭하고 있다고 보고, 갈리오가 아직 직에 있었다고 본다. C.J. 헤머도[617) 이 견해에 동의하지만, 후임자일 가능성도 있다고 본다.

칙령에 따르면, 황제는 델피시가 황폐화되는 문제와 비시디아의 아폴로 제의에 대해 깊은 관심을 보이고 있다. 이는 그리스 교육과, 무엇보다도 아가야 지역에 대한 강한 애정을 표한 클라우디우스의 평소 태도와 부합된 것이다.[618) 칙서는 총독의 보고에 대한 답변으로써, 24번째 연호는 51년이고 27번째 연호는 52

---

615) 텍스트는 H.M. Schenke/ K.M. Fischer, *Einleitung* I, 50f; J. Murphy-O'Connor, *Corinth*, 149f를 참조

616) J.H. Oliver, Epistle, 239f

617) C.J. Hemer, Observation, 6-8 C.J. 헤머는 갈리오가 52년 여름에 직에서 물러났다고 본다. 참고 전경연, 「바울의 연대표」, 184ff

618) 수에톤, Claud 42

년 8월 1일이므로619) 이 칙서는 그 사이에 쓰여 진 것이다. 즉위
하자마자(클라우디우스 41년 1월 25일) 황제에게 재판을 관할하
는 권한이 부여 된다. 따라서 첫째~둘째 줄에 나오는 "재판권을
넘겨받은 지 12년 되는 해"란 표현에 의거할 때, 갈리오에게 보내
는 칙령이 적어도 52년 1월이나 2월 이후의 것이 된다. 즉, 이 칙
령은 52년 초에서 그 해 8월 사이에 반포된 것이다.620)

아가야는 원로원이 통치하는 속주이다. 총독의 임기 시작은,
티베리우스 황제의 칙령을 참고할 때(디오 LVII 14,5) 아마도 7월
1일 일 것이다.621) 그러므로 갈리오는 51년 초여름에서 이듬해
초여름까지, 혹은 52년 초여름에서 그 이듬해까지 총독으로 있
었다. 만약 후자라고 가정하면, 갈리오는 아가야 지방에 부임하
자마자 보고서를 써서 로마로 보냈고, 황제는 동시에 답신을 보
냈다는 말이 되는 데, 이는 실제로 불가능하다.622) 따라서 갈리오
의 재임기간은 51년 7월 초에서 52년 6월 말로 봐야 할 것이다.
한편 세네카의 편지(Ep Mor 104,1)에 근거하여 일련의 학자들은
갈리오가 병 때문에 자신이 일찍 임기를 마쳤다고 보기도 한
다.623) 그럴 경우 그는 늦어도 51년 10월에 고린도를 떠나 본국으
로 갔을 것이다. 왜냐하면 당시 항해할 수 있는 계절은 4월에서

---

619) H.M. Schenke/ K.M. Fischer, *Einleitung*, 53; R. Riesner, *Frühzeit*,
  183; 참고 J. Murphy-O'Connor, Corinth, 150ff
620) H.M. Schenke/ K.M. Fischer, *Einleitung*, 52f; 타키투스 Ann XII
  38-40.55의 Bretagne와 길리기아에서의 전쟁기사를 참고로 할 때,
  26번째 연호는 52년 초로 볼 수 있다(전쟁이 봄부터 시작하므로
  대략 4월 이후).
621) Haenchen은 (KEK 3, 79 주 2) 5월 1일로 본다. 참고 H.M. Schenke/
  K.M. Fischer, *Einleitung*, 53
622) Haenchen도 KEK 3, 79 주 2; H.M. Schenke/ K.M. Fischer,
  Einleitung, 53; R.K. Jewett, *Paulus-Chronologie*, 74; C.K. Barret/ C.J.
  Thornton, *Text*, 59f
623) C.J. Hemer, Observation, 8; R.K. Jewett, Paulus-Chronologie, 75

10월까지였기 때문이다.624)

　사도행전 18장에 따르면 바울은 갈리오 앞에 피고로 섰다. 이 사건 전에 바울이 이미 고린도에 18개월이나 머물러 있었다. 즉, 바울은 고린도 체류 말기에 법정에 선 것이다. 그때가 갈리오 총독의 취임 초였다.625) 다시 말해, 51년 여름에 바울은 재판을 받았던 것이다.626) 그렇다면 바울은 고린도에 50년 초에 도착한 것이 된다. 물론 학자 중 일부에서는, 예를 들면 K. 하커는627) 비문의 Γαλλίωνος δε ἀθυπάτου ὄντος를 갈리오가 총독이 되었다는 뜻이 아니라고 본다. K. 하커는 "더 여러 날 머물다가"(행 18:18)를 근거로 재판 이후에도, 바울이 고린도에 상당 기간 있었다고 주장한다. 충분한 시간이 지난 후에 바울은 이곳을 떠났다면 대략 52년 가을 경이 될 수도 있다. 갈리오는 자신 앞에서 유대인의 대표라고 할 수 있는 회당장 소스데네가 폭행을 당했음에도 불구하고 이에 대해서 무관심했다. 아마도 자신의 동생 세네카처럼 유대인에 대해 우호적이지 않았기 때문이리라. 이런 정황을 고려할 때, 바울은 재판 후 곧 고린도를 떠났으리라 추정된다(51년 9월 경).

　바울이 50년 봄에 고린도에 왔다고 볼 때, 황제가 49년에 로마에 있는 유대인들을 추방했다는 오로시우스의 설명과 잘 부합된다. 고린도에서 바울은 마침 황제의 명령으로 로마로부터 쫓겨 온 유대인 부부를 만나(50년 초), 함께 복음을 증거하다가, 총독 갈리오의 재판을 받고(51년 가을) 고린도를 떠났다.

---

624) 베게티우스(De re milit IV 39)에 의하면 11월 중순에서 3월 초순까지는 육로를 통한 여행조차도 삼갔다.

625) Pesch, EKK 5/2, 150; 참고 K. Haacker, Gallio-Episode, 254

626) H.M. Schenke/ K.M. Fischer, *Einleitung*, 54는 행 18을 꼭 그런 식으로 볼 필요는 없다고 한다. 클라우디우스 황제의 유대인 추방령 및 브리스길라와 아굴라 부부를 고린도에서 만난 것 등을 고려하여 50년 가을에 고린도에 도착했다고 본다.

627) K. Haacker, Gallio-Episode, 254f

5) 빌라도, 벨릭스, 베스도 총독의 재임기간

로마의 역사가 타키투스의 연감(Ann XV, 44)에는 예수가 빌라도에 의해 처형되었다고 기록되어 있다. 요세푸스(Ant XVIII,63f)도 빌라도 치하에 예수가 죽임을 당했다고 보고한다. 빌라도의 총독 재임 기간은 예수님의 처형 연도 뿐 아니라, 바울의 소명사건이 언제인지를 결정하는데도 중요한 단서가 된다. 빌라도는 26년에 총독에 취임했다고 알려져 있다.628) 요세푸스에 따르면 빌라도의 상관인 시리아 총독 루시우스 비텔리우스가 그를 해임시키고(Ant XVIII,89) 유월절 축제에(3월 말~4월 말)629) 예루살렘을 방문하여(Ant XVIII,90-95) 계속 머물던 중, 또 다른 축제 때에(보통 다음해의 유월절로 추정) 티베리우스 황제가 37년 3월 16일에 서거했다는 소식을 들은 것으로 되어 있다(Ant XVIII,122-126). 이 내용에 의하면, 빌라도는 36년 유월절 축제 전에 해임된 것이 된다. 하지만 요세푸스(Ant XVIII,89)는 황제가 죽은 후에 빌라도가 로마에 도착했다고 기록하고 있다. 보통 관직에서 물러나면 속히 본국으로 되돌아가는 것이 관례이다.630) 예루살렘에서 로마까지는 겨울철(11월 11일 - 3월 10일)을 제외하면 배로 아무리 길어야 두 달 정도 소요됨을 감안할 때631) 빌라도는 너무 늦게 도착한 셈이 된다. 그래서 몇몇 학자들은632) 요세푸스가 설명하고 있는 두 축제를 같은 것으로 보고, 황제가 죽기 직전(37년 초)에 해임됐다는 주장을 펴기도 한다. 이에 반해 J. 브

---

628) A.J.M. Wedderburn, Keeping up, 107
629) 강사문, 구약 예배, 170
630) 참고 Dio LIII 15,6
631) 바람이 좋을 땐 하루 평균 180-270km 항해할 수 있었다. R. Riesner
    Frühzeit, 280; 참고 E. Schuerer, *history* I, 397 주 180; J. Blinzler, *Prozß*,
    272f
632) 예를 들면 K.S. Krieger, Problematik, 31f; K.S. Krieger, Probleme, 22

린쯔러는 J. 예레미아스에 근거하여633) 시리아 총독 비텔리우스의 두 차례 방문은 서로 다른 것으로 본다. 즉, 첫 방문은 빌라도해임에 따른 예루살렘과의 관계를 재정립하기 위해서였고(Ant XVIII 90), 두 번째 방문은 헤롯 안티파스와 함께 나바테아 왕 아레다 IV세에 대한 전쟁을 준비하기 위한 것이었다(Ant XVIII 120-122). 그리고 첫 축제는 37년의 유월절 축제였고 두 번째는 오순절 축제라는 주장이다. 그렇게 되면 빌라도는 36년 말이나 37년 초에 총독 직에서 물러난 것이 된다. 요세푸스가 언급하고 있는 두 축제가 같은 것인지 아닌 지 불확실하지만, 전체 정황을 고려해 볼 때 빌라도는 적어도 36년 유월절 축제 때 까지는 재임했다고 말할 수 있다.

바울이 마지막으로 예루살렘에 갔을 때 당시 총독은 벨릭스였다. 따라서 그의 재임기간도 바울 연대기에 도움이 된다. 일반적으로 그는 52년부터 총독직을 수행했다고 알려져 있다.634) 하지만 D.R. 슈바르츠는635) 다른 의견을 제시한다. 그는 요세푸스(Bell II,245-247; Ant XX,136-138)를 근거로 주장하기를, 벨릭스의 총독 취임은 전임자 쿠마누스가 해임되고 헤롯 아그립바 II세가 영토를 확장하는 시기 가운데(클라우디우스 황제 12년, 주후 53년) 어느 때라는 것이다. 이에 따르면 쿠마누스는 52년에 아직 총독으로 재임했을 가능성이 있다. 더 나아가 D.R. 슈바르츠는 요세푸스의 기록(Bell II,223; Ant XX,103f)을 비교하면서, 이 유대의 역사가가 자신이 가진 자료에 근거하여 나중의 보고에서 잘못된 기술을 교정했다고 결론을 내린 후, 쿠마누스는 헤롯 아

---

633) J. Blinzler, Prozß, 271ff; J. Jeremias, *Jerusalem* II B, 55 주 8

634) H.M. Schenke/ K.M. Fischer, Einleitung, 56; R.K. Jewett, *Paulus-Chronologie*, 77; E. Schuerer, *history* I, 460; E.M. Smallwood, *Jews*, 269

635) D.R. Schwartz, Ishmael ben Phiabi, 223-236

그립바 I세의 형제인 헤롯 칼시스 사후에 즉, 48년 말이나 49년 초에 취임했다고까지 생각한다.636) 요세푸스의 기록으로, 쿠마누스가 언제 취임했는지 정확히 알 수는 없지만 그의 재임기간(Bell II,232-244; Ant XX,118-133)은 1년을 넘기지 않은 것 같다(그렇다면 48-49년). 한편 타키투스는 자신의 연대기(Ann XII,54)에서 52년, 즉 쿠마누스가 갈릴리의 총독으로 벨릭스는 사마리아의 총독으로 각각 다스리고 있을 때, 어떤 사건이 일어났다고 보고한다. 전임, 후임 총독이 동시에 근무한 것으로 묘사된 것은 이 부분이 연대기에 따르지 않고, 테마 별로 서술되었기 때문이다. 하지만 타키투스가 앞서 일어난 사건 자료를 잘못 이해했기 때문에 생겨난 오류일 수도 있다. 전체적으로 타키투스보다는 요세푸스가 유대 사정에 더 밝은 것으로 알려져 있다. 두 사람이 동시에 총독으로 있었다는 보도는, 경위야 어떻든 간에 벨릭스가 이미 팔레스타인에 있은 기간이 상당하다는 것을 반증해 주는 것이다. 시리아에서 재무상을 지낸 팔라스는 아그리피나가 클라우디우스 황제와 결혼하는(주후 49년) 데에 결정적인 역할을 담당하였다. 따라서 황후가 된 아그리피나의 절대적인 총애를 받게 된다. 벨릭스는 바로 이런 팔라스의 형이었다. 따라서 벨릭스의 출세는 보장된 것이나 마찬가지였다. 쿠마누스의 후임으로 총독에 부임하게 된 것이나, 황제 사망 직전인 53년에 허가를 받아 헤롯 아그립바 I세의 여동생 두루실라와 두 번째(총 세 번 결혼) 결혼식을 올릴 수 있었던 것도(Jos Ant XX,148), 벨릭스 배후에 황후 아그리피나가 있었기에 가능한 것이었다. 두루실라는 유대교로 개종한 에메사의 아시수스 왕과 얼마 전에(53년) 결혼한 상태였는데(Jos Ant XX,139-141), 그녀의 파혼을 허락하고 비할례자인 벨릭스와 재혼하도록 허용한다는 것은 황제로서도 결단이 필요한 사안이었다.

---

636) 전경연은 48년으로 본다(「바울의 연대표」, 195).

벨릭스의 후임은 베스도인데(행 24:27), 총독이 바뀌는 시기
에 대해 논란이 되고 있다. 유세비우스의 히에로니무스 판 연대
기에 따르면637) 이 취임은 네로 황제 2년(55년 10월 13일-56년 10
월 2일)에 있었다. 요세푸스(Ant XX,182)는 베스도의 전임자 벨
릭스가 총독직에서 물러나 로마로 귀환했을 때, 가아사랴의 유
대인들의 고발로 네로 황제로부터 심문을 당하게 되었는데, 동
생 팔라스의 도움으로 이 고소가 무마되었다고 전하고 있다. 팔
라스는 55년 하반기에 벨릭스의 취조과정에서 영향력을 발휘할
수 있었던 자리인, 제국의 재무를 담당하는 총책임자 직에서 물
러났으므로(타키투스 Ann XII 14) 벨릭스가 총독 직을 사임한 것
은 55년(을 포함한) 그 이전이라고 봐야 한다. 그러나 이런 연대
설정은 문제가 있다. 왜냐하면 네로 재위 2년째(55년 10월 13일)
와 팔라스가 직에서 물러난 시기가 겹치기 때문이다(55년 하반
기). 만일 그렇다면 벨릭스가 팔레스타인 총독 자리에서 물러나
로마로 오고, 유대인들로부터 고발을 당하고, 자신의 무죄를 변
호하고 동생의 도움으로 혐의를 벗게 되는 일련의 사건들이 55
년에 일시에 진행된 것이 된다.638) 실제로 팔라스는 네로에 의해
독살당하기까지639) 네로의 모후 아그리피나와 근위대장 부루스

---

637) R. Helm (ed.), Chronik, 181f

638) H.M. Schenke/ K.M. Fischer, *Einleitung*, 57f; R.K. Jewett,
Paulus-Chronologie, 78

639) 타키투스 Ann XIX, 65는 이 사건이 62년에 일어났다고 기록한다.
디오 카시우스에(Dio LXII,14,3) 따르면 팔라스가 가진 4억
세스타를 네로가 탐을 냈기 때문에, 독살되었다. 이 비극적인
사건은 네로의 경쟁자 브리타니쿠스가 14번 째 생일을 목전에 두고
극약으로 살해되기 직전에 벌어졌다(Jos Ant XIII,14,15).
수에톤(Clad. 27)에 따르면 브리타니쿠스는 클라우디우스 황제가
보위에 오른 지 20일 째 되는 날 출생하였다(41년 2월 13일).
그러므로 그가 죽임을 당한 날은 55년 2월 13일이 되는 것이며
팔라스는 그전에 재무장관의 직에서 해임된 셈이다. 참고

와의 친분관계를 통해 계속 정치적인 영향력을 행사했다. 따라
서 55년 이후도 벨릭스의 해임 시기가 될 수도 있다. 이런 점에서
벨릭스 총독 재위 기간의 가능한 하한선은 팔라스가 살해당하던
62년이다.640) 유세비우스의 아르메니아 판 연대기에는641) 벨릭
스의 해임이 클라우디우스 황제의 마지막 해(55년)라는 기록도
있지만, 이 내용은 신뢰할 만한 것이 되지 못한다. 왜냐하면 바울
의 고린도 체류 이후의 행적을 고려할 때 55년은 너무 이른 것이
되기 때문이다. 바울은 51년 여름 이후에 고린도를 떠나 에베소
에서 3년을 체류 한 후(54년 여름) 아가야 지역을 약 3개월에 걸
쳐 방문한 후 예루살렘으로 올라갔다. 얼마간 성전도시에서 활동
하다가, 체포되어 약 2년 간(55년 후반 - 57년) 가이사랴에 구금되
어 있었다. 그 사이에 총독이 벨릭스에서 베스도로 교체된다.

결국 베스도의 취임 시기는 50년 대 후반으로 보는 것이 안
전하다. 요세푸스의 기록(Bell II,247-276) 중, 벨릭스 총독 치하
의 것은 분량이 많은 반면, 베스도 시대의 것은 얼마 되지 않는
다. 이는 벨릭스 총독의 통치 기간이 베스도에 비해 상대적으로
길었음을 말해주고 있는 것이다.642) 유세비우스는 총독교체를
헤롯 아그립바 II세가 통치한 지 10년이 되던 때라고 한다. 그러
나 그는 실수로 헤롯 아그립바 II세의 통치 시작을 그의 아버지
헤롯 아그립바 I세가 사망한 그 다음 해인 45년으로 상정했다.
이에 따르면 베스도의 총독취임은 55년이 된다. 그러나 실제 헤

전경연, 「바울의 연대표」, 197f

640) 참고 H.M. Schenke/ K.M. Fischer, *Einleitung*, 58; R.K. Jewett,
Paulus-Chronologie, 78f; S.A. Cook/ M.P. Charlesworth/ S.P. Adcock
(Hg.), *Cambridge Ancient History* X, 709

641) A. Schöne, Eusebii Chronicorum, II 152

642) R.K. Jewett, *Paulus-Chronologie*, 78. 베스도의 임기는 62년 여름
직무 중에 사망함으로써 끝이 났다. 그의 후임 알비누스이다(Jos Ant
XX,197-203; Bell VI,301ff).

롯 아그립바 II세가 왕위에 오른 때는 50년 닛산월 초하루였다
(Jos Bell II,284). 이로부터 10년 째 되는 해는 59년이다. 따라서
베스도의 취임은 59년 전후로 보는 것이 타당하다.643) 또한 네
로 5년(58/59)에 유대에서 많은 양의 동전이 주조된 사실이 연구
에 의해 밝혀졌는데, 이 사실도 그 때에 새 총독이 취임했음을
간접적으로 시사하는 것이 될 수 있다.644)

6) 나바테아 왕국의 아레다 IV세와 도시 다메섹

그 외에 나바테아 아레다왕의 고관이 다메섹에서 바울을 잡
으려 했으나, 광주리를 타고 성을 빠져 나왔다는 기사도(고후
11:32) 바울 연대기 작성에 도움이 된다. 다메섹은 알렉산더 대왕
사후에 프톨레미 왕조와 셀류시드 왕조의 경계지역에 위치하고
있었다. 주전 200년 파네이온에서 승리한 셀류시드 왕조는 애굽
까지 세력을 확장하게 되었는데, 그때 다메섹은 셀류시드 왕조
의 지배를 받게 되었다. 주전 1세기에 들면서 셀류시드 왕조가
급속히 붕괴되는 틈을 타서, 아랍계 유목민들로 이루어진 나바
테아 왕국이 헤브론 동서쪽에 자리를 잡게 되었다. 나바테아아인
들은 원래 아라비아 사막지역에 살고 있었다. 주전 6세기부터 점
차 에돔 지역으로 옮겨오면서 그곳의 무역로를 장악하고 부를
축적해 갔다. 특히 국운을 떨친 왕은 아레다 III세(주전 85-66)이
다. 그는 주전 85년에 셀류시드의 안티오쿠스 XII세와 싸워 승리
한다. 그 결과 다메섹은 나바테아아인들의 차지가 되었다.645) 이후,
다메섹은 미트리다테 전쟁으로 아르메니아 티그라네스 I세(주전

---

643) G.B. Caird, Art. Chronology, 604f; R.K. Jewett, *Paulus-Chronologie*,
   80
644) R.K. Jewett, *Paulus-Chronologie*, 78
645) Jos Ant XIII,387-392; Bell I,99-103

72-1년)의 수중에 들어갔다가 주전 66년 폼페이우스에 의해 로마 제국의 영향권 내에 편입된다. 잠시 나바테아인들의 지배를 받기도 했지만, 종국에는 수리아 총독이 관할하는 데가볼리의 한 도시가 된다.646)

고린도후서 11장에서 언급되는 아레다 왕은 나바테아 왕국의 아레다 IV세로서, 주전 9년에 즉위하여(Jos Ant XVI,294), 2년 후 아우구스투스로부터 정식 왕으로 인정을 받았으며(Ant XVI,353-355), 자신의 지역을 통치하다가 주후 38-40년 사이에 사망했다.647) 그의 재위 기간 동안에 나바테아 왕국의 국운은 최고조에 이르렀다. 이 왕국은 헤롯 왕조나 로마와 교류하기도 했지만 때로는 반목하기도 하는 애증의 관계를 유지하였다. 로마의 황제 중에, 티베리우스는 정식 속주를 만들어 관리를 파견하여 직접 통치하는 형태를 선호하였다.648) 따라서 티베리우스 황제 때에(14-37년) 다메섹은 로마의 직접적인 지배를 받았다. 이에 반해 후임자 갈리굴라 황제는(37-41년) 분봉왕을 두어 동방을 통치하는 방식을 택했다.649) 따라서 갈리굴라 재임 기간 중에 다메섹이 아레다 왕의 직접적인 지배를 받거나650) 그의 감독 하에 있었을 수도 있고,651) 그의 족장을 통해 통제받았을 가능성도 배제할 수 없다.652) 이러한 사정을 고려할 때, 바울이 다메섹을 빠

---

646) F.F. Bruce, 『바울』, 90f

647) 발굴된 금석문이나 주조된 동전 연구를 통해, 그의 죽음은 38-40년 사이로 알려져 있다. W. Schmauch, Art. Aretas, RGG³ I, 590 (38년), A. Plummer, ICC, 333 (39년), D.F. Graf, Art. Nabateans, 971 (40년)

648) S.A. Cook/ M.P. Charlesworth/ S.P. Adcock (Hg.), *Cambridge Ancient History X*, 744ff

649) *Cambridge Ancient History X*, 660

650) R. K. Jewett, *Paulus-Chronology*, 62; J. McRay, Art. Damascus, 8

651) 참고 P. Ewald, Art. Aretas, 796f

652) E. Schürer, Ethnarch, 95-99. 그러나 Schlier, KEK 7, 59는 저스틴의

져나온 시기는 37년 중반 이후라고 할 수 있으며, 이때가 바로 1차 예루살렘 방문 직전이다(갈 1:17f; 참고 행 9:23-25).[653]

　　나바테아의 태수는 stratēros라고 불려진다(Jos Ant XVIII,112). 그런데 고린도후서(11:32)에서는 ethnarchē로 설명되고 있다. 이 단어 안에 민족을 의미하는 ethnos가 들어있다는 점에서, 11장 32절의 '고관'은 특정 민족을 다스리는 지배자의 의미가 내포된, 즉 "족장"을 지칭하는 것이라 추측된다.[654] 이와 관련하여, ethnarchē는 유목민의 족장을 의미하기 때문에, 성 밖에서 기다리면서 바울을 붙잡으려 했다는 의견도 있다.[655] 하지만 바울이 광주리를 타고 성을 탈출했다는 점에서 위험은 성 안에 있었다고 보는 것이 더 설득력이 있다.[656] 주전 2세기부터 나바테아는 (특별히 상류층은) 더 이상 유목민으로서 생활하지 않고, 헬라화 된 삶을 살고 있었다. 요세푸스의 글(Ant XIV,117; 참고 XIX,283)이나 1세기 초의 지리학자 스트라보의 '지리지'(XVII,798)에서 보듯이 ethnarchē는 알렉산드리아의 유대 민족의 최고 지도자를 지칭하는 단어로 사용되고 있다. 따라서 고린도후서에서 소개되는 아레다 왕의 고관도 그런 종류의 인물로 봐야 할 것이다.[657] 이제 다메섹에 나바테

기록(Dial 78,10)에도 불구하고 족장을 통한(고후 11:32) 다메섹 지배는 일시적인 것이며, 이것을 근거로 다메섹이 나바테아 왕국에 속했다고 주장할 수 없다고 말한다.

653) N. Hyldahl, *Chronologie*, 17 주 38; A. Suhl, *Paulus*, 314f

654) E.A. Knauf, Ethnarchen, 145f

655) Th. Zahn, Lebensgeschichte, 38-41

656) R.K. Jewett, *Paulus-Chronologie*, 59f. Jewett은 나바테아인들이 바깥에서 기다리고 있다가 성에서 나오는 바울을 잡으려 했다는 견해가 잘못된 것임을 해당 페이지에서 여러 예를 들면서 지적하고 있다.

657) Burton, ICC, 57; A. Schlatter, *Paulus*, 658; E.A. Knauf, Ethnarchen, 146f; K.P. Donfried, Art. Chronology(New Testament), 1020f; M. Harding, Comparing, 531f

아인들의 지도자가 있었다는 의미에 대해 좀 더 살펴보자.

앞서(II. 5 '초기 활동') 밝힌바 있듯이, 나바테아인들은 일찍부터 무역에 종사하였기 때문에, 중근동 곳곳에 그들의 정착촌이 건설되어 있었다. 다메섹에도 나바테아인들의 정착촌, 즉 그들만 따로 거주하는 구역이 있었을 것이다.658) 학자들은 이들의 집단 거주 구역이 다메섹의 북동쪽 지역에 있었다고 추정한다.659) 즉, 도마 문과 동문을 직선으로 잇는 부근 지역이다. 성안에 집단으로 거주해서 사는 나바테아인들의 지도자가 바로 "고관"이라고 이해할 때, 그의 손에서 바울이 빠져나온 사건은 황제 갈리굴라의 재임 기간과660) 상관없이 발생할 수 있는 것이 된다. 그러므로 이 탈출은 꼭 37년 중반 이후가 되어야 할 필요는 없다. (물론 이 '고관'이 도시의 실제 지배자일 가능성도 있다.) 지금까지 논의된 사안들을 참고로 바울의 해당 연대기를 작성하면 다음과 같다. 바울은 회심 후, 즉 현현한 그리스도를 만난지 얼마 안 되어 아라비아로 갔다가, 다시 다메섹으로 왔다. 그리스도를 영접한 지 약 2년 반~3년 쯤 지난 어느 때에, 다메섹의 나바테아인들이 자신을 붙잡으려 하자, 바울은 그 도시를 빠져 나왔다.

---

658) 이는 C. Watzinger/ C. Wulzinger, *Damaskus*, 65의 연구를 통해서 밝혀졌다. 이 공동 저자들에 따르면 이미 주전 1세기에(아레다 III세) 다메섹의 한 구역이 en-Naibatun이라 불리어졌는데, 이는 그곳에 나바테아인들만 거주했기 때문이었다. 나바테아의 무역 식민지가 거라사에도(R. Wennig, *Nabäer*, 54-56) 건설되었고, 데가볼리의 몇 도시(Capitolias, Philadelphia, Hippos)와 다메섹도 나바테아의 무역 식민지였을 것이라는 주장도 제기된다(A. Knauf, Ethnarchen, 147).

659) D. Sack, Damaskus, 10-14. 다메섹의 지도는 Haenchen, KEK 3에 첨부된 도록을 참고하라.

660) 37-41년. 그는 다메섹을 아레다 IV세의 통치 하에 두도록 했다.

7) 예수의 처형 시기

누가(눅 3:1)는 티베리우스 황제가 제위에 있은 지 열다섯 해 되는 때에 세례 요한이 하나님으로부터 부름을 받고 활동을 시작했다고 기록한다. 티베리우스는 주후 14년 9월 17일에 즉위했으므로 15년 째 되는 해는 28년 9월에서 이듬해 9월까지이다. 하지만 A. 스트로벨은 Th. 짠 등의 견해를 수용하여,661) 15년 째 되는 해의 기준이, 황제로 취임한 때가 아니라, 선왕을 도와 공동으로 제국을 운영해 나가기 시작하던 때라고 주장한다.662) 공동 통치 시작은 여러 사가들의 기록을 참고할 때,663) 주후 12년 10월이나 13년 초로 추정된다. 이에 의하면 세례요한은 26/27년에 활동하기 시작한 것이 된다. 예수는 대략 서른 살 정도에 공생애를 시작했다(눅 3:23). 세례 요한이 등장한 지 얼마 지나지 않아(대략 1년 후) 예수가 세례를 받았다고 볼 때, 세례 요한이나 예수는 모두 헤롯 대왕의 사망 직전에 태어났다고 여겨진다(참고 눅 1:5; 마 2장). 그런 점에서 예수는 아우구스투스 황제(주전 27~ 주후 14년)의 호구조사 때 태어났다고 하는 누가의 진술은 문제가 있다(눅 2:1). 왜냐하면 등록 명령은 요세푸스를 참고할 때664) 주후 6년에 공표되었기 때문이다. 만약 예수가 이때 태어났다면 대략 서른이 아닌 이십대 초반에 공생애를 시작한 것이 된다. 그러므로 예수님의 초기 연대기는 다음과 같이 작성될 수 있을 것이다. 예수는 헤롯 대왕의 통치 말년에 태어나셨다. 그는 티베리우스

---

661) A. Strobel, *Ursprung*, 84-92; Zahn, KNT 3, 182-189

662) 누가는 속주민의 입장에서 제국의 정치를 본 것이다. 피지배민들로서는 공동통치를 했다는 것 자체가 티베리우스 황제가 실제적인 지배력을 행사한 것이 된다.

663) 타키투스 Ann I 3, Mon Anc II 8, 벨레이우스, Hist Rom II 121.123; 수에톤 Tib 21

664) Jos Ant XVIII,1-2

황제가 공동통치를 시작한 지 15년째 되는 해인, 대략 26/27년에 활동을 시작한, 세례 요한으로부터 일 년 뒤에(27/28년) 세례를 받으셨다.

예수의 공생애 기간에 대해 공관복음서는 1년으로, 요한복음은 2~3년으로 각각 다르게 계산하고 있다. 대체적으로 요한의 제안이 옳다고 본다. 몇 가지 이유를 들어 보면 다음과 같다. 1) "내가 네 자녀를 모으려 한 일이 몇 번이더냐(마 23:37/눅 13:34)"라는 예루살렘에 대한 예수의 탄식은, 적어도 그가 한 번 이상 이 도시를 방문했음을 암시하는 것이다.[665] 2) 무화과나무 비유(눅 13:6-9)에서, 3년 간 왔으나 열매를 얻지 못했으므로 나무를 찍어 버리겠다는 내용은 예수의 공생애가 3년임을 전제하는 것이다.[666] 3) 그리고 세 차례의 유월절 축제(요 2:13; 6:4; 12:1ff)와 명절에 대한 언급이(요 5:1) 등장하는데, 이는 예수의 공생애가 최소 2년 이상이라는 사실을 입증하는 것이다.[667] 따라서 가능한 예수 처형 연도는 아래 네 경우 중에서 두 번째 것이라고 할 수 있다.

"티베리우스가 위에 있은 지 열 다섯 해" (눅 3:1)	공생애 기간	처형 연도
1) 공동통치 15년으로 볼 경우 (26/27년)	1년	27/28년
2) "	2~3년	28/29~29/30년
3) 황제취임 15년으로 볼 경우 (28/29년)	1년	29/30년
4) "	2~3년	30/31~31/32년

---

665) R. Riesner, *Jesus*, 327f

666) Klostermann, HNT 5, 143

667) 2년으로 보는 학자는 J.A.T. Robinson, *Priority*, 123-157이고, 3년으로 보는 학자는 A. Strobel, *Ursprung*, 98-100이다.

네 복음서(마 27:62; 막 16:42; 눅 23:54; 요 19:31)는 예수께서 처형된 날을 한 목소리로 예비일(안식일 전날)이라고 한다. 유대 풍습에 따르면 해가 지면서 하루가 시작된다. 마가복음(14:12ff)에서 보듯이 예수님은 무교절의 첫날, 곧 유월절 양 잡는 날 저녁(17절)에 제자들과 최후의 만찬을 하신 후(목요일 저녁), 그날 밤 겟세마네 동산에서 기도하시다가 잡히셔서, 그 다음날 (예비일 곧 안식일 전날, 즉 금요일 오후) 재판을 받으시고 처형되어 돌아가셨다. 유대력으로 환산하면 닛산월 15일에 십자가에 처형당하셨다.668) 이와 달리 요한복음(19:14)은 예수의 처형일을 유월절의 예비일이라고도 말한다(즉, 닛산월 14일). 요한복음은 유월절의 희생양이라는 상징에 큰 관심을 보이고 있다(1:29,36; 19:36). 제 4복음서에는 신약성서 중 유월절(pascha)이라는 단어가 제일 많이 나온다.669) 공관복음서에서는 대부분 이 단어가 예수께서 잡히시고 처형되던 부분에 집중해서 나오는 반면, 요한복음에서는 전반에 걸쳐 등장한다. 특히 11장 이후부터 예수의 때가 가까웠음을 언급할 때, 반복적으로 이 단어가 사용됨으로써 예수의 고난과 죽음이 유월절 희생양의 표상과 밀접한 관련이 있다는 메시지가 강조되고 있다. 즉, 요한복음은 예수의 십자가 죽음을 유월절의 희생양이라는 관점에서 이해하고 있는 것이다.

예수 처형일이 안식일 전날로서 예비일인지(공관복음-닛산월 15일), 혹은 유월절 예비일로서 양 잡는 날이었는지에(요한복

---

668) 닛산월 15일에 유월절 절기가 시작되고 그 전날(닛산월 14일) 유월절 양을 잡는다(출 12:6). 닛산월은 겨울이 지난 후 사람의 눈에 초승달 빛이 처음 보이기 시작하는 날부터 시작된다.

669) 마태복음 4번 26:2,17,18,19; 마가복음 5번 14:1,12[2회],14,16; 누가복음 7번 2:41; 22:1,7,8,11,13,15 그리고 바울서신에 1번(고전 5:7 "유월절 양"으로 번역), 사도행전에 1회 12:4, 히 1회 11:28 나온다. 이에 비해 요한복음에서는 10회나 사용되고 있다. 2:13,23; 6:4; 11:55[2회]; 12:1; 13:1; 18:28,39; 19:14

음-닛산월 14일) 대해서는, 공관복음과 요한복음만을 비교해가
지고는 답을 찾기가 어렵다. 그러나 기타 여러 정황을 고려해 볼
때 요한이 제시한 날짜가 사실에 가깝다고 추정된다. 그 이유로
몇 가지를 들면 다음과 같다. 1) 바울(고전 5:7)도 예수님의 죽음
을 유월절 어린 양의 희생으로 이해한다. 이는 간접적으로 예수
님의 처형일이 유월절 양 잡는 날(닛산월 14일)임을 시사하는 것
이라 하겠다. 2) 바울은 그리스도를 죽은 자 가운데서 다시 살아
나신 첫 열매라고 본다(고전 15:20). 레위기(23:10f)에 따르면 닛
산월 16일은 추수한 곡식의 첫 열매를 하나님께 드리는 날이다.
이를 기준으로 예수님의 사망 날짜를 추정하면, 삼일 동안 무덤
에 머물렀기에, 닛산월 14일이 된다.[670] 3) 4복음서에 따르면(마
27:15; 막 15:6; 요 18:39) 예수가 처형되던 날 유월절에 죄수를 특
별 사면하는 관례에 따라 바나바가 방면된다. 죄수 석방은 축제
의 흥을 돋우고 정치적으로 백성들을 안심시키기 위해서 생겨난
관습이다. 따라서 유월절 당일보다는 전날 사면했을 가능성이
크다.[671] 4) 2세기 것으로 추정되는 바빌론 탈무드의 바라이타
(bSanh 43a)도 예수의 처형을 유월절 전날로 보고 있다. 또한 2세
기 중반의 베드로 복음서도 무교절 축제 전날 예수가 처형당했
다고 증거한다.[672]

지금까지 논의를 바탕으로, 예수의 처형 날짜가 언제인지 알
아보자. 그 날은 닛산월 14일이나 15일로서 예비일인, 즉 금요일
이다. 앞서 다룬 예수의 처형 년도와 금요일이라는 날짜를 천문
학의 도움을[673] 받아 조합하면 다음과 같은 경우의 수가 나온다.

---

670) E. Preuschen, Todesjahr, 15f
671) 참고 E. Ruckstuhl, *Jesus*, 148f, 182f
672) 베드로복음서 2.3 (W. Schneemelcher, *New Testament Apocrypha* ,
   Vol. 1, 223); 참고 J. Blinzer, *Prozeß*, 41-45
673) 참고 R. Riesner, *Frühzeit*, 45

유대력	금요일
닛산월 14일	27년 4월 11일
〃	30년 4월 7일
〃	33년 4월 3일
닛산월 15일	27년 4월 11일
〃	34년 4월 23일

예수의 처형일을 유월절 전날인, 닛산월 14일 금요일이라고 볼 때, 사망일은 주후 30년 4월 7일이 된다.674)

한편 예수의 처형을 33년으로 생각하는 사람들도 적지 않다.675) R. 제베트는 바울이 십자가 처형 사건 후 대략 1년 반 쯤 후에 소명을 받았으며, 37년에 다메섹을 탈출해 예루살렘을 방문했다고 추정함으로써, 33년을 예수의 처형시기로 본다. 그는 또한 요한복음 2장 20절을 스룹바벨의 성전을 지칭하는 것으로 보고, 티베리우스 15년은 28/29년이 옳다고 생각한다. 빌라도가 예수의 재판에서 보인 고분고분한 태도는 필로나 요세푸스가 묘사하고 있는 반유대적인 총독의 원래 모습과는 사뭇 다르므로, 이 재판은 빌라도의 보호자요 유대인 혐오가로 유명했던 로마의 근위대장인 세야누스가 죽고 난 뒤라고676) 본다(31년).677) 하지만 빌라도가 유대인들에 대해 유화적인 태도를 보인 이유는, 예수를 풀어주면 황제에게 반역한 것이라고 할, 유대인들의 비난

674) 이 견해에 찬성하는 학자들: M. Hengel, Christologie, 44; M. Hengel, Paulus, 265f; A. Strobel, *Ursprung*, 70-121; C.J. Hemer, Observation, 13.

675) B. Reike, *Zeitgeschichte*, 179-187; J. Blinzler, *Prozeß*, 101; 참고 R.K. Jewett, *Paulus-Chronologie*, 54 주 28

676) 필로, Flacc 1; LegGai 159-161

677) 참고 A.D. Doyle, Pilate's Career, 190-193; E. Bammel, φίλος, 205-210

과 고발을 염두에 두었기 때문이다(요 19:12). 빌라도행전에 보면, 예수가 죽임을 당하던 날, 달이 피로 변했다고 한다.[678] C.J. 험프리와 W.G. 와딩톤은 33년 4월 3일에 월식이 있었으며, 그 날에 예수가 처형당했을 것이라고 주장한다.[679] 그들은 요엘서(3:4)를 인용한 사도행전(2:20)의 베드로 설교를 자신들이 주장하는 이론의 근거로 삼는다. 하지만 이 구절은 오순절 사건을 통해 종말에 영이 부어지게 된다는 예언의 성취를 말하는 것이다. 이런 내용을 사실로 받아들이는 것은 묵시적인 표현을 너무 문자적으로 수용하는 것이며, 정경이 아닌 3-4세기의 묵시 문서에 너무 많은 가치를 부여하는 결과가 된다.

지금까지 바울의 생애와 관련된 여러 연대들과 시기와 기간 등을 다루었다. 이를 참고할 때, 우리는 다음과 같은 바울의 연대기를 그려 볼 수 있다.

예수의 십자가 처형	30년 4월 7일 (닛산월 14일)
바울의 소명	32/33년 (다메섹 부근)
아라비아, 다메섹에서 활동	(대략 2년 반)
다메섹 탈출	34년/35년 중반
1차 예루살렘 방문	34/35년 중반
길리기아-다소 지역에서 활동	(대략 13년 ~ 13년 반)
2차 예루살렘 방문	48/49년
안디옥 사건	48/49년
고린도에 도착	50년 초
갈리오 총독 앞에서 재판	51년 늦여름
에베소 거점 활동(2·3차 여행)	51년 가을 ~ 54년 봄

---

678) 빌라도행전, ed. James 154

679) C.J. Humphrey/ W.G. Waddington, Dating, 745; C.J. Humphrey/ W.G. Waddington, Date, 6

2차 고린도 방문	54년 여름~가을
예루살렘으로 향함	대략 55년
체포, 구금	대략 55년 후반~57년
로마로 압송, 재판	대략 57/58년~?
(스페인 전도)	
로마에서 구금, 처형	대략 60년대 중반

III. 바울의 믿음

1. 율법[1]

1) 바울과 율법

이스라엘 백성들은 출애굽의 여정 가운데 모세를 통해 시내 산에서 '율법'을 받았다. 십계명을 매개로 하나님과 이스라엘 간에 절대적인 성격의 계약이 맺어지게 된 것이다. 율법은 하나님의 무조건적인 사랑과 주권적인 선택에 의하여 주어진 것이다. 그러므로 율법은 계명이라기보다는 하나님의 뜻이 계시된 것이다. 이를 통하여 이스라엘 사람들은 하나님을 어떻게 섬기고 예배해야 하는지 알게 되었다(신 6:4ff). 율법을 매개로 이스라엘은 하나님과 올바른 관계를 맺게 된 것이라고 할 수 있다. 에스라-느헤미아 시기에 이스라엘 사람들은 바벨론 포로 생활에서 해방되어 고국으로 돌아왔다. 그들이 맨 먼저 한 일은 파괴된 성전을 짓고, 율법책을 낭독하는 것이었다(느 8장). 포로기 이후의 이스라엘은 어떤 정치 조직이나 특정 계층에 의해 다스려지는 형태가 아니었다. 이시기의 정체(政體)는 성전과 율법에 의해 모든 이스라엘인들의 삶이 규정되는 소위 '제사장 왕국'이라고(참고 출 19:6) 할 수 있다. 이러한 통치 형태 가운데 '성전'은 이스라엘을 하나로 묶어주는 구심점 역할을 했으며, '율법'은 개개인들의 행동들을 제어, 조정 및 규제함으로써 신앙 공동체가 유지되도록 하는 기능을 담당하였다. 율법은 점차 사람들의 세세한 일상 생활까지도 개입해 들어왔고, 이스라엘인들의 삶은 율법에 의해 규정되었다. 하지만 사람들은 율법을 일컬어 자신들을 억죄거나 구속하

---

1) 이 장은 본인의 졸고, "바울의 율법이해", 67-97를 많이 참고했다.

는 것이라고 말하지 않았다. 오히려 율법은 삶과 축복의 근거요 (시 1; 신 6:24f; 겔 20:11) 순금보다 귀하고 꿀보다 더 단(시 19:10) 하나님의 선물로서, 이를 배울 때에 참 기쁨이 있기에, 사람들은 율법을 "사모하여 헐떡"인다고(시 119:131) 고백하고 있다.

예수 당시에 613가지나 되는 율법 조항들이 있었다. 백성들 중에는 자의 반, 타의 반으로 율법의 요구를 모두 지키지 못하는 이들도 있었다. 율법을 제대로 지키지 못한 죄인이라는 죄책감에 사로잡혀 사회로부터, 그리고 자신으로부터도 소외된 삶을 사는 인물들이 신약성경에 종종 소개되고 있다(눅 18:13 '세리의 기도'). 하지만 이러한 내용들은 주로 예수의 율법 비판 또는 종교지도자들의 위선된 삶을 고발하는 맥락과 관련해서 등장하는 것이다. 따라서 이를 일반화시켜서 당시 유대인들이 수많은 율법의 규정들에 가위눌려 힘들게 살고 있었다고 이해하는 것은 잘못이다.

바울은 자신의 과거 모습에 대해 "율법으로는 바리새인이요 … 율법의 의로는 흠이 없는 자"였다고(빌 3:5) 고백한다. 이 말의 뜻은, 바울이 율법을 지키는 것과 관련하여 별다른 어려움을 느끼지 않았다는 것이다. 즉, 바울은 과거 바리새인 시절에, 율법이 요구하는 모든 계명이나 율례, 규례들을 온전히 지켰다고 당당하게 선언하고 있다. 이러한 입장은 당시 율법에 대한 유대인들의 일반적인 태도와 맥을 같이 하는 것이다.2) 신명기 기자도 율법을 지키는 것이 그리 어렵지 않다고 선언하고 있다(신 30:11). E.P. 샌더스의 지적에 따르면 주후 1세기 전후의 유대교는 율법에 대해서 수량적인 태도를 취하고 있었다.3) 즉, 모든 율법을 다 지켜야 하는 것이 아니라, 전체 중에 과반 수 이상을 준수하여도

---

2) H. Schlier, HThK 6, 100
3) E.P. Sanders, On the Question, 109; 참고 H. Hübner, Gal 3,10, 216

구원받는다고 본 것이다. 그리고 설령 율법을 어겼을 경우에도 정해진 예법과 절차에 따라(레 4장 이하) 성전에서 제사를 드리거나 선행과 같은 보상행위를 하면, 지은 죄가 사해진다고 믿었다. 그렇기에 유대인들에게 율법이란, 지키지 않으면 구원받지 못하는 어떤 것이라는 부정적인 생각보다는, 오히려 자신들을 구원으로 인도하는 이정표와 같은 것이었다. 물론 유대교가 너무 자구에 얽매여 율법에 접근한 결과, 율법이 갖고 있었던 원래 선한 의미가 왜곡되고 변질되는 폐단이 생겨났고, 예수는 율법 비판을 통해 이를 문제 삼으신 측면은 분명히 있다(막 2:17).

빌립보서(3:6)에서 "율법의 의로는 흠이 없는 자"였다고 자랑스럽게 이야기한 바울이, 마지막 편지인 로마서(3:20)에서는 "율법의 행위로 ... 의롭다 하심을 얻을 육체가 없나니 율법으로는 죄를 깨달음이니라"라고 말하고 있다. 여기서 우리는 바울의 율법에 대한 입장이 완전히 바뀌어 있음을 알 수 있다('율법의 관점에서 볼 때 의로운 자' → '아무도 율법으로 의롭게 될 수 없다'). 그리스도를 믿기 전과 후의 율법에 대한 바울의 평가가 완전히 달라져 있다는 점에서 바울의 '율법 이해'라는 주제는 바울을 이해하는데, 그리고 그가 몸담았던 동시대의 유대교를 파악하는데 아주 중요하다고 할 수 있다. 실제 바울은 전 생애를 통해 '율법'이라는 문제와 씨름했고, 또 여기에 천착하였다. 그는 "율법으로는 아니다"라고 하면서도 다른 한편으로는 "그리스도의 법"(갈 6:2), "믿음으로 ... 율법을 굳게 세운다"(롬 3:31) 등과 같은 발언을 하고 있다. 그렇기에 '율법'에 대한 연구는 어쩌면 바울을 가장 잘 파악할 수 있는 주제라고도 할 수 있다.

2) '율법' 이해를 위한 전제

바울을 이해하는데, '율법'이라는 문제가 이처럼 중요함에도
불구하고 바울의 '율법관'이 어떤 것인지에 대한 여러 학자들의
견해는 제각각이다. 심지어 바울은 '율법'에 대해 조직적이고 체
계적으로 생각하지 못했다는 주장도 제기되고 있다.4) 이러한 사
실은 '율법을 바울이 어떻게 여겼는지'에 대해 제대로 이해하는
것이 그리 쉽지 않음을 간접적으로 시사해 주는 것이다.

바울은 특별히 갈라디아서와 로마서에서 '율법'에 대해 집중
적으로 다루고 있다. 먼저 갈라디아서에서 보면, 율법주의적인
경향을 띤 대적자들이 갈라디아 지역에 들어와서, 바울과는 다
른 복음을 전했다. 그 결과, 많은 사람들이 그들을 추종하게 되었
다. 그런 상황에서 바울은 '율법'의 실체가 무엇인지 적나라하게
폭로하는 데에 전력을 다한다. 그렇기 때문에 갈라디아서에는
율법에 대한 부정적인 규정, 즉 '율법은 아니다'라는 입장이 노골
적으로 드러나 있다. 한편 로마서는 미지의 교회에 바울 자신의
복음을 소개하고 그곳 교인들의 지원으로 스페인으로 선교 여행
을 갈 목적으로 기술되었다. 그러한 이유로 이 서신은 다른 어느
것보다도 종합적이고 체계적이다. 바울은 자신의 마지막 서신인
로마서에서 많은 지면을 할애하여 '율법'에 대해 거론하고 있다.
왜냐하면 앞서 이야기 했듯이, 이 주제는 자신의 사상의 진수를
알리는데 필수불가결한 것이기 때문이며, 예루살렘 방문을 앞두
고 로마에 있는 교인들에게 이 테마에 대해 말함으로써 간접적
으로나마 예루살렘에 있는 유대인들에게 자기를 이해시키려 했
기 때문이다.5)

---

4) H. Räiäsnen, Theological Difficulties, 303ff. 참고 조광호,
   "갈라디아서에 나타난 바울의 율법이해", 965f
5) 일부 학자들은 로마서를 예루살렘에 보내는 편지라고도 한다. 참고

바울의 율법을 이해하고자 할 때, 가장 중요한 점은 그가 율법에 대해 기본적으로 부정적인 입장을 취하고 있다는 사실이다. 아래에 나오는 바울의 진술들을 살펴보면 이점이 명확해진다. "율법으로는 의롭게 되지 못한다"(갈 2:16, 21b; 5:4; 롬 3:20; 9:32). "율법은 약속보다 여러 면에서 후순위이다"(갈 3:17f). "율법은 제한적이며, 유효기간이 지났다"(갈 3:19f). "율법은 범죄를 더하기 위해 주어졌다"(롬 6:20; 참고 갈 3:19). "율법은 진노를 이루게 한다"(롬 4:15). "그리스도의 십자가 사건으로 우리는 율법으로부터 해방되었다"(롬 7:4, 6). "율법으로 의롭다 함을 얻으려는 자는 그리스도와 상관이 없게 된다"(갈 5:4). "죄의 정욕이 율법으로 인해 우리 가운데 역사했다"(롬 7:5) 등.

바울에 따르면 율법은 성격상, 행해야 구원을 받는 것이다(롬 2:13; 10:5). 따라서 율법을 지키지 않으면 심판을 받게 된다(롬 2:12). 바울이 "율법으로는 아니다"라고 선언하게 된 까닭은, "인간은 모든 율법의 요구를 다 지킬 수 없다"라는 점을 그가 깨달았기 때문이라고 흔히 생각하고 있다. 율법은 지켜야 하는 것인데, 사람은 그렇게 할 수 없기에 "율법으로는 아니다"라고 말했다는 것이다. 이와 같은 설명은 제법 설득력이 있어 보인다. 하지만 우리는 바울의 편지 어디서도, "인간이란 모름지기 율법의 요구를 다 이룰 수 있는 존재가 아니다"라고 피력한 부분을 발견할 수 없다. "인간은 율법의 모든 요구를 다 지킬 수 없다"는 내용을 담고 있는 구절로 종종, 갈라디아서(3:10)나[6] 로마서(3:20)가 거론된다.

> 무릇 율법의 행위에 속한 자들은 저주 아래에 있나니 기록된 바 누구든지 율법 책에 기록된 대로 모든 일을 항상 행하지 아니하는 자는 저주 아래 있는 자라 하였음이라. (갈 3:10)

U. Wilckens, Abfassungszweck, 114; J. Jervell, Brief, 65f
6) 참고 차정식, 『바울신학 탐구』, 201ff

바울은 여기서, 세겜의 12계명 중(신 27:15-26 LXX) 제일 마지막 부분을 인용하여(26a절)[7] 율법을 통해 구원을 얻고자 하는 자들은 저주 하에 있다는 자신의 논지를 강화하고 있다. 일부에서는, 비록 "인간이란 율법이 명한 바를 지킬 수 없는 존재"라는 언급이 구체적으로 나와 있지는 않지만, 이 내용이 전제되고 있는 것이나 마찬가지라고 주장한다. 하지만 갈라디아서(3:6-14)의 전체 맥락에서 10절을 파악해 볼 때, 율법이 저주라는 논지는 아브라함의 믿음과 연관된 복의 반대 개념으로서(8-9절) 등장하고 있음을 간과해서는 안 된다. 즉, "아브라함의 믿음: 복 = 율법: ( )"라는 등식에서 괄호 안의 "저주"가 나온 것이지, 인간이 율법의 요구를 지키지 못하기 때문에 율법은 저주라는 명제가 나온 것이 아니다. 또"율법은 아니다"라는 생각이 근본적으로 어디서 유래되었는지는 갈라디아서 3장 11절 이하에서 더욱 분명히 나오고 있다. 11b절에서 인용된 하박국서(2:4)에 따르면, 사람을 살게 하는 것은 믿음이다. 율법은 그러나 '살리는 믿음'과는 분명히 다른 것이기에(12절), 구원의 수단이 될 수 없다는 것이다. 율법은 인간을 살리는 능력을 갖고 있지 못하다(참고 갈 3:21). 요약하면, 갈라디아서(3:10)에서 말하고자 하는 것은 "살리는" 능력을 지닌 복음과 반대되는 것이 율법이고, 이 율법은 아브라함의 경우와 비교해 볼 때 복의 반대 개념이다. 그렇기에 율법이 '저주'라는 것이지, 인간이 율법을 다 지키지 못했기 때문에 저주 하에 있다고 설명하고 있지 않다.

"인간은 율법을 지킬 수 없는 존재"라는 근거 구절로서 로마서 3장 20절이 거론되기도 한다.

> 그러므로 율법의 행위로 그의 앞에 의롭다 하심을 얻을 육체가 없나니 율법으로는 죄를 깨달음이니라.

---

7) 참고 조광호, "율법의 행위에 속한 자들은 저주 아래 있나니", 707ff

이 구절은 예수 그리스도를 믿는 믿음을 근거로 한 의인론이 다루어지고 있는 단락(1:18-5:21)의 전반부 즉, "모든 사람은 하나님의 진노 하에 있다"(1:18-3:20)는 내용의 맨 마지막 부분이다. 여기서 바울은 이방인과 유대인의 죄를 다룬 후 3장 9절에서 "모든 사람은 죄 아래 있다"는 결론을 이끌어 낸다. 이 주장을 더욱 설득력 있게 만들기 위해 구약의 심판 선언(10-18절)을 인용한 후, 이것이 유대인에게도 해당된다고 말한다(19절). 그리고는 율법의 행위로는 누구도 하나님 앞에서 의롭다 여겨질 수 없다고 하면서(20a절), 그 이유로서 율법으로는 죄를 알기 때문이라고 한다(20b절). 이상의 논지에서 알 수 있듯이, 3장 9절, 19절 등에서 언급되고 있는 "유대인이나 헬라인을 막론하고, 모든 인간은 죄인이며 따라서 심판 아래 있다"는 주장은 접속사 "그러므로(dioti)"를 매개로 20a절의 "모든 사람은 율법을 통해 의롭게 되지 못한다"는 언명과 연결되어 있다. 접속사 dioti는 한글 성경에서 (개역 또는 개정 개역판) 번역된 것처럼 '결과'가 아니라 '근거'나 '원인' 또는 '이유'를 뜻한다.8) 즉, 20a절은 로마서(1:18ff)에서 바울이 말하고 있는 바의("인간은 죄를 지었고 심판 하에 있다") 결론이 아니라, 논리적인 근거이다. 그러므로 3장 20a절의 "율법으로는 의롭게 될 수 없다"는 선언은 1장 17b절의 "의인은 믿음으로 말미암아 살리라"와 같은 내용으로서 그 사이에 나오는 언명들의 전제와도 같은 역할을 한다. 여기서 바울은 1) 사람을 의롭게 하고 살리는 것은 율법이 아닌 믿음이기 때문에 2) 율법을 통해서 의롭게 되고자 했던 지금까지 인류의 모든 노력들은 무위로 끝났고 3) 전 인류는 하나님의 심판에서 벗어나지 못할 운명에 처해있다고 설명한다.

갈라디아서와 로마서 두 부분을 통해 알 수 있듯이, 바울은

---

8) RSV "for"; NEB "for"; Jerusalemer Bible "because"; Luther Bibel "weil"; Zürcher Bibel "weil"; 참고 Bl-D §4561; W. Bauer, Wb, s.v

율법에 대해 "지킬 수 없는 것"이라고 규정하지 않는다. 그렇다면 바울이 율법에 대해서 부정적인 입장을 취하게 된 이유는 어디에 있을까? 이 질문을 다루기 앞서, 루터에 대해 잠시 생각해 보자.

3) 루터로 바울 보기

우리는 종교 개혁자 '마르틴 루터'라는 안경을 끼고 바울을 보려는 오류를 종종 범한다. 루터는 율법과 관련하여 '어떻게 하면 하나님 앞에서 의로워 질 수 있는가?' 라는 문제를 가지고 씨름 하였다. 그는 엄격한 종교적 수행과 금욕 생활을 철저하게 실행하였으나, 그럼에도 불구하고 자신 속에 사라지지 않고 남아 있는 죄 때문에 괴로워하였다. 의로워지려고 노력하면 할수록 그렇지 못한 자신의 모습을 발견하고 번민에 빠진다. 그러던 중, 로마서 연구를 통해 '하나님의 의'는 인간이 스스로 노력해서 쟁취하는 능동적인 것이 아니라 하나님에 의해 값없이 주어지는 "수동적인 것"이라는 사실을 깨닫게 되었다. 하나님께서 아무런 조건 없이 은혜로, 예수 그리스도를 믿는 믿음을 통해 의롭다고 여겨주시는 그 의를 통해 인간은 구원된다는 사실을 발견하게 된 것이다. 이런 관점에서 볼 때, 인간 자신의 노력과 업적으로 이룬 "의"는 참다운 의가 아니다. 그렇기에 "율법의 행위"를 통해 의로워지려는 시도는 스스로의 노력으로 의를 이루어 보겠다는 인간의 자기중심적인 욕구와 다름이 아니며, 이것은 결국 죄라는 것이다.9) 이처럼 루터는 '문제'에서('스스로 율법의 요구를 모두 행하고자 했으나 행하지 못하는 자신') '해결'을('수동적인 의') 찾았다.10)

---

9) 참고 U. Wilckens, EKK 6/1, 176

이와 달리 바울은 율법과 아무런 트러블이 없었으므로, '문제'에서 '해결'이 아니라, 더 좋은 '해결책(그리스도)'을 발견함에 따라 기존의 '해결책(율법)'에 대해 더 이상 의미를 두지 않은, 즉 지양(止揚)된 양상이라고 봐야 한다. 바울도 '율법을 온전히 지키지 못해 괴로워했다'고 생각하는 자들이 흔히 내세우는 구절이 바로 로마서 7장의 "오호라 나는 곤고한 사람이로다 이 사망의 몸에서 누가 나를 건져내랴"(24절)이다. 여기서 그들은 "나"를 바울로 보고 있다. 과연 그런지에 대해서 살펴보자.

우선, "나"를 '믿음' 이후의 바울로 보기는 힘들다. 왜냐하면 7장 6a절에 따르면 '나'는 이미 율법으로부터 해방된 상태이다. 곧 이어서(8:1f) 바울은 그리스도 안에 있는 자들의 구원과 해방에 대해, 하나님의 '아들됨'을(14절) 강조한다. 그리고 교인들에게 자신을 본받으라고 수차례 권면하고 있다. 그런 바울이 온전히 거듭나지 못한 데 대한 내면의 번민에 사로잡혀 있다는 것은 납득하기 힘들다.

그렇다면 "나"는 구원 전의 바울일까? 만일 그렇다고 한다면 다음과 같이 이해되어야 한다. 바울은 율법으로 의로워지려 했으나 원치 않는 것, 도리어 미워하는 것을 행하는 자신을 발견하게 되었다(롬 7:15). 그는 여기서 인간은 육신에 속하여 죄 아래 팔려서(14b절) 선한 것을 행하지 못하는 존재라는 사실을 깨닫게 된다(19절). 이 때문에 그는 탄식하며 절규한다. 그와 같은 경험 속에서 바울은 율법으로 의로워 질 수 없음을 깨닫게 되고, 그 대신 예수 그리스도를 통한 구원의 길을 발견한다(롬 8:1). 그러나 이런 이해는 바울 스스로에 의해 묘사된(빌 3:5f), 복음을 수용하기 전의 자신의 모습과("율법으로는 바리새인이요 ... 율법의 의

---

10) 이러한 표현은 E.P. 샌더스가 사용하였다. (『바울, 율법, 유대인』, 219ff; Paul and Palestinian Judaism, 442-447)

로는 흠이 없는 자라") 모순된다. 이 구절에서 우리는, 바울이 과
거 유대교 내에서 생활을 할 때, 율법과 관련해서 어떤 고민이나
갈등을 겪었다는 징후를 발견할 수 없다.11)

로마서(7:9a)의 "전에 율법을 깨닫지 못했을 때에는..."을 율
법을 알지 못했던 바울의 어린 시절로 보기도 한다. 유대인들은
만 13세가 되는 때부터 "율법의 아들"로서 율법을 지킬 의무가
있다고 보았기 때문에, "율법이 없는 때"란 13세 이전 시기를 일
컫는 것이라는 주장도 있다. 하지만 유대인들은 어린 시절부터
율법을 안다고 여겼기에12), "전에 율법을 깨닫지 못했을 때에는
..."을 바울의 어린 시절로 보는 주장은 설득력을 갖지 못한다.

지금까지 관찰한 결과에 따르면, 그리스도를 만나기 전이나
후를 막론하고, 바울은 율법의 문제나 구원 확신과 관련해서 어
떤 불안감이나 두려움도 느끼지 않았다는 결론에 이르게 된다.
그렇다면 이 '나'는 바울이 아닌 다른 '누구'이다. 그 '누구'는 누
구일까? 9절에 보면 "율법을 깨닫지 못했을 때에는 내가 살았더
니"라는 표현이 나온다. 그리스어를 고려할 때(ego de ezon choris
nomou pote) 개역개정판 보다는 "전에는 율법이 없어서 내가 살
아 있었는데"로 표현한 표준 새번역이 더 원문에 충실한 번역이
다. "율법이 없던 전의 때"란, 로마서(5:12 "한 사람[아담]으로 말
미암아 죄가 세상에 들어오고 죄로 말미암아 사망이 들어왔나니
...")와 창세기(2:16f "선악을 알게 하는 나무의 열매는 먹지 말라
네가 먹는 날에는 반듯이 죽으리라")를 함께 연관시켜 보면, 아
담의 타락 이전을 말한다고 볼 수 있다. 이때 '나'는 아담이 된다.
하지만 7장 어디에서도 "아담"이라는 이름이 나오지 않는다는
점에서, 이 "때"를 타락전의 에덴동산 시대로 보는 것은 지나친

---

11) 참고 H. Lichtenberger, Paulus und das Gesetz, 371
12) 필로, LegGai, §115, §210; Jos Apion II, 178; 딤후 3:1; 참고 W.G.
    Kümmel, Römer 7, 82

발상이라고 하겠다.13)

　‘나’는 바울이 아닌 유대민족을 지칭하는 것이라는 주장도 있다. ‘율법’이라고 할 때 모세의 율법 외에 다른 어떤 것도 생각할 수 없다는 것이 이 주장의 근거이다. 교부 크리소스톰의 이와 같은 생각에 동의하는 이들은 로마서 7장을 일컬어, ‘유대인들은 율법을 통해 죄가 적나라하게 드러났고, 율법을 통하여 구원에 이르지 못했다는 점에서 그들에게 죄가 있음’을 다루는 내용이라고 한다.14) 하지만 로마서 7장 어디서도 이 ‘나’가 일반적인 의미로써의 유대 민족이라는 암시를 찾을 수 없다. 또한 이스라엘의 운명을 논하는 로마서의 내용(9-11장)에서 알 수 있듯이, 유대 민족의 불신앙이 오히려 구속사적인 입장에서 볼 때 이방에 복음이 전파되도록 기여를 하고 있다는 점에서, 갈등과 좌절을 경험하고 있는 ‘나’는 유대민족을 지칭하는 것이 아니라고 봐야 한다.15)

　이상의 논의를 통하여 로마서 7장에 나오는 ‘나’가 누구인지에 대해 살펴보았다. 결론적으로 이 ‘나’는 (어린 시절 포함하여) 믿기 전이나 후의 바울도 아니며, 아담이나 유대민족을 지칭하는 표현도 아니다. 랍비문헌이나 필로의 경우에서 알 수 있듯이, 유대문헌에서 일반적인 사람을 ‘나’로 묘사하는 경우가 종종 있다.16) 따라서 여기서의 ‘나’도 이러한 용례라고 봐야 한다.

---

13) G. Bornkamm, Sünde, 58f. 보른캄은 8b절의 nekra(“죽은 것임이라”)를 “활동하지 않음”으로 해석하여 죄가 이미 세상에 진입해 있다고 본다. 그에 따르면, 그러므로 “율법이 없던 전의 때”란 아담이 선악과를 따먹기 전의 때가 아니다. 참고 U. Wilckens, EKK 6/2, 81; H. Schlier, HThK 6, 224

14) 참고 W.G. Kümmel, Römer 7, 85

15) G. Bornkamm, Sünde, 58

16) 참고 W.G. Kümmel, Römer 7, 127, 131f

4) 그리스도로 인해 효력을 상실한 율법

앞에서도 밝혔듯이, 이스라엘 사람들은 율법에 따라 사는 것을 불가능하다고 보지 않았다. 바리새인들에게 율법은 무거운 짐이 아니라 기쁨과 영예였다.[17] 랍비 문헌 어디서도 계명을 완성할 수 있다는 사실에 대해 추호도 의심하는 부분을 발견할 수 없다.[18] 디아스포라 유대인으로서 바울과 동시대를 살았던 알렉산드리아의 필로도 그의 저서에서 "계명은 그것을 실천하는 사람들의 힘에 비추어 그다지 크지도 무겁지도 않다"고 설명 한다.[19] 앞에서 살펴보았듯이, 바울도 이러한 입장에 동의하고 있었다. "하나님 앞에서 율법을 행하는 자라야 의롭다 하심을 얻으리라"(롬 2:13)는 바울의 설명은 "인간은 율법을 행할 수 있다"는 당시 유대교의 견해를 그대로 수용한 것이다.[20] 할례보다 율법을 행하는 것이 중요하다는 설명(롬 2:25ff)에서도 "율법은 인간(이방인들도 포함)이 행할 수 있으며 지킬 수 있는 것이다"라는 바울의 생각이 은연중에 드러나고 있다.[21] "율법으로는 바리새인이요, 율법의 의로는 흠이 없는 자"(빌 3:5f)로 자신의 옛 모습을 설명하고 있는 바울은 과거에, 율법의 모든 요구를 다 지켜야 구원된다고 하는 데에 전적으로 동의하고 있었다.

그렇다면 "율법이란 지킬 수 있는 것이고, 자신은 철저히 준수했다"고 생각했음에도 불구하고, "율법으로는 아니다"라고 바

---

17) F.C. Grant, *Judentum*, 89

18) J. Amir, Art. Gesetz II (Judentum), 55,6ff

19) Praem (Die Werke Philos von Alexandria in deutscher Übersetzung, 2, 79f)

20) O. Michel, KEK 4, 117; H. Schlier, HThK 6, 77; E. Käsemann, HNT 8a, 58

21) H. Lietzmann, HNT 8, 44f; 참고 E. Käsemann, HNT 8a, 69; U. Wilckens, EKK 6/1, 155

울이 선언한 이유는 무엇일까? 달리 말해, 율법 준수에 대해 아무런 문제점도 발견치 못하고 있던 그가 어떤 연유로 율법에 대해 비판적인 태도를 갖게 되었을까? 해답은 그의 삶의 여정 가운데서 찾을 수 있다. 그는 조상의 전통에 대한 "열심"이 있었기에, 유대교 내에서 새로운 소종파 그룹으로 급속히 성장하고 있는 기독교를 박해하였다(빌 3:6). 광신적인 유대교 신앙으로(갈 1:13f) 무장한 바울은 다메섹 근처에서, 부활하신 예수를 만나는 체험을 한다. 여기서 그는 예수가 구약에서 예언해 온 그리스도임을 고백하지 않을 수 없게 된다. 예수를 주님으로 인정함에 따라, 그분이 가지고 있던 기존 유대교에 대한 비판적인 태도를 바울도 수용하게 된다. 예수는 안식일에 손 마른 병자를 고치시면서 "안식일에 선을 행하는 것과 악을 행하는 것, 어느 것이 옳으냐"고 반문하셨다(막 3). 성전 멸망 예언과 성전 청결 사건을 통해 그리고 "성전을 내가 헐고 손으로 짓지 아니한 다른 성전을 짓겠다"는 말씀을 통해 유대교의 근간인 성전에 대한 비판적인 속내를 드러내셨다. "여우도 굴이 있고 공중의 새도 집이 있으되 인자는 머리 둘 곳이 없도다"(눅 9:58)는 선언을 통해 이스라엘 성립과 존립 근거로서 중요한 역할을 하는 '약속의 땅'이라는 개념에 대해 별다른 의미를 부여하지 않으셨다. 이처럼 예수는 당시 유대교를 유지시켜주는 중요한 신학적인 개념들에 대해(율법, 성전, 약속의 땅) 부정적인 태도를 취하셨다.

1) 이 예수를 '그리스도'요 '주님'으로 고백함으로서, 그리고 2) 그분을 통해 하나님께서 자신의 의를 나타내셨다고 하는 깨달음과 3) 믿음을 통해 구원되는 것이지, "유대인이냐, 아니냐"('혈통') 또는 "율법을 지켰는가, 아닌가"('업적'이나 '실적')는 별로 중요하지 않다는 이 새로운 통찰로 인해, 바울은 지금까지 유대교 내에서 금과옥조로 여겨온 원리나 원칙들을 '해'와 '배설물'로 여기게 된다(빌 3:7f). 이 과정에서 과거 그의 신앙의 핵심이었

던 '율법'에 대한 태도도 정반대로 바뀌게 된다. 그리스도를 믿는 믿음만이 인간을 구원할 수 있다는 깨달음 때문에, 지금까지 구원의 방편이라고 여겼던 율법에 더 이상 가치나 효력을 부여할 수 없게 되었다. 이러한 연유에서 바울은 "율법으로는 의롭게 될 수 없다"(롬 3:20a; 갈 3:16)고 선언한 것이다.

요약하면, 바울은 율법에 좌절했기 때문에 대안으로 그리스도를 찾은 것이 아니라, 유대교에 "열심"이여서 교회를 박해하던 중, 부활하신 그리스도를 만남으로써 새로운 신학적인 인식에 도달한 것이다. 참된 진리는 유대교가 아니라 예수 그리스도에 있다는 것을. 따라서 이 찬란한 그리스도의 빛에서 볼 때, 율법은 구원의 능력을 상실했다고 평가한 것이다.

5) 제한적이나마 보유하고 있는, 율법의 순기능들

환자는 '전 인류의 죄'라는 중병을 앓고 있다. 이때 하나님께서는 '그리스도'라는 특효의 신약(新藥)을 처방해 주셨다. 따라서 오래 전에 조제되었고 또 남용으로 인해 사람들 간에 내성이 생기고 약효가 떨어진 '율법'이라는 구약(舊藥)을 더 이상 사용해서는 안 된다는 것이 바울의 논지이다. 이러한 주장은 특별히 율법주의적인 경향을 띤 대적자들과 논쟁할 때에 더욱 강조되고 있다(갈라디아서). 바울은 그러나 '율법'을 "가짜 약"이라고 까지 주장하지는 않는다. 만일 율법이 효과가 전혀 없는 엉터리 약이라면, 조상들에게 이것을 주신 전능하시고 무흠하신 하나님이 문제가 된다. 그렇게 되면 국면이 더 심각해지며, 논리적인 파국을 맞게 된다. 하나님께서는 공평하시고 옳으시고 의로운 분이시라는 사실을 바울은 한순간도 잊지 않았다. 그렇기에 그는 하나님께서 이전에 주신 '율법'이라는 처방전은 나름대로 효력이 있는 것이었다고 보았다. 율법은 생명에 이르게 하는 거룩하고 신령한 것이다(롬 7:10, 12, 14). 사람들(유대인)은 율법을 통해 하나님의 뜻을 알게 되며, 남을 인도하고 지도하게 된다(롬 2:17ff). 또한 율법은 무엇이 죄인지를 알도록 한다(롬 7:7). "무엇을 하지 말라"는 규정이 없다면 '위반'도 생겨날 수 없다. 따라서 죄가 이미 이전부터 있어 왔지만, 율법이 주어진 후에야 비로소 죄가 죄로서 규정되어 진다.

그리스도 사건 이후, 율법이 구원의 역할을 제대로 수행할 수 없게 되었다는 관점에서 바울은 율법이 갖고 있는 한계성들을 열거한다. 율법은 하나님으로부터 직접 주어진 것이 아니다. 율법은 초등학문에 불과하다(갈 4:9). 율법은 "그리스도가 오시기 전까지"만 유효하다(갈 3:19ff; 4:1ff). 그러기에 그리스도는 "율법의 마침"이 되시는 것이다(롬 10:4). 그러나 그러한 제한성에도 불구하고 율법은 나름대로 사람들을 믿음으로, 그리스도에게로 인도하는 순기능의 역할을 담당했다(갈 3:23f). 율법이 이러한 역할을 할 수밖에 없었던 까닭은, 사람들의 '미성숙' 때문이다. 사람들은 발달 상태로 볼 때 아직 유아기나 청소년기에 해당하는 시기를 살고 있다. 따라서 '초등교사'(갈 3:24f)의 지도를 받을 필요가 있다. 달리 말하면, 신분상으로는 분명히 가업을 이을 적손임에도 불구하고, 아직 미성년 상태이기 때문에 후견인과 청지기의 지도를 받을 필요가 있는 것이다(갈 4:1ff). 이처럼 지도하는 역할을 율법이 감당했다. 율법의 이러한 기능 담당으로 말미암아, 종국에("때가 차매" 갈 4:4) 그리스도가 오셨을 때, 사람들은 믿음으로 의롭게 된다.

6) 죄를 더욱 부추기는 율법

"탐내지 말라"는 계명이 없었다면 탐심이 무엇인지 몰랐을 것처럼, 율법이 없었다면 '범법'도 없게 되고(롬 4:15b) 따라서 죄도 없게 된다는 것이 바울의 생각이다. 마치 그어진 금을 넘으면 반칙이라는 규칙이 없다면 금을 넘어도 아무런 문제가 되지 않는 것처럼, "무엇을 하라, 하지 말라"는 율법이 없다면 우리는 죄의식을 느끼지 않게 된다는 것이다. 그렇기 때문에 율법의 기능은 여러 규정을 통해, 우리로 하여금 죄를 알게 하는 역할을 한다 (롬 3:20).

이러한 율법의 기능과 관련하여 우리가 기억할 것은, 율법이 죄를 더욱 죄 되게 하는 역할도 수행한다는 것이다. 율법이 오기 전에도 죄는 존재했다(롬 5:13a). 하지만 율법이 없었던 까닭에, 죄가 죄로 여겨지지 않아 죄가 영향력을 발휘하지 못하고 있었다(13b절). 죄를 죄로 인식케 하는(롬 3:20) 율법이 오자 죄는 부정적인 영향력을 발휘하는 계기가 된다. 그 원리는 다음과 같다. 율법은 원래 선한 것이지만, 죄가 율법을22) 통하여 사람들의 탐심을 부추기고, 죄의 정욕을 활성화시킴으로, 결국 사람을 죽음으로 인도하는 저승사자의 역할을 한다(롬 7:5,11). 이러한 의미에서, 율법은 죄를 더욱 유발시키고 유포하는 역할을 한다고 말할 수 있다. 바울은 율법을 "범법함을 위하여23) 더하여진 것"(갈 3:19; 참고 22절) 이라고 정의하며, 율법이 주어진 이유에 대해

---

22) 롬 7:8에는 "죄가 기회를 타서 계명으로 말미암아"로 되어 있다. 여기서 '계명'(entolē)이란 율법이 말하는 구체적인 계명을 의미한다(Wilckens, EKK 6/2, 78 주 300).

23) 헬라어 charin은 여기서 '때문' 즉, '이유'가 아니라 '목적'으로 해석해야 한다. W. Bauer, Wb, s.v. 1; Betz, *Galaterbrief*, 296; Rohde, ThHNT 9, 154

"범죄를 더하게 하려"(롬 5:20)라고 설명하고 있다. 죄의 기운을 더욱 승하게 하는 이러한 기능이야 말로 율법이 수행하고 있는 역할 중에서 가장 악한 것이라고 할 수 있다.

하지만 이러한 역할에는 단순히 악역이라고 치부해 버릴 수 없는 '어떤' 차원이 있다. 밤 가운데, 제일 어두운 때는 동 트기 직전이다. 해가 동녘 하늘에 떠오르기 위해서는 밤의 위력이 최고조가 되어야 한다. 밤이 깊어지면 질수록, 새벽이 가깝다. 마찬가지로, 구원의 빛이 온 누리에 비취는 때는, 칠흑과 같은 죄의 세력이 가장 강성해지는 시기가 지난 다음이다. 이런 점에서 죄의 힘을 더욱 부추기는 율법은 구원이 속히 오도록 하는 데에 기여한다("죄가 더한 곳에 은혜가 더욱 넘쳤나니" 롬 5:20b). 즉, 율법은 증폭의 역할을 감당하여, 죄의 세력이 더욱 기승을 부리도록 한다. 그리하여 역설적으로 구원의 새벽이 속히 오도록 촉진함으로써, 죄의 역사(役事)가 종언을 고하도록 한다. 이것이야말로 율법이 악역을 통해 궁극적으로 선에 봉사하는 독특한 방식이다. 갈라디아서(3:22)에서 바울은 다음과 같이 말하고 있다.

성경이 모든 것을 죄 아래에 가두었으니 이는 예수 그리스도를 믿음으로 말미암는 약속을 믿는 자들에게 주려 함이라

율법은 죄의 세력이 더욱 횡행하도록 만든다. 그러나 이러한 부정적인 역할을 통해 은혜가 더욱 넘치도록 하는 결과를 낳게 한다(롬 5:20). 죄를 더욱 죄 되게 함으로써 결국, 하나님의 은혜가 편만하도록 하는 이 기능이야 말로, 율법이 그리스도께서 오시기 전에 수행한 가장 중요한 역할 중의 하나이다.

7) 그리스도 이후의 율법

앞에서 말한 바와 같이 율법은 구원의 길로서 기능을 수행하는 데에는 실패했지만, 죄를 죄로 인식케 하고, 죄를 부추겨 죄의 부정적인 영향력을 증대시키도록 함으로써 결과적으로 사람들을 은혜로 인도하는 예비 작업을 감당했다. 율법은 이처럼 단지 '필요악'으로서, 그리스도가 오시기 전까지에 국한된 존재 의의만을 갖고 있는 것일까? 사람들이 그리스도를 통해 은혜를 맛본 후, 율법은 어떻게 되는 것일까?

바울은 그리스도 사건 이후에도 계속 '율법'에 대해 이야기하고 있다. "우리가 믿음으로 말미암아 도리어 율법을 굳게 세운다(롬 3:31)". "영을 따라 행하는 우리에게 율법의 요구가 이루어진다(8:4)". "그리스도의 법을 성취하라(갈 6:2)", 등. 바울은 율법이 아닌 '하나님의 의'를 새로운 구원의 길로 제시한다. 하지만 이 새로운 처방에도 불구하고 율법이 완전히 부정되고 있지 않다. 바울이 율법을 계속 붙잡고 있는 이유는 무엇일까?

아직 유대교라는 울타리 내에 머물고 있었던 바울은, "율법은 이제 더 이상 필요 없다"고 말하고 있지 않다. 그가 "율법은 아니다"라고 할 때, 그 의미는 율법은 우리를 살게(구원) 하는 능력을 잃었다는 것이지, 율법이 절대적으로 무용하다는 뜻은 아니다.24) "율법은 아니다"라는 주장은 율법의 계속적인 유효성을 주장하는 대적자들을 염두에 둔 논쟁적인 발언으로써, 선언적인 논증의 성격을 갖고 있다. 이러한 논지는 바울이 떠난 다음에, 들어와서 다른 복음을 전한 대적자들이 문제가 되었던 갈라디아서에서 강하게 나타나고 있다.

---

24) 참고 E.P. 샌더스(『바울, 율법, 유대인』, 31)는 바울 율법의 이해에 있어서 이중성("긍정적, 부정적 진술")을 지적한다. 즉, 율법은 구원에 들어가기 위해 필요한 것은 아니지만, 그 안에 있는 사람의 행동과 관련해서는 필요한 것이라고 주장 한다.

이와 달리, 조직적으로 자신의 생각을 미지의 교인들에게 소개하고자 기록한 로마서에서 바울은 여유로운 태도로 '율법'에 대해 접근한다. 여기서는 율법에 대해 부정적이라는 기본적인 입장을 견지하면서도, 선한 율법이 왜 구원의 역할을 감당할 수 없게 되었는지에 대해 설득조로 설명한다. 인간의 분열된 자아가 문제의 핵심이라고 바울은 보았다. 지금으로부터 2천 년 전에 이미 인간 내부에 선과 악의 이중성이 자리 잡고 있다는 발상을 해 낸 것은 매우 놀랍다. 율법은 원래 선한 것인데, 우리 내부에 있는 이중성의 한 축, 즉 육적인 존재라는 사실로 인해, 죄가 율법을 이용하여 세력을 얻고 이로써 우리 인간을 지배하게 되었다는 것이다. 인간은 선을 행해야 한다는 것은 알지만 그렇게 하지 못함으로써 괴로워하고 있는 존재이다. 바울은 분열된 인간 내부에 '육신'(롬 7:18)과 '속사람'(7:22)이 있듯이, 이에 상응한 '죄의 법'과 '마음의 법'이 있다고 보았다(롬 7:23). 이 분열의 혼돈 속에서 벗어날 수 있는 길은 좋은 법이 우리 안에서 역사하는 것이다(롬 8:2). 또한 하나님과 그리스도의 영이 우리 안에 거할 때 가능하다(8:9ff). 그때 인간은 육적인 존재가 아니라 영적인 존재가 되며, 율법의 요구를 지킬 수 있게 된다(4절).

바울은 이처럼 분열된 인간에 상응한 두개의 법 중에서 '선한 법', 즉 "그리스도 안에 있는 생명의 성령의 법"이 우리를 종국에 해방할 것이라고 믿고 있었다. 이러한 의미에서 율법은 그리스도 이후에도 계속 구원의 역할을 감당한다. 우리를 살리는 이 법은 그리스도와 밀접하게 관련되어 있다("그리스도 예수 안에 있는 ... 법" 롬 8:2). 따라서 갈라디아서(6:2)의 "그리스도의 법"은 로마서(8:2)에서 말하고 있는 우리를 생명으로 이끄는 율법과 연관이 되어 있다. 바울은 또한 율법의 완성을 사랑이라고 말한다(롬 13:8-10; 갈 5:14). 온 율법이 말하는 것은 결국 사랑으로 귀착된다고 봄으로써, '율법'이라는 개념은 '사랑'이라는 용어로 리

모델링되어 존속된다. 기독교를 단적으로 나타내는 용어인 '사랑'은 여기서, 개개의 '율법'들이 종국에 말하는 바를 통합하여 추출해 낸 엑기스에, '율법'은 아직 정련되지 않는 원광석(原鑛石)에 비유될 수 있겠다.

그리스도 사건 이후에도 계속 유효한 율법은, 그러나 유대교에서 말하는 율법과 어느 정도 차원이 다른 의미를 지니게 된다. 이 '율법'은 죄를 짓게 하거나, 죄의 세력이 홍하도록 봉사하지 않는다. 이 '율법'은 사람을 살리는 율법이고 따라서 더 이상 율법이라고도 할 수 없을 정도로 바울에 의해 재해석된, 달리 말해 그리스도의 세례를 흠씬 받고 그분에 의해 규정된 새로운 개념이 되었다. 그렇기에 바울은 율법에 대해 "지키면 된다" 혹은 "지킬 수 없다" 중의 한 가지 논리를 단순히 견지하고 있지 않다. 그는 당시 유대교에서 말하는 율법의 개념을 더욱 심화시키고 세분화하였다. 유대교가 2차원 수준에서 율법을 다루었다면, 바울은 3차원 내지 4차원 수준이다. 율법에 대한 바울의 생각은 다음과 같다. 율법은 지킬 수 있는 것이다. 하지만 그리스도의 사건에 비춰볼 때, 율법은 구원의 길로서의 의미를 상실하게 되었다. 따라서 "율법으로는 아니다". 그리스도가 오시기 전까지의 율법의 존재의의를 굳이 지적하자면, 우선 초등교사 역할을 통해 미성숙한 인간들을 그리스도에게로 인도하며, 다음으로 죄를 깨닫게 하고 죄를 활성화시키는 악역을 통해, 결과적으로 은혜가 넘치도록 하는 것, 두 가지이다. 그리스도 이후에도 율법은 계속 유효하다. 1) 율법이란 따지고 보면 이웃 사랑과 다름이 아니다. 따라서 '율법'은 비록 통합적인 개념으로 재설정되기는 했지만, '사랑'을 통하여 계속 존속된다. 2) '율법'이라는 개념이 더욱 심화되어 이분화 된 결과, 두 법 중에서 선한 법, 즉 그리스도의 율법이 주권적으로 인간을 사로잡을 때, 즉, 영에 의해 인도될 때, 우리는 율법의 요구를 이룰 수 있다.

8) 요약

바울은 율법의 여러 요구들을 다 지킬 수 없어 좌절하고 낙심하던 가운데, 대안으로 '예수 그리스도에 대한 믿음을 통한 구원'이라는 출구를 발견한 것이 아니다. 바리새인 시절에 바울은 율법과 아무런 문제없이 살았다. 그는 "율법의 의로는 흠이 없다"고 자부하고 있었다. 자신이 가졌던 유대교에 대한 신앙의 열심이 넘쳐, 기독교인을 박해하던 중, 부활하신 예수 그리스도를 만남으로 삶이 완전히 바뀌었다. 그분을 통해서, 구원은 믿음을 매개로 이루어진다는 사실을 알게 되었다. 따라서 지금까지 율법으로는 의인이라는 자부심 속에서 율법의 행위를 통하여 구원이 보장된다고 믿었던 자신의 생각이 잘못되었음을 깨닫게 되었다. 그리하여 한편으로 '믿음' + '행위' 라는 도식으로 구원을 설명하는 자신의 대적자들에 대해, 그리고 그들의 주장에 귀를 기울이는 자신의 교인들에게 논증적인 어조로 "율법으로는 아니다"라고 강변한다(갈라디아서). 다른 한편으로는 설득조로 율법의 행위로는 의로운 자가 없다고 이야기 하며, 또한 두 종류의 율법을 설정하고 인간이 영에 사로잡힐 때, 선한 율법은 우리를 살리는 기능을 계속 수행한다고 한다(로마서).

바울은 율법에 대해서 전반적으로 부정적인 태도를 견지한다. 그렇다고 해서 그가 율법을 완전히 포기하는 것은 아니다. 바울은 여전히 유대교 내에서 머물고자 했다. 그는 율법 뿐 아니라 유대교에서 중하게 여기는 다른 개념들에 대해서도 완전히 부정하지 않는다. 예를 들어보자. 그는 할례자나 무할례자나 상관이 없다고 하지만 그렇다고 해서 할례는 필요 없는 것이라고 단언하지는 않는다. 마음의 할례가 중요하다고 함으로써 할례의 개념을 심령화 시켜 계속 사용한다(롬 2:28f; 참고 빌 3:3). 아브라함의 자손이라는 개념에서도 마찬가지의 태도가 엿보인다. 그는 믿음을 가진 자는 누구나 아브라함의 자녀라고 규정함으로써, 기존 유대교에서 '혈육'으로 규정한 자녀 개념을 완전히 새롭게 해석한다. 하지만 아브라함의 자녀라는 의의에 대해서는 결코 의문을 제기하지 않는다(갈 3:7). 이러한 태도는 '율법'과 관련해서도 마찬가지이다. 바울은 "율법으로는 아니다"라고 하지만, 그렇다고 해서 율법은 필요 없는 것이라고 극단적으로 주장하지는 않는다. 율법의 요구는 결국 이루어 져야 하는데, 바울이 제시한 방법은 두 가지이다. 하나는 우리가 영에 의해 인도를 받는 영적인 존재가 될 때이다(롬 8:4). 또 한 경우는 이웃 사랑을 통해서 율법을 이룰 수 있다. 바울은 따라서 "이웃의 짐을 서로 져 주는 것이 '그리스도의 (율)법'이다"라고 까지 설명하고 있다(갈 6:2). 비록 율법은 구원에 있어서 결정적인 효험을 발휘하지는 못하지만, 그리스도가 오시기 전까지 초등교사로서 일정 부분 역할을 감당한다. 또한 율법을 통해 사람들이 죄를 깨닫도록 하고, 이로서 죄가 육으로 기회를 잡아 더욱 창궐토록 한다. 이로써 역설적으로 구원이 속히 임하도록 하는 데에 일조를 한다. 그리스도가 오신 이후에 율법은 쓸모없어 버려지는 것이 아니라 계속 존재한다. 이제는 그리스도에 의해 규정되고, 상위개념인 사랑으로 재정립되어 특별히 기독교인들의 윤리 부분에서 중요한 역할을 담당한다. 그렇기에 바울은 로마서에서 다음과 같은 말할 수 있었다.

> 그런즉 우리가 믿음으로 말미암아 율법을 파기하느냐 그럴 수 없느니라 도리어 율법을 굳게 세우느니라. (롬 3:31)

2. 구원

1) 인류의 상황

바울은 무엇보다도 하나님의 피조물이라는 관점에서(고전 11:12; 고후 5:17f) 인간에 대해 설명한다. 하지만 인간은 연약하고, 육에 속한 존재로서(롬 7:5,14; 8:3; 참고 5:6a)[25] 죄의 세력에 사로잡혀 있다. 그러므로 누구도 하나님 앞에서 의인으로 인정받을 자가 없다(롬 3:9ff,23; 참고 시 143:2; 욥 4:17). 심지어 하나님의 말씀을 맡았으며(롬 3:2), 여러 가지 면에서 하나님의 선택과 사랑을 받은(롬 9:4f) 유대인들마저도 하나님의 의가 아닌 자신의 의를 이루려는 우를 범하였다(롬 10:3).

그렇기에 바울은 인류의 현 상황에 대해 다음과 같은 진단을 내린다. 아담 한 사람의 범죄로 말미암아 죄가 세상에 들어온 결과, 전 인류는 죄와 사망의 지배를 받게 되었고(롬 3:23; 5:12ff), 결국 하나님의 정죄를 피할 수 없게 되었다(롬 5:16). 이 과정에서 율법은 죄를 죄로 인식케 하며(롬 5:13), 이로써 더욱 죄를 죄 되게 하는 역할을 하였다.[26] 죄에 종노릇하고 있는 인간은(롬 6:20; 롬 7:14) 하나님의 진노(orgē)의 심판을 피할 수 없게 되었다(참고 롬 3:19). 이 진노는 전 인류를 대상으로 한 것이다(롬 1:18; 2:5; 참고 살전 1:10; 5:9). 인간이 율법에 의해 촉발된 죄의 영향권 아래 붙잡혀 사는 현실을, 바울은 "육(sarx), 몸(sōma), 지체(melē)" 등이나[27] "초등학문(ta stoicheia[28] tou kosmou)" 등의 용어를[29]

---

25) 또한 롬 8장에 나오는 다음과 같은 표현을 참고 "육신을 따르는 자", "육신의 생각", "육신에 있는 자"

26) 롬 7:7ff,13; 5:20; 갈 3:19a; 갈 3:22a; 참고 롬 7:5

27) "육체로 마치겠느냐" 갈 3:3, "육체를 위하여 심는 자" 갈 6:8, "몸의 사욕에 순종하지 말고" 롬 6:12, "지체를 불의의 무기로 죄에 내주지 말고" 롬 6:13, "지체를 부정과 불법에 내어 주어" 롬 6:19

사용하여 표현(갈 4:3,9) 한다.

2) 율법, 죄, 사망으로부터 자유

위와 같은 상황에서 구원이란[30], 우선 죄를 승(勝)하게 한 율법으로부터의(롬 6:14; 7:8,11; 고전 15:56) 해방을 뜻한다. 인간이 구원을 경험할 수 있는 근거는 바로 예수 그리스도 때문이다.[31] 바울은 그리스도의 사랑을 확증한 십자가 사건을(롬 5:8) 철저하게 '율법으로부터의 자유'라는 관점으로 해석한다.[32] 바울은 이혼에 관한 율법을 예로 들고 있다. 남편이 살아 있는 동안 여인이 다른 사람에게 가면 간음을 한 것이지만, 남편이 죽은 후에는 죄가 되지 않는 것처럼(롬 7:1ff), 그리스도의 대속의 죽음으로 말미암아 율법은 더 이상 사람들에게 영향력을 행사하지 못한다고 주장한다. 즉, 인간은 율법의 속박으로부터 벗어나게 되었다는 것이다(롬 7:4; 갈 2:19; 참고 롬 8:2).

그 다음으로 구원이란, 율법으로 말미암아 권세를 얻은 죄에 사로잡혀 있는 인간이 그 죄의 족쇄에서 풀려나는 사건을[33] 의

---

28) stoicheia를 그리스도에 대한 신앙으로 대치되기 전의 저급한 (유대교, 또는 이방의) 신앙으로 보는 학자들도 있고(E.D. Burton; E.J. Goodspeed; W.L. Knox; R.M. Grant; A.W. Cramer 등), 종교혼합주의에서 말하는 기본적인 영들로 보는 학자들도(W. Bauer, F. Vouga, H.D. Betz) 있다. 참고, W. Bauer, Wb, 1534f
29) "초등학문 아래에 있어" 갈 4:3, "다시 천박한 초등학문으로 돌아가서" 4:9
30) '예수 그리스도를 통해 이루어진 하나님의 구원 행위'가 바울 신학의 핵심이라는 점에서 바울의 사고는 구원론 중심이라고 할 수 있다. 참고 J.D.G. Dunn, *Theology of Paul*, 461ff
31) "우리[나]를 위하여" 롬 5:8; 갈 2:20; "우리를 대신하여" 고후 5:21
32) 그리스도는 '율법의 마침'이다(롬 10:4)
33) G. 보른캄, 『바울』, 191. 그는 바울의 의인론을 하나의

미한다(롬 6:17). 그리스도께서 우리 죄를 대신하여(롬 4:25; 5:6,8,10; 참고 롬 7:4) 십자가에 죽으심으로 우리는 죄로부터 해방되었다(롬 6:2,6,11,18,22).[34] 바울은 초자연적인 어떤 것에 의해 지배를 받는 존재로 인간을 묘사하곤 하는데(롬 6:16), 이러한 관점에서 볼 때, 다음과 같이 설명이 가능하다. 이전의 인간은 죄의 지배를 받고 있었다(롬 6:17). 그런데 예수 그리스도를 통해 나타난 '의'로 말미암아 믿는 자들은 의롭게 되었으며(롬 1:17; 롬 6:7), 죄에서부터 해방되었다(롬 6:6). 즉, 사람들은 이제 더 이상 '죄의 종'이 아니다(롬 6:20,22).

"죄의 삯"(롬 6:23) 또는 "죄의 열매"(롬 7:5)는 사망이라는 점에서 '죄로부터 자유'는 '사망으로부터의 자유'이기도 하다.[35] 과거 우리는 하나님과 원수의 상태로 있었다(롬 5:10). 왜냐하면 하나님에 대해 적대적인 관계에 있는 사망의 세력에 볼모로 잡혀 있었기 때문이다.[36] 하지만 우리가 죄인일 때, 그리스도의 죽으심으로(사랑을 확증한 사건 롬 5:8), 그리스도를 믿는 믿음으로 말미암아 우리는 사망의 권세로부터 자유롭게 되었다("사망의 법에서 ... 해방" 롬 8:2). 하지만 현재의 우리는 장차 썩어지고 죽을 육을 입고 있다(롬 8:10b). 따라서 이 사망으로부터의 자유는 궁극적으로 미래에 실현된다(고전 15:55; 고후 5:4c; 참고 롬 6:8b). 그리스도를 믿는 자는 세례를 통해 그와 함께 연합함으로 그와 함께 죽었고, 그가 살아난 것처럼 장차 살아나게 될 것이다(롬 6:3ff). 현재 신자들은 첫 열매로서, 그리고 보증으로(롬 8:23; 고후 1:22; 5:5) 성령을 받았다. 따라서 신자들은 이 성령의 인도하심에 힘입어 소망으로 이미 얻은 구원이 온전히 이루어지도록

'사건'이라고 본다.
34) G. 보른캄, 『바울』, 210
35) R. Bultmann, *Theologie*, 346
36) 롬 5:14,17; 참고 고전 15:55

바라고, 참고, 기다리며(롬 8:25) 산다.

구원은 이처럼 율법과 죄와 사망으로부터의 자유를 뜻한다. '자유'(eleutheria)란 바울이 즐겨 사용하는 용어로써37) 기본적으로 예수 그리스도의 부활 사건과 성령의 역사로 말미암아 신앙인들이 경험하게 된 '해방'의 내용을 표현한 것이다. '자유'란 그리스도를 통해서(en Christō Iēsou 갈 2:4) 받게 된 일종의 선물이다(갈 5:1). 자유는 하나님(또는 주님)의 영의 역사(役事)와 밀접한 관련이 있다(고후 3:17). 영은 율법과 반대의 개념으로써, '영 vs 율법'의 관계는 '종 vs 자유인'으로 표현될 수 있다(갈 4; 고후 3). '자유인'이라는 용어는 그리스도 사건을 통해 이룩된 신자들의 신분을 단적으로 나타낸 것으로, 더 나아가 하나님의 아들됨과 연관이 있다(롬 8:14; 갈 4:5). 따라서 '자유'는 율법으로부터 해방되고, 죄로부터 속량된 새로운 피조물의 특성 및 현 주소를 단적으로 표현하는 단어로, 바울은 교인들에게 이미 얻은 이 자유를 늘 상기시키며(갈 5:13) 자유인으로서, 다시 옛 신분인 종의 삶을 살지 말고, 아들로서의 합당한 삶을 살라고 권면하고 있다(갈 4). '자유'는 도덕적인 잘못에서부터 벗어나게 되었다는 뜻뿐 만 아니라, 죄와 사망의 세력으로부터의 해방을 뜻하기도 한다는 점에서(롬 8:2), 범세계적인 구원을 나타내는 용어이기도 하다.38) 이 '자유'는 현재적이지만 또한 온 피조물이 종말에 경험하여야 할 궁극적인 목표이기도 하다(롬 8:21).

---

37) 형용사 eleutheros는 신약에서 총 23회 나오는데, 그중 바울에서 14회 사용된다. 동사 eleutheroō는 총 7회, 그중 바울에게서 5회, 명사 eleutheria는 총 11회 그중 바울에게서 7회 사용되고 있다.

38) K. Niederwimmer, Art. eleutheros ktl., Sp. 1056

3) 의인론(義認論 Rechtfertigungslehre)

하나님께서 그리스도를 통해서, 율법이라는 멍에를 지고 있고 죄의 권세에 사로잡혀 있는 인간을 해방시키시고 자유를 주셨다는 것이 바로 바울 구원론의 핵심이다.[39] 구원이란 하나님께서 죄인인 온 인류의 죄를 사하시고, 그들을 의롭다고 인정하신 사건이다. 따라서 구원론은 다름 아닌 의인론이기도 하다.[40]

'의(dikaiosynē)'라는 단어는 신약에서 91회 나오는데, 그중 바울이 57회 사용하고 있다(로마서에서 33회). 따라서 '의'는 바울이 중요하게 사용한 어휘라고 할 수 있다. '하나님의 의'가[41] 불의한 인간을 의롭게 했다는 점에서 '의'는 기본적으로 하나님이나 인간의 일반적인 성품이나 속성을 표현하는 용어라고 볼 수 없다.[42] '하나님의 의'로 말미암아 율법의 행위 없이, 또는 다른

---

39) P. Stuhlmacher, *Gerechtigkeit*, 233에 따르면 의인론은 그리스도의 몸된 지체가 되고 그리스도를 본받는 자 되고, 이로써 새롭고 자유로운 하나님의 피조물이 되는 것이다. 한편 U. Schnelle, *Paulus*, 352f는 구원론의 개념 중에서 '하나님의 의'가 그렇게 많이 사용되지 않고 있다는 점, 로마서에 집중되어 나온다는 점, 문맥에 따라 각각 달리 사용되고 있다는 점 등을 들어, 이 용어는 전체 바울 신학의 핵심 개념이 아니라고 주장한다.

40) G. 보른캄(『바울』, 191)에 따르면 그리스도 안에서 사건이 되었고, 복음에서 현재화된 사건을 다루는 것이 의인론이다.

41) 연구사적으로 볼 때, 이 '하나님의 의'에 대한 해석은 크게 둘로 나눌 수 있다. R. 불트만과 그의 제자 H. 콘첼만은 인간론적인 관점에서 접근한다. 그들에 의하면 '하나님의 의'란 일종의 선물로서 양도되어진, 믿음으로 인한 '의'이다(R. Bultmann, *Theologie*, 272, 285; H. Conzelmann, *Grundriß*, 244). 이에 반해 E. 케제만이나 P. 슈툴막허는 '하나님의 의'는 유대 묵시문학에서 차용한 전문 용어로서 바울 의인론의 핵심이며 그의 전체 사상을 알기 위해 필수적인 것으로 본다. E. Käsemann, Gottesgerechtigkeit, 185; P. Stuhlmacher, *Gerechtigkeit*, 73

대가를 치루지 않고 의롭다고 여겨진 인간들에 대해, 그들이 "의로운가?" 또는 "의롭지 않은가?" 여부를 따지는 것은 별 의미가 없다. 신약의 '의'에 상응하는 구약의 단어 '의(sædæq)'도 이상적인 규범으로서의 '옳음'이 아니라 상호간의 구체적인 삶의 '관계'에 초점이 맞추어져 있는 용어이다.43) '의'에서 유래된 구약의 다음과 같은 표현들, 즉 "의로 선언하다", "무죄를 선언하다", "의인으로 만들다" 등은 하나님이 그의 백성과 맺은 언약 관계를 나타내는 기본적인 용어들이다.44) 이처럼 '하나님의45) 의(hē dikaiosynē tou theou)'는46) 창조주와 피조물 서로 간의 관계를 문제 삼는 용어이다.47) 하나님께서는 의로우시고 공의로우신 데에 비해 파트너인 인간은 죄인이라는 점에서 관계의 용어인 '의'의 관점에서 볼 때, 법적인 문제가 대두되지 않을 수 없다. 하지만 하나님은 법 규범으로써의 '의'를 뛰어 넘으시는 분이다. 그렇기

---

42) 보른캄, 『바울』, 192f; K. Kertelge, Art. dikaiosynē, Sp. 787; R. Bultmann, *Theologie*, 273에 따르면 '의'에는 분배 정의적(iustitia distributiva), 윤리적, 법적인 세 가지 차원이 있다.

43) K. Kertelge, Art. dikaiosynē, Sp. 786; R. Bultmann, *Theologie*, 273, 278

44) G. 보른캄, 『바울』, 194

45) "하나님의 의라고 할 때, 소유격은 주어적 소유격(이렇게 보면 신은 접근할 수 없는, 인간을 배제하는 먼 그의 존엄성에 숨어 버릴 것이다)이 아니라, 主動者의 소유격을 의미한 것이다. 즉, 이것은 신이 인간에게 그의 의를 마련해 주고 그를 의로 세움으로써 신의 선언과 행위 없이 멸망할 인간으로 하여금 지금은 신 앞에서 살 수 있게 한다는 것을 뜻한다" G. 보른캄, 『바울』, 193

46) K. Kertelge, Art. dikaiosynē, Sp. 786에 따르면 이 단어는 하나님이 종말론적인 심판자이자 동시에 구원자라는 양면성을 나타내는 개념이다. P. Stuhlmacher, *Gerechtigkeit*, 236에 따르면 '하나님의 의'는 피조 세계에 대해 신실하신 하나님의 해방하는 능력으로써 이 개념은 바울 사고의 중심이다.

47) G. 보른캄, 『바울』, 192ff; K. Kertelge, Art. dikaiosynē, Sp. 787

때문에 하나님은 자신의 '의'에 의거하여 의롭지 않은 인간을 심판하시는 것이 아니라, 우리 인간이 아무런 자격을 갖추지 못했음에도 불구하고 예수 그리스도를 통해서 우리를 의롭다고 인정해 주신다(롬 3:21ff; 5:1; 참고 4:24).[48] 따라서 하나님의 의는 인간을 심판하기 위한 것이 아니라, 무조건적인 사랑의 성격을 지닌 것이다("값없이" 롬 3:24).[49] 그 '의'는 대상을 차별하지도 않는다("모든 믿는 자에게" 롬 3:22). 공의로우신 하나님께서 자신의 뜻을 꺽으시고("길이 참으시는 중에" 롬 3:25) 인간들이 지은 죄를 용서하심으로("간과하심으로" 3:25) 만천하에 자신의 구원 의지를 천명하는데, 이것이 바로 '하나님의 의'이다. 이 '의'로 말미암아 인간은 의롭게 된다.

'하나님의 의(義)'에 반대가 되는 개념은 '자기의 의'(롬 10:3)이다.[50] 이 '의'는 유대인들이 율법을 통해 의롭게 되고자 했던 시도와 관련이 있다. 스스로의 노력에 따라 성취된 '의', 그 결과 타인에 대해 위선적인 자랑거리로 전락한 '자기 의'는 결국 참된 '의'에 이르지 못하도록 방해하는 역할을 한다. "이는 그들이 [유대인들] 믿음에 의지하지 않고 행위를 의지함이라"(롬 9:32)는 바울의 진단처럼 하나님께서 진정으로 원하시는 것은 '상한 심령'이지 '제사'가 아니다(참고 시 51:16f). '하나님의 의'는 업적이나 실적 또는 조건을 불문하고 인간을 의롭게 여기시려는 하나님의 구원 의지가 집약된 것이다. 이는 벌하거나 심판하려는 태도가 아니라 긍휼히 여기시고 용서하시려는 하나님의 인자하신 마음의 결정(結晶)이다.[51] 공간적으로 표현할 때, '하나님의 의'가 천

---

48) '하나님의 의'는 자신의 죽음을 통해 사랑으로 베풀어 주신 선물이다. K. Kertelge, Art. dikaiosynē, Sp. 787

49) K. Kertelge, Art. dikaiosynē, Sp. 787f는 그렇기 때문에 '의'라는 용어는 윤리 분야 보다는 구원론에서 다루어야 한다고 주장한다.

50) 참고 J. Becker, *Heil*, 268

상적인 것이라면, '자기의 의'는 인간들로 말미암아 생성되고 야기되는 지상에서의 '의'이다. 지상에는 다른 한편으로 인간과 관련된 것이긴 하지만 긍정적인 의미를 지닌 '믿음에서 난 의'가(hē ek pisteōs dikaiosynē 롬 9:30; 10:6) 있다. 이 '의'는 예수 그리스도를 통해 인류를 구원하려는 하나님의 은혜의 사건인 '하나님의 의'에 대해 마음을 열고 그것을 어린아이처럼 단순히 받아들임으로써, 하나님으로부터 의롭다고 인정을 받게 된 '의'이다. 따라서 '믿음으로 난 의'는 천상에서 발현된 '하나님의 의'에 대해 지상의 인간이 반응함으로써 발생하는 '의'이다. '믿음'과 '의'를 연관시키기 위해 바울은 아브라함을 예로 제시한다. 창세기(15:6)에 아브라함의 믿음을 하나님께서 의로 여기셨다는 내용이 나온다. 이 구절을 근거로 바울은 '믿음에서 난 의'라는 개념을 공고히 한다(갈 3:6; 롬 4:3,5,9,22).

'믿음에서 난 의'라는 표현처럼, 의롭게 되기 위해서 필요한 것이 한 가지가 있는데, 그것은 믿음(롬 3:28), 즉 그리스도를 믿는 믿음이다(롬 3:22; 5:1; 갈 2:16; 3:24). 그러나 주의해야 할 것은, 이 믿음은 구원을 위한 전제일 뿐, 조건은 아니라는 점이다. 만일 의인론을 "믿어야 구원(의롭게)된다"는 진술로 받아들인다면, 믿음은 구원을 위한 일종의 조건이 되고, 그 결과 새로운 율법주의에 빠지게 된다.[52] 하나님께서는 어떤 자격을 요구하거나, 조건을 따지지 않으신다. 다만 믿음 하나 만을 근거로, 우리를 의롭다고 하신다. 그렇기 때문에 이러한 하나님의 의는 은혜이다(롬 4:4f).

---

51) 이러한 하나님에 의에 대한 묘사는 이미 바울의 전 단계 또는 동시대에 발견된다(제4에스라 8:36; 1QS XI,12). 참고 G. 보른캄, 『바울』, 195

52) G. 보른캄, 『바울』, 198

4) 믿음

　인간이 의롭다 칭함을 받는 사건과(칭의 稱義) 불가분의 관계에 있는 '믿음'은53) 바울 사고의 중심에 있는 또 하나의 개념이다.54) '믿음'(pistis/ pisteuein)이라는 용어는55) 고전 그리스 시대 또는 헬레니즘 시대에 종교적인 영역, 특별히 신탁과 관련하여 사용되었다. 나중에는 종교적인 현상들을 표현하는데 쓰이기도 하였다(예를 들면 "신들의 존재와 그들의 영향력을 확신하다" 등).56)

　그러나 일반적으로 신의 존재를 믿는다고 할 때, pistis라는 단어보다는 nomizein을, 그리고 신과의 관계를 나타낼 때는 eusebeia 또는 seb-에서 파생된 단어 군을 사용한다. 요나서(3:5), 유딧서(14:10) 등을 참고할 때, pistis/pisteuein은 일반 헬라 세계에서는 그 유례를 찾아 볼 수 없는 특수한 의미를 가지고 있는 용어이다. 믿음은 종교적인 경건과는 상관이 없는 단어이다.57) 이 용어는 인간이 하나님께 전적으로 순종적인 태도로 대할 때 사용되고 있다. 그러므로 "믿음"은 어떤 특정 상황에서 하나님을 신뢰한다는 의미이기 보다는, 변함없이, 근본적으로 하나님을 의지하고 따르고 순종한다는 뜻이다.58) 그러므로 믿음의 반대는

---

53) 참고 롬 3:22,28; 5:1. 믿음은 '의'와 밀접한 관련이 있는 반면, '소망'은 궁극적인 구원과 관련된다(롬 5:2; 참고 8:24).

54) G. Barth, Art. πίστις κτλ., Sp. 224

55) R. Bultmann, *Theologie*, 315에 따르면 믿음이란 '하나님의 의'라는 선물을 받는 자세, 신적인 구원 행위가 현실로 이루어질 때의 몸가짐을 뜻하며, '의'를 받기 위한 조건이기도 하다.

56) E. Brandenburger, Pistis, 168f

57) G. 보른캄, 『바울』, 198

58) G. Barth, Art. πίστις κτλ., Sp. 225에 따르면 자신의 능력이나 가능성을 고려하지 않고 하나님의 약속을 붙잡는 것이 믿음이다. 참고 E. Brandenburger, Pistis, 169

단지 불신앙이라고 할 수 없다. 근본적인 의미에서 믿음의 반의
어는 미혹된 것을 믿는 '잘못된 신앙'이다.59)

　믿음이란 그리스도를 통해 이루신 하나님의 구원 행위를 인
정하고 받아들이는 것이다. 하나님께서 그리스도의 십자가 사건
을 통해 인류를 구원하셨기 때문에 인간은 하나님을 전적으로
신뢰하고 그분께 순종해야 한다. '믿음'이란 바로 이러한 마음가
짐, 태도를 뜻한다. 믿음이란 우리의 전인격이(몸과 마음과 뜻과
생각, 더 나아가 영과 혼) 전인(全人)적으로 하나님을 주님으로
인정하고 받아들이는 태도이다. 이러한 믿음을60) 통해 인간은
의롭게 된다. 다시 말하면, 하나님 앞에서 의로운 자라고 여겨지
게 되었다(롬 1:17; 5;1; 갈 3:7ff,24). 그렇기 때문에 하박국의 구절
(2:4)은 바울의 문맥에서(롬 1:17b) "믿음으로 의롭게 된 자는 살
리라"로 번역될 수 있다.61)

5) 영적 존재인 새로운 피조물 (en Christō)

　그리스도의 십자가 사건은 인류에 대한 하나님의 사랑이 얼
마나 큰 것인지를 확증한 사건이다(롬 5:8). 우리를 위한 그리스
도의 죽음으로 말미암아 우리는 의롭게 되었다(9절). 이는 우리

---

59) 바울의 용어를 빌면 초등학문(갈 4:3,9)이 믿음의 반대 개념이라고
　　할 수 있다. 필로(Her 90-99)는 아브라함을 하나님만 믿은 개종자의
　　전형으로 묘사하면서, 그 반대의 예를 들고 있다. 아브라함의
　　반대는 '불신앙'이(apistia) 아니라 갈데아의 천상학 (Himmelskunde -
　　이방의 교리에 따르면 신성이 깃들어 있는 우주)이다. 참고 E.
　　Brandenburger, Pistis, 169, 주 17
60) 로마서 1:17에 따르면 믿음은 복음 안에서 계시된 의(義)의
　　목적이기도 하다(eis pistin).
61) G. Barth, Art. pistis ktl., Sp. 225; 참고 R. Bultmann, *Theologie*,
　　279에서 이 구절을 유사하게 번역하고 있다.

의 죄가 더 이상 죄로 여겨지지 않게 되었다는 뜻이며, 따라서 은혜의 사건이다.62) 하나님에게 대적하는 세력인 사망에 볼모로 잡혀 있었기에(롬 5:14,17; 참고 고전 15:55), 과거 우리는 하나님과 원수지간 이었다(롬 5:10). 하지만 지금은 그리스도를 통한 구원사건으로 말미암아 하나님과 화평케 되었다.63) 하나님과 우리 사이에 평화가(롬 5:1) 확립되었고, 화해가 이루어 졌다(롬 5:10; 고후 5:17f). 이 같은 화해와 구원과 해방의 사건은(참고 롬 8:1) 하나님의 영에 의해 주도된 결과이다(롬 8). 그러므로 신자는 비록 몸을 입고 있지만 하나님의 영에 의해 인도함을 받는, 영의 증언에 힘입어 하나님의 자녀임을 깨달은 영적인 존재라고 할 수 있다(8:9,14f). 이제 우리는 더 이상 과거 종의 신분으로(갈 4:5ff; 롬 8:15) 살지 않는다. 옛날과는 전혀 다른 존재 즉, '새로운 피조물'이 되었다(고후 5:16). 믿는 우리에게는 더 이상 정죄가 없으며(롬 8:1), 구원이 약속되어 있고,64) 생명을65) 얻게 되었다(롬 5:17f).

---

62) 롬 5:2,15,21; 6:15. 참고 R. Bultmann, Theologie, 287ff

63) R. Bultmann, *Theologie*, 285ff. 불트만에 따르면 화해는 의(義)의 결과이다 (285). 화해는 하나님과 인간 사이의 관계가 완전히 변화됨을 뜻한다(286). 하나님께서 화해하신다는 의미는 더 이상 진노하시지 않고(진노의 심판) 평화의 상태를 만드셨다는 것이다(287).

64) 롬 10:9f. E. Brandenburger, Pistis, 188f는 롬 9:33; 10:11에서 사용되고 있는 구약의 구절, 사 28:16 LXX을 인용하면서, 욜 3:5 LXX을 참고로 하여 다음과 같이 주장한다. "바울은, 믿음을 가진 자는 최후 심판으로부터 벗어날 수 있다는 사고를 구약으로부터 채용했다. 이러한 생각은 믿음으로 의롭게 된다는 사상보다 더 오래된 것이다".

65) 세례를 받음으로 미래의 구원에 대한 첫 열매요 보증인 성령을 받았기 때문에 '생명'(zoē)은 신자의 현재를 잘 설명하는 개념이 된다(롬 5:18; 6:4). 참고 R. Bultmann, *Theologie*, 349. 한편 바울은 유대적인 사고인 죽은 자의 부활 사상을 고수하며, 최후의 심판 그리고 그 때 옛 시대가 끝나고 온전한 것이 이루어진다는(고전

이상의 구원론적인 진술들을 염두에 두면서, 의로워진 신자들의 상태에 대한 또 다른 함축적인 표현을 찾으라면, '그리스도 안에(en Christō)'를 들 수 있다.66) 바울은 세례의 상징적 의미를 통해서 신자들은 그리스도와 운명 공동체가 되었음을 말하고 있다.67) 그리스도께서는 십자가에서 죽임을 당하셨고 사흘 만에 부활하심으로써, 죽음과 살아남(삶)의 사건을 경험하셨다는 모티프 즉, "죽었으며 살았다"는 표현을 바울은 자신의 편지에서 종종 사용한다. 예를 들면 그는 우리의 현 상태를 일컬어, 몸은 죄로 인해 죽었으나, 영은 의로 말미암아 살았다고 설명한다(롬 8:10). 또한 우리에게 죄에 대하여 죽고, 하나님께는 살라고 권면하기도 한다(롬 5:11). 여기서 바울이 바라고 있는 신자의 이상적인 모습은 '그리스도 안에서' 하나님께 대하여 사는 것임을 간파할 수 있다. en Christō는 신비주의적인 합일로써 그리스도 안에 머무는 것을 뜻하지 않는다.68) en Christō 란 내가 나의 주인이 아니라 그리스도가 나의 주인이란 의미이다. 우리가 세례를 통해 십자가 사건에 동참함으로써 결과적으로 '내'가 죽고 대신 '그리스도'가 내 안에 살게 되는(갈 2:20) 상태가 바로 '그리스도 안에'이다.69) 그러므로 en Christō는 예수께서 그랬듯이 십자가에 자신

13:10) 유대 묵시문학적인 표상을 견지하고 있다는 점에서 '생명'은 또한 미래적인 것이라고 할 수 있다(참고 롬 5:21; 고전 15:54ff).

66) "그런즉 누구든지 그리스도 안에 있으면 새로운 피조물이라"(고후 5:17a). U. Schnelle, *Paulus*. 352 (주 65)에 따르면 바울이 사용하고 있는 구원의 개념에는 '영' 120회, 'en Christō' 61회 (en kyriō 37회 - 둘을 합치면 98회), '믿음' 91회, '믿다' 42회, '의' 38회, '의로운' 27회, '생명' 27회, '소망' 25회 등이 있다.

67) "그리스도와 함께 죽고, 그가 사신 것처럼 살 것이다" 롬 6:3ff; 참고 갈 3:27 "그리스도와 합하기 위하여 세례를 받은 자는 그리스도로 옷 입었느니라".

68) W. Elliger, Art. en, Sp. 1095; H. Conzelmann, *Grundriß*, 232; A. Oepke, Art. en, 538

의 육체와 모든 정욕과 죄를 못 박아 버릴 때(갈 5:24) 신자들이 누리게 되는, 삶의 양태에 대한 표현이다. en Christō의 전치사 en을 '도구'의 뜻으로 해석할 수 있다.[70] 이 en Christō를 통해 우리는 부름을 받았고(빌 3:14) 은혜를 받으며(고전 1:4), 의롭게 되며(갈 2:17; 참고 고후 5:21), 하나님과 화해하게 되었다(고후 5:19). 한편 en Christō를 세상적인 영역과(en sarki) 대비가 되는 '공간'의 의미로도 이해할 수도 있다.[71] 여기서 우리는 전치사 en이 여러 의미로 사용되고 있으며, 따라서 이를 뜻에 따라 각각 구분하기란 그리스어의 특성상, 쉽지 않다는 사실을 잊어서는 안 된다.[72] 이러한 여러 가지 사항을 고려할 때, en Christō는 그리스도의 구원사건으로 말미암아 생성되고 영의 역사하심으로 이룩된 구원의 교두보라고 할 수 있을 것이다. 신자들은 이것으로 말미암아, 또는 이를 터전으로 하여 믿음의 삶을 살아간다.

6) 믿음과 소망과 사랑의 삶

바울 구원론의 특징 중의 하나는 구원의 '현재'를 강조하고 있다는 것이다(롬 5:1).[73] 이 현재적 구원의 상태를 바울은 여러

---

69) G. 보른캄, 『바울』, 214ff에 따르면 en Christō는 악의 영역에서 구원의 영역으로 옮겨졌음을 표현하는 것이며 믿는 자들에 대한 새로운 존재 진술이다. 한편 H. Conzelmann, *Grundriß*, 234에 따르면 이 용어는 기독교인의 실존을 객관화 시킨 것이며 그 실존이 비세상적인 것임을 나타내는 표현이다.

70) 참고 롬 3:24 dia tēs apolytrōseōs tēs en Christō, 그리고 H. Conzelmann, *Grundriß*, 234

71) 그렇게 해석하는 학자는 W. Elliger, Art. en, Sp. 1094f이다. 김판임, "신약성서의 구원이해", 559도 같은 의견이다.

72) 예를 들면 A. Oepke, Art. ἐν, 538 가 그러한 입장이다. 그는 기본적으로 '공간' 쪽에 손을 들고 있지만, '도구'의 의미에 대해서도 부인하지 않는다.

가지 용어로 표현하고 있다. "하나님의 의의 계시(롬 3:21)", "의
롭게 되었다(롬 5:1a)", "그리스도 안에서(롬 3:24)", "하나님과 더
불어 평화를 누린다(롬 5:1b)", "그리스도를 옷 입는다"74), "그리
스도와 함께 세례를 받는다(롬 6:3f)", "성령으로 산다(롬 8:5; 갈
5:25)", "아들의 영을 보내주셨다(갈 4:6; 참고 롬 8:14)", "하나님
과 화해하였다(롬 5:11)", "해방(롬 8:2)", "하나님의 아들(자녀)
(롬 8:14,16)" 등.

바울은 구약의 제사 용어를 사용하여 구원의 현재를 설명하
기도 하는데, '그리스도의 피로 그리스도인들이 의롭게 되었다'
는 내용이 바로 그것이다. 구약에 따르면 피는 생명의 근원이며
속죄의 기능이 있다(레 4:5ff; 17:11; 대하 29:24; 참고 피의 정결
기능 레 16:19). 그러기에 짐승의 피를 제사장이 제단에 뿌림으로
써 죄사함을 허락받는 것이, 제사를 드리는 중요한 목적 중의 하
나였다. 여기에 유비하여, 바울은 화목제물(hilastērion)로서 뿌려
진 예수 그리스도의 피가 죄 용서("간과") 사건을 유발시킨다고
이해한다(롬 3:25). 그 결과 그리스도인들은 전 인류에게 선고된,
누구도 피할 수 없는 진노의 심판에서75) 벗어날 수 있게 되었다
는 것이다(롬 5:9). 바울은 그러나 구약의 제의 모델을 즐겨 사용
하고 있지는 않다. '피'76) 또는 '(희생)양'과77) 같은 제의적인 용

---

73) R. Bultmann, *Theologie*, 275ff

74) "그리스도로 옷 입고"(갈 3:27f), "세례로 그의 몸의 지체가
되어"(롬 12:5; 고전 12:13,27), "내안에 그리스도가 사는"(갈 2:20).
이 같은 표현도 지상의 실존을 비유적으로 나타낸 것으로,
신비주의적 색체를 담고 있는 것이 아니다. 바울은 신과 인간의
합일은 아직 이루어지지 않은 것으로 본다. 그리스도는 주님이시고
믿는 자는 그의 소유이다(롬 14:7). 참고 보른캄, 『바울』, 214ff

75) 진노의 심판은 최후의, 종말론적인 심판이다. '구원'(sōtēria/
sōzesthai)은 기본적으로 이 종말론적인 진노의 심판을 면하는 것과
관련이 있다 (살전 5:9에 '진노'와 '구원'이라는 단어가 함께
나온다). 참고 E. Brandenburger, Pistis, 187ff

어가 바울의 글에서 잘 등장하지 않는 것이 그 증거이다. 바울이 즐겨 인용하는 구약의 인물인 아브라함의 경우도, 그가 믿음으로 의롭다고 여겨진 부분(창 15장)만을 거론한다. 신약에서 종종 언급하고 있는, 아브라함을 하나님께서 부르실 때 ("너의 고향과 친척과 아버지의 집을 떠나") 무조건적인 순종을 했다는 내용(창 12장; 히 11:8), 이삭을 제물로 바치는 내용(창 22장; 히 11:17ff; 약 2:21)은 바울 서신에는 등장하지 않는다. 이처럼 바울은 구약의 제의 자체에 대해서는 직접적인 관심을 보이지 않는다.78) 다만 전통적인 제사 모티프를 비유적으로 사용한다. 그렇기 때문에 구체적인 제의 장소로서의 성전에 대해 어떤 관심도 갖고 있지 않음에도 불구하고,79) 바울은 자신을 이방인을 제물로 드리는 제사장으로(롬 15:16) 묘사하기도 한다.

'피'와 같은 제의 용어나 또는 다른 표상들을 사용하여 바울이 구원의 '현재'에 대해 줄곧 강조하고 있음에도 불구하고, 그리스도로 인하여 신자들이 성취한 구원의 상태는 아직 완전한 것이 아니다. 하나님의 은혜의 사건을 경험했지만, 즉 믿음으로 의롭게 되었지만, 궁극적인 구원은 우리 앞 저 멀리에 있다("의의 소망을 기다리노니" 갈 5:5). 로마서(5:2f)를 보더라도 하나님 영광이 구현되는 현실은 '아직' 이루어지지 않았음을 알 수 있다

---

76) 바울 서신에서 '피'(haima αἷμα)라는 단어는 8회 나온다. 그중 구원론과 관련해서 사용된 구절은 단지 두 군데이다(롬 3:25; 5:9).

77) '(희생)양'(probaton πρόβατον)이란 단어도 바울 서신에서는 1회 밖에(롬 8:36-구약 인용) 나오지 않는다(신약에서는 총 39회 등장)

78) G. 보른캄(『바울』, 196)의 지적처럼 바울은 로마서 3:25에서 구약의 제의 모델로 구원을 설명하다가 26ff절에서는 의인론을 가지고 설명한다. 바울의 제의에 관한 입장에 대해서는 저자의 졸고(Gwang-Ho Cho, *Vorstellung*, 18ff, 52ff, 202ff) 참고.

79) 서신을 통해 볼 때, 바울은 그리스도인이 된 이후 성전 제의에 참석하지 않은 것 같다(갈 1:18f). 바울은 "성전" 개념을 심령화하여 사용한다(고전 3:16ff 성전 = 너희 몸, 고후 6:19 성령의 전 = 너희 몸).

(참고 8:18). 그러기에 신앙인은 소망이라는 모드로 현실을 살아 간다(롬 8:24). 그리스도의 십자가 사건으로 신자들은 장차 있을 진노의 심판으로부터 벗어날 수 있게 되는 것이지, 이미 벗어난 것은 아니다. 최종의 구원은 아들의 강림과 관련이 있다. 그렇기 때문에 전 피조물이 아들의 재림을 간절히 기다리고 있는 것이다(롬 8:19; 참고 살전 1:10). 미래에 궁극적인 완성이 이루어진다는 사고는 다른 곳(롬 5:10)에서도 나오고 있다. 9절에서 '진노의 심판'이라는 모델로 설명하던 바울은 10절에서 다른 패러다임을 사용하여 말을 잇고 있다. 아들의 죽음은 하나님과 적대 관계에 있던 우리의 상태가 해소된, 따라서 우리와 하나님 간에 화해가 이루어진 사건이라고 설명한다. 바울에 따르면, 그리스도의 죽음이 우리에게는 하나님과의 화해이므로(현재), 그의 살아나심은 우리에게 장래의 구원이라는 의미를 가진다(미래). 즉, 10절 후반부의 설명은 로마서 6장에서 본격적으로 말하고 있는, 신자들은 그리스도와 같은 운명으로 연합한다는 사고 중의 일부가 미리 전개된 것이다. 당시 그리스도인들이 받는 세례는[80] 물속에 몸이 완전히 잠겼다가 나오는 침례였다. 세례를 받을 사람이 물속에 들어간다는 것은 지하의 세계, 어둠의 세계로 내려간다는 것을 의미하며 이는 상징적으로 그리스도의 죽음에 동참함을 뜻한다. 물속에서 올라온 신자는 이제 그리스도와 같은 운명이 되어, 그가 살아난 것처럼 장차(미래) 영원히 살게 되는 것이다 (롬 6:3f,5,8).

---

80) P. Stuhlmacher, *Gerechtigkeit*, 232ff는 "세례를 통한 의 Taufrechtfertigung"라는 용어를(232, 235) 사용할 정도로 의인론에서 세례의 중요성에 대해 주목한다. 그는 세례를 통한 의로움을 창조주이신 하나님의 신실하심 가운데 그분의 권세가 드러나는 것으로 해석한다(232, 참고 234, 231). 또한 세례자에게 새 창조가 일어나는 것이 의인론이라고 한다(236).

　　현재는 은혜와 구원의 날이다(고후 6:2). 그러나 궁극적인 구원의 때는 아니다(롬 13:11). 우리는 거룩함으로 나아가고 있는 과정 속에 있고(롬 6:22), 목적지는 '영생' 또는 '생명'이다.[81] 그리고 그리스도의 형상을 이루는 것이다(갈 4:19). 우리에게 요구되는 것은 성령의 인도하심에 따라 사는 것이다(갈 5:16,18,25; 6:8). 신자의 현 존재는 믿음으로 의롭다 인정을 받은 결과, 더 이상 율법이나 죄에 속박되거나 옛 구습을 쫓는 그런 모습은 아니다. 하지만 궁극적으로 모든 것이 우리에게 다 이루어진, 완성된 존재도 아니다.[82] 따라서 우리는 그리스도의 재림이나 하나님 영광의 현현 등과 같이, 궁극적인 것이 계시되기를 바라는 소망 가운데 산다(롬 8:24). 우리에게 아직 종말은 남아있다.[83] 그때에는 하나님의 영광을(롬 8:17f,21) 볼 것이다 -온전하게, 그리고 거울로 보는 것 같이 희미한 것이 아니라 얼굴과 얼굴을 대하여 보듯이 분명하게(고전 13:9ff).

　　한편 현재는 예수 그리스도의 십자가 사건에 근거한 믿음(갈 2:20; 갈 5:5)과 궁극적인 완성을 바라보는 소망(롬 8:24; 참고 고후 5:5)이 두 축이 되어, 사랑을 동력(고전 16:14)으로 한, 섬김의 삶을 산다(갈 5:13f; 롬 13:8). 신앙인의 현재를 규정하는 사랑은[84] 더 나아가 믿음이나 율법을 올바르게 기능하도록 작용하는

---

81) zōē aiōnios 롬 5:21; 6:22; 갈 6:8; 참고 롬 2:7. zōē/zēn/zēsesthai 살전 5:10; 롬 8:13; 참고 고후 5:4. 한편 고후 4:12에 따르면 '생명'은 이미 현재에 역사하고 있는 실체이다.

82) 엡 2:5f에 따르면 신자는 이미 그리스도와 함께 하늘에 있는 존재로 묘사되고 있다. 즉, 바울에게서 보이는 '종말론적 유보'(궁극적인 종말은 아직 오지 않았기에, 신자는 '이미'와 '아직'의 긴장 속에서 산다는 의미) 개념이 없다.

83) P. Stuhlmacher, *Gerechtigkeit*, 232

84) 사랑은 하나님의 요구로써(갈 5:13), 믿음이 삶으로 표현된 것이다. 사랑에서 종말론적인 실존이 현실과 만나 구체화 된다. R. Bultmann, *Theologie*, 345

역할을 한다(갈 5:5; 갈 6:2). 바울은 이 믿음, 소망, 사랑의 세 요
소를 다음과 같이 표현하기도 한다. "믿음의 역사와 사랑의 수고
와 그리스도에 대한 소망의 인내"(살전 1:3).

7) 요약

인간은 숙명적으로 무엇인가를 섬기는 존재이다 -죄를 섬기
든가 또는 하나님을 섬기든가(롬 6:13,16ff,22). 이전에는 육과[85]
죄, 그리고 사망의 지배를 받았다(롬 6-7장). 그러나 지금은 예수
그리스도를 통해 나타난 '의'로 말미암아 믿는 자들은 의롭게 되
었으며, 악한 세력으로부터 해방되었다. 이것이 구원사건의 핵
심이다. 구원은, 억압하고 구속하며 강제력을 행사하는 것들로
부터 우리가 풀려난 사건이라는 점에서 'freedom from'이다. 하지
만 '인간 = 섬기는 존재'라는 관점에서 보면, 우리는 과거에 죄라
는 악한 세력에 사로잡혀 있었지만, 구원을 경험한 지금은 그 대
신 의의 지배를 받게 되었다("의에게 종이 되었느니라" 롬 6:18;
"왕 노릇" 5:21). 여기서 '의'란 인간을 구원하는 하나님의 '능력'
으로서, 과거에 인간을 사로잡았던 '죄'에 대비되는 일종의 권세
이다.[86] 하나님의 능력인 '의'가 세상에 옴으로서 죄의 권세는
물러가고 사람들은 섬기는 대상을 바꾸어, '의'에 순종하며 살게
된 것이다(롬 6:17).[87] 그렇기에 현재 신앙인들은 의에 순종하는

---

85) P. Stuhlmacher, *Gerechtigkeit*, 228 (231f). 그는 갈 5:17을 예로
들면서, 육은 하나님의 영에 적대적인 마성적 세력이라고 본다.

86) E. Käsemann, Gottesgerechtigkeit, 185

87) '의'와 관련해서도 바울 윤리의 특징적인 서술이 나오고 있다.
바울에 따르면 사람들은 이미 '의의 종'이 되었다(indicative 롬 6:18).
이를 전제로 다시 의의 종으로 살 것과 그 결과 거룩함에 이를 것을
촉구 한다(imperative 롬 6:17). 즉, 구원의 현재를 바탕으로, 더욱 더
궁극적인 구원의 현실이 이루어지기를 권면하고 있다.

'freedom for'의 삶을 산다.

하나님의 의는 이처럼 한편으로 현재의 현실 속에서 능력으로 작용하고 있다. 그렇기에 바울은 과거 죄인으로 살던 사람들이 이제는 그리스도를 믿고 세례를 받음으로써 구원받은 신앙인으로 살게 되었다고 확신에 찬 음성으로 말하고 있다(고전 6:11). 하지만 이 의는 다른 한편으로 장차 궁극적으로 실현되어야 할 종말론적인 목표이기도 하다.[88] "바울에게는 '이중의 의'(현재적, 미래적)가 있다"고 주장하는 학자들의[89] 생각에 동의하기는 어렵지만[90], 바울의 '의'라는 개념이 현재 뿐만 아니라, 미래에 일어날 궁극적인 구원과 일부 연관되어있다는 점은 부인하기 어렵다.[91]

바울은 '의'라는 개념뿐만 아니라 다른 용어들을 가지고 구원에 대해서 말한다. "새로운[92] 피조물", "자유", "그리스도를 입는

---

88) 의인론이 갖고 있는 현재와 미래의 두 차원에 대해 S. Vollenweider, Art. Paulus, Sp. 1051는 롬 5:8-10; 8:31-34; 참고 살전 1:10; 5:9f 등의 구절을 언급하면서, 다음과 같이 말한다. "의인론이란 궁극적으로 마지막 심판의 때에 죄가 없다는 선언을 받는 것이며, 이 구원 선언이 현재에 이미 확실시 되는 것이다". 바울은 또한 "의의 소망을 기다리노니" 갈 5:5; "많은 사람이 의인이 되리라" 롬 5:19 등의 발언도 한다. "의의 소망"이라고 할 때, G. Schrenk, Art. δίκη κτλ., 211는 동격의 속격(Gen. appos.)으로 본다. 여기에 대해서는 G. Nebe, *'Hoffnung'*, 56; Vouga, HNT 10, 123; Betz, *Galaterbrief*, 447f 등을 참고하라.

89) 예를 들면 J. Jeremias, *Gleichnisse*, 207 주 4

90) 이에 반대하는 대표적인 학자들: J. Becker, Heil, 267ff; P. Stuhlmacher, *Gerechtigkeit*, 228ff; Betz, *Galaterbrief*, 448. 주 83

91) J. Becker, *Heil*, 269에 따르면 바울은 여기서 유대-랍비적인 사고를 따르고 있다. R. Bultmann, Theologie, 274은 종말론적 심판이라는 맥락 하에서 미래적인 '의'를 선언하는 구절에서 의의 종말론적인 성격이 잘 드러난다고 말한다. 그는 또한 '의'는 구원을 얻기 위한 조건이자 동시에 구원 자체라고 말한다(279).

다", "그리스도 안에", "화해", "하나님의 자녀", "영적 존재", "성령의 인도" 등. 이 모든 용어들 또한 하나님께서 그리스도를 통하여 보여주신 사랑의 사건이 인류에게 어떤 결과를 초래했는지에 관한 것이다. 이 사건으로 말미암아 인간은 더 이상 과거처럼 정욕과 죄와 죽음의 세력에 사로잡혀 살지 않는다. 모든 속박과 구속으로부터 벗어나 참 자유인으로, 의롭다고 여겨진 의인으로, 성령의 주장에 이끌려 사는 영적인 존재로서 그리스도 안에서 믿음을 가지고 궁극적인 구원을 소망하며 사랑으로 율법과 그리스도의 법을 성취하며 살아간다.

---

92) 새로움에 대한 자각과 그와 대비된 과거의 상태를 회상해 볼 것을 강조함으로써, 변화된 존재로부터 자연스럽게 도출되는, 새로워진 존재에 걸맞는 변화된 행동양식에 대해 바울은 말한다. 여기서 그는 단도직입적으로 이렇게 살라고 명령하지 않는다. 다만 구원받은 이들은 이렇게 사는 것이라고 말한다(주의 환기). 이미 하나님의 은혜로 얻게 된 자유의 기쁨과, 새로운 신분에 대한 자각을 끊임없이 일깨움으로써, 하나님의 사랑과 은혜에 보답하고 변화된 새로운 존재에 합당한 행동을 촉구한다. 이것이 바울의 윤리의 근간이 된다.

3. 교회

1) 이해를 위한 전제

'교회'란 예수를 "그리스도"요, "주님"이라고 고백하는 신자들이 모여, 예배드리고 가진 바 은사에 따라 교인들과 이웃을 섬기고 봉사하는 곳인 동시에, 그러한 공동체 자체를('모임'이라는 의미) 일컫는 개념이다. 교회는 '그리스도'라는 기초 위에(고전 3:11) 성립되었다. 다시 말해, 교회는 그리스도의 사건으로 인해 생겨났기에, 다름 아닌 "그리스도의 교회"(롬 16:16)라고 할 수 있다. 교인들은 그리스도로 말미암아 세례를 받고 새로운 존재가 되어("하나님의 아들" 갈 3:26; "새로운 피조물" 고후 5:17), "그리스도 안에서(en Christō)" 삶을 영위한다(갈 1:22; 살전 2:14). 이 새로운 존재 규정으로 말미암아, '혈연', '신분', '성별'에 따른 구분과 구별이 믿는 사람들 사이에서는 무의미해 진다. 그리고는 "모두가 하나요, 같다"고 하는 새로운 믿음의 공동체 의식이(갈 3:26ff) 형성된다. 바울의 선교활동은 무엇보다도 이 새로운 관계성에 기초하는 공동체, 즉 '교회'를 세우기 위한 노력이었다. 바울 당시 이 새로운 신앙의 공동체는 모임과 예배의 장소로 주로 개인 집을 사용했기 때문에, '교회'라고 할 때, 이는 대개 '가정 교회'를 일컫는 말이기도 하다(고전 16:19 "그 집에 있는 교회"; 몬 2 "네 집에 있는 교회").

교회(ekklēsia)라는 단어는 신약에서 114회 사용되고 있는데, 복음서에서는 마태복음에서만(16:18; 18:17) 나온다. 저자 마태는 베드로의 수위권과 관련된 구절과 공동체 구성원을 치리하는 방식을 설명하는 부분에서 이 단어를 사용함으로써, 교회론에 대한 그의 각별한 관심을 나타내고 있다.

바울 서신에서는 이 단어가 44회 사용되는데, 특별히 고린도전·후서에서 집중적으로 나온다(31회). 어원을 살펴보면, 헬라어 ekklēsia는 전치사 ek와 동사 kaleō가 조합되어 만들어진 단어로써, '불러내어진 자들 전체'라는 뜻을 갖고 있다. 고대 그리스나 헬레니즘 시대에 이 단어는 '투표권을 가지고 있는 자유 시민들로 구성된 모임'이라는 정치적인 의미로 사용되었다. 이러한 흔적이 신약성경에도(행 19:39) 나타난다. 하지만 성경에서 이 단어는 주로 '신자들의 모임'(독일어 Gemeinde, 헬라어 ἐκκλησία)이나 '모이는 곳'(church)이라는 의미로 사용된다.

묵시문학적인 경향을 가진 유대교 일부에서 자신들을 '종말에 하나님에 의해 소집된 무리들'이라고(qehal el)[93] 이해했는데, 이와 유사하게 예루살렘 교회도 자신을 '하나님의 교회(ekklēsia tou theou)'라고 규정하였다. 이 용어가 예루살렘 교회를 일컫는 것이라는 증거는 바울의 글에서도(갈 1:13; 고전 15:9) 확인된다. 예루살렘 교회라는 특정 교회를 지칭하던 이 용어는, 시간이 지남에 따라 속격(tou theou)이 생략되면서,[94] 바울뿐만 아니라 여타 사람들에 의해 설립된 교회 공동체까지도 일컫는, 보편적인 의미로 사용하게 된다(행 11:26; 고전 10:32).

바울은 이방인의 사도라는 분명한 사명 의식을 가지고 복음을 전했고 교회를 세웠다. 따라서 그가 '교회'라고 할 때, '교인들이 하나님을 예배하기 위해 일정 장소에 모인 모임'이라는 사고를 전제로 한다. 지역의 개 교회를 넘어선, 추상적이고 일반적인 의미로서의 교회에 대해서 바울은 별다른 관심을 갖지 않았다. 그렇다고 해서 개개 교회를 총괄하는 전체로서의 '교회'라는 개념이 없었던 것은 아니다. 바울은 모든 개개의 교회에 공통적으로 적용되어져야 하는 보편적인 윤리 원칙이나 행동 양식에 대

---

93) 1 QM 4:10; 1 QS^a 1:25 (J. Roloff, Art. ekklēsia, 1000)
94) 고전 14:4; 빌 3:6의 F G 사본 등에는 tou theou가 추가되어 있다.

해 이야기 한다("내가 각처 각 교회에서 가르치는 것을" 고전 4:17; "하나님의 모든 교회에는" 11:16). "유대인에게나 헬라인에게나 하나님의 교회에 거치는 자가 되지 말고"(고전 10:32)라는 권면을 통해 우리가 알 수 있는 것은, 우선 바울이 인류를 유대인과 헬라인으로 구분한다는 점이다(참고 롬 1:16; 2:9; 3:9; 3:29). 그러나 복음 전파 이후에는 '하나님의 교회'라고 일컬어지는, 보편성을 특징으로 하는 새로운 공동체가 생겨났다고 보고 있다. '하나님의 교회'는 각 지역 교회들을 포괄하는 총괄적인 개념이다. 물론, 개 교회와 전체로서의 교회 사이에 어떤 계급 적인 상하 관계가 성립하는 것은 아니다.

예루살렘 교회의 구성원을 일컬어 바울은 "성도"라고(롬 15:25f; 고전 16:1; 고후 8:4; 9:1, 12) 한다. "성도"는 구약이나 초기 유대문헌에서 '종말의 때, 하나님의 백성'이라는 의미로 쓰이고 있었다.95) 이러한 명칭이 특히, 모금과 관련된 부분에서 자주 등장하고 있다는 점은 매우 흥미롭다. 바울은 구약의 용례를 받아들여, 자신의 교인들을 가리킬 때에 사용한다(고전 14:33; 고후 1:1; 롬 8:27; 12:13). 또한 구약에서 흔히 사용되는 "택한"이라는 단어군도96) 세례를 통하여 예수에게서 일어난 하나님의 구원행위를 함께 경험하게 된, 그리하여 믿음 공동체의 구성원이 된 교인들을 일컫는데 사용하고 있다.97) 로마서(8:33)에서 보듯이 하나님에 의해 택함을 받은 자들, 즉 교회의 교인들은 세상의 어떤 고발이나 정죄에도 불구하고 의롭다고 여겨주신 하나님의 보호 아래 살아간다. 따라서 "거룩"하고 "선택"된 신자들로 이루어진 교회는 죄와 죽음의 세력에 대해 승리하시고 사람들에게 값없이

---

95) 단 7:21; 토빗서 8:15; 12:15; 막하비 1서 1:46; 에디오피아 에녹서 100:5 등
96) 사 65:9, 15, 22; 시 105:6, 43 등
97) eklogē 살전 1:4; klēsis 고전 1:26; klētos 롬 1:7; eklektos 16:13

의롭다고 여겨주신 하나님의 (그리스도를 통한) 놀라우신 은총
에 힘입어 구원의 현실 속에서 기쁨으로 살아가는, 그래서 섬김
과 봉사라는 소임을 맡은 공동체라고 정의할 수 있다.

2) 그리스도의 몸(sōma Christou)된 교회

바울은 교회를 '그리스도의 몸'이라고 말한다. 교회를 그리스
도에 빗대어 설명했다는 점에서 '그리스도의 몸'이라는 표현은
기독론적인 색채가 농후한 교회론이라고 할 수 있다.[98] 원래 이
표현은 성찬 텍스트(고전 10:16; 11:27)에서 주로 나온다. 이것이
점차 교회론적으로 해석되더니(10:17), 결국 교회를 설명하는 바
울의 대표적인 용어가 되었다(12:27).

'그리스도의 몸'이라고 표현함으로써, '하나 됨' 또는 '통일
성'이라는 측면이 잘 부각되고 있다. 이런 사실은 고린도전서에
잘 나타난다. 고린도 교회의 성도들은 다양한 은사를 갖고 있었
다(12:8ff). 또한 여러 분파로 나뉘어(바울파, 아볼로파, 게바파,
그리스도파) 서로 영적인 우위를 주장하며 다투고 있었다. 교인
들 사이에서 각기 자신이 받은 은사가 더 낫다고 자랑함으로써
교회는 다툼과 혼란에 빠져 있었다. 이러한 상황에서 바울은 비
록 은사나 직분이나 사역을 다르더라도 같은 성령, 같은 주 그리
고 같은 하나님이시라는 사실을 강조하면서(4ff절) 교인들 모두
가 같은 한 몸임을 천명하고 있다. '하나됨'을 강조하는 데에, 두
가지 논리를 사용한다. 하나는, 그리스도인들이 세례를 통하여
한 몸이 되었다는 것이다(13절). 바울은 종종 세례를 그리스도와

---

98) 이뿐만 아니라 그리스도 사건에 참여한다는 것은 교회 공동체
   안에서의 활동과 불가분의 관계가 있으므로, 교회론은 기본적으로
   그리스도론에 기초하고 있다고 할 수 있다. 참고 U. Schnelle, *Paulus*,
   653

의 연합을 나타내는 메타포로 사용하고 있다. 세례란 그리스도와 하나됨을 뜻한다(갈 3:27; 참고 롬 6:3ff). 이 세례 의식으로 말미암아 그리스도인들은 더 이상 자기를 주장할 수 없게 된다. 이제는 그리스도의 몸에 편입되었기 때문에(갈 2:20; 참고 고전 6:15), 그리스도인들은 과거에 어떤 종족이나 신분이었던지, 심지어 남여라는 성별에 상관없이 그리스도 안에서 모두가 같다(갈 3:28). '하나됨'을 강조하는 또 다른 방법은 성만찬 모티프를 통해서이다. 성만찬 때에 잔을 마시는 것은 그리스도의 피에 참여하는 것이요, 떡을 떼는 행위는 그리스도의 몸에 참여하는 것이라고 전제한 후, 떡은 하나요, 떡을 떼는 신자들은 많다고 설명한다. 이어서 한 떡에 참여한 많은 '우리'는 결국 그리스도의 한 몸을 나누었다는 점에서 한 몸이라고 말한다(고전 10:16f).

교회를 '그리스도의 몸'이라고 할 때, 바울이 빼놓지 않고 언급하는 것이 '지체'라는(고전 12:27; 참고 롬 12:4) 단어이다. '지체'는 몸에 속한 여러 기관들을(눈, 손, 머리, 발 등 고전 12:14ff) 일컫는 말이다. 인체가 제대로 기능을 하기위해서는 하나의 지체가 아닌, 다양한 지체가 필요하다. 지체 간에 경중이나 우열이 있는 것처럼 보이지만, 실상은 하나님께서 지체의 역할이나 소임을 정해주셨기에, 모두가 귀한 존재들이다. 하나님께서는 심지어 부족해 보이는 지체를 더욱 소중히 여기시기 때문에, 모든 지체는 서로에 대해 관심을 가지고 배려하고 돌보아야 한다. 몸을 통해 지체는 서로 연결되어 있다. 따라서 한 지체의 회복은 전체 지체의 회복과 불가분의 관계에 있다. 이처럼 '그리스도의 몸'인 교회는 다양한 지체를 가지고 있고, 각기 다른 역할과 기능을 담당한 지체들로 말미암아 교회는 존속될 수 있는 것이다. 따라서 각 지체들은 서로가 모두 소중하다는 사실과, 전체 중의 부분으로서 같은 운명 공동체로서 살아간다는 점을 인정해야 한다. 지체들 간에 분열이나 다툼이 있어서는 안 된다. 바울은 '몸'과

'지체'의 예를 통해 고린도 교회는 서로 다름을 인정하고 차이를 용납하면서 상부상조의 삶을 살며 공존, 공생해야 한다고 강조한다. 다양한 지체에 대한 설명에 이어 큰 은사를 사모할 것을, 즉 '사랑'을 권하고 있다(고전 13장). 이어서 교회의 건덕을 위하여, 방언보다는 예언할 것을 권하는 내용이 나온다(14장). 이상을 통해 우리는 바울이 고린도전서에서 교인들로 하여금 하나로 조화를 이룬 상생의 신앙 공동체를 만들어가도록, 얼마나 애쓰고 있는지를 알 수 있다.

'그리스도의 몸'은 교회를 하나로 통합하는 기능을 수행한다. 신앙 공동체에 속한다는 것은 한 성령으로 세례를 받고(고전 12:13), 그리스도라는 한 떡에 참예하여 한 몸이 되었다는 것을(10:17) 의미한다. 이 '몸'이라는 개념을 통하여 교회는 통일성과 보편성을 확보하게 된다(참고 롬 12:5). 반면 몸에 속한 여러 '지체'들이라는 사고는 다양성 또는 특수성과 관련이 있다. "우리는 한 몸"만 부각될 때, 교회는 통일체로서 존립의 기반은 확보할 수 있지만, 일체적인 성격만 강조된 결과, 구성원 개개의 특성이나 개성을 발휘할 수 있는 여지를 제공하지 못하는 획일적인 조직체로 전락되고 만다. 반면, '지체', 즉 다양성만을 강조하면, 교회는 하나의 건강한 공동체로서 존재하는데 실패하게 된다. 결국은 신진대사가 원활하지 못한 유기체로서, 폐색되고 분절화 되어 아집과 독선, 그리고 소그룹 이기주의가 횡행하는 집단으로 전락되고 말 것이다. 그러기에 바울은 한편으로 '몸'을, 다른 한편으로는 '지체'를 강조함으로써, 어느 쪽으로도 치우치지 않는 균형 잡힌 교회, 전체와 부분이 서로 긴장 관계를 형성하여 통일성을 유지하면서도 개개의 특성 발휘가 가능한 공동체, 서로 다름을 인정하고 각자가 가지고 있는 다양성을 통해 전체를 위해 봉사하고 섬기는 그런 조화로운 그리스도의 몸된 교회를 만들고자 했다.

3) 하나님의 백성(laos theou)과 교회

바울은 율법으로부터 자유롭고, 할례가 필요치 않은 복음을 전하였다. 율법과 할례가 불필요하다고 주장하면서 모인 바울의 공동체는, 따라서 기존의 유대교와는 전혀 다른, 새로운 형태의 신앙을 고백하는 집단이었다. 그렇다면 구약에서 말하는 '하나님의 백성'과 바울의 '교회 공동체' 사이에는 어떤 연관관계가 있을까? 바울은 이스라엘의 운명에 대해서 논하면서, 하나님은 자기 백성을 버리지 아니하신다고 강변한다(롬 11:1ff). 그렇다면 결국 바울이 세운 교회에 모인 교인들을 종말론적인 새로운 '하나님의 백성'이라고 할 수 있지 않을까? 아니면 이 둘 간에는 어떤 관계가 성립되는 것일까? 이러한 질문의 답을 구하기 위해서 우리는, 구약의 '하나님의 백성'이라는 개념과 바울의 교회론을 비교해 볼 필요가 있다. 많은 학자들은 '하나님의 백성'이라는 용어를 바울의 '교회' 이해를 위해 빼놓을 수 없는 개념이라고 생각한다. 예를 들면 J. 롤로프와[99] H. 리더보스는[100] '하나님의 백성'과 '그리스도의 몸' 두 가지를, H. 슐리어는[101] 이 둘에 '하나님의 성전'을 더한 세 가지 개념을 바울 교회론의 핵심이라고 본다.

'하나님의 백성'이라는 개념은 바울 서신에 직접적으로 언급되고 있지 않다. 다만 구약을 인용한 여섯 곳에서 '백성(laos)'이라는 단어만 등장한다.[102] 이와 같은 통계에 의하면, 바울은 '하나님의 백성'이라는 구약적인 개념에 대해 별다른 관심이 없는 것처럼 보인다. 바울은 이스라엘이 심판받을 것이라고 말함으로써(살전 2:15f), 구약의 하나님 백성과 교회 간의 비연속성을 시

---

99) J. Roloff, *Kirche*, 86ff
100) H. Ridderbos, *Paulus*, 229ff
101) H. Schlier, *Ekklesiologie*, 152ff
102) 고전 10:7; 고후 6:16; 롬 9:25ff; 10:21; 11:1f; 15:10

사하고 있다. 한편 다른 곳(고전 10:1)에서는 출애굽하는 이스라엘 민족을 "우리 조상들"이라고 함으로써 연속성을 암시하고 있다. 물론 출애굽을 예로 든 것은 그들이 광야에서 범한 잘못을 예시함으로써 교인들에게 본보기로 삼고자 함이었다(비연속성). 하지만 그럼에도 불구하고 이스라엘을 "우리 조상"이라고 표현한 것은 시사하는 바가 크다. 출애굽 당시 홍해를 건넌 사건을 세례로, 광야에서 메추라기와 물을 먹은 사건을 성만찬으로 해석함으로써(1-4절), 이스라엘 백성들과 바울의 교회 공동체 사이에 연속성이 있음을 암시하고 있다.

바울은 다른 구절(10:18)에서 제사를 거행한 자들은 제물을 먹을 권리가 있음을 구약의 예를 들어 설명하면서 "육신을 따라 난 이스라엘을 보라"고 말한다. 이를 근거로 바울은 자신의 공동체를 "영을 따라 난 이스라엘"로 보고 있다.[103] 비록 영과 육의 질적인 차이는 있지만 구약의 '이스라엘'이 신약에서도 계속 '이스라엘'로 언급되고 있다는 점에서 구약의 '백성'과 바울의 '교회' 사이에 어느 정도의 연속성이 있다고 할 수 있다.

또한 고린도후서 3장에서 바울은 과거의 이스라엘과 현재 자신이 세운 공동체를 비교하여 설명하고 있다.

	VS	
돌판에 쓴 것		육의 마음판에 쓴 것
율법 조문(의 직분)		영(의 직분)
(없어질) 영광		더욱 (길이 있을) 영광
얼굴에 덮어진 수건		(그리스도 안에서) 벗겨진 수건

---

103) 갈 6:16에서 "하나님의 이스라엘"이라는 표현이 나오는 데, 이는 바울이 자신의 복음과 신학적인 견해에 동조하여 새로운 신앙 운동에 동참한 사람들 전체를 일컫는 용어이다.

‘쓰다’는 동사, 그리고 ‘판’, ‘직분’, ‘영광’, ‘수건‘이라는 공통의 단어가 사용되고 있다는 점에서, 둘 사이에는 분명 연속성이 있다. 하지만 전자는 불완전하고 미완성된 것임에 반해, 후자는 궁극적이고 완전한 것이라는 점에서, 양자 사이에는 질적인 차이가 있다. 후자는 전자의 온전한 완성이라고 할 수 있다. 즉, 구약의 때에 ’약속의 백성‘이 이루고자 했던 것이, 결국 그리스도 사건 이후, 그분에 기초하여 세워진 바울의 교회 공동체 대에 이르러서야 성취된 것이다.

앞에서 살펴본 바와 같이, 바울의 교회는 “말세”라는(11절) 특수한 상황 하에서 형성되었다는 점에서 과거의 ‘하나님의 백성’인 이스라엘과는 다른, 종말론적인 공동체라고 할 수 있다. 하지만 그럼에도 불구하고 둘 사이에는 어느 정도의 연속성이 존재한다는 사실은 부인할 수 없다.

4) 교회 내의 다양한 은사

교회 내에는 다양한 은사가 존재한다. 능력을 행하는 은사, 병 고치는 은사, 돕는 은사, 다스리는 은사, 예언과 방언 및 통역하는 은사, 영들을 분별하는 은사 등(고전 12장). ‘은사’란 기본적으로 하나님께서 각 사람들에게 나누어 주신(롬 12:6) 선물을 뜻한다.[104] 한편, 바울이 종종 사용하는 낱말 중에서, ‘하나님의 영향력이 발휘되고 있는 현실’이라는 의미를 갖고 있는 ‘신령한 것(pneumatika)’이라는 단어가 있다(고전 12:1). 신령한 것이(롬 1:11) 바로 은사이다. 성령(pneuma)과 함께 언급되는 것은 ‘직분’이나 ‘사역’이 아닌 ‘은사’이다(고전 12:4). 은사와 신령한 것은 둘 다 하나님께서 한 개인을 부르시고 택하셨을 때 주신 것이

---

104) K. Berger, Art. charisma, 1103

다.105) 그리고 은사 중의 하나인 예언은 신령한 것들 가운데 한 가지 예로서 거론이 되고 있다(고전 14:1). 그렇기 때문에 '은사'와 '신령한 것'은 서로 통하는 개념이라고 할 수 있다.106) 신령한 은사로 말미암아 교회 내에서 여러 가지 특별한 영적인 현상들이 발생된다.107) 하지만 이 은사는 한 성령의 역사로 말미암아 각 사람에게 나누어 진 것이기 때문에(고전 12:11) 비록 은사로 인해 나타나는 현상이 다양하다고 할지라도, 은사들 사이에는 내적인 통일성이 존재한다. 바울은 이를 몸과 지체의 관계로 표현하고 있다(12:12; 롬 12:4ff).

고린도 교인들은 자신들이 가진 은사와 영적인 재능을 자랑하며 이를 통해서 하나님과 배타적이고도 특별한 관계를 맺고 있다고 하는 자부심에 차 있었다. 하지만 이러한 확신과 자기만이 최고라고 하는 아집과 독선이 지나쳐, 교회 내에는 분쟁과 다툼이 생기게 되었다. 이에 대해 바울은 은사와 재능은 하나님으로부터 온 것으로써, 교회의 건덕(oikodomē)을 위해 사용하는 것이 바람직하다고 권면한다(고전 14:12). 여러 가지 은사의 종류를 열거함으로써(고전 12; 롬 12), 바울은 성령께서 다양하게 활동하시고 계신다는 차원을 부각시킨다. 아울러 교인들로 하여금 자신의 은사가 절대적이라든가, 자기 것이 남보다 더 낫다고 잘못 생각하지 않도록 한다. 같은 성령이라고 하더라도 그 역사(役事)가 어떤 사람에게는 지혜의 말씀으로, 다른 이에게는 지식의 말씀으로, 또 다른 이에게는 믿음으로 나타난다고 함으로써(고전 12:8ff), 교회 내 은사와 직책을 서열이 아니라 다양성의 차원에

---

105) 고전 7:7; 롬 11:29; 15:27

106) 참고 K. Berger, Art. charisma, 1104; U. Schnelle, *Paulus*, 656. 이 단어는 신약 전체에서 26회 등장하는데, 그중 19회가 바울서신에(특히 고린도전서에 15회) 나온다.

107) H. Conzelmann, Art. χάρισμα, 394

서 접근하여 설명한다. 그렇지만 바울은 여러 은사 중에서도 병 고치는(iama)[108] 은사를 특별히 귀히 여겼다(고전 12:8ff). 교회 내의 다양한 은사와 직분, 그리고 사역의 목록을 열거하면서 바울은 말씀과 믿음 다음으로 병 고치는 은사를 들고 있다. 28절에서도 사도, 선지자, 교사 등 세 직분에 이어, 능력을 행하는 것 다음으로 병 고치는 은사에 대해 말하고 있다. 이러한 태도는 29절 이하에서도 확인이 된다.

'은사'는 또한 그리스도의 재림과 관련되어 있다. 하나님께서 신자들에게 은사를 선물로 주신 것은, 재림 때 까지 "견고히"(롬 1:11) 기다릴 수 있게 하려는(고전 1:7) 이유 때문이다. 은사는 초자연적인 현상을 발생시키는 종말의 영인 성령에 의해 주어지고 행하여지기에(행 2; 참고 욜 2:28ff), 종말론적인 성격을 가지고 있다. 이 은사는 신자들로 하여금 마지막 날에 책망 받을 것이 없도록 보호하는 역할을 한다(고전 1:8). 다시 말하면 사람들은 받은 바 다양한 은사를 통하여 각 지체로서 그리스도의 몸된 교회를 섬기는 귀한 삶을 살게 된다. 따라서 은사는 성령께서 각각의 신자에게 나누어 준 구체적인 봉사의 수단이자 장(場)으로서, 이를 통해서 사람들은 하나님을 나름대로 섬긴다. 다양한 은사는 다양한 섬김을 가능케 한다. 이로써 각 개인의 특성과 개성이 인정되며 보호된다. 다양성에도 불구하고 공동체는 한 성령, 한 몸임을 강조하고 건덕을 말함으로써, 그리고 무엇보다 사랑을 제시함으로써 균열과 갈등 그리고 무질서(고전 14:33, 40)라는 나락으로 떨어지지 않게 된다. 바울은 '사랑'을 '더욱 큰 은사'라고 규정함으로써(고전 13장) 공동체의 하나됨을 유지하고자 노력한

---

108) ἴαμα라는 단어는 신약에서 고전 12장에 단 3회 나온다(9, 28, 30절). A. Oepke, Art. ἰάομαι κτλ., 214,30ff는 이 은사에 대해 다음과 같은 요지로 설명한다. "병 고치는 은사는 복음 증거라는 과업을 맡은 증인이 갖추어야 능력 중의 하나이다".

다. 사랑이라는 잣대로 비추어 볼 때, 교회의 덕을 세우는 모든 행위는 최고의 은사이며 영적인 수고요 노력이 된다. 사랑을 추구하는 자세를 가지면, 교회 내의 불일치나 다툼이 사라지게 된다. 은사를 구함에 있어서도, 건덕을 세우는 내용과 방향을 사모하게 된다. 예를 들면 "방언이 아니라 예언을", "방언에는 통역을", "방언과 예언은 순서대로" 등(고전 14장).

5) 교회 내의 직분

하나의 유기체로서의 몸과 지체라는 비유(고전 12)에서 보듯이, 각각의 은사는 '몸'이라는 전체에 속해 있는 한에서 의미가 있다. 그런데 교회 내에는 '은사'뿐만 아니라 '직분'과 '사역'도 존재한다(4ff절). 즉, 바울의 공동체 내에는 은사뿐만 아니라 다른 여러 유형의 봉사와 섬기는 직책들이 있었다. 은사는 다양하지만 성령은 하나이듯이 여러 직분임에도 불구하고 주님은 한분이고, 여러 가지 사역에도 불구하고 하나님은 같다고 바울은 말하다. 따라서 세 종류의 직분들은 각기 다르지만 이들이 모여 그리스도의 한 몸을 이룬다. 그런 점에서 이 셋은 다를 뿐이지, 서로 대립되거나 상충되지 않는다. 직분자들에('사도', '선지자', '교사') 대해서 먼저 "세우셨으니"라는 동사를 사용했는데(28절), 바울은 이 단어를 은사자들에 대해서도 계속 쓰고 있다. 따라서 당시 교회 내 은사자들과 직분자들 사이에는 역할의 차이만 있었던 것이지, 지위나 직급 상의 상하관계 같은 것은 없었다고 봐야 한다.[109] 그러나 여러 가지 개인적인 은사가 등장하기 전에, 직분(diakonia)을 나타내는 '사도', '선지자', '교사' 등 셋이 우선적으로 언급되고 있다. 따라서 이 셋은 여타의 은사와는 성격이 다르다고 봐야 한다(28절). 또한 "첫째는", "둘째는", "세째는"

---

109) Schrage, EKK 7/3, 232

이라는 표현과 함께 언급되는 점으로 미루어, 비중이 있는 직분부터 순서대로 열거된 것으로 추정된다.110)

'사도'란 헬라어 apo + stellō (send) 에서 파생된 단어로서, 특별히 바울이 편지 서두에서 자신을 소개할 때 즐겨 쓰는 용어이다. 사도는 십자가에 달려 죽으셨다가 부활하신 예수 그리스도를 증거하고 대변하는 자로서, 사람들에게 복음을 전하는 임무를 맡았다.111) 두 번째로 언급된 '선지자'라는 직분이 고린도 교회에 실제 있었다는 증거는 고린도전서 14장에 나온다(1, 3, 5, 37절 등). '선지자(prophētēs)'는 에베소서(2:20; 3:5; 4:11), 누가복음(11:49), 사도행전(13:1), 요한계시록(18:20) 등에서 다른 직분들과 함께 언급되며 등장한다. 그러므로 '선지자'는 당시 교회 내에서 하나님의 뜻을 전하는 역할을 했으리라 추정할 수 있다. 바울은 예언이야 말로 교회의 덕을 세우는 것이라고 평가하고, 이를 장려하고 있다(14:24). 따라서 예언자들은 외부에서 온 이들이 아니라, 교회 구성원 중의 일원이었고, 사도의 활동무대가 교회 안과 밖이었는데 반해, 그들은 교회 내에서 활동했다.112) 마지막 직분인 '교사(didaskalos)'는 로마서(12:7)에서 분사의 형태로(참고 2:20 "유대교의 교사"), 갈라디아서(6:6)에서는 동의어의 형태로(katēchōn) 등장한다. 교사는 가르치는 자로서(고전 14:6), 그 내용은 '교훈'이나,113) 교훈을 위해 기록된 성서(롬 15:4; 갈 6:6) 그리고 전승(6:17; 참고 갈 1:12) 등이었다. 바울도 사도 뿐만 아니라 교사로서의 역할도 수행하였다(고전 4:17). "가르침을 받는 자는 … 가르치는 자와 모든 좋은 것을 함께 하라"(갈 6:6)는 권면은 바울 당시 교사라는 직분이 아직 하나의 직업으로 여겨진 것이 아니라

---

110) Schrage, EKK 7/3, 231
111) J.-A. Bühner, Art. apostolos, 344
112) F. Schnider, Art. prophētēs, 447
113) 롬 6:17; 16:17; 참고 골 2:7; 살후 2:15

받은 은사에 따라 수행된 직분이었음을 시사하는 내용이다.114)

빌립보서(1:1)에 보면 '감독'과 '집사'라는 용어가 나온다. '감독(episkopos)'이라는 단어는 신약에서 5회 나온다.115) 베드로전서에서는 그리스도를 '감독'으로 설명하고 있다. 바울의 친필 서신중에는 빌립보에 보낸 편지에서 유일하게 이 단어가 사용되고 있다. 그리스 세계에서는 행정을 맡은 사람을 일컬어 '감독'이라고 한다. 한편, 헬레니즘 시대의 유대교(쿰란 공동체)에서 이 단어는, 어떤 분야를 막론하고, 감시와 감독의 역할을 수행하는 자를 지칭하기도 했다. 빌립보 교회가 유럽에 위치하고 있다는 점에서, 1절에서 사용되는 '감독'의 의미는 그리스 시대에 일반적으로 알려져 있는 대로, '행정과 관리를 담당하는 자'라는 추측도 가능하지만,116) 빌립보서 저술 당시, 교회가 벌써 관리자를 둘 정도로 틀을 갖추었다고 보기는 힘들다. 교회사에서 보면 2세기에 이르러서야 교회의 수장으로서, 예배와 의전을 집례하고 교육과 치리의 권한을 가진 감독직이 확립되었다. 1절에서 감독이 복수로 언급되고 있다는 점에서, 빌립보 교회의 감독은 다음 세기에 이르러 교회 조직의 정점에 서 있었던 '감독'과는 다르다고 봐야 할 것이다.117) 당시 그리스 세계에서는 재정 담당하는 사람을 일컬어 '감독'이라고 불렀다. 이러한 예에 비추어 볼 때, 빌립보서 초두에 나오는 '감독'은 예루살렘 교회를 위한 모금을 담당했던 사람을 일컫는 명칭이라고 봐야 할 것이다.118)

'감독' 외에도 '집사(diakonos)'라는 단어가 빌립보서 서두에

---

114) Schrage, EKK 7/3, 236

115) 빌 1:1; 딤전 3:2; 딛 1:7; 벧전 2:25; 그 외에 행 20:28. 이 마지막 구절에서는 그러나 장로 = 감독이다. 참고 J. Rohde, Art. episkopos, 90

116) Gnilka, HThK 10,3, 39

117) Barth, ZBK.NT 9, 15

118) J. Rohde, Art. episkopos, 90

등장한다. '집사'는 심부름꾼, 사신(使臣), 집안 일 전체를 관리하고, 운영해 가는 자, 또는 식탁에서 시중드는 자 등의 의미를 갖고 있다.119) '집사'에서 파생된 단어인 '섬기는 일(diakonia)'은 예루살렘 교회를 위한 모금 부분에서 집중적으로 등장한다.120) 그리고 이 단어는 복음을 전하는 사역을 뜻하기도 한다.121) 따라서 빌립보서에서 '집사'라고 할 때, 무게중심이 '봉사'와 '섬김'에 있는지, 아니면 '선포'에 있는 지에 대해 짚고 넘어갈 필요가 있다. 편지의 처음부터 바울은 빌립보 교회가 복음 선포에 능동적으로 참여했다고 칭찬하고 있다(1:5, 7). 따라서 '집사'의 주요 역할은 '섬김'이라기보다는 '선포'라고 봐야 할 것이다.122) 결론적으로 빌립보서 1:1의 '감독'과 '집사'는 결코 직업적인 의미의 직분이라고 할 수 없다.123) 바울은 기독교 전파 초기에 살았던 인물이다. 그의 활동 당시 '교회'는 막 세워지기 시작하고 있었다. 그러기에 바울의 교회론에는 세분화된 조직이나 직제, 그리고 전문화되고 직업화된 직분 개념이 아직 나오지 않는다.

6) 성전과 교회

바울은 고린도 교회에 보내는 편지에서 교회를 성전으로 비유한다(고전 3:16f; 6:19; 고후 6:16). 예루살렘 성전은 솔로몬에 의해 건축된 이래, 제의를 통해 여호와께 대한 이스라엘의 신앙을 하나로 묶는 구심점 역할을 하였다. 특히, 고레스의 칙령에 의

---

119) A. Weiser, Art. diakoneō, 726
120) 명사 diakonia - 롬 15:31; 고후 8:4; 9:1, 12, 13; 동사 diakoneō - 롬 15:25; 고후 8:19f. 참고 Gwang-Ho Cho, *Vorstellung*, 160f
121) 롬 11:13; 고후 3:8, 9; 11:8
122) Gnilka, HThK 10,3, 39
123) M. 디벨리우스/ H. 리츠만 (전경연 역), 『바울』, 76는 봉사직이라고 본다.

해 기원전 538년 바빌론에서 귀환한 이스라엘인들은 파괴된 성전부터 다시 재건하였으며, 이후 나라는 페르시아 제국이나 셀류시드 왕조의 용인 하에 사독계열의 제사장들에 의해 대리 통치되는, 소위 제사장 왕국으로서 반독립적인 형태를 유지하였다. 따라서 제2 성전기의 성전은 사회 전반을 다스리는 근간이 되는 유일한 기구이자 조직이었다.124)

성전은 거룩한 하나님께 제사를 드리는 곳이다. 그렇기 때문에 '거룩한(qadosh)'이라는 히브리어는 성전, 특히 제의와 긴밀한 연관이 있다.125) 이 단어군은 성전과 관련하여(사 11:9; 56:7; 64:10; 대상 29:3 등), 희생제물과 연관하여,126) 성전의 제의물품을 언급할 때(대상 28:12; 참고 민 5:17 등), 제사장과 관련하여(레 21:6ff) 그리고 안식일과 연관되어(창 31:14; 참고 사 58:13) 많이 사용된다. 또한 이 단어는 하나님을 설명할 때에도 사용되며,127) 하나님의 이러한 속성에 걸맞게 이스라엘인들도 거룩해야 한다는 구절에서도 자주 등장한다(출 19:6; 레 11:44; 19:2; 20:7; 신 7:6; 26:19).

초대 교회가 자신들의 공동체를 성전에 비유한 것은 여러 가지 점에서 타당하다. 둘은 모두, 종교적인 의식이 집전된다는 점, 하나님께 예물을 드린다는 점, 신자들이 모인다는 점, 말씀이 낭송(선포)된다는 점 등에서 서로 유사하다. "공동체 = 하나님의 성전"이라는 표상은 종종 신약성서에서 등장하며(엡 2:19ff; 딤전

---

124) 참고 G. Foher/ E. Lohse, Art. Σιών κτλ., 291-318; K. Galling, Art. Tempel, 681-686; H.D. Preuß, *Theologie*, 41ff; J. Maier, *Zwischen den Testamenten*, 37-58, 218-247

125) O. Procksch/ K.G. Kuhn, Art. ἅγιος κτλ., 88,36. 89,1ff.

126) 삼상 21:5f; 레 22:2f.12; 신 26:13; 대하 29:33 등

127) 레 10:3; 11:44; 19:2; 20:26; 21:8; 사 5:16; 6:3; 60:9; 겔 20:41; 호 11:9; 암 4:2 등

3:15; 참고 벧전 2:5), 초대교회에 광범위하게 퍼져 있었던 사고로서128) 아마도 기원은 유대 묵시문학 또는 쿰란이라고 추측된다.

　바울도 이러한 생각을 받아들여, 자신이 세운 공동체를 일컬어 너희는 "하나님의 전(naos tou theou)"이라고 한다(고전 3:16 상반절).

> (16절) 너희는 너희가 하나님의 성전인 것과 하나님의 성령이 너희 안에 계시는 것을 알지 못하느냐 (17절) 누구든지 하나님의 성전을 더럽히면 하나님이 그 사람을 멸하시리라 하나님의 성전은 거룩하니 너희도 그러하니라. (고전 3장)

　16절을 살펴보면, 바울이 "너희 = 하나님의 전"이라는 등식을 가지고 공동체를 상징적으로 하나의 건축물로써 묘사하는데 관심을 갖고 있지 않다는 사실을 발견할 수 있다. 17절 하반부의 "전은 거룩하다"고 하는, 구약성서가 흔히 말하고 있는 표상을 통해129) 바울은 공동체의 거룩성을 강조하고 있다. "성전이 거룩하다"는 사고는 아마도 '성전에 하나님이 혹은 하나님의 이름이 거하신다'는 사고나130), 혹은 '성전에 하나님께서 현존하신다'는 생각에서부터(삼하 22:7; 시 18:7) 유래되었을 것이다. 바울은 이어서 "하나님의 영"이 너희 안에 계신다고 말한다(16b절). 이 내용은 앞에서 나온 언급("너희는 성전이다")과 밀접한 연관이 있는 것으로써131) 바울이 종종 사용하는 표현이다.132) 그는 신자들, 혹은 교회 공동체를 말할 때 늘 '성령'과 연관시킨다. 그리스

---

128) O. Michel, Art. οἶκος κτλ., 124,19ff; G. Schrenk, Art. ἱερός κτλ., 247,2f

129) 시 5:8; 11:4; 65:5; 79:1; 138:2; 욘 2:5, 8; 미 1:2; 합 2:20

130) 왕상 8:10f; 대하 5:13f; 출 40:34f; 신 12:5; 왕상 8:17, 29

131) 예를 들면 Weiß, KEK 5, 84; Lang, NTD 7, 56

132) 롬 8,9.11; 참고 롬 5,5; 8,15; 고전 6,11.17.19; 7,40; 고후 1,22; 5,5; 살전 4,8; 갈 4,6

도인이나 교회 공동체가 올바르게 되고 안 되고는, 성령이 그 안에 임하시는가의 여부에 달려있다. 이런 맥락에서 '하나님의 영이 너희 안에 있다'는 언명은 매우 바울적인 표현이다.

음행의 문제를 다루고 있는 고린도전서 6장에서도 "너희는 성전이다"라는 언급이 나온다.

> 너희 몸은 너희가 하나님께로부터 받은 바 너희 가운데 계신 성령의 전인 줄을 알지 못하느냐 너희는 너희 자신의 것이 아니라. (고전 6:19)

3장과 비교할 때 특이한 것은 '성전'이 '몸(sōma)'을 의미한다는 점이며, 또한 성전을 언급할 때 수식어로 사용되는 '거룩한'이라는 형용사가 나오지 않는다는 점이다. 따라서 3장은 '성전' = '공동체'이라는 점에서, 교회론의 틀에서 설명되고 있는 반면133), 6장에서는 인간론적인 차원에서 ('성전' = '몸') 논의가 진행된다고 볼 수 있다. 6장에서 바울의 주장인 "너희 몸은 거룩하다"에 필요한 '거룩'이라는 특성은 '성전' 자체에서가 아니라(19절) 성령에 의해서134) 담보되고 있다. "너희 몸 = 성전"이라는 표현을 통해 강조하고 있는, '몸'의 존귀성과 거룩성이 여기서는 성령에 의해 다시 한 번 강조되고 있다(참고 롬 6,22). 따라서 사람들은 이 '몸'을 쾌락을 위해서, 즉 자신들을 위해서가 아니라 하나님을 위해서 사용하여야 한다(19b절; 참고 롬 6:13; 14:7f).

고린도에 보내는 둘째 편지(6:16)에서도 바울은 "우리는 하나님의 전"이라고 말한다. 악하고 부정한 것을 멀리하라는 권면 가

---

133) Weiß, KEK 5, 166; Conzelmann, KEK 5, 136; Strobel, ZBK.NT 6,1, 114; Wolff, ThHK 7, 130f; Lang, NTD 7, 84; Orr/Walther, AncB 32, 203; H.-J. Klauck, Symbolsprache, 349; H. Hahn, *Gottesdienst*, 53. 53.A.1.
134) "너희 안에 있는" 참고 고전 6:11; 롬 5:5; 고후 1:22; 5:5; 갈 4:6; 살전 4:8

운데, 우리가 그렇게 해야 하는 신학적인 근거로써 '우리 = 하나님의 전'이라는 도식을 사용한다.

> 하나님의 성전과 우상이 어찌 일치가 되리요 우리는 살아 계신 하나님의 성전이라 이와 같이 하나님이 이르시되 … (고후 6:16)

'하나님의 전'은 거룩하고 정결한 것이다. 그러므로 그와 같이 우리도 깨끗해야 한다는 논지이다(7:1). '하나님의 전'이라는 용어에서 더 이상 구조물이나 모임이라는 표상을 찾아보기 힘들다. 다만 '성전'이라고 할 때 대표적으로 떠오르는 '거룩'이라는 표현만을 사용하여, 삼단 논법을 전개하고 있다.

(1) 너희 = 하나님의 전 *이다*
(2) *그런데* 하나님의 전 = 거룩 *하므로*
(3) *그러므로* 너희 = (*거룩해야 한다*)

교회 공동체를 성전에 비유하는 구절들을 살펴본 결과에서 알 수 있는 것은, 성전이라고 할 때, 성전 자체 즉 구조물이나 모임의 의미 보다는 성전이 가진 대표적인 특성인 '거룩함'에 바울이 관심을 기울이고 있다는 점이다. 고린도전서 3장에서 '성전'을 구조물로 여길 수 있는 가능성이라고는 기껏해야 앞에 나오는 메타포인 "너희는 하나님의 집이니라"(9절)는 표현과 연관시켜 생각할 때 뿐이다. '거룩', 즉 윤리적인 관점으로 '성전'이라는 개념을 사용하려는 경향은 고린도전서 6장과 고린도후서 6장에서 더욱 분명히 나타난다. 고린도전서에서 거룩한 '성전'은 교회 공동체가 아닌 한 개인의 '몸'을 의미한다. 그렇기에 신자들은 음란을 피해야 한다(6장). 고린도후서에 따르면 우리는 성전이기에 우상을 숭배해서는 안 된다(6장).

제사를 통해 사람들은 지은 죄를 고백하고, 제사를 받으신 하나님은 사죄의 은총을 선포하는 곳이 성전이다. 그러나 바울은 예수를 통해 이룩된 하나님의 구원행위가 지금까지 성전이 수행해왔던 죄의 고백과 용서 선포라는 기능을 대체한다고 보았다. 따라서 그의 신학에서 '성전'은 더 이상 중요한 개념이 아니다. 하나님이 거하는 곳으로서의 '성전'(마 23,21), 하나님과 인간 간의 올바른 관계가 다시 수립되는 성소로서의 '성전'이라는 사고는 관심 밖이다. 예수 사건이래, 하나님 또는 승귀한 주님을 성소에서 만날 수 없다. 주님은 성령을 통해 신자들에게 혹은 그리스도인들의 모임에 직접 찾아오신다.[135] 그런 점에서 성전과 믿음의 공동체인 교회 간의 긴밀한 관련성은 성립되지 않는다. 구약의 '성전'이라는 용어가 바울의 교회론을 잘 설명해 주고 있다는 주장은[136] 별로 설득력 없다.

7) 교회와 여러 동역자들

바울에게 중요한 것은 그리스도의 복음이 전파되는 것이다. 따라서 자신의 활동 영역에 다른 전도자들이 들어와, 경쟁심이나 다른 불순한 의도를 가지고 활동하더라도 복음이 증거 된다면, 이를 별로 개의치 않았다(빌 1:18). 그리스도의 일꾼으로서 봉사하는 방법은 여러 가지이다. 누구는 심고, 누구는 물을 준다(고전 3:6). 그러나 모든 수고는 결국 하나님의 섭리와 주권 안에서 이루어지는 것이다. "심는 이나 물주는 이는 아무 것도 아니로되 오직 자라게 하시는 이는 하나님뿐이니라"(고전 3:7)는 구절에서 알 수 있듯이, 중요한 것은 "누가 잘했느냐(비교)"가 아니라, "하나님께서 주신 은사를 잘 활용하여, 얼마나 열심히 그리스도라

---

135) 고전 14,25; 참고 고전 5,4; 마 18,20; 28:20. 참고 Weiß, KEK 5, 334; J. Hainz, *Ekklesia*, 324ff
136) W.H. Ollrog, *Paulus und siene Mitarbeiter*, 136ff가 이러한 경향을 갖고 있다.

는 터 위에 건축물을 짓는 수고를 했느냐”이다. 그렇게 노력한 사람은 결국 보상을 받게 될 것이다. 즉, 공명심에서 나온 잘못된 경쟁심이나 시기심이 아니라, ‘어떻게’(10절) 노력해서 집을 지을 지가 관건이다. 집을 짓는 여러 가지 건축 소재(금, 은, 보석, 풀, 짚)가 제시된 것은 복음을 위한 봉사에 다양한 방법이 있음을 암시하는 것이다.

바울의 보고에 따르면 고린도 교회 내에는 여러 파가 있었다. 이들은 각자 자신들의 영적인 우월성을 주장하며 교회 내 분열을 부추기고 있었다(고전 1장). 이와 관련하여 바울은 각자 자신의 방식을 통해 하나님을 섬기지만, 결국 모두 다 ‘하나님의 동역자’(3:9)라는 사실을 상기시킨다. 이어서 성전과 연관시켜 “거룩하라”는 권면을 하고(16f절), 하나님 지혜의 역설(paradox)을 설파한 후(18ff절) 고린도 교회 내의 여러 분파는 결국 그리스도에게, 그리고 궁극적으로는 하나님께 속했다고 설명하고 있다(22f절). 바울의 이와 같은 논지를 통해서 우리는 두 가지를 알 수 있다. 하나는 교회 내의 다양성을 인정하는 것이고, 또 다른 하나는 그 다양한 교회는 결국 하나님의 것이라는 점에서 통일성이 확보되고 있다는 점이다.

교회는 다양한 무리들로 이루어져 있음에도 불구하고 하나님의 것이라는 점에서 분절화 되거나 분열되지 않고 통일체로써 유지된다. 더 나아가 세상에 존재하는 모든 교회는 하나님께 속한 것이기에, 개 교회 내의 일꾼들이 하나님의 동역자인 것처럼, 각 교회에 속하여 봉사하는 이들도 모두 하나님을 위해 수고하는 동역자들이다. 각각의 교회는 이처럼 하나님 안에서, 그리고 성령의 역사(役事)를 통해서 서로 연결되어 있다.

8) 바울과 예루살렘 교회

복음 전파의 역사(歷史)라는 큰 틀에서 볼 때, 현재 복음은 예루살렘에서 시작하여 반(反)시계방향으로 그 진로를 잡아 진행해 가고 있다.137) 바울의 선교 원칙은 '복음의 씨가 이미 뿌려진 곳은 선교지로 택하지 않는다'는 것이다(롬 15:20; 고후 10:16). 그렇기에 19절의 "내가 예루살렘으로부터 … 일루리곤까지 … 복음을 편만하게 전하였노라"는 설명은 문자적으로가 아니라, 한 번 걸러서 이해해야 한다. 바울이 복음 전파에 주도적인 역할을 했다는 것은 분명하다. 하지만 그 외에도 여러 전도자들이 있었고, 모두의 수고와 노력으로 복음이 예루살렘으로부터 시작하여 지중해 유역의 여러 지역에 전파되었다. 19절의 표현은 따라서 포괄적인 의미로서, 즉 '거시적인 복음의 진로와 방향'이라는 입장에서 설명한 것이다. 복음은 분명히 이집트 쪽으로도 전파되었다. 에디오피아 내시에게 전도, 콥트 기독교의 존재 등이 그 증거이다. 하지만 이 지역은 거론되지 않은 채, 복음의 진행은 예루살렘에서 유럽 쪽으로 반원을 그리며 나아간다고 묘사된다. 보편적이고 개략적인 입장에서 볼 때, 바울은 분명 그러한 복음의 진행에 나름대로 기여를 했다. 그렇기 때문에 그는 "내가 예루살렘으로부터 … 일루리곤 까지"라고 말할 수 있는 것이다. 여기서 "내가"를 "바울이 실제로 거론된 모든 지역에 가서 복음을 전도했다"고 이해한다면, 그것은 전후 문맥을 제대로 파악하지 못한 것이다.

바울은 처음부터 이방인의 사도로 부름을 받았다. 그 같은 소명의식은 사람에 의해서 받은 것도, 배운 것도 아니었다. 그는 예루살렘 교회와 상관없이 독자적으로 하나님으로부터 직접 계시를 받아 사도로서 활동을 하였다. 그렇기 때문에 예루살렘 교회

---

137) "예루살렘으로부터 두루 행하여 일루리곤까지" 롬 15:19

로부터 신세를 진 것이 없었다(참고 갈 1장). "신령한 것을 뿌린 자(선교사)는 육적인 것을 [피선교지에서] 거둘 수 있다"는 구절에(고전 9:11; 갈 6:6) 따르면, 바울로부터 복음을 전해 받은 이방인들은 바울에게 영적으로 빚을 진 것이지, 예루살렘 교회에 대해서는 아니다. 그러나 바울은 예루살렘 교회를 일컬어 이방인들이 그들로부터 영적인 것을 나눠 가졌으니 이방인들은 육적인 것으로 그들을 섬겨야 된다고 말한다(롬 15:27). 여기서 이방인들은 예루살렘 교회에 빚을 졌다는 사실이 강조된다. 이렇게 주장할 수 있는 까닭은 앞서 설명한 것처럼, 보편적인 관점 때문이다. 궁극적으로 예루살렘에서 시작된 복음이 땅 끝까지 전파되고 있다. 바울을 포함한 모든 동역자들은 이 복음의 역사(役事)에 동참하고 수고를 아끼지 않았다. 따라서 거시적인 안목에서 볼 때, 이방인들은 복음의 고향이요 출발지인 예루살렘에 영적인 빚을 진 것이고, 그 빚을 갚아야 한다. 그렇기에 예루살렘의 가난한 성도들을(롬 15:26) 돕는 일은 빚진 자들인 이방인으로서 당연히 해야 할 책무이다.

바울이 예루살렘 교회를 위한 모금을 독려하고 이에 힘을 쓴 까닭은(갈 2:10) 보편적인 관점에서 볼 때, 모든 교회는 하나님 안에서 하나이며, 교회 일꾼들 각자는 궁극에서는 하나님의 복음을 전파하는 동역자라는 의식을 가졌기 때문이다. 예루살렘 교회나, 바울에 의해 설립된 교회를 막론하고, 모두에게 하나님의 역사(役事)가 함께 하시며 은혜가 주어졌다(갈 2:7f). 이 두 교회는 비록 선교지나 선교 대상은 다르지만, 사도로서 복음을 증거하는 동일한 사명을 받았다. 이러한 동료의식으로 인해서 이 두 교회의 대표들은 '친교의 악수'를 할 수 있었다(9절). 하나님 안에서 같은 일을 한다는 이 동역자 정신으로 인해 서로를 생각하게 되고 돕게 된 것이다. 그렇기에 바울은 믿지 않는 유대인들이 자신을 해할지도 모르는 위험에도 불구하고, 그리고 예루살렘 교회 내 기류가 바뀌어 이방인에게 복음을 전하는 바울에 대한 거부감이 증대함으로써 갖은 노력과 수고 끝에 마련한 모금을 그들이 어쩌면 거부할 지도 모른다는 가능성에도 불구하고, 이를 전달하기 위해 예루살렘으로 향한 것이다(롬 15:31).

바울은 예루살렘 교회에 대해 그들이 어떤 교회사적인, 신학적인 우위를 점하고 있다고 인정하지 않았다. 그의 복음은 예루살렘과 상관없는 것이다. 이 점은 갈라디아서에서 특별히 강조되고 있다(1:17,18f; 2:1ff,6). 바울은 예루살렘의 '기둥'같이 여기는 게바에 대해서도 잘못한 것이 있으면 당당히 책망을 한다(2:11ff). 따라서 모금은 하위 기관이 상위의 기관에 바치는 상납금의 성격도 아니요, 모교회에 드리는 교회세와 같은 의미를 갖고 있지도 않다. 모금은 서로 역할은 다르지만 궁극적으로 하나님의 일을 한다는 점에서 같은 동료라는 즉, 동지 의식과 동지애의 발로에서 나온 것이다.[138]

---

138) 이 점에 대해서는 모금과 관련한 바울의 용어를 연구한 본인의 "바울과 예루살렘 교회와의 관계", 「헤르메네이아 투데이」 20 (2002. 10)와 Gwang-Ho Cho, *Vorstellung*, 160-169를 참고 하라.

4. 윤리

1) 직설법 - 명령법

일찍이 R. 불트만은 바울의 윤리를 '직설법(indicative) - 명령법(imperative)' 이라는 도식으로 설명한 바 있다.[139]   이와 같은 이해는 많은 사람들의 공감을 사기도 했다.[140] 바울 윤리 핵심으로 제시된 '직설법 - 명령법'의 의미는 다음과 같다. 예수 그리스도를 통해 하나님께서 이루신 구원의 행위가('직설법'), 이 구원을 경험한 사람들에게는 마땅히 행해야 할 윤리의 근거가 된다는 것이다('명령법'). 즉, 하나님의 은혜를 체험한 신자들은 구원이라고 하는 놀라운 경험을 바탕으로('직설법'), 그같은 은총을 받을 만한 조건이나 자격이 없음에도 불구하고 한없는 사랑을 베풀어 주신 하나님께 감사하여, 이 세상 속에서 하나님께서 행동하고 처신하기를 원하는 삶의 모습대로 살아가야 한다는 원리가('명령법') 바울 윤리의 핵심이라는 것이다.

'직설법 - 명령법'은 하나님의 구원행위에 대한 인간들의 응답이라는 관점으로 윤리를 설명한다. 그 결과 개신교 교리 가운데 중요한 요소인 '하나님과 인간의 질적인 차이'를 잘 반영하고 있다. 이 도식은 인간들을 구원하고자 주권적으로 개입하시는 하나님의 구원 사건이 이미 일어났음을 깨닫게 한다. 또한 감격하고 감사하는 마음 자세로 하나님께서 기뻐하시는 뜻대로 살겠다는 결단을 이끌어내고, 또 이를 촉구하는 의미로써 윤리를 파악한다. 이러한 입장은 바울의 윤리가, "구원 또는 은혜를 받기 위해서는 무엇, 무엇을 해야 한다"는 식의 유대교적이고 율법주

---

139) R. Bultmann, *Theologie*, 335
140) 예를 들면 G. Bornkamm, *Paulus*, 208; F.W. Horn, Art. Ethik (III.2. Neues Testament), 1608

의적인 윤리와 근본적으로 다르다는 측면을 잘 부각시키고 있다. 윤리가 부분적으로나마 '명령'으로 규정되고 있다는 점에서 이 '직설법 - 명령법'은 '이미 얻은 구원'이나 '은혜' 만을 강조할 때, 간과하기 쉬운 '의무'의 차원을 잘 확보하고 있다. 결과적으로 사람들로 하여금 열광주의로 빠지지 않도록 예방하는 역할도 한다. 즉, "우리 신앙인은 이제 영적인 존재이며 천상의 존재가 되었기 때문에, 지상의 어떤 것도 이미 획득한 구원의 현실을 방해할 수 없다"는 잘못된 입장으로 빠지지 않도록 한다(참고 고전 6:12; 10:23 "모든 것이 내게 가하나").

이처럼 '직설법 - 명령법'이라는 도식에는 바울의 윤리를 잘 이해할 수 있도록 도와주는 여러 긍정적인 관점들이 함축되어 있다.[141] 하지만 이 '직설법 - 명령법'은 바울 윤리의 특징을 파악하기 위한 해석의 틀로서 부적합한 면도 없지 않다. 왜냐하면 구약의 첫 성경, 창세기 이래로 발생한 많은 사건들이 이 도식으로 설명가능하기 때문이다. 예를 들면, 천지창조는 하나님께서 세상과 인간을 사랑한 결과로 생긴 사건이다. 그렇기에 지음 받은 인간의 입장에서 볼 때, 이 창조 사건은 은혜의 사건이라고 할 수 있다. 이 창조 사건 이후에 아담에게 선악과를 따먹지 말라고 명령하신 것이나, 애굽에서 빠져 나온 (구원사건) 이스라엘 백성들에게 모세를 통해 율법을 준 (명령) 사실 등을 통해 알 수 있듯이, "직설법 - 명령법"의 관계는 하나님과 인간 사이에, 일찍부터 있어온 것이다. 그러므로 불트만이 제시한 이 도식이 특별히 바울의 윤리에만 적용되는 것이라고 보기는 어렵다. 그렇다면 바울의 윤리를 잘 설명해 낼 수 있는 어떤 도식이나 명제는 없는 것일까?

---

141) '직설법 - 명령법' 윤리의 연구사에 대해서는 장흥길, 『신약성경윤리』, 31f 참고.

2) 바울 윤리의 출발점

바울이 윤리에 대해 다루고 있는 성서 구절들을 살펴보면 다음과 같은 점이 눈에 띈다. 로마서 6장을 예로 들어 보자. 바울은 예수 그리스도의 십자가 사건을 통해 이루어진 '구원의 현재'(7절; 참고 롬 3:21), 또는 율법이나 죄 아래에 있었던 과거와 '단절'되었다는 모티프를(6:4a, 6절; 참고 17, 18절) 부각시키고 있다.142) 그리고는 이 사실을 바탕으로 윤리적인 권면을 하고 있다(예: "죄가 너희 죽을 몸을 지배하지 못하게 하여 몸의 사욕에 순종하지 말고 또한 너희 지체를 불의의 무기로 죄에게 내주지 말고" 12f절). 14절에서 바울은 "죄가 너희를 주장하지 못하리니 이는 너희가 법 아래에 있지 아니하고 은혜 아래에 있음이라"라고 말한다. 이것은 과거와 '단절'을 경험한 신앙인이(하반절) 이제 더 이상 죄의 세력권 하에 있지 않다는(상반절) 의미로써, 지금까지 전개했던 논지를 되풀이 하는 것이다. 윤리적인 권면을 할 때, 구원이라는 현실을 먼저 부각시키고 이어서 행동 지침을 제시하는 바울의 태도를 우리는 여러 곳에서 발견할 수 있다. 로마서 12장도 한 예가 될 수 있다. '하나님의 자비'로 표현되는 구원 행위야 말로 신자들이 세상과 구별되게 살아야 하는 이유라는 점에서(2절), 이 '하나님의 자비'는 신자들로 하여금 윤리적인 삶을 살도록 하는 근거가 된다(1절).

바울은 권면을 통하여, 인간은 죄의 권세로부터 해방된 자로서 하나님과 세상을 섬기는 종으로서 삶을 살아야 한다고 강조한다. 바울이 이 점에 대해 목청을 높이는 이유는 역설적으로, 현실 세계에서 신자들이 그러한 삶을 살지 못하거나, 더 나아가 '구원의 현재'에 둔감하여 이를 제대로 인식하고 있지 못하기 때문이다. 바울은 이 사실을 간파하고 있다. 그는 인간에 대해서 소녀

---

142) 롬 6:11에는 이 두 가지 차원이 동시에 언급되고 있다.

적인 감상주의나 허황된 이상론을 가지고 접근하지 않는다. 바울은 원래 바리새인이었으나, 부활하신 예수를 만난 이후, 신앙을 갖게 되었다. 지금까지의 모든 것보다도 그리스도를 아는 지식이 더 낫다고 여겼기에(빌 3:8), 과거의 것을 배설물로 여겼다. 그리고는 이방 지역에서 다양한 사람들을 대상으로 그리스도의 복음을 증거하는 삶을 살았다. 다채로운 인생의 이력을 가진 바울은 현실에 바탕을 둔 인간이해를 피력한다. 즉, 예수 그리스도의 대속적인 죽음을 통해 하나님의 의가 나타났고, 이로 말미암아 인간은 율법이나 죄의 굴레로부터 해방되었다. 하지만 개개인의 구체적인 삶에서는, 하나님의 구원의 현실이 아직 완전히 실현되지 않고 있다는 사실을 인식하고 있었다. 실제로 인간들은 아직도 율법이라는 족쇄를 차고 있으며, 죄의 권세에 사로잡혀 노예 상태 가운데 있다. 이렇게 된 이유는 무엇일까? 바울은 '육신의 연약함'에서 그 까닭을 찾았다(롬 6:19; 8:3). 신자들은 그리스도를 통한 하나님의 의가 구현되는 구원의 현실 속에 마땅히 살고 있어야 하지만, 육신에 속했기 때문에(7:14) 많은 사람들이 실제는 그렇게 살지 못하고 있다는 것이다.

물론 바울이 사용한 '육'이라는 개념에 전적으로 부정적인 의미만 내포되어 있는 것은 아니다. '육'은 히브리어 '바사르'의 번역이다. 이 단어는 원래, 하나님께서 창조해주신 전인으로서의 '몸'이라는 뜻으로써, 중립적인 개념이다. 바울도 이러한 관점을 수용하고 있다. 한편, 이원론적인 헬라철학이나, 또는 중간 시대에 유대교 내에서 자생적으로 발생한 이원론적인 사고에서[143] 영향을 받아, 일부 성서에서는 '육'을 부정적으로 보기도 하는데, 이 같은 경향을 바울에서도 찾아볼 수 있다(롬 8:5ff, 13; 갈 5:13). 바울은 '구원의 현재'가 아직 완벽하게 구현되고 있지 못한 이유를, 인간이 육신에 속했기 때문이라고 보았다.

---

143) E. Brandenburger, *Fleisch*, 14f, 42ff

사도 바울에게는 영지주의나 이원론에 기초한 헬라철학, 그리고 유대사상과 일부 유사한 점이 발견되기도 한다. 하지만 다른 한편으로 그것들과 불연속적인 측면도 나타나고 있다. 차이점은 1) 우선 바울은 구원을 탈세상적으로 이해하고 있지 않다는 점이다. 그리스도 사건을 통해 구원을 경험하여 새로운 피조물로 살아가는 신자들은 승리한 천상의 존재로서 이 세상과 더 이상 아무런 상관없이 살아가는 영적인 존재들이 아니다. 신자들은 구원 이후에도 이 세상에서 계속 살아가야 한다. 2) '육신의 연약'이라는 표현에서 확인되듯이, 바울은 구원을 탈육신적인 어떤 것으로 보고 있지 않다. 그는 그리스도의 사건을 체험한 신자들도 육의 몸을 입고 살아간다는 점을 직시하고 있다. 그들은 구원받았지만, 아직 이 세상에서 (고난을 당하며) 살아가야 한다(롬 8:18; 참고 8:35f). 3) 이원론적인 종교나 사상과 구별되는 또 다른 점은, 바울이 현재의 구원의 상태를 궁극적인 것으로 간주하지 않는다는 것이다. 바울은 구원의 현재를 말하고 있지만[144] 그의 시야가 여기에만 고정되어 있는 것은 아니다. 그는 '현재'를 넘어 먼 지평을 바라본다. 구원 이후, 이제 더 이상의 다른 소망이나 기다림이 없는 것이 아니다. 바울 선교 설교의 내용이 반영되어 있는 구절에 따르면(살전 1:10), 신자는 재림하시는 예수 그리스도를 통해 하나님의 진노에서 벗어난다. 신자들의 유한한 몸이 완전체로 변하는 것은 부활의 때에 가능하다(고전 15:53f). "사망의 이김이 삼킴바 되는" 것은 종말에 이르러서이다(고전 15:54f). 인간의 궁극적인 구원의 완성이 이처럼 '미래'에서 이루어진다는 진술들을 진지하게 고려할 때(참고 롬 8:18), 우리는 바울 전체 신학의 구도 가운데서 그의 '윤리'가 올바르게 자리매김될 곳을 찾을 수 있게 된다.

---

144) "그러므로 이제 그리스도 예수 안에 있는 자에게는 결코 정죄함이 없나니" 롬 8:1, "영을 좇아 행하는 우리" 8:4

3) 바울의 윤리

바울의 윤리는 앞에서 살핀 것처럼 '구원의 현재'를 경험한 신앙인들에게 요구하고 요청하는 내용들로 이루어져 있다. 바울이 이처럼 권하고 있는 것은 궁극적으로 신자들의 육체적 연약 때문이다. 만일 이 '연약함'이 없다면 신자들에게 주는 여러 가지 윤리적인 권면이 필요 없을 것이다. 궁극적인 구원은 미래에 실현된다는 점에서 바울 윤리는 '구원의 현재'라는 '이미(already)'와 장차 있을 '궁극적인 구원'이라는 '아직(not yet)' 사이에 주어지는 것이라 할 수 있다. A. 슈바이쳐는[145] 예수의 윤리를 "중간윤리(interim Ethic)"라고 정의한다. 그에 따르면 예수는 자신이 십자가에서 죽임을 당할 때 세상의 역사가 끝이 날 것이라는, 임박한 종말에 대한 강한 기대감을 가졌으며, 이를 근거로 예수는 청중들에게 극단적이고 윤리적인 처방을 제시했다는 것이다. 예를 들면 오리를 가자고 하면 십리를 가고, 오른 뺨을 때리면 왼뺨도 대라는 등. 하지만 예수의 죽음에도 불구하고 역사의 수레바퀴는 계속 굴러갔다는 점에서 예수의 임박한 종말에 대한 기대 및 이에 기초한 윤리적인 처방은 잘못된 것이라고 슈바이쳐는 평가한다. 이 논리에 따르면 비종말적이라는 전제 하에 사는 현대인들에게 예수의 윤리는 따르기 어려운, 아니면 실현 불가능한 윤리가 된다. 예수의 윤리는 그렇기 때문에 완전하지 않은, 임박한 종말이라는 전제 하에서만 유효한 '중간윤리'라고 평가되어야 한다는 것이다. 바울의 윤리도 '이미'와 '아직'이라는 구원의 구체적 상황 사이에 처해 있는 신자들에게 주어진 것이라는 점에서 중간윤리라고 할 수 있다. 하지만 슈바이쳐가 말하고 있는 종말이라는 특수 상황을 전제로 한, 따라서 전제가 잘못된, 그래서 실제로 오늘날 적용할 수 없는, 의미로써의 중간윤리는 아니다.

---

145) A. Schweitzer, *Das Messianitäts- und Leidensgeheimnis*, 10, 19

바울은 예수 그리스도를 통한 구속 사건의 의미를 강조하면서, 신자들에게 그 '사건 이후'에는 어떻게 사는 것이 올바른 것인지에 대해서 끊임없이 말하고 있다. 이에 대한 예로 로마서의 한 구절을 들 수 있다.

> 그의 죽으심은 죄에 대하여 단번에 죽으심이요 그가 살아 계심은 하나님께 대하여 살아 계심이니 이와 같이 너희도 너희 자신을 죄에 대하여는 죽은 자요 그리스도 예수 안에서 하나님께 대하여는 살아 있는 자로 여길지어다. (6:10f)

바울의 윤리적 권면은 구원의 현재 속에 살고 있는 모든 신자들을 염두에 둔 것이라 할 수 있지만(롬 8:1-2), 좀 더 정확히 말한다면 주로 신앙의 연륜이 그리 깊지 않은 신자들을 주 대상으로 하고 있는 것이다. 바울이 편지를 쓴 이유는 자신이 세운 교회에 문제가 생겼다는 것을 전해들었을 때나(고전 1:11), 어떤 문제에 대해 문의를 해 올 경우(고전 5:1 등), 또는 방문하여 말씀을 전하거나 신앙에 대해 여러 권고를 해야 했지만 사정상 갈 수 없었거나146), 가지 않기로 결정한(고후 2:1f) 때문이다. 로마서의 경우, 자신을 로마 교회에 소개하고 아울러 스페인 선교여행을 위한 지원을 받기 위해서 저술한 것이다. 바울의 복음을 잘 모르는 교인들에게 자신을 알리려 한다는 점에서 로마서의 수신인들은 바울 복음을 접하지 못한 사람들이라고 할 수 있다. 신앙생활에 어떤 문제가 있거나, 초보적인 믿음 상태에 있는 사람들을 대상으로 편지를 쓰고 있기 때문에, 바울의 권면 내용은 구원의 의미를 설명하고 이에 걸맞는 삶을 살 것을 촉구하는 형식이 주류를 이루고 있다.147) 비록 구원은 이미 이루어 졌지만, 믿음이 온전치

---

146) 롬 15:23f; 살전 2:17f

147) 참고 "만일 너희 속에 하나님의 영이 거하시면 너희가 육신에 있지 아니하고 영에 있나니" 롬 8:9; "육신에 있는 자들은 하나님을 기쁘시게 할 수 없느니라" 8절; "육신대로 살 것이 아니라" 12절; "영으로써 몸의 행실을 죽이면 살리니" 13절

못한 사람들은 이를 제대로 느끼고 인식하며 깨달을 수 있는 능력이 부족하다. 따라서 '구원의 현실'이 온전히 그들의 것이 되고 있지 못하다. 그들에게는 구원은 아직 완전히 이루어 진 것이 아니다. 예수 그리스도의 사건을 통하여 객관적으로 이루어진 구원을 어떻게 하면 신자들이 주관적인 것으로 받아들일 수 있는지에 대해 천착하고 있다는 점에서, 바울은 신자들의 입장에서 문제시 되고 있는 '완전치 못한 구원'이라는 주제와 씨름을 하고 있는 것이다.

그렇다고 해서 바울의 관심이 온통 구원의 '불완전성'에 만 쏠려 있는 것은 아니다(참고 롬 8:1). 그는 분명 신자들이 부르심을 받았다는 사실이나(28절), 또는 하나님의 사랑으로 그리스도와 맺어진 구속의 관계는 세상의 그 어떤 것에 의해서도 무효화 될 수 없다는 내용을 강력하게 선언 하고 있다.148) 바울은 '그리스도의 사랑'으로 인해(롬 8:37) 이 세상의 여러 가지 장애나 악한 세력의 방해에도 불구하고, 신자들은 기본적으로 그리스도와 계속 연결되어 있다고 보았다. 공동체 내의 교인들의 신앙적인 태도와 수준은 매우 다양했다(참고 롬 14; 고전 10). 어떤 이들은 우상에게 드려진 제물도 스스럼없이 먹는가 하면, 어떤 교인들은 거부감을 느끼거나 심지어 먹는 이들로 인해 걸려 넘어지기까지 한다. 그렇기에 신앙의 정도에 따라 윤리적인 권면의 내용이나 강조점이 달라질 필요가 있었다. 신앙의 면에서 가장 모범이 될 만한 이는 바울 자신이었다. 그러기에 그는 편지에서 교인들에게 바울 자신을 닮으라고 종종 말하곤 한다.149) 바울서신에서 단어군 '온전한'(teleios, teleioō)은 "궁극적인 어떤 것", "완전한 것"이라는 긍정적인 의미로 사용되고 있다.150) 고린도 교인들

---

148) "누가 우리를 그리스도의 사랑에서 끊으리요" 롬 8:35, 38f
149) 고전 4:16; 11:1; 빌 3:17
150) 고전 13:10; 고후 12:9; 롬 12:2

에게 바울은 이 단어를 사용하여 "지혜에는 장성한 사람이 되라"고 권면한다(고전 14:20). 한편 바울은 자신을 포함한 동역자들을 일컬어 "온전히 이룬 자들"(빌 3:15; 참고 고전 2:6) 이라고 표현하고 있다. 여기서 우리는 바울이 자신을 어떻게 평가하고 있는지 알 수 있다. 그는 "온전한" 자이다. 이와 같은 자의식은 '구원의 현재'를 강하게 느끼고 있는 바울의 현실 인식에서 유래되는 것이다. 지상에서 육신으로 살아가야 하는 인간의 한계에 대해 늘 생각하고 있지만(빌 3:12ff), 바울은 타에 모범이 되고 스스로를 "온전"하다고 밝힐 만큼 신앙적으로 앞선 상태에 있었다. 이러한 점에서 바울이 느끼고 있는, '구원의 현재'의 실현 정도와 여러 수신 교회 교인들이 느끼고 있는 그것 간에는 큰 괴리가 있다고 할 수 있다. '하나님의 의'가 현재 어느 정도 이루어 졌는지에 대해 느끼는 편차는 개인들 신앙에 따라 다른 것이다.

　　수신 교회의 교인들은 아직 불완전한 구원의 현실 속에 살고 있다. 이미 이루어진 구원에 대해 감지하거나, 파악할 능력이 아직 갖추어지지 못한 자들에게 이 구원의 현실이 아직 실현되지 않은 것이거나, 모호한 것으로 다가온다. 하지만 그 실체를 파악하고 감지하여 느낄 줄 아는 자에게 이 사건은 놀라운 은총의 현실로써 생생하게 체험된다. 그렇기에 바울은 수신 교회의 교인들에게, 그들이 미처 깨닫지 못하고 있는 '구원의 현실'에 대해 강조를 하는 것이다. 그들의 신앙이 아직 부족하기에 아직 자신들이 구속되었다는 사실, 하나님의 의가 나타났다는 사실을 제대로 파악하지 못하고 있다. 이런 맥락 속에서 바울은 이미 이루어진 이 '사실'에 대해 알리고자, 강조를 하고 있는 것이다. 이 '구원의 현재'라는 현실에 눈을 뜨고, 이제는 용서받고 구속된 자로서 새로운 현실에 걸맞는 삶을 살라고 권하고 있는 것이다. 여기서 성령은 '구원의 현재'를 환기시켜 주는 역할을 나름대로 수행하고 있다(롬 8:16).

4) 사랑 - 바울 윤리의 핵심

바울 윤리의 특징 중에서 빼놓을 수 없는 것이 '사랑'에 대한 강조이다. 흔히 '이웃 사랑'으로 요약되어 하나의 계명처럼 여겨지는 이 말씀은, 예수께서 "모든 계명 중에 첫째가 무엇이냐"는 서기관의 질문을 받고(막 12:28) 레위기(19:18)를 인용하여 답변하신 것이다. 예수께서 전체 구약을 요약한 두 가지 내용 중의 하나인 이 말씀이 신약성서 여러 곳에서[151] 등장한다.[152] 바울도 '이웃 사랑'을 로마서(13:8ff)와 갈라디아서(5:14f)에서 두 차례 언급하고 있다. 학자들 중에는 '사랑'이야 말로 바울 윤리의 근간이라고 주장하는 이들이 있을 정도로,[153] 중요한 개념이다.

로마서 13장에서 바울은, 십계명의 둘째 판의 내용뿐만 아니라 그 외에 어떤 다른 계명들도 결국은 "이웃을 네 자신과 같이 사랑하라"와 다름이 아니라고 설명한다. 십계명 및 그 외의 여러 계명을 언급하고 (사례들), 그것들이 결국은 '이웃 사랑'에 귀결된다(원리)는 식으로 논리 전개를 하고 있다(귀납적). 사랑은 이웃에게 해를 끼치지 않는 것이며, 율법은 결국 "이웃을 네 자신과 같이 사랑하라"는 계명에서 완성이 된다. 율법의 "완성(pleroma)"이 사랑이라는 선언(10절)에서 "완성"은 8절의 "이루었느니라"와 같은 뜻이다. 십계명의 둘째 판을 포함한 구약의 모든 계명들이 "자기 자신을 사랑하는 것처럼 네 이웃도 사랑하라"에서 이루어지는 이유를 바울은 9절에서 밝히고 있는데, 그것은 '이웃 사랑'이라는 계명 안에 모든 계명이 다 들어있기[154] 때문이다.

---

151) 막 12:31,33; 마 5:43; 19:19; 22:39; 눅 10:27; 약 2:8
152) 다른 축은 '하나님 사랑'이다.
153) 예를 들면 F.W. Horn, Art. Ethik (III.2. Neues Testament), 1609
154) anakephalaioutai (ἀνακεφαλαιοῦται)

갈라디아서 5장에서도 '이웃 사랑'이라는 계명이 언급되고 있다. 로마서 13장에서와 마찬가지로 "사랑하라"는 권고에 이어,[155] 이웃 사랑이야 말로 율법의 완성이라는 내용이 등장한다. 로마서에서는 십계명의 개별 조항들과 그 외 다른 계명들이 언급되고 있는 데 반해, 갈라디아서에서는 다른 설명 없이 선언적으로 모든 율법은 '네 자신 같이 이웃을 사랑하는 것'에서 이루어진다고 말하고 있다. 갈라디아에 보내는 편지에서는 개별 율법들을 설명하고 난 후, 그것들은 결국 이웃 사랑으로 귀결될 수 있다는 식의 해석학적인 절차를 밟지 않고, 단도직입적으로 율법에 대한 정의를 내리고 있다. 이러한 태도는 아마도 갈라디아 교회 내의 급박한 상황과도 관련이 있을 것이다. 그곳의 교인들은 곧 바울이 전한 복음을 버리고 다른 복음으로 갔으며(1:6), 교회는 분란에 휩싸였다(5:1ff). 그렇기에 바울은 이웃 사랑을 언급하는 14절 전후 구절에서 "서로"라는 단어를 사용하여 교인들 간의 사랑을 강조하고 있는 것이다. 서로 사랑할 것을 강력하게 권하기 위해서 로마서 13장에는 나오지 않는 '온' 율법이라는 표현을 사용하고 있다. 따라서 갈라디아서에서의 '이웃'은 어느 정도 공동체의 각 구성원들을 염두에 두고 사용된 것이라고 할 수 있으며, 교인들 간의 상호 사랑을 촉구하기 위하여 바울은 14절에서 "온 율법은 네 이웃 사랑하기를 네 자신 같이 하라 하신 한 말씀에서 이루어졌"다고 말하는 것이다.

'이웃 사랑'이라는 개념은 앞에서도 말했듯이, 바울 서신 외에도 여러 곳에서 등장한다. 예수께서는 전 율법의 내용을 '하나님 사랑과 이웃 사랑'으로 정리했는데, 초대 교회가 이를 잘 보존한 결과, 후대 여러 성서 기자들에 의해 곧잘 사용되고 있는 것이다. 바울도 그 중 한 사람으로서, 특별히 아무런 공로 없이 구원

---

155) "사랑으로 서로 종노릇 하라"(갈 5:13), "피차 사랑의 빚 외에는 아무에게든지 아무 빚도 지지 말라"(롬 13:8).

해 주신 하나님의 크신 사랑에 보답하자는 윤리의 구체적인 지침으로써 '이웃 사랑'을 사람들에게 적극적으로 권한다. 짐을 서로 지는 행위도 결국은 이웃을 사랑하는 방법 중의 하나이고, 이는 다른 말로 그리스도의 법을 성취하는 것이라고 말한다(갈 6:2).156) 여기서 우리는 바울이 '이웃 사랑'을 가장 중요한 윤리적인 지침으로까지 격상시켜 사용했음을 알 수 있다.

5) 바울 윤리의 여러 측면

바울은 레위기(19:18)를 제외하고는, 윤리의 근거로써 구약을 거의 인용하지 않고 있다.157) 이와 관련하여 일찍이 G. 보른캄의 다음과 같은 발언은 시사하는 바가 크다.

바울의 권면은 유대교의 고정되어 융통성이 없는 율법과 같은 성격을 가지고 있지 않다158).

바울의 윤리가 구약과 별로 연관되어 있지 않는 예로, 고린도전서 5장을 들 수 있다. 13절에서 음행을 한 사람은 추방되어야 한다는 근거로 신명기(17:7b LXX)를 인용하고 있다. 하지만 음행을 해서는 안 되는 근본적인 이유는 1절에 나온다. 그러한 죄는 이방인 중에서도 없는 것이기 때문이다. 고린도전서 6장에서도 마찬가지이다. 음행을 피하라는 권면(12ff절)과 관련하여 창세기(2:24 LXX)가 인용되고 있다. 하지만, 이 구절은 음행과 상관이 없는 구절이다. 고린도전서 7장에서도 구약은 고린도 교회

---

156) 사랑은 갈 6:2에서 그리스도의 법이다. F.W. Horn, Art. Ethik (III.2. Neues Testament), 1609

157) U. Schnelle, *Paulus*, 636-639, 642. 그는 윤리와 관련된 바울의 다양한 구절들을 열거하면서 거기서의 논지가 구약에 근거하지 않고 있음을 보여주고 있다. 참고 S. Vollenweider, Art. Paulus, 1052

158) G. Bornkamm, *Paulus*, 207

교인들의 결혼과 관련하여 어떤 가이드라인도 제시하지 못하고 있다. 즉, 바울의 윤리적인 권면 내용은 전체적으로 볼 때, 구약이나 유대교와는 완전히 별개인 것처럼 보이기도 한다. 하지만 둘 사이의 유사점도 발견된다. 다음을 보자.

바울의 권면 가운데는 구약의 제의 용어들이 종종 등장한다(롬 12:1 등).[159] 구약에서는 흠 없는 제물을 하나님께 드리도록 규정하고 있다. 바울은 이러한 사고를 채용하여, 일반 기독교인들의 삶(몸)이 하나님께서 기뻐 받으시는 거룩한 것이 되어야 한다고 말한다. 현세의 삶 가운데 흠이 없기를 간구하는 내용이나(빌 2:15) 강림하시는 주님 앞에서 신자들이 흠이 없게 되기를 바라는 권면에서도(살전 3:13; 5:23) 마찬가지 이다. 레위기(19:2)에서 여호와 하나님은 자신의 거룩함에 근거하여 이스라엘 사람들도 거룩할 것을 요구하고 계신다. 이러한 '거룩함'에 대한 하나님의 요청은, '정결-부정결' 사고와 연관되어 이스라엘 백성들의 삶에 중요한 준거가 되었다. 바울 서신에서도 교인들에게 거룩할 것을 촉구하는 내용들이 등장하는데,[160] 이는 분명히 구약과 일맥상통하는 것이다.

바울이 제안하고 있는 윤리적인 실천 내용들 중, 일부는 헬라의 이방사상과 연관이 있는 것들도 있다. 예를 들면 결혼에 대한 부정적인 입장(고전 7장)은 견유학파의 생각과 유사하다.[161] "이 세상으로부터 초연하라"(고전 7:29-31)는 바울의 권면은 견유학파나 스토아 철학과 밀접한 관련이 있다.[162] 우상에 바쳐진 제물에 관해 다루고 있는 고린도전서 10장에서도, 우상제물을 금하는 구약의 구절들이 인용되면서 논의되는 것이 아니라, 당시 헬

---

159) 더 자세한 것은 Gwang-Ho Cho, *Vorstellung*, 18ff
160) 롬 12:1; 살전 4:3, 7; 5:23; 참고 롬 15:16; 고전 7:14, 34
161) Epiktet, Diss III 67-82
162) G. Bornkamm, *Paulus*, 212

레니즘 세계의 일반적 윤리원칙들이 거론되고 있다.163) 갈라디아서(5:19-23)에 나오는 육체의 일과 성령의 열매에 관한 항목도 헬라 철학에서 유래된 개념들이다.164) 빌립보서(4:8)에 나오는 '칭찬', '덕', '기림' 등의 단어들도 그리스 교육철학에서 중요하게 사용되는 개념들이다.165)

바울은 다양성을 인정하고 있다(고전 3:6). 그러므로 공동체 내에서 신자들은 서로 다름을 인정하고, 상호간의 배려를 통해 조화롭게 살아가야 한다고 생각했다. 이런 입장에서 몇 가지 윤리적 권면을 하기도 한다.166) 즉, 행동의 원칙에 있어서 중요한 것은 '공동체의 덕을 세우는 것'이며167) 이로써 사람들을 구원하는 것이다(고전 10:32f). 그리스도 안에서 한 형제요 자매라는 사실을 인식하지 못하고, 서로간의 '다름'을 '틀림'으로 오인하는 자는 결국 그리스도께서 자신의 목숨을 내어 주시기까지 사랑하셨던 귀한 형제를 파멸로 이끄는(롬 14:15) 장본인이 된다. 중요한 것은 '자기'가 아니라 '주님'이요168) 화평과 덕을 세움으로써 하나님을 기쁘시게 하는 것이다(14:18f).

바울의 윤리는 또한 종말론과도 관련되어 있다. 예수 그리스도의 임박한 재림 기대 하에서 바울은 교인들에게 이 땅에서 어

---

163) 예: 고전 10:24 "누구든지 자기의 유익을 구하지 말고 남의 유익을 구하라", 참고 Menander, Sentenzen 775, Seneca, Ep 48,2. 이와 관련하여 A. Lindemann, Toragebote, 110의 지적은 참고할 만하다. 그는 고전 14:21에서 바울이 윤리적 규범을 세울 때나, 논란이 일어나 결정을 내릴 때, 토라에 정위하여 결정을 내리지 않음을 지적한다.

164) Betz, *Galaterbrief*, 480

165) Cicero, Tusc V 67; Seneca, Tranq An III 4. 참고 U. Schnelle, *Paulus*, 640f

166) 롬 12:4ff; 고전 9:20ff; 11:11f; 12장, 14장

167) 고전 10:23f; 14:12

168) 롬 14:7f; 15:1f

떻게 살아야 할지에 대해 간절한 어조로 권면하고 있다.169) 주의
날이 도둑 같이 임할 것이니, 깨어 있어야 한다(살전 5:6), 얼마 남
지 않은 종말로 인해, 결혼은 가능한 한 삼가야 한다(고전 7:26
),170) 그리고 신자들은 부르심을 받은 현재의 상태 그대로(종은
종으로, 자유인은 자유인으로) 있는 것이 좋다(7:17ff) 등. 임박한
종말로 인해 신자들은 "마치 ... 하지 않은 것처럼", 즉 세상과 비
동시적으로, 세상에 몰두하거나 탐닉하지 않고 살아야 한다
(7:29ff). 그리스도의 재림이 얼마 남지 않았다는 생각은 최후의
심판대 앞에 선다는 사고와 연결되고 있다. 전통적인 개념인 '심
판대'는 "왜 신자들이 지금 윤리적으로 살아야 하는 지?"에 대한
이유이자 근거로써 역할을 한다.171) 바울은 또한 원수 갚는 것을
하나님께 맡기라고 한다(롬 12:19). 이는 임박한 진노의 심판 사
상에(살전 1:10; 롬 1:18) 비추어 볼 때, 의미 있는 제안이다. 어차
피 마지막 때에 하나님께서 악을 행한 자들을 가만히 내버려 두
시지 않을 것이기 때문이다. 악에 대해서 선으로 대응하라고 주
문함으로써(롬 12:21), 함무라비 법전 이래 "눈에는 눈, 이에는
이"라는 명제로 인류를 지배해온, 심은 대로 거두는 행위의 인과
관계를 거부하는 것이다. 보복 정신이나 피가 피를 부르는 악순
환의 고리를 끊으시며, 철저하게 평화와 선을 추구하기를 당부
하고 있다(롬 12:17ff; 살전 5:15). "그러므로 때가 이르기 전 곧 주
께서 오시기까지 아무 것도 판단하지 말라(고전 4:5)"는 바울의
권면은 세상 속에서 수동적인 삶을 살라는 요구가 아니라, 선악
의 판단은 주께 맡기고 오직 믿음의 선한 싸움을 싸우는데 진력
하라는 신자들의 적극적인 자세를 촉구하는 것이다.

---

169) 살전 3:13; 5:23; 롬 13:11ff
170) 보른캄은 이것을 금욕주의적인 경향이라고 평한다. (Bornkamm,
  Paulus, 213)
171) 롬 14:10; 고후 5:10. 참고 Bornkamm, *Paulus*, 210

또한 바울은 "그리스도를 입는다(갈 3:27)", "세례를 통해 그리스도와 같은 운명 공동체가 된다(롬 6:3ff)", "새로운 피조물(고후 5:17)"[172] 등의 표현을 사용함으로써, 믿은 후의 변화를 강조하고 현재 누리고 있는 새로움을 확인하고 자각토록 주의를 환기시킨다. 아울러 과거의 상태를 회상해 볼 것을 주문함으로써, 실제 달라진 현재를 경험토록 한다. 바울은 '변화'를 전제로, 새로워진 존재에 걸맞는 행동양식에 대해 말한다. 하지만 "이렇게 살라", 또는 "저렇게 살아야 한다"고 시시콜콜하게 강요지 않는다. 다만 구원받은 자들이 마땅히 살아야 하는 모습을 자연스럽게 열거함으로써, 독자들로 하여금 그러한 행동과 윤리적인 삶의 방식을 따르도록 유도하고 있다.

6) 로마시민으로서의 윤리 - 바울의 국가 권력에 대한 입장

바울의 국가권력에 대한 태도를 엿볼 수 있는 대표적인 구절은 로마서 13장이다.

각 사람은 위에 있는 권세들에게 복종하라 권세는 하나님으로부터 나지 않음이 없나니 모든 권세는 다 하나님께서 정하신바라. (1절)

바울은 통치자의 권력이 기본적으로 하나님으로부터 유래한 것이라고 보았다(2절). 다스리는 자들은 하나님이 도구로서, 사람들로 하여금 세상에서 선한 일을 하도록 역할을 감당한다(3절). 따라서 그들은 하나님 대신으로 악을 행한 자들에게 징벌을 내린다(4절). 세금은 이러한 일들을 수행하기 위해 징수하는 것이므로, 신자들은 마땅히 그들에게 세금을 내야 한다(6절).

로마서 13장에 따르면 권세를 가진 자들은 하나님께서 선택한 도구로서, 그들을 통하여 선을 행하는 자에게는 칭찬이, 악을

---

172) G. Bornkamm, *Paulus*, 211

행하는 자에게는 그에 상응하는 보응이 이루어진다. 그들은 엄정하게 법을 집행한다는 점에서 존경의 대상이요, 다른 한편으로 불의를 행하는 자에게는 두려움의 대상이다(7절). 바울의 이와 같은 진술에서 한 가지 특이한 점이 있는데, 그것은 양심을 거론하고 있다는 점이다("양심을 따라 할 것이라" 5절). 바울의 세상 권력에 대한 태도는 아래와 같이 요약될 수 있다. 우선, 권력에 대하여 신앙인들이 복종해야 하는 근거는 그 기원이 신적인데 있기 때문이다. 다음으로, 권력자는 하나님의 대리인으로서 각각 선과 악을 행하는 자에게 대신 상과 벌을 주기 때문이다. 그리고 마지막으로 '양심(참고 롬 2:15)'때문에도 순종을 해야 한다. 여기서 우리는 권력이란 절대적으로 하나님으로부터 유래된 것이라는 바울의 확신과, 우리 인간의 마음속에 권력에 대한 복종적인 태도가 당연히 자리 잡고 있다는 그의 생각을 읽을 수 있다.

바울이 이처럼 권력에 대해 우호적인 입장을 취했던 까닭 중의 하나는 그가 살았던 시대적 상황에서 유래한다고 하겠다. 당시 로마는 아우구스투스 황제(주전 30 - 주후 14) 이래 최고의 전성기를 누리고 있었다. 정치가들 간의 다툼이 끝나고, 권력이 한 사람에게 집중되면서 지중해를 내해로 하는 광대한 지역에 평화(Pax Romana)가 찾아왔다. 전 제국을 커버하는 도로망이 깔리고 다리가 건설됨에 따라 육로를 통한 도시 간의, 그리고 지역 간의 왕래가 활발하게 이루어졌다. 또한 해로를 통한 무역도 번창하였다. 도적들이나 해적들은 소탕되거나 제국의 영토 밖으로 쫓겨나서 사람들은 그 어느 때보다도 안전하게 여행을 할 수 있었다. 알렉산더 대왕(주전 336-323) 이래 지중해 주위의 전 지역이 헬레니즘 문화권 하에 속했기 때문에, 특히 교육을 받은 사람들은 동일한 정치, 경제, 문화 체계 속에서 사는 셈이었다. 의사소통을 자유롭게 할 수 있었기에, 누구와도 생각과 사상을 교류할 수 있었다. 디아스포라 유대인이며, 당시 세계 3대 교육 도시 중의 하나인 다소에서 출생하여 교육을 받은 바울의 입장에서 볼 때, 헬레니즘 문화란 편안한 어머니의 품안과도 같은 것이었다. 바울은 국가권력 로마에 의해 이룩된 도로-교통망, 발달된 도시들, 안전한 치안상태, 어디서나 통용되는 헬라어 등의 요인들을 최대한으로 활용하여 이방인 선교라는 과업을 수행했다. 바울이 왕성하게 활동하던 때에 '기독교 박해'는 아직 발생하지 않았다. 그렇기 때문에 '로마'라는 국가는 그의 선교에 많은 도움을 준 우호적인 실체였다. 바울이 보기에 로마는 하나님의 도구였다. 그렇기 때문에 국가 권력의 기원이 하나님께 있다고 볼 수 있었으며, 복종하라고 했던 것이다. 바울이 로마 시민권을 소유하고 있었다는 사실도 헬레니즘 하의 로마 제국이라는 당시 상황과 무관하지 않다. 시민권은 로마에 대한 그의 우호적인 태도에도 상당 부분 영향을 미쳤을 것이다.

이와 달리 예수님은 "가이사의 것은 가이사에게, 하나님의 것은 하나님께"라고 말씀하셨다(막 12:17). 자구적으로 본다면 예수의 국가권력에 대한 태도는 중립적이거나, 초연한 것으로 평가될 수 있다. 하지만 예수님의 이 발언은 트집거리를 찾으려는 자들에 대한 답변이라는 점에서 좀 더 조심스럽게 다루어 져야 한다. 1) 누가복음(13:32)에서 예수는 당시의 갈릴리 분봉왕 헤롯 안티파스를 "저 여우"라고 일컫고 있다. 2) 예수는 당시 정치범에게 부과한 형벌인 십자가형으로 처형 당하셨다. 3) 예수는 외세였던 헬레니즘 문명에 대해 어떤 긍정적인 입장도 표명하지 않았다. 이상을 고려할 때, 우리는 착취와 억압을 일삼았던 국가권력 로마나 그 하수인에 대해, 예수께서는 비록 노골적인 적대감을 표하지는 않으셨지만, 그렇다고 해서 우호적이었던 것은 아니라고 할 수 있다.

7) 요약

하나님께서는 항상 먼저 은총을 베푸시고, 그 주신바 은혜에 감사하는 자에게, "무엇 무엇을 할 것"을 요구하신다. 따라서 바울 윤리를 '직설법' - '명령법'으로 이해하는 것은 특별히 새로울 것이 없는 발상이다. 실제 바울의 윤리관을 보기 위에서는 어떤 도식을 사용하기 보다는, 전체 바울의 서신들을 통하여 그의 윤리가 어떤 것인가를 살피는 것이 중요하다. 지금까지의 관찰 결과, 우리는 다음과 같이 말할 수 있다. 윤리적인 권면을 하고자 하는 사람들에게, 바울은 무엇보다도 그들이 이미 구원받았다는 사실을 강조한다. 이제는 더 이상 과거의 옛 존재가 아니라, 하나님의 구속하심으로 전혀 새로운 존재가 되었음을 역설한다. 이러한 사실을 상기시킨 후에, 이 변화된 모습에 걸맞는 삶을 살라고 권면하고 있다. 그리스도의 구원사건으로 말미암아 하나님의 자녀가 되었음에도 불구하고 육신의 연약함 때문에 사람들은 아직도 구습을 좇아 살고 있다는 사실을 바울은 알고 있었다. 그렇기 때문에 자신을 신앙의 모범으로 제시하면서 "자기를 닮으라"고 말한다. 그리하여 함께 구원의 현실을 맛보며 살자고 권면한다.

바울은 레위기 19장에 근거한 '이웃 사랑'을 윤리의 중요한 모티프로 사용한다. 특이한 점은, 바울은 '이웃 사랑'을 제외하고는, 어떤 다른 구약의 내용도 윤리의 근거로 사용하지 않는다는 사실이다. 구약의 제의적 용어나 표상들이 종종 권면에서 나타난다. 또한 윤리적인 권면을 할 때, 이방 철학이나 종교에서 사용되는 단어들이나 내용들을 가끔 사용하는 것도 확인했다. 바울은 종말이 임박했음을 확신하고 있었다. 따라서 그의 윤리적 권면은 많은 경우 여기에 영향을 받고 있다. "될 수 있는 대로 결혼을 하지 말라", "부름 받은 때의 신분 상태 그대로 있으라", "원수 갚는 것을 하나님께 맡기라" 등. 시간이 촉박하므로 가능한 모든 기회를 이용하여 한 사람이라도 더 구원하기에 힘쓰는 것이 우선이다. 그러므로 신자들은 한가하게 개인의 소시민적인 행복이나 안녕을 추구해서는 안 된다. 오히려 복음을 위해 악을 선으로 대응하며 믿음의 선한 싸움을 싸울 것을 촉구한다.

바울 당시의 로마는 아직 기독교에 대해 적대적이지 않았다. 오히려 로마의 통치로 말미암아 복음이 전파되는 좋은 환경이 마련되었다. 따라서 바울은 국가 권력에 대해 우호적으로 평가한다. 디아스포라 유대인으로서 로마 시민권을 가지고 헬레니즘 문명이라는 환경과 시대의 아들로 성장했기 때문에 국가에 대해서 긍정적인 태도를 보이고 있다.

5. 종말론

1) 이해를 위한 전제

종말론이란 '마지막'을 의미하는 헬라어 eschata와 '학문'을 의미하는 logos가 합성된 단어(eschatology)로써, 인간 개인의 운명을 포함한, 역사의 마지막에 대해 논(論)하는 학문이다. 종말론의 주제는 죽음, 부활, 영혼불멸, 재림, 최후의 심판, 하나님의 나라 등 다양하다.

중간기 시대의 유대인들은 거듭되는 외세의 압정 하에 시달리면서, 역사 내에서는 희망이 없다고 생각하고, 점차로 눈길을 역사 밖으로 돌리기 시작하였다. 구원은 하나님이 보내신 초월적인 존재 즉, 초인적인 힘과 능력을 가진 인자에 의해 이루어진다고 믿기 시작했다. 그가 구름을 타고 천군 천사들과 함께 이 세상에 오셔서 외세를 물리치고 악의 세력을 징벌하여 역사에 종지부를 찍을 때, 이 땅에 의와 평화가 넘치는 종말론적인 나라가 건설될 것이라고 믿었다. 역사의 질곡이 심하면 심할수록, 사람들은 곧 종말이 올 것이라는 기대를 강하게 갖게 되었다. 종말이 얼마 남지 않았다는 임박한 종말 의식은 중간기 유대교뿐만 아니라, 기독교 초기 예수를 비롯하여 초대 교회가 함께 공유했던 사고였다.[173] 예수님은 "하나님 나라가 가까웠다"는 선포로 공생애를 시작하셨다. 여기서 '하나님 나라'는 피안에서 차안의 세계로 개입해 들어온, 하나님께서 왕으로서 통치하시는 현실을 의미하는 종말론적인 개념이다.

예수께서는 하나님 나라가 임박했음을 상기시키면서, 회개를 촉구하였다. 즉, 언제 하나님 나라가 오는가에 초점을 맞추신

---

173) H. Conzelmann, Art. Eschatologie, 665

것이 아니라, 이미 임하고 있는 하나님의 나라 앞에서 '무엇을 해야 하는 지'에 대해 역설하였던 것이다. 예수는 선포, 치유, 교육과 양육의 사역들을 통해 하나님 나라가 임하고 있음을 강하게 체험하고 계셨다. 그리고 자신의 설교를 종말을 앞둔 하나님의 마지막 메시지로 이해했다. 부활절 이후 생겨난 공동체는 그의 죽음과 부활을 종말론적인 관점에서 이해했다. 예수에 대해서 "인자", "메시아", "하나님의 아들" 등 다양한 칭호를 사용했으며, 더 나아가 그리스도라고 고백하였다. 초대 교회는 따라서 그리스도의 재림을 기다리고 있었다.

바울이 속해 있는 헬라 기독교에서는 '하나님 나라'나 '인자' 등의 개념이 퇴색된다. 반면 예수를 '주님(kyrios)'으로 고백하는 것을 선호하였다. 그리고 미래의 종말론적인 사건이 개인의 운명에 어떤 영향을 끼칠지에 대해 많은 관심을 가졌다(살전 4:13ff; 고전 15장).

2) 임박한 종말 - 진노의 심판 (데살로니가전서 4장)

초대 공동체는 주님께서 곧 재림하실 것이라는 임박한 종말 사고에 사로잡혀 있었다. 바울도 이점에서는 예외는 아니다. 이 사실은 데살로니가전서(4:13ff)에서 확인할 수 있다.[174] 13절에 따르면 데살로니가교회 교인들은 슬픔에 잠겨 있었다. 그 이유는 "자는 자들", 즉, 함께 믿다가 먼저 죽은 동료들의 운명이 어떻게 되는지에 대해 남아 있는 자들이 알지 못했기 때문이다. 바울은 여기서 슬퍼하는 것은 "소망이 없는 자", 즉 믿지 않는 자들이 대표적으로 갖고 있는 특성이라고 지적하면서 슬퍼하지 말 것을 권면한다(13절). 그리고 이어서 '예수의 죽음과 부활'이라는 신

---

174) 참고 U. Schnelle, *Paulus*, 635

조(14a절)와 '주의 말씀'을 인용함으로써, 종말에 죽은 자들의 운명이 어떻게 될 지에 대해 설명한다. 먼저 죽은 자들이 살아있는 자들과 달리, 어떤 불이익을 당하게 되는 것은 아니라고 강조한다(15절). 자는 자들은 살아있는 자들 보다 먼저 일어난다(16절). 결국 죽은 자나 산자나 그리스도와 항상 함께(syn christō) 하게 되므로,175) 죽은 자들에 대해 슬퍼할 까닭이 없으며 이 사실로써 서로 위로 하라고 충고하고 있다(17f절).

데살로니가 교인들이 먼저 죽은 자들의 운명이 어떻게 되는지 알지 못하고 슬퍼한 까닭은, 바울이 죽은 자들의 운명에 대해 첫 방문 때에 설명해주지 않았기 때문이다. 다시 말하면 바울의 영향으로, 그의 전도 설교를 듣고 있었던 사람들은 모두 살아있는 동안에 그리스도의 재림을 경험할 것이라고 생각했다. 그런데 재림 사건이 일어나기도 전에 공동체 내의 몇몇 교인이 유명을 달리하는 일이 발생했다. 그때, 데살로니가 사람들은 죽은 자들의 운명이 어떻게 되는지 몰라서 슬픔에 빠지게 된 것이다. 이같은 전후 사정을 참고할 때, 우리는 유럽 방문 초기에 바울이 임박한 종말 사고에 강하게 사로잡혀 있었다는 사실을 알게 된다. 데살로니가에 보내는 첫 번째 편지의 각 장 마지막에는 주님의 재림에 대한 언급이 나오고 있다.176) 이곳 외에도 여러 곳에서 바울은 마지막이 얼마 남지 않았다거나 현재는 종말의 때라는 요지의 말을 하고 있다.177)

데살로니가전서(1:9f)에는 바울의 초기 전도 설교의 내용이 잘 요약되어 있다. 이 구절에 의하면, 본래 이방인이었던 데살로니가인들은 우상을 믿고 있었다. 다신교 세계에서 살았던 일반인들은 우상을 숭배했는데, 이 우상은 하나님과 비교할 때(9b절)

---

175) E. 슈바이쳐, 「제자직과 교회」, 185
176) 살전 1:10; 2:19; 3:13; 4:13ff; 5:23
177) 롬 13:11; 고전 10:11; 빌 1:5f

살아계신 존재도 아니며, 참된 실체도 아니었다. 바울의 선교 활동과 복음 선포를 통해 데살로니가인들은 하나님을 믿게 되었다. 10절에는 그들이 믿는 신앙의 내용이 언급되고 있다.

> 또 죽은 자들 가운데서 다시 살리신 그의 아들이 하늘로부터 강림하실 것을 너희가 어떻게 기다리는지를 말하니 이는 장래의 노하심에서 우리를 건지시는 예수시니라. (살전 1:10)

데살로니가 교회의 신앙을 한마디로 요약하자면 '하나님을 섬기며 아들의 강림을 기다리는 삶'이다. 즉, '섬김'으로 현재에 발을 딛고 있으면서도, 시선은 '기다림'으로 미래를 향하고 있다. 예수 그리스도의 강림을 기다리는 이유는 그 분을 통해서 "장래의 노하심"에서 벗어날 수 있기 때문이다. 노하심의 주체는 하나님이시다. 바울이 생각하는 미래란, 모든 피조물이 죄를 지었기 때문에 하나님의 진노(orgē)의 심판이 곧 임하는 현실이다.[178] 역사의 종국은 진노의 심판으로 장식될 것이라는 생각을 이미 세례 요한도 한 바가 있다. 그는 임박한 하나님의 진노의 심판을 말하면서 회개할 것을 촉구하였다(마 3:7; 눅 3:7). 바울은 임박한 진노의 심판을 부각시키면서도, 세례 요한과는 달리, 그것을 피할 방법으로써 예수 그리스도를 통해 인류를 구원하시고자 계시하신 '하나님의 의'라는 개념을 제시하고 있다. 이 '의'는 마치 누구에게나 발송된 잔치의 초대장과 같은 것이어서 응하기만 하면 되는, 아무 조건이 없는 구원의 길이다. 하나님의 '임박한 진노'라는 사상은 한편으로는 행위에 따른 미래 심판을 도출시키며(롬 2:5, 8), 다른 한편으로는 이 진노에 대비되는 현재 계시된 하나님의 의를 부각시킨다(롬 3:21). 바울은 이 '임박한 하나님의 진노'를 강조함으로써 심판이 아니라, 그리스도를 통해 계시된 하나님의 의가 더욱 노정(露呈)되도록 하고 있다. 따라서 '임박

---

178) 롬 1:18; 2:5; 3:5; 5:9; 참고 살전 5:9. 참고 W. Pesch, Art. orgē, 1295. 진노의 날은 곧 하나님의 의로운 심판의 날이다(롬 2:5).

한 진노'는 '하나님의 의의 계시'를 위한 전주곡이라고 할 수 있다. 예수 그리스도를 통해서 우리는 진노로부터 벗어난다. 그런 점에서 그분은 우리의 구주요, 주님이시다.[179)

3) 몸의 부활(고린도전서 15장)

데살로니가전서에서의 문제는 '죽은 자들의 운명이 어떻게 되는가'였다. 이에 대해 바울은 그들도 종국에 그리스도와 함께 한다고 설명했다. 더 나아가 죽은 자들이 우선적으로 구원에 참여한다고 말함으로써, 생존자들이 죽은 자들에 대해 갖고 있던 "혹시"라는 의혹과 불안감을 말끔히 씻어 주었다. 죽은 자들이 그리스도와 함께 하는 과정은 유대 묵시문학적인 표상을 통하여 상세하게 설명된다(살전 4:13ff).

(1) 나팔 소리와 함께 하늘에서 주님이 강림하신다.
(2) 먼저 죽은 자들이 일어난다.
(3) 다음으로 살아남은 자들도, 죽었다가 일어난 자들과 함께 하늘로 끌려 올려 진다.
(4) 공중에서 강림하시는 주님을 만나, 영접한다.
(5) 즉, 주와 함께 한다.

이 설명에 따르면 죽었다가 일어난 자들과 살아남아 있는 자들이 함께 공중으로 들려 올려지는, 즉 일종의 휴거 형태로 종말적인 사건이 진행된다. 여기서 가장 중요한 단어는 "끌어 올려(harpagēsometha)"이다(17절).

데살로니가 교회에서 종말론과 관련하여 문제가 생긴 것은, 바울이 신앙 안에서 먼저 죽은 자들의 운명에 대해 미처 설명하지 않았기 때문이었다. 이에 반해 고린도전서에서 종말론을 두

---

179) 롬 5:9; 살전 5:9: 빌 3:20. 참고 W. Pesch, Art. orgē, 1296

고 논쟁이 생겨난 까닭은 그곳 교회의 대적자들 때문이었다. 그들은 아마도 영적인 열광주의자들이었던 것 같다. 그들은 예수 그리스도를 믿음으로 말미암아 현세에서 이미 구원을 받아, 천상의 영적인 존재로 산다고 생각했다.[180] 그리고 구원을 받은 그 상태는 세상의 무엇으로도 다시 뒤로 되돌려 질 수 없다고 보았다. 따라서 세상에서 하는 어떠한 행동도 이미 획득한 구원의 상태에 영향을 미치지 못한다고 여겼다. "모든 것이 내게 가하다"(6:12; 10:23)는 구호는 이러한 맥락에서 대적자들이 입버릇처럼 되 뇌이던 말이었다.[181] 그들은 이미 영적인 존재이기 때문에, 몸의 차원에서 일어나는 세상적인 행위들이 구원받았다고 하는 현재 상태에 아무런 영향을 주지 않는다고 생각하고, 육적인 방탕과 방종의 삶을 살았다. 신앙이 연약한 자를 고려하지 않고 무절제하게 생활하였다. 인간을 '영'과 '몸'으로, 이분법적으로 나누고, 전자는 선하고 귀한 것이지만 후자는 그렇지 않다고 보았다. 구원은 이 세상에 속하지 않은 영과 관계되는 것이지 육과는 상관이 없는 것이라고 보았다. 구원개념인 '부활'을 플라톤적, 헬라적 사고로, 즉 육에서 해방되어 영적으로 사는 것으로 이해했다. 그렇기에 이들은 육의 뉘앙스를 함유하고 있는 '부활'이라는 개념을 받아들이지 않았다. 그들은 구원이 육 또는 몸이라는 차원과 관련된다는 점을 부인하였다(참고 고전 15:35). 이들은 자신들을 이미 구원의 현실 속에서 살고 있는 자들로 규정하고 있었다. 이런 관점에서 볼 때, 죽은 자의 부활을 부인하는 것은 당연한 일이다(고전 15:12, 29). 왜냐하면 구원은 현재 이미 일어났기 때문이다.

바울은 특별히 고린도전서 15장에서 이상과 같은 견해를 가진 자들과 논증을 벌인다. 바울은 구약의 전통을 이어받아 창조

---

180) 자세한 것은 G. Sellin, *Streit*, 30ff을 참고하라.
181) 참고 Schrage, EKK 7/2, 17f

세계에 대한 긍정적 입장을 피력한다. 그는 인간을 영과 육으로 구성된 이원론적인 존재가 아니라, 전인(全人)으로서의 몸으로 이해한다. 따라서 구원은 전인인 몸과 관련된다고 보았다. 구원은 다름 아닌 몸의 부활이라고 그가 생각한 것은(고전 15:12ff, 29ff절) 이상의 논리에서 나온 필연적인 귀결이다. 하지만 바울은 디아스포라 유대인으로서 헬라 세계에 몸담고 있었던 사람이었다. 제2성전 시대의 유대교는 주위의 영향과 그리고 자체 신학의 발전에 따라 헬라철학이나 종교에서 했던 것과 유사한, 이원론적인 사고를 하기 시작했다.182) 바울은 이러한 경향에 대해 알고 있었고, 사상적으로 어느 정도는 이에 동조 하고 있었다. 그렇기 때문에 일방적인 '몸의 부활'을 주장하지는 않는다. 그가 '몸'이라고 할 때에는 이미 두 종류가 있다("육의 몸", "신령한 몸" 44절). 죽기 전의 몸과 똑같은 성질과 형태의 몸으로 사람이 부활하는 것은 아니다("썩을 것", "썩지 아니할 것" 42절). 살아생전의 몸과 부활체가 서로 다르다는 바울의 견해는 다음의 말씀을 통해 분명히 나타난다.

> 형제들아 내가 이것을 말하노니 혈과 육은 하나님 나라를 이어 받을 수 없고 또한 썩는 것은 썩지 아니하는 것을 유업으로 받지 못하느니라. (고전 15:50)

몸의 부활을 말하고 있지만, 부활체는 지상에 있을 때의 '몸'과 다르다는 점을 분명히 하기위해 바울은 '변화'라는 개념을 사용한다. 이에 따르면 부활체의 몸은 다름 아닌 "변화된 몸"이다. 이 '변화'라는 용어를 통해 한편으로는 구약의 근저에 흐르는 '몸에 대한 긍정'이라는 사상과, 다른 한편으로는 구원이 세계 내적인 사건으로 전락되지 않도록 긴장감을 부여해 주는 '구원의 초월성'이 동시에 확보된다. 고린도전서 15장에서 바울이 주장

---

182) E. Brandenburger, *Fleisch*, 59ff

하고자 하는 바는, 몸의 부활이 아니라 변화된 몸으로의 부활이다. 51절 이하의 바울 설명에 따르면 종말에 일어날 사건의 순서는 다음과 같다.

> (1) 나팔 소리
> (2) 죽은 자들이 썩지 않을 것으로 (즉, 변화된 몸으로) 살아난다.
> (3) 죽지 않은 자들도 변화된다.

이러한 순서를 언급하기 바로 전에 바울은

> 우리가 다 잠 잘 것이 아니요 마지막 나팔에 순식간에 홀연히 다 변화되리니 (고전 15:51)

라고 말함으로써 어느 정도의 재림 지연을 인정하고 있다(소전제). 하지만 결국 죽은 자나 산자나 모두가 다 변화될 것이라고 밝힌다(대전제). 데살로니가전서에서는 모두가 하늘로 이끌려 올라가는 반면, 여기서는 모두가 변화한다고 설명하고 있다는 점에서, 바울의 관심은 "어떤 몸의 부활인가?"에 집중되어 있다 봐도 무리가 아니다. 그가 제시하는 답은 바로 "변화된 몸"이다. 또한 바울의 다음과 같은 발언을 고려할 때,

> 이 썩을 것이 … 썩지 아니할 것을 입겠고 이 죽을 것이 죽지 아니함을 입으리로다. (고전 15:53)

51절 이하의 핵심어는 "변화"임을 알 수 있다. 바울은 '대전제'에서 언급된, 죽은 자나 산자나 모두 종말의 때에는 변화된 몸으로 부활한다는 내용을 썩지 아니할 것, 죽지 아니함을 입는[183] 것으로 재차 설명하고 있다.

구원은 저급한 몸의 영역에서 발생하는 것이 아니라, 영적인 차원과 관련이 있다고 생각한 대적자들에 반대하여, 바울은 고

---

183) "입는다"는 표현은 고후 5장에서 다시 나온다.

린도전서 15장에서 "변화"라는 개념을 도입한다. 이원론이라는 헬레니즘 사고에 젖어 있는 고린도 교인들 앞에서 이 '변화'라는 외줄타기용 장대를 들고, 미래적 종말론인 몸의 부활과 현재적 종말론인 영적인 존재로 거듭남이라는, 두 가지 사고 사이에서 아슬아슬한 줄타기를 시도한다. 부활은 미래에 일어나는 사건이다. 그렇기에 현재 이미 모든 것을 다 이루었다고 하는 열광주의적 신앙은 잘못된 것이다. 부활체는 더 이상 썩지 아니하고 죽지 아니하는 변화된 몸이다. 이로써 창조 세계를 긍정하는 구약적 사고를 바울은 계승한다. 하지만 이 부활체는 영의 '몸'이라는 점에서, 생전의 '몸'과는 질적인 차이가 있는 '몸'이다. 따라서 이 부활한 '몸'은 더 이상 '몸'이라고 할 수 없는 '몸'이기도 하다. 이 점에서 바울은 구약을 뛰어 넘고 있으며, 어느 정도는 이원론적인 헬라사상에 동조하기도 한다.

4) 탄식으로 덧입히기를 기다림(고린도후서 5장)

고린도후서는 바울의 대적자들을 염두에 두고 읽을 때만 전체 내용이 이해될 정도로, 대적자 문제가 편지 저술 목적과 밀접하게 연관되어 있다. 그들은 추천서를 가지고(3:1) 외부에서 들어와(11:4) 이미 바울의 복음을 받아들인(10:12ff) 고린도 교인들을 상대로 자신들이 믿고 있는 신앙을 받아들이도록 유혹하였다. 외모를 자랑하며(5:12), 히브리인, 이스라엘인 그리고 아브라함의 후손이라고 거들먹거렸으며, 특별히 말에 소질이 있던 자들이었다(10:10; 11:6). 그들은 심지어 말씀을 통해 이익을 추구하기도 하였다(2:17).[184]

---

184) 우리말 성경은 "말씀을 혼잡하게"로 번역하고 있다. 여기서 사용된 동사 kapēleuō는 trade in, peddle, huckster 등의 뜻을 가진 동사이다.

대적자들은 '보이는 것'에 관심을 가지고 있었다(4:18). 즉 자신들이 가진 달변과 재능, 능력을 통해 예수께서 행하신 것과 유사한 영광을 드러낼 수 있다고 떠들었다. 이에 대해 바울은 영원한 것, 보이지 않는 것을 추구한다고 말한다(18절).

> 만일 땅에 있는 우리의 장막 집이 무너지면 하나님께서 지으신 …
> 영원한 집이 우리에게 있는 줄 아느니라. (고후 5:1)

위의 내용으로 시작되는 5장의 종말론은 이러한 대적자들의 요설을 반박하는 내용으로 꾸며져 있다. 앞에서 말했듯이 그들의 관심은 밖으로 드러나 보이는 것, 즉 '현상적인 것'에 있었다. 이에 대해 바울은 '현상'은 '무상한 것'이라고 말하면서("겉사람" 4:16; "장막 집" 5:1), 보이지 않는 것을 추구해야 한다고 주장한다("속사람", "영원한 집"). 1절 이하에 따르면, 보이는 것과 보이지 않는 것 간에는, 유한과 무한, 그리고 지상과 천상과 같은 차이가 있다고 본다.

	보이는 것 (장막 집)	보이지 않는 것(하늘의 집)
영 속 성	유 한	무 한
공 간 성	지 상	천 상

고린도후서 5장에 나오는 종말론의 내용 중에서 눈에 띄는 특징 중의 하나는 우선, 유대적인 특성인 미래 부활이라는 개념이 등장하지 않는 점이다. 지금까지(살전 4장, 고전 15장) 종말론의 핵심은, '휴거' 모델이든지 또는 '변화된 몸'으로의 부활 모델이든지 간에, 예수의 재림시 믿는 자들은 모두 생명을 얻는다는 것이었다. "지금은 … 이지만 그때에는 … 이다"는 식의, 현재와 미래 간의 시간적인 대비가 주종을 이뤘다. 이와 달리 여기서 바울은 현 상태를 '탄식'으로(고후 5:2), 그리고 '주와 떨어져 있는 것'이라고 규정한다(6절). 바울의 소원은 하늘의 영원한 집으로

덧입는 것이다(1f절). 바울은 차라리 죽고 싶다는 소망을 피력한다. 왜냐하면 그럴 때, 바로 주와 함께 있게 되기 때문이다(8절). 여기서 궁극적인 구원은 예수 재림 때에 비로소 이루어지는 것이 아니다. 언제든지 이 몸을 떠나는 바로 그때가 구원의 때이다. 다른 특징으로, 몸을 부정적으로 평가하는 경향이다. 지상에 있는 장막집은 무너지는 것으로 묘사되고 있다. 불안정하기 때문에 사람들은 속히 이 집을 떠나고자 한다. 대신 하나님께서 지으신 집으로 이사 가기를(덧입기를) 원하는 데, 그것이야 말로 죽음에서 생명으로 옮겨지는 것을 의미한다.

바울의 관심은 이 결점 많은 몸의 상태에서 속히 벗어나는 것이다. 그리고 비록 "덧입는다"는 용어를 사용하기는 했지만, 하늘에 있는 영원한 집에 거하는 것이다. 몸을 부정적으로 묘사하고 있다는 점, 당장 몸을 떠나고 싶어 한다는 점, 그리고 지상의 집 대신 천상의 집을 사모하고 있다는 점에서 5장의 종말론은 헬라적 이원론과 유사하다. 여기서는 '현재 vs 미래'가 아니라 '지상 vs 하늘'의 공간적인 대립을 기본 구도로 갖고 있다.185)

고린도후서 5장과 유사한 내용이 빌립보서에서도 나온다. 여기서 바울의 시선이 하늘을 향하고 있음을 우리는 다음 구절을 통해 알 수 있다.

> 우리의 시민권은 하늘에 있는지라 거기로부터 구원하는 자 곧 주 예수 그리스도를 기다리노니 (빌 3:20)

바울은 더 나아가 "죽고 싶다", "세상을 떠나고 싶다"는 심정을 토로하고 있으며, 그렇게 될 때가 "곧 그리스도와 함께 하는 것"이라고 설명하고 있다(1:22ff). 고린도후서와 달리 빌립보(1:22, 24)에서는 '육신'(sarks)에 대한 부정적인 감정을 구체적으로 드러내지 않는다. 빌립보서가 옥중서신이라는 사실에서 알

---

185) 참고 N. Walter, Hellenistische Eschatologie, 53-64

수 있듯이(1:13f), 현재 이 땅에서의 삶은 고통과 고난으로 점철된 여정의 연속이었다. 그렇기에 차라리 이 육신을 떠나고 싶다고 바울은 호소한다. 그리고는 재림하실 구원자 예수 그리스도가 계신 하늘로 시선을 돌리고 있다. 빌립보서는 재림 예수를 기다리는 '시간'(현재 vs 미래)적 차원과, 육신을 떠나 천상의 그리스도와 함께 하고 싶다는 '공간'(땅 vs 하늘)적 차원이 동시에 공존하는, 이를테면 고린도전서와 고린도후서를 각각 절충한 내용의 종말론이 등장하고 있다.

5) 바울의 종말론은 변했는가?

일찍이 1824년 L. 우스테리가 『바울의 교리개념의 변천』에서 바울의 사상이 변했다고 주장한 이래, '바울 신학의 변천'이라는 주제를 놓고 많은 학자들이 서로 격렬하게 논의를 거듭했다. 바울 사상의 변천에 대해 지지하는 학자들은 주로 영미권에 포진해 있었다.[186] 하지만 최근에는 독일권에서도 옹호자들이 늘어가는 추세이다.[187] 여기서 잠시 '변천'에 초점을 맞추어 바울 종말론을 살펴보자.[188]

앞 장에서 우리는 데살로니가전서, 고린도전서 그리고 고린도후서(빌립보서)로 나누어 바울의 종말론을 검토하여 보았다. 바울의 각 서신들이 정확하게 몇 년에 기록되었는지는 확실치 않지만, 위의 세 서신들은 대략 언급된 순서 순으로 기록되었을 것이다. 다만 빌립보의 저작이 고린도전후서보다 전인지 후인지는 불확실하다. 우선 맨 먼저 쓰인 데살로니가전서부터 시작하

---

186) C.H. Dodd, C.H. Buck, F.G. Taylor, J.W. Drane

187) C.-H. Hunzinger, W. Wiefel, G. Strecker, H.-H. Schade, U. Schnelle, H. Hübner, U. Wilckens, S. Schulz, G. Lüdemann 등

188) 참고 U. Schnelle, *Wandlungen*, 37ff

여 각각의 서신 내용을 비교하여 1) 유대 묵시문학적 표현 유무
2) 예수 재림 언급 유무 3) 종말의 때를 언제로 보는지 4) 헬라적-
이원론적 공간 개념의(지상 vs 하늘) 유무, 그리고 5) 개인적 종말
을 말하고 있는지 아니면 전체적이며 우주적인 종말을 말하는지
등을 도표로 정리하면 다음과 같다.

	살전 4장	고전 15장	빌 1장, 3장	고후 5장
묵시적 표현	천사장, 나팔	나 팔		
예수의 재림	유	유	유	무
종말의 때	미 래	미 래	현 재	현 재
공간적 이원론	무	무	유	유
개인 혹은 전체 종말	전 체	전 체	개인/전체	개 인

이상에서 볼 수 있는 것처럼, 나중에 쓴 편지일수록 유대묵시
적인 세계관에서 점차 멀어지고 있다.[189) 외적인 자료들만을 놓
고 볼 때, 바울의 종말론은 변하고 있다고 말할 수 있다. 하지만
결론을 내리기 전에, 좀더 살펴볼 것이 있다.

바울은 종말론에 대한 체계적인 강의를 위해 글을 쓴 것이 아
니었다. 바울은 편지를 남겼다. 편지의 내용은 교회의 상황에 따
라 제각각이다. 어떤 곳에서는 종말론과 관련하여 아무런 문의
도 없었고, 주요 테마가 되지 않을 수도 있다. 또 같은 종말론이
라도 이슈가 다를 수 있다.[190) 예를 들면, 데살로니가 교회에서는
죽은 사람의 운명이 어떻게 되는지 문제였다면, 고린도전서에서

---

189) 이러한 생각을 일찍이 19세기에 O. Pfleiderer, *Paulinismus*, 1873 와
  E. Teichmann, *Vorstellungen*, 1896 등이 가졌다.
190) 이를 H. Conzelmann/ A. Lindemann, *Arbeitsbuch*, 215에서
  강조한다.

는 어떤 몸으로 부활하는지, 심지어 몸의 부활을 부인하는 주장
이 문제였다. 그렇기 때문에 한 곳에 없는 내용이 다른 곳에서 등
장한다고 해서 쉽게 바울 사상이 변했다고 할 수는 없다.191) 데살
로니가는 바울이 유럽으로 건너간 지, 얼마 지나지 않아 복음을
전한 도시였다. 이때는 바울이 아직 유대적인 사상으로 강하게
영향을 받던 시기였다. 안디옥 사건 때문에 격앙된 마음이 충분
히 진정되기 전의 상태였으리라. 이런 여러 가지 이유로, 당시에
바울은 '임박한 종말 기대'라는 사고로 꽉 차있었다(살전 4장).
그러나 점차 헬라 지역으로 깊숙이 들어 갈수록, 독자들의 이해
를 돕기 위해 그들이 가진 세계관을 사용하여 종말에 대해 설명
했다고 볼 수 있다.

종말론을 포함한 바울의 사상이 변했다는 주장에 반대하는
또 하나의 이유는 바울의 연대기 때문이다. 바울은 대략 기원후
32년 전후에 부활한 예수 그리스도를 만나 이방인의 사도가 되
었다. 그 후 약 2년-2년 반 만에 예루살렘을 방문하고, 다시 약 13
년 동안 고향 지역과 안디옥을 중심으로 한 길리기아-시리아 지
역에서 복음을 전했다. 그리고 2차로 예루살렘을 방문한다. 그
후 활동하던 안디옥에서 이방인과의 공동식사 문제가 발생한다.
이 사건이 발단이 되어 바울은 결국 그곳을 떠날 수밖에 없었고,
우여곡절 끝에 유럽으로 발걸음을 돌린다. 데살로니가전서가 대
략 기원후 50년 전후에 쓰여 졌고, 마지막 서신인 로마서가 50년
대 중반이라고 본다면, 첫 편지와 마지막 편지 간의 시차는 대략
5년 밖에 되지 않는다. 이 5년 동안에 바울이 유대 묵시적 사고에
서 헬라 이원론적인 사고로 바뀌었다고 볼 수 있을까? 앞서도 설
명했듯이, 바울은 이미 바리새인으로 교육을 받은 자였다. 당시

---

191) 이러한 점을 특히 A. Lindemann, Paulus und die korinthische
    Eschatologie, 376, 387f, 393은 강조한다. 또한 R. Riesner, *Frühzeit*,
    358도 마찬가지다.

기독교는 아직 유대교 내의 소종파의 형태로 있었다. 초대 교회
는 유대교와 마찬가지로 오직 구약만을 성경으로 인정하고 있었
다. 둘 사이의 차이라면 단지 예수를 구약에서 예언해온 메시아,
즉 그리스도로 믿느냐, 아니냐는 정도였다. 다메섹 도상에서 부
활하신 예수를 만남으로 신앙을 갖게 된 바울은 이미 더 이상 배
우거나 갖추어야 할 것이 없는, 복음을 위해 모든 것이 준비된 자
였다. 그러하기에 그는 예루살렘으로 가지 않고 아라비아로 갔
던 것이다. 다메섹 사건 이후 첫 편지를 쓰기까지는 대략 17~18
년의 세월이 흘렀고, 그 사이에 바울은 열정적으로 복음을 증거
하였다(갈 1:22ff). 만약 사상이 변했다면 이 때 변했을 것이다. 데
살로니가전서를 쓸 즈음에는 시기적으로 이미 완숙한 경지에 도
달해 있었다. 따라서 첫 편지와 마지막 편지 사이에 급진적으로
신학적인 생각이 바뀌었다는 주장은 별로 설득력이 없다고 봐야
한다.192)

6) 요약

　바울은 특히 초기에 임박한 종말 사상에 강하게 사로잡혀 있
었다. 이러한 사실은 데살로니가전서를 통해 확인된다. 데살로
니가 교인들은 죽은 자들의 운명이 어떻게 되는지 몰라 슬퍼하
고 있었다(살전 4장). 이는 바울이 데살로니가에 가서 선교 할 때,
임박한 종말사상에 사로잡혀 죽은 자들의 운명에 대해 가르치지
않았기 때문이다.

　고린도전서에서는 "몸의 부활은 가능한가?", "부활한다면,
어떤 몸으로 부활하게 될까?" 등이 중심 테마이다. 이곳에서 바

---

192) M. Hengel, Christologie, 45, 58도 40년 대 말에 바울은 이미 자신의
　　사상을(기독론) 완성시켰다고 본다.

울과 대결을 벌였던 자들은, 구원이란 다만 영적인 차원과 관련되는 것이기에, 몸의 행실을 어떻게 하든 간에 '이미 획득한 구원'에는 어떤 영향도 미치지 못한다고 생각하고 있었다. 이에 대해 바울은 구약적인 사고에 근거하여 '몸의 부활'을 말한다. 그러나 바울이 말하는 몸은 이미 변화된 몸으로서 현세에서의 몸과는 질적으로 다른 것이다. 고린도전서에서는 어느 정도 재림지연에 대한 고려를 하고 있다.

고린도후서 그리고 빌립보서에서 바울은 현재의 삶에서 벗어나고 싶어 한다. 그의 소원은 하루빨리 이 세상에서 벗어나 (그리스도와 함께 하는) 하늘의 영원한 세상으로 옮겨가는 것이다. 이와 같은 사고의 배경에는 땅과 하늘이라는 대립된 두 개념이 자리 잡고 있다. 궁극적인 구원은 더 이상 미래에 실현되는 것이 아니라 '지금' 그리고 '여기'서, 그리고 한 개인의 실존이 '이 세상'이 아니라 '저 세상'에 의해 규정되는 순간에 이루어진다.

바울은 종말론에 대해 체계적으로 생각하지 않았다. 편지란 한 교회의 구체적인 상황을 전제로 쓰여 진 것이다. 그렇기 때문에 단순히 편지들의 비교만을 가지고 "바울 사상이 변했다"고 쉽게 주장할 수 없다. 각 편지에 들어있는 종말에 관한 상이한 진술들은, 다양한 상황과 관심에 부합하는 여러 가지 종말 모델들을 이용하여, 시의적절하게 권면하고 훈계하기위한 수고의 산물이다. 물론 뒤로 갈수록 헬라적인 사고를 좀더 적극적으로 사용하는 경향은 감지할 수 있다. 하지만 이마저도, 바울이 헬라 세계 내부로 깊숙이 들어 왔기 때문이라고 봐야 할 것이다.

비록 유대 묵시문학적인 내용들을 이용하여 종말에 무엇이 일어나는 지에 대해 설명을 하고 있는 바울이지만(살전 4장, 고전 15장), 그는 정작 '마지막 일들'을 뜻하는 종말론 자체에는 관심이 없었다. 단지 해당 교회에서 논란이나 문제가 되는 한에서 선별적으로, 종말론을 다루고 있다. 예를 들면 "미리 죽은 자들의 운명"이 문제가 된 데살로니가전서에서는 그 운명에 대해서만 설명하고 있지, 부활체가 어떤 형태인지에 대해서는 관심을 갖지 않는다. "어떤 몸으로 부활하는가?"가 문제였던 고린도전서에서는 그것에 대해서만 천착하지, 부활 사건이 구체적으로 어떤 순서와 단계를 통해 발생하는 지에 대해서는 함구하고 있다.

바울의 종말론은 교인들의 호기심이나 단순한 궁금증을 해소할 목적으로 제시되고 있지 않다. 세상 끝이 가까웠음을 분명히 인식하고 있었던(롬 13:11ff; 고전 10:11) 바울은 무엇보다도 이 종말 의식을 윤리와 긴밀하게 관련시킨다. 곧 있을 최후의 심판을 부각시킴으로써, 신자들로 하여금 거룩한 삶을 살 것을 촉구한다(살전 3:13; 5:23). 바울 종말론의 대표적인 구절들에서도 이러한 경향이 엿보인다. 1) 데살로니가전서 4장에서 결론으로 "서로 위로하라"고(18절) 말한다. 즉, 믿음이 없어 소망을 갖지 못하여 슬픔에 차 있는 그런 자들처럼 되지 말라고 권면한다. 5장 이하에서도 계속 종말의 '때'와 '기한'에 관한 언급이 계속 되며, 이 내용은 11절에서 끝이 난다. 그 마지막 부분에서 바울은 재차 우리가 죽었던지 살았던지 간에 그리스도와 함께(4:17) 하는 존재라는 사실을 일깨움으로서(5:10) 신자들을 다시금 안심시키며, 나아가 윤리적인 삶을 살도록(11절 "서로 덕을 세우라") 동기를 부여하고 있다. 2) 변화된 몸으로의 부활을 강조하고 있는 고린도전서 15장에서도 맨 마지막에 부화뇌동하지 말고 "주의 일에 더욱 힘쓰라"(58절)고 말한다. 왜냐하면 "우리의 수고가 헛되지 않은 줄 알기" 때문이라는 것이다(윤리적 권면, 수고에 대한 보상을 확인). 3) 세상 삶을 마무리하고 천상에서 그리스도와 함께 하고 싶다는 소망을 간절히 피력하고 있는 고린도후서 5장에서도, 결론은 이 세상에 뿌리를 내려 살든, 아니든 간에 '주를 기쁘시게 하자'는 권면이다(9절). 이 윤리적인 권면은 "우리가 장차 그리스도의 심판대 앞에 서게 될 것이며, 행위에 따라 상벌을 받는다"는 내용으로 더욱 힘을 얻게 된다. 위의 세 구절 모두에서 확인되는 것처럼, 종말에 대한 언급은 윤리적인 권면으로 끝을 맺고 있다. 이처럼 바울의 종말론은 미래에 대한 불안을 불식시키며, 그로 말미암아 더욱 주를 위해 살라는 윤리적 요청의 동인으로써 역할을 하고 있다.

바울의 종말론을 거론하면서 **빼놓을** 수 없는 것은, 하나님의 임박한 진노의 심판에 대한 강조이다. 바울이 전 우주적인 차원의 진노를 강하게 말했던 이유는, 당시 모든 인간들의 죄가 심히 크다는 사실을 간파했기 때문이다. 그러나 진노는 파괴적인 기능만을 갖고 있는 것은 아니다. 누구에게나 예외 없는 진노를 부각시킴으로써, 사람들로 하여금 이 하나님의 심판을 피할 수 있는 방법이 무엇인지에 대해 관심을 갖게 한다. 해결책은 바로 예수 그리스도이시다. 이 '진노'라는 개념으로 말미암아 예수 그리스도의 의미가 확연히 드러나게 된다(롬 3:21). 즉, 바울은 '진노'를 강조함으로써 심판이 아니라, 그리스도를 통해 계시된 하나님의 보편적인 의를 부각시킨다. 따라서 '임박한 진노'는 '예수 그리스도 안에서 나타난 하나님의 구원 행위를 설명하기 위한 무대 배경이라고 할 수 있다. 예수 그리스도를 통해서 사람들은 진노로부터 벗어나게 된다. 따라서 그는 구주이시다(살전 5:9).

임박한 종말 사상은 또한 이제 때가 얼마 남지 않았다는 위기 의식(롬 13:11), 그리고 행위에 따라 심판을 받는다는 사상과(고전 3:13ff; 고후 5:10; 롬 14:10) 연결되어, 사도 바울 자신으로 하여금 더욱 선교 활동에 박차를 가하게 하는 촉매제 역할을 했다.193) 바울은 지금 하나님께서 이스라엘을 강퍅하게 만드심으

---

193) "몇 사람이라도 구원하고자 함이니" 고전 9:22; "그들 중에서 얼마를 구원하려 함이라" 롬 11:14; "내가 예루살렘으로부터 두루 행하여 일루리곤까지 그리스도의 복음을 편만하게 전하였노라" 15:19.

로 복음을 받아들일 기회를 이방인들에게도 주셨다고 보았다. 시간이 어느 정도 지나 많은 이방인들이 믿게 되면, 결국 이스라엘도 복음을 받아들일 것이라고 생각했다(롬 9-11장). 따라서 지금은 기회가 허락하는 대로 많은 이방인들에게 말씀을 전해야 할 때이다. 그가 예루살렘을 방문하고 로마를 거쳐 스페인까지 가서 복음을 전하고자 했던 이유는 얼마 남지 않은 종말을 앞두고 보다 많은 사람들을 구원으로 이끌기 위해서였다.

IV. 바울과 후대 교회

1. 바울학파(후기 바울서신)

위대한 철학자에 의해 주창된 사상은 그 시조를 따르는 제자들에 의해 형성된 학파를 통해, 계승되고 발전된다. 소크라테스의 제자였던 플라톤은 아카데미아라는 회합을 만들어 스승의 사상을 계승하였다. 아리스토텔레스의 철학도 리키움이라는 학파 창설을 통해 세상에 널리 알려지게 되었다.[1]

어떤 사상이 학파를 통해 발전되고 후대에 알려지는 예는 비단 철학 분야에 국한된 현상은 아니다. 주전 50년에서 주후 10년 사이에 걸쳐 살았다고 추정되는 힐렐이라는 유대교 랍비가 있다. 그는 바리새 운동에 경건주의라는 옷을 입힌 인물로서, 1세기 말부터 본격화되었던 랍비 운동의 정신적인 대부 역할을 하였다. 유대교에 미친 그의 영향은 가히 절대적인 것이어서 그 명성은 사후 몇 세기 간 지속되었다. 힐렐은 구전 율법의 강조와[2] 관련한 독특한 율법 해석으로, 자신을 따랐던 일군의 랍비들과 함께 학파를 이루어 초기 유대교를 형성하는데 지대한 공헌을 하였다.[3]

기독교에서도 '학파'라고 일컬을 수 있는 현상이 발생하는데, '후기 바울서신' 또는 '제2 바울 서신'의 저자로 알려진 바울 학파가 바로 그것이다.[4] 바울 사후에 즈음하여(기원후 60 중반-70년 전후) 기독교계는 몇 가지 큰 사건을 겪게 되고, 이로써 중요

---

1) H.C. 키, 『신약성서 이해』, 435
2) J. Neusner, *From Politics to Piety*, 41에 따르면 구전토라에 관한 한, 힐렐이 모세와 에스라 이후 최고의 권위를 갖게 되었다.
3) H.C. 키, 『신약성서』, 436
4) A. Lindemann, *Paulus im ältesten Chritentum*, 36f

한 인식을 하게 된다. 초대 교회의 원 증인들의(바울을 포함한, 베드로, 야고보) 죽음이 계기가 되고, 로마에 의한 예루살렘 성전 파괴로 인해, 사람들은 복음이 처음 시작했을 때를 기점으로 시간이 상당히 경과했다는 사실을 느끼게 된다.5) 당시 기독교인들은 기독교 발생 초기를 되돌아보면서 자신들의 현재 모습을 살펴보게 되었고, 이로써 자신들은 초기 전통을 계승하며 살고 있다는 확신을 재차 갖는 기회로 삼았다. 이와 같은 움직임은 특히 소아시아를 중심으로 한 바울의 선교지역에서 두드러졌다. 정경 형성사를 참고할 때, 1세기 말경에 이미 바울 서신이 수집되어6) 정경적인 권위를 갖게 되었다(폴리캅 3:2f; 참고 살후 2:15; 딤후 3:16; 벧후 3:15f). 그 과정의 배후에 이미 바울 학파가 존재했으리라 추정된다. 바울 학파는 아마도 바울의 선교 동역자들에 의해 시작되었을 것이며, 다수의 그룹으로 이루어 졌다고 생각된다. 이들은 자신들이 믿고 있는 신앙과 섬기고 있는 교회의 성립이 바울과 밀접하게 연관되어 있다고 보았다. 따라서 바울을 자신들의 신앙의 모범으로 삼았고, 바울 사상을 그들 신앙의 근원으로 인식했다. 이로써 그들은 자신들이 누구인지에 대한, 신앙의 정체성을 분명히 할 수 있었다.7) 그리고 이를 기반으로 당면한 문제를 극복해 가고자 하였다. 이러한 시도, 즉 변화된 상황 가운데 신앙의 근원인 바울을 돌이켜 본 노력은, 결과적으로 여러 측면에서 바울 신학을 발전시키는 결과를 초래하였다.

교회에 대한 권위를 강조함으로써("사도가 교회의 기초" 엡

---

5) S. Vollenweider, Art. Paulus, 1054

6) 권수는 10권 또는 목회서신을 포함하여 13권 혹은 히브리서까지 포함하여 14권. 순서는 분량에 따라(많은 것이 우선), 그리고 대상에 따라(개인 보다는 교회에 보내는 서신 우선), 그리고 숫자를 고려(참고 요계 2장 이하의 일곱 교회에 상응한 7개의 일반서신, 전체 바울서신은 7의 배수인 14권 등).

7) S. Vollenweider, Art. Paulus, RGG^4 6, 1054f

2:20; 참고 3:5), 교회가 점차 조직화되고 체계를 갖추어 가는 과정에서 필요한, '교회의 통일성'이라는 근거를 확보하는데 기여한 에베소서도 바울 학파의 작품이다.8) 골로새서도 거짓 교사들의 침투라는 상황에 직면하여(2:4,8,20) 바울의 사상을 빌어 그들의 잘못을 논박하고 있다(1:19f; 2:10). 이 과정에서 바울의 그리스도론(2:9f)과 교회론(1:18,24f)이 더욱 발전된다.9) 2세기에 불순한 교리가 침투하여 교회를 위협하자10) 목회서신은 바울을 복되신 하나님의 영광의 복음을 위임받은 이상적인 인물로 설정하고(딤전 1:11), 이 교훈의 말씀이 디모데에게(딤전 6:20) 맡겨졌으며, 다시 다른 사람들에게 전해져야 한다는 사실을 강조함으로써(딤후 2:2) 진리를 보존하고 규범적인 교리를 끝까지 유지하는데(딤후 1:12) 공헌하였다.11) 비록 바울 학파에 속하지는 않지만 사도행전도 바울과 밀접한 관련이 있다. 여기서 저자 누가는 바울을 통해 이방 기독교를 이스라엘의 약속과 성취의 사건과 다시 결합시킴으로써, 이방 기독교의 정체성을 분명히 하고자 한다. 누가의 작품에서 바울은 예루살렘에서 시작한 현재의 교회가 땅 끝까지 복음을 증거 했다는 사실을 증언하는 역할을 수행한다. 누가는 아마도 바울서신을 몰랐던 것 같다. 하지만 바울의 개인전승을 가지고 그를 선교사, 이적을 행하는 자, 그리고 구약을 잘 계승한 자로서 생생하게 묘사하고 있다.12)

바울의 사고를 계승하고 발전시킨 바울 학파와 달리 바울에 반대하는 움직임도 초대교회사에 나타난다. 대표적인 예가 야고보서이다. 이 서신의 저자는 "행함이 없는 믿음이 무슨 유익이 있

---

8) H. 키, 『신약성서』, 432ff
9) E. 로제, 『신약성서 어떻게 이루어졌는가?』, 105f, 108f
10) S. Vollenweider, Art. Paulus, RGG^4 6, 1056
11) H. 키, 『신약성서』, 445f
12) S. Vollenweider, Art. Paulus, RGG^4 6, 1056f

으리요(2:14)”라고 선언하면서 바울의 반대편에 선다. 그러나 1) 바울의 전체 사고에서 차지하고 있는 ‘믿음’의 특별한 위상을 제대로 평가하고 있지 못하다는 점 2) 그리고 믿음과 행위의 공동 작업을 말하고 있는데, 이때 믿음은 순수한 지적인 능력을 뜻하는 것이다. 따라서 야고보서의 저자는 바울의 ‘믿음’을 잘못 이해했거나[13] 또는 바울이 아니라 그를 잘못 수용한 변종 바울주의자들에 대해 반응한 것이라고 보아야 할 것이다.[14] “율법의 완성”을 주창하는 마태복음도 바울의 입장과 대립된다(마 5:17-20).

---

13) S. Vollenweider, Art. Paulus, RGG^4 6, 1057
14) A. Lindemann/ H. Conzelmann, *Arbeitsbuch*, 351

2. 전설, 바울숭배, 화상(畵像 icon)

2세기 중반 이후, 바울은 민담이나 묵시적인 저작의 주인공으로 다루어지기 시작했다. 여기서 바울은 신적인 지혜를 가진 자, 기적을 행하는 자, 환상가, 세계 선교가, 기독교 영성의 대표자 등으로 묘사되고 있다. 특별히 2세기 중엽 아시아 지방의 한 장로가, 바울의 활동과 관련한 전설과 전승을 기초로 상상력을 가미하여 이야기로 만든 작품, 『바울행전』을15) 세상에 내 놓았다. 저술 목적은 바울에 대한 애정 때문이었지만, 가공의 이야기를 만들었다는 죄목으로 결국 장로직을 박탈당했다.16) 카르타고의 터툴리안도 이 저술을 인정하지 않았다(De baptismo 17). 반면에 터툴리안과 동시대 인물인 로마의 히폴리투스는 아시아 장로가 쓴 글의 내용을 긍정적으로 평가했다. 그는 『바울행전』에 나오는 바울이 사자와 싸운 이야기를(참고 고전 15:32; 딤후 4:17) 자신의 『다니엘서 주석』에서(iii 29) 인용하기도 한다. 바울이 네로 시대에 베드로와 함께 순교했다는 기술(클레멘트 1서 5:4-7)도 많은 관심거리가 되었다(『성 바울의 고난』, 『베드로와 바울 행전』). 3세기 중반엔 『시몬과 베드로 행전』 1-3과 유세비우스의 『교회사』 II 22,2에 근거하여 바울이 로마에서의 1차, 2차 구금 사이에 스페인에 갔다는 이야기가 유포되었다.17) 한편 무라토리단편에서도 바울의 스페인 행 이야기가 나온다. 『바울의 순교』라는 책에서는 위대한 선교사요 그리스도와 유사한 증언자인 바울이 로마에서 참수형에 처해졌다고 기록되어 있다.18)

---

15) A. Lindemann, *Paulus*, 68ff

16) 참고 F.F. 브루스, 『바울』, 500

17) 바울이 스페인에 갔다는 내용은 클레멘트 1서 5:7; 무라토리단편 383; '시몬과 베드로 행전' 1-3 등에서 암시되고 있으며, '칸팁파에와 폴리케나에 행전'에서 분명하게 언급되고 있다.

바울의 편지 내용과 연관하여 위서(僞書)들이 생겨나기도 했다. 위서들 중 대표적인 것으로는 골로새서(4:16)에서 근거한 라오디게아서, 고린도전서 15장과 관련된 고린도3서,19) 고린도전서(2:9)와 연관된 『사도 바울의 기도』(NHL I,1), 3-4세기 작품으로 고린도후서 12:2-4와 관련된 『바울의 환상』, 그리고 바울의 삼층천 체험, 소명, 1차 예루살렘 여행(갈 2:1f)을 차례로 엮었으며 영지주의적인 성격을 지닌 『바울의 묵시』(NHL V,2) 등이 있다.

바울은 경건 문학에서도 높이 평가받는 인물이다. 여기서 그는 12제자와 동급이 아니라 베드로에 버금가는 사도였다(클레멘트 1서 5:4f; IgnRom 4,3). 2세기 중반부터는 '사도'라고 하면 바울을 지칭하는 것이 되었다. 바울이 처형당한 로마는 바울 숭배의 출발지가 되었다. 2세기 말 로마 교회의 장로인 가이오는 브루기아의 몬타누스주의자인 프로클루스와 편지를 주고받는 중에 "나는 사도들의 기념비들을 손으로 가리킬 수 있다. 당신이 바티칸 언덕이나 오스티아 가도(街道)를 간다면 거기서 이 교회를 세운 사도들의 기념비를 볼 수 있기 때문이다"라고 쓰고 있다.20) '기념비'(memoriae)는 순교했거나 묻혔을 때 사용되는 표현이다. 따라서 베드로는 바티칸 언덕에, 바울은 오스티아 가도에서 처형되었거나 매장되었다고 보아야 한다. 헬라어로 된 『베드로와 바울 행전』을 참고하면, 바울은 오스티아 가도에 세워진 세 번째 이정표 가까이에 있는 아쿠에 살비에(지금의 Tre Fontane)에서 참수되었다.21) 이러한 전승에 의거하여 실제로 베드로를 기념하는 '베드로 교회'는 바티칸 언덕에, 바울을 기념하는 '성 바

---

18) S. Vollenweider, Art. Paulus, 1058
19) 이는 나중에 바울행전과 통합되었다.
20) 유세비우스, 『교회사』 II 25,7
21) 『베드로와 바울 행전』, 80

울 성문 밖 교회'는 콘스탄티누스에 의해 오스티아 가도에 세워
졌다.[22] 2세기 중반 이후부터 오스티아 가도에서 바울을 기념하
는 축제가 생겨났다(유세비우스, 『교회사』 II 25,7).[23]

258년부터는 로마의 박해로 인해 카타콤에서 베드로와 바울
을 위한 순교제의가 거행되었다. 이는 후대 문헌인 『필로칼루
스의 달력』(354년)에 첨부된 '순례성지에 대해서'(III Kal. Iul) 6
월 29일 난에서도 간접적으로 확인된다. 거기에는 베드로의 유
해가 투스쿠스와 바수스의 치하에(258년) 지하묘지인 카타콤에
안치되었다는 기록이 있다. 한편 『필로칼루스의 달력』 뿐만
아니라 『주교 전례서』(530년)에서도 베드로와 바울의 매장지
가 성 세바스챤 교회가 들어선 압비오 길이라는 내용이 나온다.
바울과 베드로가 공동으로 묻힌 곳이 카타콤인가 압비오 길인가
는(또는 오스티아 가도) 논란거리이다. 하지만 3-4세기 카타콤에
베드로와 바울의 벽화와 이름이 많이 그려지고 쓰여 진 점을 고
려할 때, 두 사도의 매장지가 카타콤과 전혀 관련이 없다고 볼 수
없다. 박해로 인해 교인들이 쉽게 접근할 수 없어, 원래 있었던
곳에서 다른 곳으로 이장했다가 최종적으로 오스티아 가도의 콘
스탄티누스 교회로 모셔졌을 수도 있다.[24] 하여튼 바울의 처형
또는 매장 장소와 관련하여 압비오, 카타콤, 오스티아 세 곳의 전
승이 존재하고 있다.

---

22) F.F. 브루스, 『바울』, 481f. 바울을 기념하는 기념비는
참수되었다고 여겨지는 곳에 세워졌다. 324년 이곳에 자그마한
교회가 건축되었다. 4세기의 말에 증축된 교회는 1823년 7월 화재로
소실되었다. 현재의 성당은 1854년 12월 교황 피우스 9세가 다시
봉헌한 것이다. 교회 안, 순교자의 묘의 마루는 4세기 것으로
추정되는 두 장의 돌 판으로 되어 있는데 한 쪽에는 "바울", 다른
쪽에는 "사도이며 순교자" 라고 쓰여 있다.

23) 참고 F.F. 브루스, 『바울』, 485

24) 참고 H. 채드윅, 『초대교회사』, 189ff

두 사도를 위한 축일은 6월 29일 이다(258년). 4세기 중엽에 밀라노의 암브로시우스가 지었다고 알려지고 있는 「사도들의 수난」 이라는 찬송에서도 이 날이 언급되고 있다.25) 그러나 후에 바울의 축일은 6월 30일에 따로 거행되었다. 로마 지역 외에서 바울을 기념했다는 기록이나 흔적은 빌립보, 에베소, 멜리데를 제외하면 찾아보기 힘들다. 동방에서는 베드로와 바울을 위한 축제를 성탄절을 전후하여(12월 28일) 가졌다. 바울의 회심을 기념하는 축제는 중세 초기에 생겨났다(1월 25일).26)

일반 백성들, 특히 천막장이, 직조공, 바구니 엮는 사람들 사이에서 바울은 노동하는 자들을 위한 수호성인으로 여겨졌다. 일기가 좋지 않거나 뱀에 물렸을 때, 사람들은 바울을 부르며 기도했다. 사람들이 숭배했던 바울의 유물은 그리 많지 않다. 그중에서 그를 묶었던 쇠사슬(예루살렘, 로마), 그리고 그가 입었거나 접촉했던 약간의 옷이나 물건들이 있다. 바울이 참수 당했을 때, 그의 목이 세 번 땅에서 튀었고 그 튄 자리마다 샘이 솟아나왔다는 이야기도 전해져 온다.27) 중세 때, 사람들 사이에서 많이 읽혀져 왔던 '아우레아의 전설'에 따르면 바울의 성화는 신비한 능력을 발휘하였다. 여기서 바울은 베드로와 비교되기도 하는데, "위엄에 관한한 베드로보다 못하지만, 설교는 바울이 더 잘하고, 거룩성은 둘 다 같다"고 묘사되어 있다.28)

바울은 초기의 화상(icon)에서 베드로나 12사도, 그 외에 테크라와 함께 그려진 모습으로 등장한다. 4세기에 이르러서 비로소

---

25) 참고 F.F. 브루스, 『바울』, 483

26) S. Vollenweider, Art. Paulus, 1059f

27) 이를 계기로 Tre Fontane('세 개의 샘')라는 지명이 생겼고, 바로 거기에 성 바울 성당이 세워졌다. 성당에 있는 부조들은 이 사건을 기념하여 제작되었다.

28) S. Vollenweider, Art. Paulus, 1060

단독 화상이 나타난다. 『바울과 테크라의 행전』 3장에서 바울은 철학자의 모습으로 그려지고 있다.[29] "적은 체구, 벗겨진 머리, 굽은 다리, 기품 있는 태도, 서로 붙은 두 눈썹, 매부리 코" 등. 그를 나타내는 상징물로는 책, 두루마리 성경, 그리고 13세기부터 추가된 순교를 상징하는 칼 등이 있다. 미술가들은 그의 회심을 그림의 소재로 즐겨 사용하였다. 회개하고 오만을 버리는 것을 암시하는, 말에서 바울이 떨어지는 장면도 12세기 이후에 곧잘 그림에 등장한다(미켈란젤로 부오나로티의 작품).[30] 그 외에 바구니를 타고 다메섹을 탈출하는 장면, 멜리데에서 뱀에 물렸을 때 일어난 기적, 로마에서 베드로를 만나는 장면, 처형 장면 등이 예술가들의 창작열을 자극시키는 소재로 곧잘 사용되어 왔다.

---

29) 아덴의 정치가이자 군인인 알키비아데스가(주전 450-404) 소크라테스를 묘사한 것과 유사하다. 참고 플라톤, 심포지움, 214 A-222 B; H.-J. Schoeps, *Paulus*, 44
30) S. Vollenweider, Art. Paulus, 1060

3. 2-3세기 교부들과 교회

이 시기의 유대기독교 중, 일부가 바울의 반 율법적인 태도에 주목하고, 반기를 들었다. 에비온(이레네우스, Haer. I 26,2), 헬세사이테스(오리겐 [유세비우스, 『교회사』 VI 38에 인용되어 전해짐]) 그리고 위(僞)-클레멘트의 기본서인 '베드로의 선포' 등에서 바울은 마술사 시몬(행 8:9ff)과 동일시되면서, 율법을 선포한 베드로에 반대되는 인물로서 폄하되고 있다.31) 드문 경우이긴 하지만 랍비문학에서도 바울에 대한 반대의 목소리가 존재한다. 카레어는 바울을 기독교 설립자라고 비판한다. 이방인들 가운데 포르피리우스는 바울 신학이 일관되지 못하고 서로 모순된다는 이유로 반대하기도 했다.

2세기 저서나 교부들 가운데 특히 로마의 클레멘트는32) 그의 서신에서(클레멘트 1서 5:1-7) 위대한 사도로서 베드로와 바울을 제시하면서, 그들의 모범을 본받으라고 권면하고 있다. 안디옥의 이그나티우스도 로마에 보내는 편지에서(4:3) 바울과 베드로를 훌륭한 사도의 모범으로 독자들에게 제시하고 있다. 특히 그의 여러 편지에 나타나고 있는 '믿음' 이해는 바울의 그것과 깊은 연관성을 가지고 있다. 순교자 저스틴은 이교의 신화와 예배에 대해서는 적극 배척한 반면, 고대 철학 특히 플라톤 철학에 대해서는 호의적인 입장을 보였다. 그는 로마서 1-2장의 사람에게는 보편적인 도덕적 양심이 있다는 바울의 생각을 발전시켜, 이 양심은 '신적인 이성' 즉 로고스에 의해 심겨진 것이며, 따라서 모든 사람들에게는 진리 또는 신을 깨닫고 알 수 있는 지혜의 빛이 있다고 주장했다.33) 고린도의 디오니시우는(170년 경) 로마 교황

---

31) 참고 A. Lindemann, *Paulus*, 101ff
32) 로마에서 96년 경, 고린도에 보낸 편지 클레멘트 1서를 쓴 저자
33) H. 채드윅, 『초대교회사』, 85ff

소테르에게 편지하면서 두 교회 모두 베드로와 바울의 영향 하에 세워졌기 때문에 특별한 연대 의식을 서로 가지고 있다고 기록하고 있다.34) 리옹의 이레네우스는 마르시온, 발렌티누스와 논박하면서 '예언과 성취'라는 관점으로 구약과 신약의 통일성을 강변하는 동시에 바울에게서 발견한 아담과 그리스도 사이의 대비를 강조한다.35) 그는 또한 가장 영광스러운 두 사도로 베드로와 바울을 들고 있다.36) 이러한 사고는 3세기 중엽에 이르기까지 로마 교회는 베드로와 바울에 의해 창건되었다는 일반적인 인식과 일맥상통 한다.37) 2세기 말의 디오그넷의 편지도 바울의 영향을 도외시하고는 이해하기 힘들다.

바울은 잊혀진 채 있었는데, 정교회가 이단, 영지주의자, 마르시온과 싸우는(터툴리안 Marc. III 5,4) 과정 가운데 재발견했다는 옛 명제는 설득력이 없다. 바울은 정통교회로부터도, 그리고 이단으로부터도 동시에 존경과 권위를 인정받아 왔다. 영지주의자나 발렌티누스 신봉자들은 바울의 심령화하여 해석하는 경향(고전 2:6ff), 육을 비하하는 발언(고전 15:50), 인간을 몸, 영, 혼 셋으로 구분하는 입장(살전 5:23), 가현설적으로 해석할 여지를 주는 기독론(빌 2:7f) 등을 확대, 발전시켰다. 영지주의자들은 바울이 가지고 있는 현재적 부활 개념에(골 1:22; 엡 2:6) 주목했다.38) 2세기 중엽 소아시아 본도 출신인 마르시온은 신약에서 사랑으로 자신을 계시하신 하나님이 참된 신이라고 보았다. 기독교의 당면 과제는 따라서 질투하고 시기하는, 그래서 인간을 벌하시는 하나님으로 묘사하는 구약적이고 유대교적인 요소를 모

---

34) F.F. 브루스, 『바울』, 485
35) H. 채드윅, 『초대교회사』, 91f
36) 이레네우스, Aginst Heresies, III, 3.1,2
37) 참고 F.F. 브루스, 『바울』, 486
38) Treat. Res. NHC I,4; 참고 S. Vollenweider, Art. Paulus, 1061f

두 제거하는 것이라고 여겼다. 그런 입장으로 볼 때 반율법의 기치를 높이 든 바울이야 말로 복음의 유일한 증거자였다. 따라서 전해 내려오는 10개의 바울 서신(목회서신 제외)과 바울의 전도 여행 동반자였던 누가에 의해 기록된 누가복음만을 마르시온은 정경으로 인정하였다. 비록 그의 편향적인 성서관이나 하나님 이해에 대한 부분은 많은 문제를 내포하고 있었지만, 반율법적, 반유대적인 성격을 지닌 바울 복음의 특성을 나름대로 간파했다는 점에서[39] 마르시온 또한 바울로부터 큰 영향을 받았다고 할 수 있다.[40] 그의 추종자로서 4세기 북아프리카에서 세력을 떨쳤던, 마니교 창시자 마니도 바울을 높이 평가하였다.

영지주의자 마르시온의 발흥에 따라 교회는 상세한 바울 주석의 필요성을 절감하였다. 리옹의 이레네우스가 최초로 바울에 대한 포괄적인 주석 작업을 시도하였다. 알렉산드리아의 클레멘스 그리고 오리겐도 바울을 주석하였다.[41]

---

39) 이러한 의미에서 A. 하르낙은 마르시온을 당시 바울을 이해했던 유일한 인물로 본다(A. v. Harnack, *Marcion*, 230ff). R. Morgan, *Romans*, 133f 도 이 사실에 대해 부분적으로 동의한다.

40) 참고 H. 채드윅, 『초대교회사』, 43ff

41) S. Vollenweider, Art. Paulus, 1062. 이 두 사람은 기독교화된 플라톤주의라는 틀을 가지고, 바울의 율법에 대한 모호한 입장을 최소화하고 예정설을 인정하면서 해석하였다. 특히 오리겐의 주석은 후대에 큰 영향을 끼쳤는데, 그는 로마서 5장에서 타락에 대해 했던 초기 생각을 버리고 서방교회의 원죄론을 옹호하는 쪽으로 기울어졌다. 하지만 5-7장 보다는 8장을 중시하였다. 그에게 바울은 의인으로 인정받은 죄인이라기보다는 영적인 인물이었다. 참고 R. Morgan, *Romans*, 134

4. 니케아 종교회의(325년) 이후 그리고 중세 신학

삼위일체 논쟁이 마무리되고 수도원 운동이 발흥하자 바울에 대한 주석 작업은 4-5세기 동방에서 더욱 활발히 이루어졌다(몸수에스티아의 테오도르, 사이프러스의 테오도렛, 요한 크리소스톰42)). 서방교회에서는 4세기 중엽 바울 르네상스가 일어난다. 동방이 바울의 신비주의적이고 윤리적인 측면에 관심을 가진 반면, 서방은 의인론, 신앙론, 은총론에 주의를 기울였다(히에로니무스, 마리우스 빅토리누스, 암브로시아스터 등의 바울 주석).43) 이 당시의 교부 중 한사람인 어거스틴(354-430년)을 빼 놓을 수 없다. 그는 본래 마니교, 신플라톤주의에 탐닉해 있다가 기독교로 회심한 인물이었다. 고향인 아프리카 누미디아 지방을 떠나 밀라노에 온 그는 암브로시우스의 설교를 들으며 구원을 위한 결정적인 계기를 찾고 있었다(386년 여름). 정원에서 괴로워하며 번민하던 중에 "집어 읽어라, 집어 읽어라"는 음성을 듣게 된 어거스틴은 마침 옆에 있던 성경을 펴 들었고, 로마서 13장 마지막 부분에 그의 눈길이 머물렀다.

> "또한 너희가 이 시기를 알거니와 자다가 깰 때가 벌써 되었으니 … 밤이 깊고 낮이 가까웠으니 그리므로 우리가 어둠의 일을 벗고 빛의 갑옷을 입자 …"

그는 후에 당시의 상황을 다음과 같이 설명한다.

> "이 문장을 거의 다 읽었을 때 홀연히 밝은 빛이 나의 가슴에 넘쳐흘렀고 의심의 그림자는 씻은 듯이 사라져버렸다."44)

---

42) 그의 윤리사상이 바울과 어떤 연관이 있는 지에 대해서는 E.A. Clark, Comment: Chrysostom, 193-199 참고.

43) 참고 R. Morgan, *Romans*, 134f. 이 책은(128-155) 로마서가 기독교 역사에 끼친 영향에 대해 잘 정리해 놓았다.

44) 고백록, 8,29

  여러 이단으로부터 기독교의 진리를 수호했으며, 교회의 감독으로서 목회자로서 설교자로서 신학자로서 다방면에 걸쳐 활동을 했던 어거스틴, 신학적으로 고대를 극복하고 중세의 기틀을 마련했던, 그리고 기독교 2천년의 신학은 어거스틴을 주석(footnote)한 것과 다름이 아닐 정도로[45] 중요한 인물인 힙포의 감독은 이렇게 바울의 글을 통해 복음을 만나고 기독교에 입문하게 되었던 것이다.[46] 그는 기독교 신학의 진수라고 할 수 있는 바울의 '은총'이라는 개념을 재조명하였다. 주교가 된 이후(395년) 기독교 철학을 가지고 지적으로 마니교 등에 대응했던 이전과 달리, 성경 해석 특히 바울 서신들의 해석에 몰두하였다.[47] 후에 펠라기우스와의 논쟁에서 이 브리타니아의 수사가 가진 긍정적인 인간관에 대해, 어거스틴은 로마서 7장에서 제시된 영과 육의 끊임없는 긴장에 주목하면서, 대응했다. 그 결과 하나님께서 우리에게 부어주시는, 그분의 유일하신 활동 능력인 은혜만이 중요하다는 사실을 깊이 인식하고 이를 강조하였다.[48]

---

45) 철학자 화이트 헤드는 "지금까지의 철학은 플라톤의 footnote이다"는 표현을 썼다. K. 바르트는 모차르트에 관한 책(*W.A. Mozart 1756-1956*, Evangelischer Verlag, 1956, 8)에서 "천국에 가면 맨 먼저 모차르트를 만나고 그 다음으로 어거스틴을 만나겠다"고 한 바 있다.

46) R. Morgan, *Romans*, 144에 따르면 어거스틴이 읽은 바울은(특히 로마서) 칸트, 톨스토이, 키에르케골, 프로이드, 하이데거의 사상 속에 숨겨져 있다.

47) H. 채드윅, 『초대교회사』, 256

48) H. 채드윅, 『초대교회사』, 268ff. 이 외에 바울과 어거스틴 간의 밀접한 관계에 대해서는 W.S. Babcock이 편집한 *Paul*, 1990 내의 몇몇 논문들, 예들면 O.S.B. B. Studer, Augustine, 201-221, R.A. Markus, Comment: Augustine's Pauline Legacies, 221-225; P. Fredriksen, Beyond the Body/Soul Dichotomy, 227-251; W.S. Babcock, Comment: Augustine, Paul, and the Question of Moral Evil, 251-261 등을 참고하라.

중세신학에서 바울의 글들은 연쇄적인(catena) 형태 또는 난외주의 형식으로 주해되었다(라온의 안셀름, 페트루스 룸바두스). 11-12세기부터는 질문하고 답하는 형식의 주석들이 등장한다(아벨라드의 로마서 주석).49) 이 시기에 토마스 아퀴나스는 바

---

49) 펠라기우스는 로마서 7장에서 율법을 스토아 철학에서 말하는 자연법(lex naturalis) 맥락으로 파악하면서, 율법과의 갈등을 플라톤적인 관점인 내적인 인간과 육체의 욕망 간의 충돌로 설명했다. 내적인 인간은 그리스도로 말미암아(세례 시) 육체의 정욕에 얽매이게 하는 죄로부터 해방되었다고 보았다. 그러므로 24절의 탄식은 세례 받기 전의 상황을 뜻하는 것이 된다. 그러나 이러한 관점으로 바울 본문을 계속 읽게 되면, 새롭게 된 인간도 계속 육과 욕정에 시달린다는 결론에 이르게 된다. 어거스틴도 처음에는 펠라기우스와 유사하게 로마서 7:7-24을 이해했다. 그러나 387/388년부터는 '은혜가 가져다주는 구원의 능력'이라는 심화된 관점을 갖게 되었다. 그 결과, 은혜가 육적인 욕망에 빠진 인간을 해방한다는 사실을 깨닫게 되었다. 즉, 아담 이래 모든 인간은 죄의 지배 하에 살아왔는데, 죄로부터 벗어나는 길은 오직 은혜에 의해서 가능하다는 것이다. 어거스틴은 펠라기우스가 은총의 작용을 죄의 용서 차원에만 국한시킴으로써, 세례 후 삶의 과정은 기독교인이 스스로 책임져야 하는 것이 되어 버렸다고 비판한다. 어거스틴은 영과 육의 대립 가운데서 기독교인이 세례를 통해 은총으로 받음으로써, 원죄의 용서를 실존적으로 경험하게 된다고 보았다. 인간은 죽기 전까지 욕정에 시달린다. 하지만 세례를 통해 달라진 것은 성령으로 주어진 하나님에 대한 사랑에 힘입어 욕정에 대항하는 능력으로 받았고, 이 사랑을 가지고 싸워나간다는 점이다. 성령의 지배를 받을 때, 욕정에 따라 살고자 하는 의지로부터 자유로워진다. 그 결과 욕정은 더 이상 육에만 영향을 끼칠 뿐, 사람 자신에게는 영향을 끼치지 못한다고 보았다. 어거스틴의 반-펠라기우스적인 로마서 해석은 후대 서구 교회에 큰 영향을 끼쳤다. 특히 1516년 루터가 로마서를 (7:7ff) 주석할 때, 거의 많은 부분에서 어거스틴의 해석을 따랐다(Wilckens, EKK 6/2, 102ff, 107). 로마서 3-7장의 주제(원죄, 은총론, 선택론)가 어거스틴, 펠라기우스 그리고 후대에 어떻게 영향을 끼치게 되었는지에 대해서는 R. Morgan, *Romans*, 136f 참고.

울 서신 14권을 모두 주해하는 놀랄만한 성과를 이룩해냈다. 특별히 그는 바울의 로마서(1:19f)를, '하나님께서 한편으로는 내적인 조명을 통해, 다른 한편으로는 외적인 창조세계에 근거하여 자신을 계시할 때 인간은 그분을 알 수 있다'고 해석했다. 즉, 이성의 빛으로 하나님의 존재를 알 수 있다고 봄으로써, 후대에 큰 영향을 끼쳤다.[50] 이 견해는 1870년 1차 바티칸 회의에서 정식으로 채택되었다. 그 결과 자연적인 계시와 초자연적인 계시가 나뉘어 지게 되었고 이성과 신앙이 같은 것이라고 여겨지게 되었다.[51] 켄터베리의 안셀름은 자신의 저서(프로스로기온 9)에서 바울의 핵심 사상에 대해 논했다. 그에 따르면 하나님의 의는 하나님의 자비를 포함한다. 하나님의 구원 행위를 하나님의 성품과 연계시킨 이러한 이해는 원래 바울적인 사고는 아니지만 전체적인 바울 생각을 나름대로 대변하는 것이라 볼 수 있다. 하지만 인간의 죄 때문에 손상을 입은 하나님의 영광에 무엇인가 보상이 이루어 져야 한다는 그의 '만족설'은 바울과 상관이 없는 것이다. 안셀름의 생각은 그리스도의 속죄론과 연결되는데, 계몽주의 시대의 사람들, 그리고 자유주의 신학자들은 이 이론에 반

---

50) 이 계시가 없다면 창조주와 피조물 사이의 관계가 성립하지 않는다는 점에서, 이 계시는 하나님의 근원적인 자기 계시이다. 이 계시는 그리스도를 통해 나타난 하나님의 구원 계시의 근간이 된다. 이 계시는 믿음을 통해 인식되는데 여기서 믿음은 은총을 통한 특별한 조명에 기반 한 이성의 작용이며, '동의'를 뜻한다. Wilckens, EKK 6/1, 117. 참고 R. Morgan, *Romans*, 139

51) 이와 같은 입장에 강력하게 반대한 사람은 칼 바르트이다. 그는 자연신학을 옹호한 E. 부룬너에게 ≫No≪ 라고 응수하였다(1934년). 이미 종교개혁 시대에 이와 유사한 논쟁이 있었다. 루터는 후기 스콜라적 개념인 '철학'을 자신의 '십자가 신학'의 반대로 보고 단호히 거부하는 입장을 취하며 에라스무스와 논쟁하였다. 신(神) 지식과 관련해 '신앙'과 '이성'은 양립할 수 없다고 강변하였다. Wilckens, EKK 6/1, 118f

대하는 반면, 복음주의 계열과 칼빈주의자들은 찬성하였다.[52]

　　13세기부터는 주석적인 작업보다는 조직 신학적인 형태를 가진 진술이 더 중시되기 시작했다. 이 당시 바울의 서신들은 과거에도 그랬던 것처럼, 수많은 신학적인 토론의 단초를 제공하였다.[53]

---

52) R. Morgan, *Romans*, 137f
53) S. Vollenweider, Art. Paulus, 1064

5. 르네상스와 종교개혁 시대

인문주의자들은(15-16세기) 고전어에[54] 대한 관심을 가지고 바울에게 접근하였다. 그들에게 바울은 도덕교사, 수사학자, 신비한 종교의 사제, 성서해석자로 받아들여졌다. 인문주의자들을 대표하는 에라스무스는 바울을 기독교 철학의 뛰어난 증언자로 보았다. 그는 1516년 최초로 그리스어 성경을 출판하면서, 서문에서 "나는 모든 여성들이 [일반인들이] 복음서와 바울 서신을 읽기를 원한다"고 쓰고 있다. 바울서신과 관련하여 에라스무스는 중요한 언급을 했다. 에베소서의 문체가 바울의 문체와 다르기 때문에 이 서신은 바울이 아닌 다른 사람의 글이라는 발언이 (세계 최초) 바로 그것이다.[55] 그의 주장은 그 후, E. 에반슨 (1792), D. 베테(1826) 등에 의해 수용되었고, 현재 많은 학자들이 에라스무스의 주장에 동의하고 있다.[56] 언어에 대한 남다른 애착으로 요약될 수 있는 인문주의자들의 전통은 17세기 H. 그로티우스의[57] 주석에도 반영되어 있다.

루터는 본래, 종교 개혁을 하려는 의도가 없었다. 그는 단순히 성경이 말하는 바가 무엇인지에 대해 철저히 파고들었던 성

---

54) 34살에 그리스어를 배우기 시작한 에라스무스는 그 심정을 다음과 기록하고 있다. "지금 당장엔 써먹을 수 없는 지식이지만 그래도 나는 늦더라고 배우는 편이 낫다고 결심했다. … 우리는 지극히 중요한 작가들의 저작을 읽으면서, 아무리 라틴어 학식이 풍부하다 해도 그리스어를 알지 못하면 온전치 못한 불구의 신세라는 것을 종종 느낀다." J. 브로노프스키/ B. 매즐리슈, 「에라스무스, 시대를 초월한 지식인」, 396

55) 김철손 외, 『신약성서 개론』, 199

56) 김철손 외, 『신약성서 개론』, 200에 제시된 명단 참고

57) 그는 롬 8:28f; 9:15,18; 11:7에 근거한 칼빈의 예정설을 거부했다. R. Morgan, *Romans*, 141f

서 주석가였다. 수도사 시절, 그는 '어떻게 하면 하나님 보시기에 의로울 수 있을까'라는 문제에 천착하였다. 시편 주석을 하던 중, 31장 1절의 말씀 "주의 공의로 나를 건지소서"가 그를 사로잡았다. 그는 당시에 '하나님의 의'를 불의한 인간을 벌하시고 정죄하는 개념으로 이해하였다. 따라서 하나님 앞에서 의로워 지려고 노력했다('능동적인 의'). 그러나 의로워 지려고 하면, 할수록 더욱 의롭지 못한 자신을 발견하게 되고 절망에 빠진다. 마음속에 있는 조그만 죄까지도 고해를 하고, 끊임없는 기도와 수행, 그리고 고행을 통해 죄를 씻어보려고 하지만 아직도 남아 있는 죄 때문에 고민과 번민에 빠지게 된다. 일설에는 고행을 위해 수도원 탑의 계단을 무릎으로 기어오르던 중, "오! 나의 죄"라고 소리 지르며 혼절 했다고 한다. 혼신의 힘을 다한 사투 가운데, 로마서 (1:17)의 "복음에는 하나님의 의가 나타나서 믿음으로 믿음에 이르게 하나니 기록된바 오직 의인은 믿음으로 말미암아 살리라 함과 같으니라"는 구절을 만나게 된다. 이때 그는, 하나님의 의가 인간을 정죄하는 것이 아니라 구원하는 의라는 사실을 깨닫게 된다. 즉, 하나님의 의는 인간이 행위를 통해 쟁취하는 의가 아니라 믿음으로 값없이, 은혜와 자비를 통해 하나님으로부터 선물로 받는 수동적인 의라는 사실을 깨닫게 된다. 루터 말에 따르면 "그러자 나는 내가 다시 태어나고 열린 문들을 지나 낙원으로 들어간 듯한 느낌을 받았다". 바울 서신을 통해 '하나님의 의'에 대해 깨달음을 얻게 된 루터는 신인협력설, 공로설 등의 로마 카톨릭 주장이 허구라는 사실을 확신하게 되었다. 그 결과 세계 역사의 흐름을 바꾸어 놓은 개혁과 변혁의 거대한 물결이 일어나게 된 것이다. 비텐베르크의 종교 개혁자 루터에게 많은 영감을 준 성경은 시편과 바울 서신, 그 중에서 로마서와(1515/16년) 갈라디아서(1516/17년, 1531년)이다. 루터가 바울 서신, 그 중에서도 로마서를 얼마나 귀하게 여겼는지는, 그의 로마서 주석 서문에 잘 나타나 있다.

> 이 서신은 진실로 신약에서 가장 중요한 문헌으로서 복음을 가장
> 순수하게 표현하고 있는 책이다. 이 서신은 그리스도인이 시간을
> 들여서 한 단어 한 단어를 마음속에 새겨둘 가치가 있을 뿐만 아니라
> 날마다 묵상할 가치도 있다. 이 서신은 영혼의 일용할 양식이며
> 아무리 자주 읽거나 많이 연구한다고 해도 결코 지나칠 수 없다.
> ....[58]

루터는 또한 '정경 안의 정경 canon in canon' 이라는 주장을
함으로써, 성경 중에도 상대적으로 중요한 것과 그렇지 않은 것
이 있음을 밝히고 있다. 비중이 있고 없고는 '그 성경이 얼마나
그리스도에 의해 지배를 받고 있는지' 여부에 따라 결정이 된다.
그러한 관점에서 볼 때, 바울 서신들이야 말로 명료하게 그리스
도의 빛을 발하고 있는 '정경 중의 정경'이었다. 루터가 어거스틴
수도원의 수도사였다는 사실도[59] 기억할 만한 사실이다. 따라서
신학적인 계보로 볼 때, '바울 → 어거스틴 → 루터'라는 도식이
성립될 수 있다.

멜랑히톤은 교의학 분야 최초의 개신교 텍스트라고 할 수 있
는 로끼 코뮨네스(Loci communes)를 1521년에 저술했다. 이 책에
서 그는 루터에 의해 새로 조명된 로마서의 내용을 많이 싣고 있
다.[60] 그의 바울 주석은(1529/30년) 수사학적인 분석을 자세히
한 것으로 유명하다. 인문주의자들의 영향을 받은 일군의 종교
개혁자들도(J. 외코람파드 1525년, M. 불링거 1523, M. 부쳐 1532
등) 로마서를 주석하였다. 칼빈은 바울의 모든 저작을 주석했다.
그는 로마서에 대해 "성서의 가장 심오한 보물에게로 가는 열린
문"이라고 평가하였다(1540).[61] 기독교 강요 증보판(1539) 그리

---

58) M. 루터, 『루터의 로마서 주석』, 15
59) 참고 K. Stendahl, The Apostle Paul, 203
60) R. Morgan, *Romans*, 141
61) 참고 S. Vollenweider, Art. Paulus, 1064

고 불어판(1539)에서 '믿음으로 말미암은 의', '예정설' 등을 다루고 있는데, 이는 바울의 로마서와 어거스틴의 영향을 받은 것이다.62) 바울에 대해 종교개혁자들이 깨달았던 심오한 통찰은 오늘날 까지도 우리에게 많은 영감을 준다. 왜냐하면 그들이 파악한 바울 사상의 핵심은 시대가 변했음에도 불구하고 여전히 중요하기 때문이다.

---

62) R. Morgan, *Romans*, 141

6. 근대 이후

계몽주의와 역사 비평학 덕분에 바울은 신약성서 27권 전체 맥락에서 독립되어, 한 역사적인 인물로 재조명되었다. 처음으로 예수와 바울의 차이, 유대교와 기독교 간의 차이가 주제로 다루어지게 되었다. 그 결과, 바울은 기독교를 창시한 위인으로 인식되게 되었다(W. 브레데).[63] 이 시기의 대표적인 바울 연구자로는 J.S. 셈러, Ch.W. 탈레만, J.G. 아이크호른, F.Ch. 바우어 등 이다. 그 중에서 F.Ch. 바우어는 바울 서신과 사도행전의 차이에 대해 주의를 환기시켰고,[64] 베드로적인 유대기독교와 바울의 이방기독교를 대비시킴으로써 19세기 바울논쟁을 주도하였다. 한편 종교사학파는 헬라-동방-혼합주의라는 모델을 가지고 바울을 설명하기도 하였다.

역사 비평학이 성서연구에 도입됨에 따라 바울 서신의 진정성 문제가 논쟁거리로 등장하게 되었다. 옥중서신 중, 에베소서와 골로새서, 그리고 목회서신이[65] 논란의 대상이 되었다. 목회서신은 마르시온의 정경 목록에 빠져 있었다. 또한 타시안도 디모데전서에 금욕 사상이 들어 있다는 이유로 바울 저작설을 부인 했다(디도서는 인정). 하지만 2세기 후반 이후 사람들은 목회서신을 바울의 것이라고 일반적으로 인정하고 있었다(무라토리 단편, 이레네우스, 터툴리안). 1804년 J.E.C. 슈미트가 1700여 년 간의 침묵을 깨고 디모데전서의 진정성에 이의를 제기하였다. 그의 뒤를 이어 F. 슐라이마허(1807), J.S. 아이히호른(1812) 그리고 F.C. 바우어(1855) 그리고 H.J. 홀츠만이 이 주장에 동조하였다[66]. 현재 목회 서신은 바울 학파의 작품으로 보는 것이 일반적

---

63) S. Vollenweider, Art. Paulus, 1064
64) 참고 G.R. 크랙/ A.R. 비들러, 『근현대교회사』, 390f
65) 이 명칭은 18세기 이후부터 쓰여 졌다.

인 경향이다.67)

바울은 영국의 감리교 창시자 J. 웨슬리의 회심과도 관련이 있다. 웨슬리는 1738년 5월 24일 수요일 저녁의 사건을 다음과 같이 설명하고 있다.

> "나는 올더스게이트 가(街)에서 열렸던 한 모임에 갔는데, … 어떤 사람이 루터의 로마서 주석 서문을 읽고 있었다. 그가 하나님이 그리스도를 믿는 믿음을 통하여 사람들의 마음에서 일으키시는 변화를 설명해 나가고 있을 때 이상하게도 내 가슴이 뜨거워지는 것을 느끼게 되었다. 나는 구원을 위하여 오직 그리스도만을 의지하고 있다는 것을 느꼈다. 그러자 그리스도께서 '내' 죄 아니 '나'까지도 없애시고 '나'를 죄와 사망의 법에서 구원하셨다는 확신이 내게 왔다".

존 웨슬리가 각성하기 일주일 전에 그의 형제인 찰스 웨슬리도 루터의 갈라디아 주석서를 접하고 고상한 믿음으로 충만하게 된 사건을 경험했다. 이처럼 감리교의 창설, 더 나아가 18세기 영국 부흥 운동의 기폭제는 다름 아닌 바울이었다.68)

바울의 영향에 대해서 논할 때, 20세기 K. 바르트를 빼 놓을 수 없다. 스위스의 조그마한 광산 마을 자펜빌에서 주로 광부들을 대상으로 목회를 하고 있던 칼 바르트는 1919년에 로마서 주석서를(1922, 2판) 세상에 내 놓았다. 그것은 K. 아담스의 말을 빌리자면 "자유주의 신학자들의 유희장에 떨어진 폭탄"이 되었다. 계몽주의와 산업혁명의 영향으로 역사의 무한한 발전을 믿으며, 인간의 이성을 기반으로 무엇이든 할 수 있다는 긍정주의가 자유주의 신학의 기본 입장이었다. 하지만 1차 세계대전이 발발했

---

66) 김철손 외, 『신약성서 개론』, 211f
67) 김철손 외, 『신약성서 개론』, 219f; B.M. 메츠거. 『신약성서개설』, 232; H.C. 키, 『신약성서 이해』, 445; E. 로제, 『신약성서 어떻게 이루어졌는가?』, 118ff
68) G.R. 크랙/ A.R. 비들러, 『근현대교회사』, 140ff

을 때, 바르트의 스승 W. 헤르만을 포함한 대부분의 자유주의 신학자들과 사회민주당이 (바르트는 1915년에 가입) 전쟁을 지지하는 것을 보고 바르트는 회의에 빠지게 된다. 이로 인해 그는 자유주의 신학과 결별한다. 그리고 '하나님 나라'를 사회주의 운동과 동일시하는 입장에도(H. 쿠터, L. 라가츠) 등을 돌렸다. 대안으로 성서주석에 천착하여 1916년부터 로마서를 택하여 작업하기 시작했다.69) 바르트는 『로마서 강해』가 나온 경위를 자신의 책에서 다음과 같이 설명하고 있다.

> 나는 어둠 속에게 허우적대다가, 살기 위해 줄 하나를 꼭 붙잡았다. 그것은 종에 매달린 줄이었고. 이로 인해 죽은 자를 살리는 종소리가 온 세상에 울려 퍼졌다.70)

바르트는 1922년 F. 고가르텐, E. 투르나이젠, G. 메츠 등과 함께 변증법적 신학의 모체가 된 ≫Zwischen den Zeiten≪ 「시간들의 사이」 라는 잡지를 쾨팅겐에서 창간하였다. R. 불트만도 여기에 가담함으로써 바르트의 『로마서 강해』로 촉발된 이 신학운동은 이후 70년대에 이르기까지 독일뿐만 아니라 전 세계에 강력한 영향을 끼쳤다.71) 바르트는 이 책에서 하나님의 복음은 인간의 종교 교리와 다르다고 주장하면서 하나님과 인간의 질적인 차이, 하나님의 타자성(他者性)을 강조한다. 인간은 종말론적인 하나님의 말씀 앞에서 회개하고 전적으로 순종하며 살아야 할 존재임을 밝히고 있다. 1918년에 쓴 『로마서 강해』의 서문은 '바울'에 대한 언급으로 시작된다.

> 바울은 시대의 아들로서 그의 동시대 사람들에게 말했다. 그러나 이 사실보다 더 중요한 것은 그가 하나님 나라의 예언자요 사도로서 모든 시대의 모든 사람들에게 말했다는 점이다

---

69) E. Jüngel, Art. Barth, Karl, 252f
70) K. Barth, *Prolegomena*, IX
71) S. Vollenweider, Art. Paulus, 1065

마지막 부분에서도 바울을 언급하고 있다.

바울의 능력 있는 음성은 내게 새로운 것이었다. 그리고 내가
생각하기에 그 음성은 다른 사람들에게도 새로운 것이어야 한다. ...

이상을 통해서 우리는, 바르트로 하여금 자유주의 신학이나
종교사회주의의 충격에서 벗어나, 하나님의 생명의 말씀을 접하
도록 한 것은 다름 아닌 바울임을 확인하게 된다.

마지막으로 "각 사람은 위에 있는 권세들에게 복종하라"는
바울의 말씀도(롬 13:1ff) 역사적으로 큰 영향을 끼쳤다. 일찌기
크리소트톰(Homily 23)은 이 구절을 가지고 교회가 취해야 할 정
치권력에 대한 태도에 대해 숙고하였다. 그가 내린 결론을 중세
교회는 받아들였다. 콘스탄틴 종교회의는(1415년) 이 구절이 전
제군주 살해를 정당화하는 것은 아니라고 선언했다. 로마서 13
장의 내용 중, 특히 3-4절은 누가복음(22:38f "두 검")과 연계되어
중세 교회가 정치권력을 가질 수 있는 정당성을 부여하는 구절
로 사용되었다. 루터의 '두 왕국 이론'도 이 장과 연관이 되어 있
다. 루터의 이론에는 사회 구성원의 한 사람으로서 기독교인이
정치적으로 마땅히 해야 할 책무마저도 국가의 몫으로 전가시키
는 경향이 있다. 세속 권력도 하나님이 주신 것이라는 이 '두 왕
국 사상'을 신봉한 루터교 내 온건한 측은 히틀러 치하에서 저항
하는 세력들을 적대시하는 우까지도 범했다.72)

---

72) R. Morgan, *Romans*, 134f, 141

7. 정리

바울이 후대 교회에 끼친 영향을 일목요연하게 개괄한다는 것은 쉬운 일이 아니다. 이와 관련하여 J.D.G. 던은 다음과 같은 말을 하였다.

> 수 세기에 걸쳐서 바울의 신학은 수많은 신학들과 신학자들에게 도전을 주어왔고, 그들의 기여는 바울의 신학에 대한 이후의 인식을 풍부하게 해 왔다. 20세기에 맞는 바울 신학은 그 대화 속에 기독교 역사상의 모든 바울 연구자들을 포괄하지 않으면 안 된다 – 신약성경 내의 후기 바울 서신들로부터 시작해서 초대 교회 교부들 (마르키온도 빼놓지 말고), 아우구스티누스, 루터, 칼빈 등등을 거쳐, 그러나 이러한 것들을 제대로 다루려면, 적어도 한 권을 더 써야 했을 것이다.[73]

우리는 2천년의 교회 역사를 통해 바울이 남긴 족적을 주마간산 격으로 살펴보았다. 그 결과, 각 시대 마다 그리고 교회의 주요 인물들 거의 모두 바울의 텍스트와 연관되어 있다는 사실을 확인하였다. 물론 바울의 저서만 해도 신약 27권 중, 13권이다. 그리고 내용의 2/3 이상을 바울에 대해 다루고 있는 사도행전까지 포함하면, 권수로 신약의 반을 넘으니, 어느 누구도 바울을 비켜갈 수는 없었을 것이다. 그러나 바울의 비범성과 위대성은 그러나 단순히 저작의 양에 기인한 것이 아니다.

고대에서 중세 교회로 이행하던 시기에 바울의 사상은 어거스틴에 의해 재발견됨으로써 중세 신학의 주춧돌이 된다. 또한 중세의 한계를 극복하는데 바울의 서신은 결정적인 역할을 한다 (루터의 로마서 1:17 '하나님의 의'). 19세기 말, 20세기 초, 바울은 칼 바르트에게 새로운 신학적 통찰을 제공했다(『로마서 강해』). 이와 관련하여 바울 연구가인 K. 스탕달의 다음과 같은 지적은 경청할 만하다.

---

73) J.D.G. Dunn, *Theology*, 715f

"바울사상을   해석하고   변형함으로써   서구   세계는   종교에 대한(루터가 정점) 그리고 인간에 대한(프로이드가 정점) 깊은 통찰력을 갖게 되었다".[74]

스탕달은 바울을 내성적인(introspective) 양심의 영웅으로 묘사한다.[75] 정통 교회는 물론이요, 소위 이단들까지도 바울을 높이 평가했다(마르시온, 발렌티안, 마니교 등). 바울은 베드로와 함께 로마 교회의 창건자로서 인정받아 왔다(3세기 까지).[76] 뿐만 아니라 일반 민중들 사이에서도 바울은 순교자, 전도자, 환상을 보는 자, 그리고 병을 고치는 자로서 존경과 숭배를 받아오고 있다.

19세기는 선교 운동의 시대였다. 교회사가 K.S. 레토레트는 기독교가 아프리카, 인도, 중국 등 비서구권으로 전파된 이 시기를 1세기 이후 가장 위대한 세기라고 단언한다.[77] 20세기는 에큐메니칼 운동의 시대라고 할 수 있다. 기독교는 자신 내, 분파의

---

74) K. Stendahl, Apostle, 214. K. 스탕달에 따르면 성서 이외에서 내적 양심과 씨름하는 딜레마를 최초로 언급한 사람은 어거스틴 이었다(203). 즉, 350년 간 잊혀졌던 바울을 재발견한 사람은 바로 어거스틴이다(204). 참고 R. Morgan, *Romans*, 138

75) K. Stendahl, Apostle, 199. 한편 심리학자 융은 "내가 원하는 선을 행하지 못하고 내가 원치 않은 악을 행하는"(롬 7:19) 딜레마를 해결할 대안으로 '개별화 과정(Individuation Process)'을 제시한다.

76) 로마 교회 주교 이름에 베드로만 거론한 최초의 인물은 히폴리투스이다.   유세비우스(『교회사』,   V   28,3)는   교황 빅토르(주후 190년 경)를 "베드로로부터 삼십 대" 라고 불렀다. J.B. Lightfoot와 A.v. Harnack은 이 부분이 히폴리투스를 인용한 것이라고 본다. 한편, 로마 교회의 최초 주교를 베드로로 보고 이에 교리적인 의미를 부여한 최초의 인물은 카르타고의 주교였던 키프리안(주후 258 사망)이다. 참고 F.F. 부르스, 『바울』, 486f; H. 채드윅, 『초대교회사』, 139f, 277ff

77) G.R. 크랙/ A.R. 비들러, 『근현대교회사』, 533,

벽뿐만 아니라 심지어 종교의 차이를 넘어서까지 서로 대화함으로써 이해의 폭을 넓혀 가려는 노력을 했다.[78] 이방신을 믿던 아덴인들을 향해 "너희가 알지 못하고 위하는 그것을 내가 너희에게 알게 하리라"고(행 17:23) 아레오바고 설교를 시작했던 바울은 (행 17장) 오늘날 다양한 문화와 사고 체계, 그리고 상이한 인종과 문명이 빈번히 서로 교류하는 지구화 시대에, 종교 또는 문화가 어떻게 서로 만나서 접촉점을 찾아야 할지에 대한 성서적인 준거를 제공하는 인물로서 다양한 관점에서 연구되고 있다.[79]

2005년 한국기독교총연합회 신년하례 예배에서 현재 한국 교회의 이름으로 파송된 선교사는 160개국에 걸쳐 1만 3천명이라는 발표가 있었다. 이 숫자는 세계에서 미국(6만200명)에 이어 두 번째 규모이다. 이 예배에서 2030년까지 선교사 숫자를 4만8천5백 명으로 늘려, 세계선교 1등 국가가 되겠다는 다짐도 있었다.[80] 이미 2천년 전 자신을 이방인의 사도로 규정하고 땅 끝인 스페인까지 가서 복음을 전하고자 했던 사도 바울은, 따라서 선교에 전력을 다하고자 애쓰는 한국 기독교에 귀중한 귀감이 된다.

---

78) G.R. 크랙/ A.R. 비들러, 『근현대교회사』, 544ff

79) V. Mortensen, The dialogue between science and religion, pp. 63-82; R.W. Dalton, "Electronic Areopagus", pp. 17-33; L. Chapp, To the "Unknown God", pp. 274-307; 졸고, "바울의 아레오바고 연설", 「장신논단」 21 (2004) 137-156

80) 중앙일보 2005년 1월 8일자

V. 바울을 회고하며

1. 예수 그리스도의 복음

요한복음 19장에 보면, 예수의 십자가 위에 패를 써서 붙였는데 "히브리와 로마와 헬라 말로 기록되었더라"(20절)는 내용이 나온다. 로마 제국의 변방 팔레스타인에서 한 죄수가 처형을 당하는데 그 패를 세 나라 말로 썼다는 사실은 예수 당시 팔레스타인의 상황을 단적으로 잘 드러내주는 것이다. 그 지역에서 통용되는 언어가 히브리어(아람어)이므로 히브리어는 당연하다. 로마의 통치를 받고 있은 상황이니까 라틴어도 이해가 간다. 그렇다면 헬라어는? 당시 로마는 헬레니즘 문화권에 속해 있었다. 비록 로마가 옛 그리스 지역을 군사적인 힘으로 정복했지만, 문화적으로 보면 오히려 그리스에 지배되고 있는 형편이었다. 로마가 지중해의 패권을 차지하고부터는 식자층이나 귀족들은 그리스 말과 문화를 배우려고 무척 노력을 했다. 티베리우스는 게르마니아 전선의 총사령관 임무를 수행하던 중, 36세 되던 해에 돌연 로도스 섬으로 가서 7년간 그리스 학문에 심취한 적도 있었다. 네로는 16세 때, 원로원에서 그리스어로 첫 연설을 함으로써 교양을 자랑했고, 그리스 문화의 정수인 시와 음악을 로마인들에게 자신이 직접 소개함으로써 로마를 문화국가로 만들려고 노력했다. 또한 자작시 가수로서의 솜씨를 뽐낼 목적으로 66년부터 일년 반 동안 그리스 전역을 순회하였다. 제국 서방의 공식 언어는 라틴어였지만 동방은 헬라어였다. 헬레니즘이란 알렉산더 대왕(주전 356-323)이 정복전쟁을 통해 대 제국을 세운 뒤, 이를 계속 하나로 결속하고 통치하기 위하여 그리스어를 기반으로 보편주의적인 성격을 띤 정치, 경제, 종교, 문화체계이다. 로마도 이 문화권에 편입되었기 때문에, 제국 내에서는 라틴어보다 오히려 헬라어가 현실 생활에서 더욱 유용하게 쓰였다. 로마의 문 필가조차 기원후 2세기 까지는 헬라어로 저술활동을 했다. 2세기 오현제 중의 한 사람인 마르쿠스 아우렐리우스 황제(161-180)도 라틴어가 아닌 헬라어로 명상록을 저술하였다. 이런 점에서 예수 의 십자가 패에 헬라어가 기록된 것은 지극히 당연한 현상이다.

예수 당시 유대사회를 한 마디로 요약하라면 '조상 대대로 내 려온 전통과 외래적인 헬레니즘 문화 간의 충돌, 대립 및 갈등'이 라고 할 수 있다. 로마의 식민지체제에 편입된 유대 땅에서 부를 얻고 권력을 유지하려면, 이 헬레니즘 문화를 수용하고 더 나아 가 열렬한 신봉자가 되어야 했다. 예수 탄생 당시의 왕인 헤롯 대 왕이 그랬고 예수께서 재판을 받으셨던 갈릴리 지역을 통치한 헤롯 안티파스 분봉왕이 그러했다. 헬레니즘 체제 내에서 성공 적으로 산다는 것은, 예를 들면 외세인 로마 당국에 우호적이어 야 함을 의미한다. 외래의 교육기관에서 배우고 공용어인 그리 스어를 사용하며 이 체제가 제공하는 것들을(대도시, 도로망, 근 대적인 교육) 적극 활용한다는 것을 뜻한다. 그러기 위해서는 이 방인들과 긴밀한 관계를 가져야 하는데 이 때 할례의 문제라든가 (예를 들면 공중목욕탕을 이용할 때나, 학교 체육시간에 벗은 몸 으로 운동을 할 때), 정결법에 따른 이방인과의 접촉금지 조항, 혹 은 안식일 준수 등이 문제가 된다. 친 헬레니즘적으로 생활할 때, 전래의 율법이 문제가 되며, 따라서 이렇게 사는 부류의 사람들은 종종 율법을 무시하거나, 많은 경우 율법과 상관없이 살았다.

반면 헬레니즘체제의 주변부에 속한 일반 백성들은 달랐다. 도시에 살든 또는 시골에 살든 가를 막론하고, 그들은 외세의 이 익을 대변하는 행정기관의 통제 하에 있었다. 당시 체제에 의해 형성된 경제 질서 속에서 암 하레츠('땅의 백성')들은 일자리를 제공하는 자들이나(부재 대지주들, 성전, 가내수공업자, 선주, 생 선훈제업자 등) 창고, 보관시설이나, 각종 농기구나 일반 생활을 위한 물품들을 살 수 있는 시장 등에 여러 가지 형태로 예속되어, 주종적인 관계로 살 수 밖에 없었다. 전통적인 가치가 그들의 정신적 지주가 되지도 못했다. 유대전통의 핵심적인 3가지 중요한 개념으로 '성전', '율법', '약속의 땅'을 들 수 있다. 일반 백성의 입장에서 볼 때, 더욱이 예수께서 사셨던 갈릴리 지역에서 보면, 성전은 너무 멀리 떨어져 있어, 사람들은 그 의미나 중요성을 실감할 수 없었다. 두 번째로, 예루살렘에서 내려온 율법사나 사두개인이나 바리새인들이(막 3:22; 눅 5:17) 마치 자기들 것인 냥 전횡적으로 해석을 일삼는 까닭에, 일반인의 입장에서 볼 때 율법은 비현실적이고 매력이 없는 것이 되어버렸다. 셋째로, 젖과 꿀이 흐르는 약속의 땅인 가나안은 로마의 식민지가 되어버렸다. 땅의 소유자들은 과중한 세금에 시달렸다. 게다가 기근이나 가뭄으로 흉년이 들면 그들은 더 이상 땅을 유지하지 못하고 소작농으로 전락하고 말았다.

예수 당시 유대, 갈릴리지역의 지배층, 상류층은 헬레니즘문화에 동화되어가는 과정을 걷고 있었다. 일반 백성들은 이 체제 속에서 주변부에 속해 착취당하는 입장에 있었다. 이들은 기존의 율법전통에서 어떤 희망이나 위로를 찾을 수 없었다. 예수는 이런 상황에서 소위 제3의 길을 가셨다. 예수님은 헬레니즘의 전도사도 아니셨고, 또한 사두개인, 율법사 등과는 달리 맹목적으로 전통을 수호하는 입장을 취하시지도 않으셨다. 예수께서는 '안식일에 일을 할 수 없다'는 율법에 얽매이지도 않으셨다. 그는 병자를 고치시면서 "안식일에 (사람을 살리는) 좋은 일을 하는 것이 옳다"고 하셨다. 예수께서는 성전청결 사건을 통해 예루살렘성전의 의미를 상대화시키셨다. 또한 현재의 성전과 이에 대비되는 인간의 손으로 짓지 않은 종말론적인 새 성전을 말씀하심으로써 예루살렘성전의 한계를 지적하셨다. 예수는 당시 유대인들이 믿는 바와 달리, 하나님께서는 성전을 매개로, 성전에만 계시는 분이 아니라고 보셨다. 하나님은 동물의 피를 드리는 제사를 통해 인간의 죄를 용서해주시는 그런 분이 아니라, 무조건적인 사랑의 하나님, 죄인과 세리도 용서하시는 분이라는 점을 강조하셨다. 그들과 함께 식사하심으로써 이 사실을 행동으로 보여주셨다. 또한 하나님의 돌보심과 보호하심은 약속의 땅을 매개로 유대인만을 대상으로 하는 것이 아니라 보편적인 것이라고 보셨다. 그렇기 때문에 예수님은 자유롭게 여기저기 돌아다니시면서 복음을 전하셨던 것이다. 심지어는 이방인의 도시, 혹은 그들의 지역인 두로와 시돈, 데가볼리까지 가셨던 것이다. 물론 가나안 여인이 자신의 딸을 고쳐달라고 예수께 간청했을 때, "나는 이스라엘 집의 잃어버린 양 외에는 다른 데로 보내심을 받지 아니하였노라"고(마 15:24) 말씀하시기도 하셨지만, 이렇게 대답하신 이유는 첫째, 그 여인의 믿음을 시험하기 위해서였고, 둘째 예수의 공생애 기간이 짧은 관계상, 유대인을 우선적인 주 대상으로 했기 때문이다. 이 발언을 근거로 예수께서는 유대 중심적이시며 배타적인 생각을 갖고 계셨다고 결론지어서는 안 된다.

예수는 해결책을 외래사상에서 찾으시지 않으셨다, 그는 구약을 새롭게 이해하고 해석하심으로써 대안을 찾으셨다. 그러나 이 새로운 이해는 너무나도 근본적인(radical의 어원) 것이었다. 유대교의 현 체제 속에서 기득권을 누리고 있는 종교 귀족, 정치 지도자들의 입장에서 볼 때 예수는 아주 위험천만한 인물로 비춰졌다. 결국 이들의 사주로 말미암아 예수는 로마 당국에 의해 정치형인 십자가에 달려 처형당하셨다. 예수께서는 율법을 재해석하시면서 그 속에 내재되어 있는 하나님의 근본정신을 재 발굴해 내셨다. 이 근본정신은 다름 아닌 '보편주의'와 '무조건적인 사랑'이다. 예수는 '모든 인간은 하나님이 똑같이 사랑하는 귀한 존재이다'는 입장에서 출발하여 이웃을, 즉 사회 구성원 모두에 관심과 애정을 보여 주셨다. 또한 실적이나 업적에 상관없이,

의인이냐 죄인이냐를 묻지 않고, 무조건적으로 인간을 사랑하셨다. 의인이나 죄인에게 해나 비가 똑같이 비추고 내리듯이, 하나님은 누구나 사랑하시는 분이라는 사실을 예수님께서는 가르치셨다. 이러한 보편적이고 무조건적인 사랑의 행위를 통해 예수를 만난 사람은 누구나 새 사람이 되었다. 죄인들은 예수의 사죄 선언을 듣고 다시는 죄를 짓지 않겠다고 다짐하게 된다. 귀신에 사로잡힌 자는 악령의 힘에서 풀려나 자립적이고 주체적이며 온전한 인간으로 깨끗해 졌다. 예수께서 가르치시고 고치신 사역의 현장, 그곳에 하나님 나라가 이루어진 것이다. 그렇기에 예수 공생애의 첫 일성은 "때가 찼고 하나님의 나라가 가까이 왔으니 회개하고 복음을 믿으라"(막 1:15) 였다. 이는 하나님께서 주도하시는 보편적인 성격을 가진 구원의 현실에 눈을 떠서 그 현실을 함께 맛보고 누리자는 요청이다.

2. 예수와 바울

사도 바울은 참으로 동족을 아끼고 사랑했던 유대인 중의 유대인이였다. 로마서 9장에서 그리스도와 끊어질망정 동족을 위하는 길을 걷겠다는(3절) 자신의 심정을 밝히고 있다. 구약시대에 하나님의 약속을 받은, 자신의 동족의 운명이 어떻게 되는지에 대해, 하나님의 '신실하심'과 연관시켜 진지하게 논구한 로마서 9-11장은 바로 그처럼 극진한 동족애의 한 단면이라고 할 수 있다. 결론 부분에서 바울은 '모든 사람에게 베푸시는 하나님의 긍휼'에 주목한다(11:30ff). 하나님의 말씀이나 약속은 반드시 이루어진다는(9:6; 11:29) 확신 속에서 이방인의 삶의 궤적과 유대인의 그것을 비교한 결과, 다음과 같은 사실을 발견하게 된다. 이방인들은 과거에 믿지 않았으나 지금은 믿어(긍휼로) 구원을 받게 되었다. 이스라엘은 반대로 전에는 믿었으나 지금은 믿지 않고 있다. 이스라엘이 지금 믿지 않기 때문에, 그 결과 이방인에게 긍휼이 베풀어지게 되었다. 이처럼 이스라엘의 불순종은 이방인을 구원키 위한 구원사적인 깊은 섭리 가운데 발생한 것이다. 모든 이에게 긍휼을 베푸는 하나님께서 '안 믿다가 믿는' 이방인에게 구원의 손길을 내밀고 계신다면, 구속사의 계획과 관련하여 '믿다가 안 믿는' 이스라엘도 외면하지 않으실 것이라는 것이(11:32) 바울의 결론이다. 동족을 위하는 지극한 마음으로 바울은, 비록 지금은 믿지 않지만 하나님의 보편적인 긍휼과 하나님의 약속의 신실함에 근거할 때, 결국 그들이 구원될 것이라는 신학적인 통찰에 다다르고 있다.

기독교가 유대교로부터 축출되는 사건은 기원후 90년 이후 바리새인들 중심으로 유대교가 재편되어 가는 과정에서 일어났다. 이 때 주도권을 잡은 바리새인들은 지금까지 유대인들의 구심점 역할을 감당했던 '성전' 대신 '율법'과 그 '해석'을 중시하였다. 그 결과 유대교의 교리가 확립되기 시작하는데, 그 과정에서 예수 그리스도를 메시아라고 고백하던 기독교는 이단으로 정죄를 받았고, 유대교 내에 더 이상 머물 수 없게 되었다. 대략 주후 85년 경 작품으로 알려진 유대인의 18 기도서 중에서 열 두 번째 기도문에 다음과 같은 간구가 나온다.

"나사렛 인들과 이단자들은 한 순간에 사망토록 하소서."

요한복음(9:22; 12:42; 16:2)과 누가복음(12:11)에 의하면 이미 유대교와 기독교 간의 결별의 징후가 엿보인다. 하지만 마태복음의 경우(5:11/눅 6:22 비교) 아직 분리되지 않은 상태이다. 그러나 바울 당시 기독교는 아직 유대교와 분리되지 않은 상태로써, 기독교는 느슨한 유대교 내에 한 분파로 존재하고 있었다. 예수께서 기독교라는 새로운 종교를 만들 뜻이 없었으며, 바울도 독립된 종교를 만들고자하는 의도가 전혀 없었다. "사십에 하나를 감한 매"는 유대교내에 이단적인 사상을 지닌 부류에 가하는 자체적인 벌이었다.1) 이를 다섯 번이나 맞았다는 것은(고후 11:24) 바울이 유대인들로부터 박해를 받았음에도 불구하고 계속 유대교 내에 머물렀다는 뜻이다. 바울은 유대교에서 중시되는 개념을 용도폐기하지 않았다. '아브라함의 자손'은 그에게도 중요했다. 다만 유대교가 혈연 개념으로 여기에 접근했다면, 바울은 믿음이 있는 자는 누구나 아브라함의 자손이라고 해석한다(갈 3:7). '할례'도 바울에게 계속 유효하다. 그러나 할례는 '믿음으로 말미암는 의'를 표현하는 인증에 불과하며(롬 4:11), 따라서 중요한 것은 믿음이라는 것이 바울의 입장이다.2) '율법'개념도 바울은 계속 사용한다.3) 하지만 율법은 그리스도에게로 인도하는 초등

---

1) 신 25:1ff; Jos Ant IV,283, 248; 미쉬나 Makkot 3:10(Str-Bill, III 527-530), 12; 참고 Windisch, KEK 6, 355; Wolff, ThHK 8, 233
2) 롬 3:30; 할례를 상대화 갈 5:6, 심령화 롬 2:29
3) 롬 3:31 '믿음으로 율법을 세움' ; 갈 6:2 '그리스도의 법'

교사로서(갈 3:23ff) '그리스도가 오시기 전까지' 유효한 것이며 (4:1ff). 율법으로는 결코 의롭게 되지 못한다고 바울은 누차 강조한다. 이처럼 바울은 기존 전통과 주요 개념들을 계속 사용하되, 이를 재해석하고 있다.

'율법' 외에 '성전', '약속의 땅'에 대한 바울의 입장도 확인해 볼 필요가 있다. 바울은 서신 어느 곳에서도 성전 산 위에 자리 잡은, 건물로서의 예루살렘 성전에 대해 관심을 보인 적이 없다. 성전 제사의 중요성에 대해 역설하지도 않았다. 다만 로마서 15장에서 자신을 제사장으로, 소임은 이방인을 제물로 드리는 것이라고 심령화하여 표현할 뿐이다(16절). 이와 같은 심령화의 경향은 '성전'에도 나타난다(성전 = 신자들의 몸 [고전 3:16; 6:19]). 바울은 성전뿐만 아니라 성전이 있었던 예루살렘에 대해서도 일정한 거리를 두고 있다(특히 갈 1-2장; 4:25f). 바울은 이방인의 사도로 계속 여러 곳을 여행했다는 점에서 '약속의 땅' 개념을 상대화했다고 볼 수 있다. 바울에게 중요한 것은 특정 장소인 성소 (Holy Place)가 아니라, 성령의 역사에 힘입어 그리스도의 이름으로 주님을 고백하고 거룩한 자로 거듭나는 사건 자체이다(롬 12:1f; 15:16; 참고 고전 5:4). 따라서 예루살렘은 복음의 출발지라는(롬 15:19) 의미를 제외하면(롬 15:27), 여타의 곳과 다름이 없다. 바울이 헬라의 여러 교회들을 설득하여 예루살렘 교회를 돕도록 한 것은(롬 15:25f) 이 교회가 구속사적으로 또는 교회사적인 입장에서 볼 때, 우월하기 때문이 아니라, 주 안에서 동역하는 교회를 돕기 위해서였다(갈 2:7ff).

전래의 종교적 전승이나 가치에 대해 '원래 하나님께서 원하시는 뜻은 무엇인가?'라는 근원적인 관점으로 접근하신 예수와, 그리스도의 빛에서 그것들을 재해석하여 이해한 바울 사이에는 공통점이 있다. 바울은 다메섹 도상에서 그리스도를 만남으로써 기독교인이 되었다. 최초의 순교자였던 집사 스데반의 죄목은 성전 모독죄와 율법 훼손죄이다(행 6:13). 이 고발 내용은 예수 그리스도께서 생전에 당하신 그것과 같다. 비록 거짓 증언에 의한 것이긴 하지만 성전에 대한 비판적인 태도가 예수 처형의 빌미가 되었다.4) 바울의 고소 내용도 예수, 그리고 스데반의 것과 대동소이하다(율법 불이행, 성전 모독: 행 21:21,28). 이상을 통해서 볼 때, 그리고 지금까지 바울의 서신을 중심으로 살펴본 결과에 따르면, 구약을 중심으로 한 전통사상과, 유대교에 대해 비판적 태도를 취한 바울의 기본적인 입장은 예수로부터 온 것임을 부인할 수 없다. 즉, 바울도 나름대로 '보편성'이라는 관점으로 기존의 전승들을 달리 바라봄으로써, 새로운 해석을 하게 된 것이다. 그러므로 바울을, 같은 재료를 가지고도 조리와 요리법을 달리함으로써 새로운 음식을 만들어낸 창조적인 요리사에 비유할 수 있다. 어떤 점에서 그는, 예수의 복음을 가장 잘 이해했고, 그 분의 정신을 올바르게 계승한 사도라고까지 할 수 있다. 과연 어떤 점에서 그런지, 이제부터 바울의 보편적 정신에 대해 살펴보자.

---

4) "내가 성전을 헐고 사흘 동안에 지을 수 있다" 마 26:61; 요 2:19f

3. 바울 복음의 보편성

앞에서 언급한 바와 같이 예수 그리스도께서는 하나님의 '보편적이고 조건 없는 사랑'을 강조하셨다. '보편적이고 무조건적'이라는 입장에서 보면, 바울의 복음도 예수께서 선포하셨던 '하나님 나라'와 다르지 않다. 우리가 잘 아는 것처럼, 바울은 '율법의 행위'가 아닌 '하나님의 의'를 구호로 내세웠다. 구원이 율법의 행위와 상관이 없다는(롬 3:20; 갈 2:16) 선언은 구원이란 인간의 업적이나 실적에 의해 확보될 수 있는 것이 아니라는 의미이다. 유대인들은 일상의 생활 가운데 613가지의 율법 조항들을 지켜야 된다고 생각했다. 그리고 종교 생활의 세 가지 근간이 되는 '구제'와 '금식' 그리고 '기도 생활'도 매우 중요시하였다. 예수께서는 그러나 형식적이고 위선적인 신앙의 모습들에 대해 질타하셨다. 남에게 보이기 위한 외식적인 행동에 대해 경고하셨고 선행의 양이 중요한 것이 아니라, 겸손하고 애통하는 마음을 하나님께서 귀하게 여기신다는 사실을 사람들에게 상기시켰다.5) 예수의 이와 같은 정신을 잘 이해한 바울은 "의인은 그의 믿음으로 말미암아 살리라"(합 2:4)함을 근거로 '행위'가 아닌 '믿음'을 모토로 내세운다. 바울은 이 구절을 로마서(1:17)와 갈라디아서(3:11)에서 각각 한 차례씩 인용하고 있다. 율법이란 오직 유대인에게 주어진, 배타적인 성격의 것이다. 구원이 '율법'을 통해서만 가능한 것이라면 비유대인들은 결과적으로 구원의 기회를 박탈당하게 된다. '구원' 또는 '의'가 '율법(의 행위)'에 달렸다고 보게 되면, 구원은 업적과 실적 또는 유대인이라는 혈연과 관련될 수밖에 없으며, 결과적으로 율법을 신앙의 중심으로 여기는 유대교는 보편적인 종교가 될 수 없는 것이다.

---

5) 마 6:2-18; 막 12:40; 막 12:41ff; 눅 18:9ff; 마 5:4

이와 달리 '믿음'을 기치로 내세울 때, 구원은 보편적인 성격을 띠게 된다. '믿음'은 율법의 행위와 정 반대적인 성격의 것이다(갈 3:12). '믿음'이란 일종의 액션이 아니다. 또한 구원받기 위한 일종의 조건도 아니다. '믿음으로 구원된다'고 할 때, 믿음이란 참되신 하나님을 창조주와 구주로 고백하고 그분만을 의지하며 사는 일종의 마음가짐이나 태도를 의미한다. 구원을 위한 어떤 전제나 제한을 두지 않으시는 하나님을 절대적으로 신뢰하는 마음의 자세가 바로 '믿음'이다. 따라서 이러한 '믿음'은 유대인뿐만 아니라, 누구라도 가질 수 있다. 구원을 위해 지불해야할 반대급부가 없다는 점에서 '믿음으로 구원된다'는 명제의 밑바탕에는 '구원의 무조건성'이 내재되어 있다. 이로 말미암아 이방인들도 할례나 여타의 규례와 율례 등, 여러 제약에 구애됨이 없이, 신앙을 가질 수 있는 것이다. 보편적인 특성을 지닌 '믿음'을 기치로 내세움으로써 바울은 예수 그리스도의 보편적 사랑을 더욱 계승, 발전시켰다. 그 결과 '그리스도를 통한 하나님에 대한 신앙'은 유대교의 한계를 넘어 진정한 의미에서 '세계화'된 믿음이 되었다. 바울의 이러한 해석으로 말미암아 소위, 기독교는 팔레스타인 지역의 한계를 넘어 로마 제국 전체로 퍼져 나가게 되었다. 유대인뿐 만 아니라 헬라(로마)인도, 그리고 남녀노소의 구별 없이, 또한 자유인이나 종이나 신분 차이를 막론하고 전 계층이 이 새로운 믿음을 수용할 수 있게 되었다.

예수 그리스도의 십자가 사건을 통해 나타난, 인간에게 구원 사건이 된 '하나님의 의'라는 개념을 사용함으로써 바울은 그리스도 중심의 구원론을 부각시켰다. 이와 같은 그리스도 중심의 사고는 어거스틴, 루터에 이어 슐라에르마허 그리고 칼 바르트로 이어지는 일련의 신학적인 계보를 형성하게 된다. 바울에 의해 각인되고 주조(鑄造)된 기독교 정신은 쉽게 그 형태를 변형시키기 힘들 정도가 되었다. 2천년 역사 곳곳에 그의 손길과 체취가 묻어있으며, 후대 교회는 바울의 통찰에 의지하고 힘입어 복음의 진리를 찾곤 했다. 개혁주의 신학자들 중에는, 바울의 해석사는 몰이해의 역사라고 주장한 이들도 간혹 있지만, 이와 같은 생각은, 지금까지 우리가 살펴본 바에 따르면, 틀린 것이다.6) 교회사적으로 또는 교리사적으로 바울을 달리 평가하게 된 주요 이유는 각각의 서신에서 단편적으로 표현된 그의 사고를 각각의 시대와 상황에 따라 달리 해석한 데에 있다.

---

6) S. Vollenweider, Art. Paulus, 1058도 이에 동의 한다.

4. 바울 복음에서 개별성 문제

　바울은 복음을 '보편'이라는 관점에서 해석했다. 일반적으로 '보편'을 강조하면 '특수성'이 간과되기 쉽다. 또한 그 반대일 경우, 보편성이 무시되기 십상이다. 그렇기 때문에 '보편'과 '특수'는 견제와 보완의 원리로 인류 역사에서 작용해 왔다. "모두가 같다", "우린 하나이다"라고 할 때, 획일적인 집단주의의 횡행으로 말미암아, 개인의 개성이나 독특성이 무시될 위험이 생긴다. 그 귀결은 몰인격적이고 몰개성적인 대중주의의 출현이며, 사회는 병영체제화 된다. 반면에 "구성원 각자의 특성과 성격은 존중되어야 한다"는 원리가 지고선이 된 사회는 공동체 정신의 결여로, 통합력이 현저히 떨어지게 되고 분절화 되는 현상을 겪게 된다.

　지금까지의 국가들 중에서 '다름'('특수성', '개별성')을 강조한 대표적인 나라를 꼽으라면 그리스, 미국 등을 들 수 있겠다. 그리스의 도시국가들은 항해 기술, 선박 제조술을 십분 활용하여 많은 지역에 식민지를 건설하였다. 그러나 이 식민지들은 도시국가의 확장이 아니었다. 다만 그곳을 착취 수단으로 이용했을 뿐이다. 시민권은 태어난 아이의 부모 양쪽이 모두 해당 도시의 시민권을 가진 경우에만 허락되었다. 같은 그리스 민족이라도 타 도시 출신에게는 시민권을 부여하지 않았다. 아무리 도시를 위해 봉사를 해도 시민권을 주지 않았다. 시의 철학과 문화를 발달시킨 스타기라 태생의 아리스토텔레스조차도 끝내 아덴의 시민권을 획득하지 못했다. 이상에서 그리스 도시국가들은 '다름'이라는 전제 하에, 즉 혈연을 기반으로 한 배타성 위에 건설되었음을 알 수 있다. 아덴인들은 시민권 수여를 제한하여, 그 도시에서 출생한 자유민의 남자에게만 주는 것으로 엄격하게 법을 시행하였다. 20세기에도 여전히 흑과 백의 구분이 엄연히 존재한다는 의미에서 미국도 부분적으로 '다름'을 기초로 세워진 나라라고 할 수 있다. 한편 '같음'('보편성')이라는 원리 위에 운영된 대표적인 국가로는 로마를 꼽을 수 있다. 로마는 철저하게 동화정책을 썼다. 전쟁에서 패한 적들에게조차 시민권을 수여하였다. 율리우스 씨저는 교육과 의료부분에서 일할 전문인들이 부족하자, 이 두 분야에 종사하고자 하는 사람에게는 인종이나 민족을 따지지 않고 시민권을 수여했다. 초대 황제 아우구스투스 이래로 로마군 밑에서 보조병으로 25년간 병역에 종사하고 만기 제대한 속주민에게 시민권을 주었으며, 이 시민권은 세습되었다. 211년 제위에 오른 카라칼라 황제는 안토니우스 칙령을 반포하여 로마 제국에 사는 모든 자유인에 즉, 속주민에까지 로마 시민권을 허락하였다. 노예, 해방 노예, 시민(속주민), 기사계급, 원로원 계급으로 구성되는 계층 피라미드에서, 하위 계급이 상위 계급으로 올라 갈 수 있는 기회가 있었다는 점에서 로마 사회는 개방적이고 열린, 보편성에 기반한 사회이다. 이밖에도 소수 민족들이 한족(漢族)과 공존하고 있는 중국이나(中華정신), 관용(톨레랑스)의 정신에 입각하여 과거 식민 지역 출신들에게도 같은 시민권을 부여하고 함께 공존하여 살고자 노력하는 프랑스도 '보편'을 더 중시하는 나라 명단에 넣을 수 있다.7)

'다름'을 강조할 때, 개인의 특성이나 정체성이 보존되고, 분명해진다는 장점이 있다. 하지만 차별과 소외가 생길 가능성이

---

7) 그러나 2005년 10월 파리 근교 슬럼지역에서 촉발된 무슬림 청소년들의 소요 사태는 프랑스의 관용정신에 의문을 품게 한다. 발단은 이렇다. 경찰 불심검문을 피해 달아나던 두 명의 아프리카계 청소년이 감전사로 사망했는데, 이에 대해 경찰이나 내무부 당국이 안일하고, 미숙하게 대응, 처리하였다. 그 과정에서, 프랑스에서 태어나 시민권을 갖고 있음에도 불구하고, 기존 사회에 편입될 기회를 차단당한 채 살아가던 이민2세 청소년들의 분노가 폭발하여 전국적인 소요사태로 번졌다(1만여 대의 차량이 불탐). 결국 비상사태 선포를 통해 진압되었다.

높다는 단점이 있다. '같음'을 내세울 때 생기는 장점은 동질성에 바탕을 둔 소속감 형성과, 이로 말미암은 조직이나 사회 통합력의 극대화이다. 하지만 각 개인이나 집단의 특수한 성격이나 특징이 상실되며, 획일주의, 전체주의에 빠질 위협이 상존한다는 것이 단점으로 지적될 수 있다. 뉴욕타임스 칼럼니스트 토머스 프리드만도 『렉서스와 올리브 나무』라는 책에서 나름대로 보편성과 개별성의 문제를 다루고 있다. '렉서스'는 토요다 회사가 만든 자동차 모델이다. 이 차를 만들기 위해 도입한 선진기술과 합리적인 제조시스템이야 말로 세계화('보편성')의 상징으로 보았다. 한편 베이루트시(市)와 예루살렘이 서로 자기 것이라고 주장하는 올리브 나무는 '독자성'을 대변하는 상징이라고 보았다. 그는 '렉서스'와 '올리브 나무'가 각각 승리한 여러 사례들을 제시하면서, 역동적인 세계화와 문화적인 전통 간의 균형이 중요하다고 결론을 내린다.

보편과 특수의 문제를 바울에 대입해 볼 수 있다. 이미 우리는 바울이 복음의 '보편성'을 매우 강조하고 있다는 사실을 확인하였다, 그렇다면 그 반대 개념인 '개별성', '정체성' 또는 '다양성'에 대해서 그는 어떤 입장을 취하고 있는 것일까? 몇 가지 예를 들어보자. 바울은 예루살렘 사도회의 석상에서 "우리는 이방인에게로, 그들은 할례자에게로"라고(갈 2:9) 발언하고 있다. 자신은 이방인의 사도로서 이방인들에게 복음을 전하고 예루살렘 교회는 유대인을 전도한다는 내용으로, 바울은 여기서 복음 증거의 대상을 구분하고 있다. "유대인에게 내가 유대인과 같이 된 것은 유대인들을 얻고자 함이요 … 율법 없는 자에게는 … 율법 없는 자와 같이 된 것은 율법 없는 자들을 얻고자 함이라"(고전 9:20f)는 발언도 주목할 가치가 있다. 바울은 여기서 유대인 비유대인의 차이를 분명히 인정하고 있다. 하지만 전도 대상에 따라 각각 눈높이를 맞추고 그들의 입장이 됨으로서 한 사람이라도 더 주님께 인도하려고 애쓰고 있다. 그는 예루살렘 교회와 자신이 세운 이방 교회가 서로 다르다는 것을 인정한다. 또한 유대인과 이방인이 서로 다르므로 차별된 전도의 내용과 방식을 가지고 각각 접근해야 함을 역설하고 있다. 이러한 바울의 기본 정신에 비추어 볼 때, "유대인이나 헬라인이나, 종이나 자유자나, 남자나 여자나 다 그리스도 예수 안에서 하나이니라"(갈 3:28)는 선언은 일차적으로 다양성을 전제하는 내용이라고 봐야 한다. '유대인'과 '헬라인' 즉, 유대인과 비유대인 간의 간격과 괴리는 너무나 큰 것이었다. 특히 유대인들의 입장에서 이 둘은 결코 화합될 수 없다. 유대인들은 이방인들을 일컬어 지옥의 불쏘시개 감으로 쓰기에도 적절치 못하다고 혹평을 하였다. '종'과 '자유자' 간의 다름 또한 신분이 세습되던 당시 로마 사회 입장에서 볼 때, 또 하나의 절대적인 차이었다. 그리고 '남자'와 '여자'라는 성(性)의 차이는 출생 시 이미 주어진 것으로, 개종 또는 신분상승을 통해 극복될 수 있는 인종적이거나 사회적인 차이가 아닌 불변의 생물학적인 구별이라는 점에서 또한 절대적인 것이다. 이처럼 바울은 당시로서는 극복할 수 없다고 여겨지는 인종적, 신분적 그리고 생물학적인 차이를 직시하고, 이를 열거하고 있다. 그리고 이러한 구분이 예수 그리스도 안에서 모두 극복되었다고 말한다. 즉, '다름'을 다름으로 분명히 인식하는 동시에, 그 '다름'이 예수 그리스도를 통해 계시된 보편적인 '하나님의 의'로 인해 지양(止揚)되었다고(갈 3:28) 설명하고 있다. '다름'은 아브라함 자손됨의 보편성(갈 3:7) 그리고 구원사건에 내포되어 있는 보편적 성격(롬 1:17)에 근거하여 극복된다. 그렇기에 바울의 복음에는 개별성과 보편성이 함께 조화를 이루며 공존하고 있다고 평가할 수 있다.

　　바울 사고체계 내에서는, 한편으로 복음의 보편성에 대한 강조에도 불구하고 구체적인 한 사람, 개인이 이 세상 무엇과도 바꿀 수 없는 고유한 특성과 특질을 지닌 한 존재로 계속 인정받고 있다. 결코 전체 인간 중의 하나라는 집합적이고 집단적인 개념으로 매몰되지 않는다. 다른 한편, 서로가 다르다는 개별성 존중에도 불구하고 신앙인 모두가 한 하나님을 아버지라 부르는 자녀들이요, 상속자라는 사실과(롬 8:14ff) 교회의 구성원으로서, 비록 다양한 신분과 직책 그리고 은사를 가졌음에도 불구하고 (고전 12:13,27ff) 그리스도의 몸 된 교회 지체의 각 부분이라는 사실을 강조함으로써 하나라는 의식을 바울은 끊임없이 독자들에게 상기시키고 있다.8)

---

8) 다른 말로 하면 바울은 개인의 소중함을 이야기하되, 공동체성을 함께 강조함으로써 편협한 개인주의에 의해 초래되는 '공동체 또는 사회의 분절화, 단절화'라는 우를 범하지 않고 있다.

5. 개인의 발견

바울은 율법을 통해 의로워 질 수 없는 이유를 설명하면서 "원함은 내게 있으나 선을 행하는 것은 없노라"(롬 7:18)고 말한다. 이 발언은 역사적으로 인간 심리 이해에 큰 영향을 끼쳤다. 바울은 서양의 역사상 처음으로 '분열된 자아'라는 개념을 언급했다. 이로써 심층 심리적인 측면에서, 한 차원 더 깊이 인간에 대해 탐구할 수 있는 길을 열었다.

또한 사람 하나, 하나에 관심과 애정을 보이시며 사랑하시는 예수의 정신을 이어받아, 구원은 혈연이나 업적에 의해 결정되는 것이 아니라 계시된 하나님의 의에 대한 각 사람의 주체적인 결단에 따라('율법의 행위가 아니라 믿음으로') 결정된다고 보았다. 이러한 입장은 가장 신약적인 구약성서의 저자, 예레미야가 "아비가 신 포도를 먹어도 아들의 이가 시지 않을 것"이라고 말하면서, 이제는 더 이상 하나님께서 죄의 연대책임을 묻지 않고, 각 사람이 지은 죄는 각자의 책임으로 돌리시겠다는 '새 언약'과 깊은 연관이 있다. 한 개인의 결단을 중요시 하는 바울의 해석은 또한 근대정신인 '개인의 발견'과도 연관이 있다. 중세에는 교회만이 성경을 읽고 해석할 수 있었다. 개인은 다만 교회가 부분적으로 전해주는 말씀을 수동적으로 받는 정도에 그쳤다. 평신도와 하나님 사이에는 사제가 있어, 대신 죄를 고해주고 또 대신 죄를 사해 주었다. 한 개인이 직접 하나님께 아뢰거나 하나님의 뜻을 물을 수 없었기 때문에, 유아적이고 반예속적인 형태의 신앙만이 가능했다. 하지만 루터는 한 개인이 직접 하나님과 만날 수 있도록, 만인제사장설을 주창하고 성서를 독일어로 번역하여 모든 사람이 읽도록 만들었다. 이제 사람들은 직접 하나님께 간구하고 성서를 통해 하나님의 뜻이 무엇인지를 깨달아 알 수 있는 길이 열렸다. 이로써 간접적이고 대리적인 신앙을 강요했던 중세의 로마 카톨릭은 그 힘을 잃게 되었다. 개인을 중시하는 이 사상은 다름 아닌 근대정신 중에 중요한 한 가지였는데, 이에 대한 사상적인 근거는 이미 천 오백 여 년 전 바울에 의해 만들어 진 것이다.

6. 복음 증거자 바울

바울은 '로마의 평화'(Pax Romana)가 만들어준 환경, 즉 대도시, 운송 수단의 발달, 도로망 구축, 치안 유지 등을 적극적으로 이용하여 로마 전역에 복음을 전하였다. 당시 로마 제국과 헬레니즘 문화에 의해 조성된 여러 차원의 우호적인 환경으로 인해, 바울은 비교적 용이하게 여행을 할 수 있었다. 로마 제국의 붕괴 이후, 유럽에서 다시 우편마차를 필두로 한 운송 시스템이 정비되기 시작한 것은 18세기에 이르러서였다. 즉, 바울이 만났던 복음 전파의 호기(好機)는 지금으로부터 2백여 년 전까지 만 해도, 인류 역사상 전무후무한 것이었다. 사도행전을 참고할 때 그가 도보로 또는 배로 여행한 총 거리는 1만 5천 km 이상에 달한다. 복음을 전파하겠다는 바울의 각오와 열정 앞에 그 어떤 역경이나 위험도 장애가 될 수 없었다. 그는 여행 가운데 병에 걸리는 (갈 4:13) 등, 수많은 어려움을 겪었지만9) 결코 굴하지 않았다.

바울은 탁월한 선교 전략가였다. "우리가 전한 복음 외에 다른 복음을 전하면 저주를 받을지어다"(갈 1:8)라고 담대히 말할 정도로, 자신이 전하는 복음에 대해 확신을 가지고 있었다. 이를 거부하거나10) 다른 복음을 증거하는 자들에 대해서는 가차 없는 질책과 경고의 메시지를 발하고 있다.11) 바울은 복음의 진리에 관한한 전혀 타협이나 양보를 하지 않았다. 그러나 그 외의 것에 대해서는 상황에 따라서 그리고 형편을 고려하여 유연한 태도를 취하였다. 교회로부터 도움이 필요할 때는 도움을 받고자 했고 (롬 15:24), 오해의 여지가 있을 때에는 자비량 선교, 또는 다른 교회로부터 지원을 받는 방식을12) 택했다. 기회가 있을 때 마다 자

---

9) 고전 4:9-13; 고후 11:23ff
10) 고후 11:19f; 갈 3:1ff
11) 갈 6:12ff; 빌 3:2,19; 롬 16:17; 고후 11:4ff

신의 선교 활동을 지원해 줄 수 있는 후원인들을 육성했고 이들의 전폭적인 기도와 물질적인 도움으로 선교를 했다(롬 16장의 많은 사람들의 명단). 바울은 자신의 선교에서 분명한 목표를 가지고 있었다. 종말이 오기 전까지 속히 땅 끝까지 복음을 전하는 것이 바로 그것이었다. 이를 위해서는 누구와도 협력했다. 그리스도가 존귀케 되고(빌 1:20), 한 사람이라도 더 복음을 접할 수 있는 방법이라면 무엇이나 이용하였다.13)

계시된 '하나님의 의'로 인해 정욕과 죄와 율법과 죽음의 세력으로부터의 해방을 경험한 바울은 바로 이 자유의 복음을 증거 하였다. 그런 의미에서 바울은 무엇으로부터도 구속되지 않은 자유인이었지만, 그 자유를 자신을 위해 사용하지 않고 그리스도를 선포하는데 사용함으로써, 그리스도의 종이 되었다(고전 9:19; 갈 5:13). 세상적인 기준으로 볼 때, 자랑할 것을 많이 가진 바울이었지만(빌 3:4ff; 고후 11:22ff) 그 모든 것들은 그리스도가 누구신지, 그분이 어떤 일을 하셨는지, 구원과 관련하여 그분은 어떤 의미를 가지고 계신지 등과 비교할 때 아무런 가치도 없는 것이었다("해", "배설물" 빌 3:7f). 오히려 좋은 출신 배경과 많은 공로들은 그리스도를 아는데 방해가 되었다. 이것들을 모두 버렸을 때 비로소 그리스도를 바로 만날 수 있었다. 그렇게 해서 깨달은 그리스도에 대한 '앎'은, 이전 유대교를 통해 가지고 있던 그리고 알았던 구원 지식과는 비교할 수 없는 차원의 심도를 가지고 있는 것이었다. 귀한 그 인식의 핵심은 바로 '의는 율법이 아니라 믿음으로 말미암은 것'이라는 사실이다(빌 3:9).

"적지 않은 성읍 다소"라는 대도시 출신이었고 헬라어를 모국어로 선교 활동을 했기 때문에, 바울은 헬라어가 잘 통용되는

---

12) 고전 9:12; 고후 11:7ff; 빌 4:15f; 살전 1:9
13) 유대인에게는 유대인처럼, 이방인에게는 이방인처럼 고전 9:20ff

큰 도시의 저자나 광장을 선교 활동의 장으로 즐겨 사용하였다. 그는 또한 당시 전 세계 어디에나 인프라 망(net)으로 촘촘하게 깔려 있었던 유대교의 회당을 애용하였다. 그곳에서 유대인들을 만나 성경을 놓고 토론하면서 그리스도의 복음을 소개하였다. 또한 유대교에 호감을 가지고 예배나 강론에 참여하던 헬라인들을, 그중에서도 "하나님을 경외하는 자들"을 대상으로 전도하기도 하였다.

바울은 복음의 진행 방향이 구속사적인 거시적 관점에서 볼 때, 예루살렘으로부터 시작하여 일루리곤으로 그리고 로마 쪽으로 진행되고 있다고 생각했다(롬 15:19). 자신은 여기에 참여하여 초기부터 힘써 일했으며 또한 계속 선한 싸움을 싸우며 달려가고 있다고 보았다(빌 3:12ff; 고전 9:24ff). 중요한 것은 이 복음의 역사(役事)에 소외되는 일 없이 적극 동참하여(고전 9:23) 종말론적인 구원에 참여하는 것이다(빌 3:21). 이러한 점에서 전도자 바울을 규정하는 가장 적절한 단어는 '열정'이라고 할 수 있겠다. 이 열정은 아무 자격도 없는 자신에게 그리스도께서 나타나셨고 (고전 15:8f) 이로 인해 사도로 부름을 받았다는, 전적인 하나님 은혜에 대한 바울의 감사하는 마음에서 기인한 것이다. 바울은 마치 부모가 자식을 대하는 심정으로 각 교회를 세우고 교인들을 양육하였다. 아비가 자식을 위해 희생하듯이 바울은 교인들을 대신하여 굴욕과 멸시와 천대를 받는다고 고백하고 있다(고전 4:10ff). '부모와 자식'이라는 유비를 가지고 설명하는 내용이 그의 서신 여러 곳에서 나온다.14) 부모가 자식을 위하듯이 헌신한 바울의 열심에 대해 교인들은 열렬한 호응과 성원을 보내기도 했다(갈 4:15). 하지만 오해나 질시도 없지 않았다(고전 9:1ff; 고후 12:16). 또한 이 '열심'으로 인해 많은 고초를 당했고 그 결

---

14) "부모가 어린 아이를 위하여" 고후 12:14; "내가 너희를 낳았음이러라" 고전 4:15; "해산의 수고" 갈 4:19

과 "차라리 죽었으면"하는 형편에 처하기까지 하였다(빌 1:21,23). 바울의 삶은 한마디로 율법에 대해서는 죽고 하나님께 대해서는 사는 삶(갈 2:19; 롬 7:11), 더 이상 자신이 사는 것이 아니라 그리스도가 자신 안에 사는 삶이요(갈 2:20), 죽으나 사나 그리스도를 높이는 삶(빌 1:20), 그리스도 때문에 세상에서 조롱거리가 되는 삶이었다(고전 4:9).

바울은 사상가나 사색가라기보다는 마치 전장의 일선 지휘관처럼, 임박한 종말의식에 사로잡혀 땅 끝까지 복음을 전해야 한다는 사명감을 가지고 현장을 누빈 인물이었다. 정교한 체계를 갖추어 글을 쓸 상황이나 여유가 그에게 허락되지 않았다. 갈 수 없는 처지에서, 문제가 생긴 교회에 혹은 문의한 사항에 대해 해당 공동체에 붓을 들어 편지로 권면하고 답을 했다. 따라서 각 서신은 공동체가 직면한 문제나 제기된 질문과 직접적으로 관련된 내용만을 다루고 있다. 그러므로 그의 편지를 가지고 교의학적인 체계를 세우고자 할 때, 자칫하면 코끼리의 배를 만지고서 벽이라고 하는 것과도 같은 '성급함'의 우를 범하기 쉽다. 바울은 지금까지 우리가 살펴본 바와 같이 인류 역사에 큰 영향을 끼친 인물 중의 하나로, 위대한 신학적 사고력의 소유자이다. 그의 사상은 후대 여러 분야에 많은 통찰력을 제공함으로써 현재 인류가 보다 풍부한 지성적인 유산을 소유하고 누릴 수 있도록 공헌하였다. 복음 전도자였던 그의 글을 읽다보면, 신학적인 지성의 논리 보다는 마음에서 우러나오는 신앙적인 파토스가 먼저 느껴진다. 하나님께 붙잡힌 바 되어 그리스도의 은혜를 증거하고자 불철주야 수고하며 달려 온 가쁜 숨결과, 땀과 기도로 얼룩진 체취가 고스란히 그의 글에 배어있다. 서신을 읽을 때마다 우리는 그리스도를 통해 드러난 '하나님의 의'라고 하는, 종말론적인 구원 의지에 대해서 혼신을 다해 증언하고 있는 바울의 열정을 만나게 된다. 그리고 그 가운데 역사하고 계신 성령의 능력으로 말미암는 전율을 느끼게 된다. 바로 이런 점에서 그의 서신들은 이미 주후 1세기 말에 함께 묶여져서 신약성서들 중 최초로 정경적인 권위를 인정받게 된 것이다.

참 고 문 헌

바울을 이해하기위한 간략한 참고 문헌과 한국어로 출판된 글들의 목록은
E.P. 샌더스 (이영립 역), 『바울』, 서울: 시공사, 1999 228ff을 참고하라.
또한 영어권에서 출판, 번역된 바울의 분야별 주제별 참고 문헌은 R.
Morgan, *Romans*, (Sheffield, Sheffield Academic Press, 1991), 152ff을 참고하라.
좀 더 자세한 참고 문헌은 U. Schnelle, *Paulus*. Leben und Denken, Walter de
Gruyter u.a. 2003과 J.D.G. Dunn, *The Theology of Paul the Apostle*, Grand
Rapids: Eerdmans, 1998을 보라.

주석 (국내)

김경진, 『사도행전』 (대한기독교서회 창립100주년기념 성서
주석 36), 서울: 대한기독교서회, 1999

김창락, 『갈라디아서』 (대한기독교서회 창립100주년기념 성
서주석 38), 서울: 대한기독교서회, 1999

조광호, 『예루살렘에서 땅끝까지. 사도행전 주석』 (서울장신대학교
개교 60주년 기념 총서 02), 광주: 서울장신대학교 출판부, 2014

주석 (국외)

Barth, G.: *Der Brief an die Philipper*, ZBK.NT 9, 1979

Becker, J./ Conzelmann, H./ Friedrich, G.: *die Briefe an die Galater,
Epheser, Philipper, kolosser, Thessalonicher und Philemon*, NTD 8,
[17]1990

Betz, H.D.: *Der Galaterbrief. Ein Kommentar zum Brief des Apostels
Paulus an die Gemeinden in Galatien*, München 1988 (Orig.:
Galatians, Philadelphia: Fortress, 1979)

Borse, U.: *Der Brief an die Galater*, RNT, 1984

Bruce, F.F.: *The Book of the Acts*, NIC, London 1988

Burton, E.De W.: *The Epistle to the Galatians*, ICC, Edinburgh 1971 (= 1921)

Conzelmann, H.: *Die Apostelgeschichte*, HNT 7, Göttingen [2]1972

Conzelmann, H.: *Der erste Brief an die Korinther*, KEK 5, [11]1969

Cook S.A./ Charlesworth, M.P./ Adcock, S.P. (Hg.), *The Cambridge Ancient History X*, Cambridge: Cambridge University Press 1928

Cranfield, C.E.B.: *A Critical and Exegetical Commentary on the Epistle to the Romans*, ICC, 6/1.2 Edinburgh 1982 (= 1975), 1983 (= 1979)

Dibelius, M.: *Die Pastoralbriefe*, HNT 13, Tübingen [3]1953

Dobschütz, E. v.: *Die Thessalonicher-Briefe*, KEK 1974 (= [7]1909)

Gnilka, J.: *Der Philipperbrief*, HThK 10,3, 1968

Haenchen, E.: *Die Apostelgeschichte*, KEK 3, [16]1977

Holtz, T.: *Der erste Brief an die Thessalonicher*, EKK 13, [2]1990

Käsemann, E.: *An die Römer*, HNT 8a, [4]1980

Klostermann, E.: *Das Lukasevangelium*, HNT 5, Tübingen [2]1929

Kühl, E.: *Der Brief des Paulus an die Römer*, 1913

Lang, F.: *Die Briefe an die Korinther*, NTD 7, [17]1994

Lietzmann, H.: *An die Galaterbrief*, HNT 3, 1910

Lightfoot, J.B.: *The Epistle of St. Paul to the Galatians*, Michigan 1957 (= 1865)

Lightfoot, J.B.: *The Epistle of St. Paul to the Philippians*, 1868

Lock, W.: *A Critical and Exegetical Commentary on the Pastoral Epistles*, I & II Timothy and Titus, ICC, Edinburgh : T.&T. Clark

1924 (= 1978)

Lohmeyer, E.: *Die Briefe an die Philipper, an die Kolosser und an Philemon*, KEK 9, [12]1961

Lüdemann, G.: *Das frühe Christentum nach den Traditionen der Apostelgeschichte*, Göttingen 1987

Lührmann, D.: *Der Brief an die Galater*, ZBK.NT 7, [2]1988

Mayer, B.: *Philipperbrief/ Philemonbrief*, SKK.NT 11, 1986

Marxen, W.: *Der erste Brief an die Thessalonicher*, ZBK. NT 11.1, 1979

Michel, O.: *Der Brief an die Römer*, KEK 4, [14]1978

Muller, J.J.: *The Epistles of Paul to the Philippians and to Philemon*, NIC, 1980 (=1955)

Mußner, F.: *Der Galaterbrief*, HThK 9, [5]1988

Oepke, A.: *Der Brief des Paulus an die Galater*, ThHK 9, [4]1979

Orr, W. F./ Walther, J. A.: *I Corinthians*, AncB 32, [6]1982

Pesch, R.: *Die Apostelgeschichte*, EKK 5/1,2, 1986

Plummer, A.: *A Critical and Exegetical Commentary on the Second Epistle of St. Paul to the Corinthians* (ICC), Edinburgh: Clark 1915

Rohde, J.: *Der Brief des Paulus an die Galater*, ThHNT 9, 1989

Sanday, W./ Headlam, A.C.: *A Critical and Exegetical Commentary on the Epistle to the Romans*, (ICC) Edinburgh: Clark, 1980 (=[5]1902)

Schlier, H.: *Der Brief an die Galater*, KEK 7, [6]1989

Schlier, H.: *Der Römerbrief*, HThK 6, 1977

Schneider, G.: *Die Apostelgeschichte* I (Kap. 1,1-8,40); II (Kap.

9,1-28,31), HThK 5, 1980, 1982

Schrage, W.: *Der erste Brief an die Korinther*, EKK 7/2.3 1995, 1999

Strobel, A.: *Der erste Brief an die Korinther*, ZBK.NT 6.1, 1989

Vouga, F.: *An die Galater*, HNT 10, 1998

Weiser, A.: *Die Apostelgeschichte*, ÖTK 5/2, Kap. 13-28, 1985

Weiß, J.: *Der erste Korintehrbrief*, KEK 5, [9]1910

Wilckens, U.: *Der Brief an die Römer*, EKK 6/1,2,3, [2]1987, [2]1987, [2]1989

Windisch, H.: *Der zweite Korintherbrief*, KEK 6, [9]1924

Wolff, Ch.: *Der erste Brief des Paulus an die Korinther*, ThHK 7, 1996

Wolff, Ch.: *Der zweite Brief des Paulus an die Korinther*, ThHK 8, 1989

Zahn, T.: *Die Apostelgeschichte des Lucas* I (Kap. 1-12); II (Kap. 13-28), KNT 5/1-2, [3+4]1927

Zahn, Th.: *Evangelium des Lucas*, KNT 3, Leipzig [3/4]1920

Zahn, T.: *Der Brief des Paulus an die Galater*, KNT 9, 1990 (= [3]1922)

단행본, 소논문 (국내, 번역서)

강사문, 「구약 예배의 의미와 기능」, in: 동저자, 『구약의 역사 이해』, 서울: 한국성서학연구소, 2002 144-178

김득중, 『복음서 신학』, 서울: 컨콜디아사, 1986

김철손/ 박창환/ 안병무, 『신약성서 개론』, 서울: 대한기독교서회, 1972

김판임, "신약성서의 구원이해: 예수와 바울을 중심으로", 「신약

논단」 11, 2004 533-575

장흥길, 『신약성경윤리』, 서울: 장로회신학대학교출판부, 2002

전경연, 「바울의 연대표」, in: 동저자, 『원시기독교와 바울』, 서울: 대한기독교서회, 1993 (= 1982) 182-206

전경연, 「바울의 회심」, in: 동저자, 『원시기독교와 바울』, 서울: 대한기독교서회, 1993 (= 1982) 151-181

조광호, "갈라디아서에 나타난 바울의 율법이해", 「신약논단」 10, 2003 965-993

조광호,『고린도전서』, 한국장로교총회창립 100주년기념 표준주석, 대한예수교장로회총회교육자원부 편, 서울: 한국장로교출판사, 2012

조광호, "바울과 예루살렘 교회와의 관계 (예루살렘 교회를 위한 모금을 중심으로)", 「헤르메네이아 투데이」 20, 2002

조광호,『바울과 함께 걷는 지중해 성지순례』. 서울: 대한기독교서회, 2013

조광호.『바울이 머물다 간 지중해 섬들』. 키프로스, 사모트라키, 레스보스, 히오스, 사모스, 코스, 로도스 성지순례. 서울: 대한기독교서회, 2015.

조광호, "바울의 아레오바고 연설", 「장신논단」 21, 2004 137-156

조광호, "바울의 율법이해", 「신약논단」 12, 2005 67-97

조광호,『복음에 나타난 하나님의 의 -로마서 강해』, 서울: 비블리카 아카데미아, 2008

조광호 "사도행전 16장 6-8절에 나타난 바울의 전도여행 경로에 대한 고찰 —남·북 갈라디아설과 관련하여", 「서울장신논단」 21 (2013) 79-107

조광호,『사람과 세상을 이끈 인물 바울』. -바울의 리더십 연구, 서

울: 대한기독교서회, 2011

조광호, "율법의 행위에 속한 자들은 저주 아래 있나니. 갈 3:10(6-14)에 대한 한 고찰", 「신약논단」 9, 2002 697-723

차정식, 『바울신학 탐구』, 서울: 대한기독교서회, 2005

바클레이, W.(박문재 역): 『바울신학개론』, 서울: 크리스챤 다이제스트, 1996 (= 1993)

벨, A.A. (오광만 역): 『신약 시대의 사회와 문화』, 서울: 생명의 말씀사, 2001

보른캄, G.(허혁 역: 『바울』. 그의 생애와 사상, 서울: 이화여자대학 출판부, 1983 (= 1978)

브로노프스키, J./ 매즐리슈, B.: 「에라스무스, 시대를 초월한 지식인」, in: W.L. 랭어 (ed.) (박상익 역), 『호메로스에서 돈키호테까지』 (서양사 깊이읽기 1), 서울: 푸른역사, 2003 (= 2001) 385-411

브루스, F.F.(박문재 역): 『바울』 서울: 크리스챤 다이제스트, 2000 [= 1992]

채드윅, H.(박종숙 역): 『초대교회사』, 서울: 크리스챤 다이제스트, 1999

크랙, G.R./ 비들러, A.R.(송인설 역): 『근현대교회사』, 서울: 크리스챤 다이제스트, 1999

디벨리우스, M./ 리츠만, H.(전경연 역): 『바울』 (복음주의신학총서 17), 서울: 대한기독교서회, ³1980

핀리, M.I.: 「노예 상인 티모테오스의 생애」, in: W.L. 랭어 (ed.) (박상익 역), 『호메로스에서 돈키호테까지』 (서양사 깊이읽기

1), 서울: 푸른역사, 2003 (= 2001) 107-130

푀르스터, W.(문희석 역): 『신구약 중간사』. 포로시대부터 그리스도까지, 서울: 컨콜디아사, 1986

헹겔, M.(강한표 역): 『그리스도인 이전의 바울』, 서울: 한들 출판사, 1998

키, H.C.(서중석 역): 『신약성서 이해』, 서울: 한국신학연구소, 1990

레베크, P.(최경란 역): 『그리스 문명의 탄생』, 시공 디스커버리 총서 005, 서울: 시공사, 2005 (= 1995)

로제, E.(박두한/이영선 역): 『신약성서 어떻게 이루어졌는가?』, 서울: 한국신학연구소, 2000 (= 1998)

루터, M.(박문재 역): 『루터의 로마서 주석』 (세계기독교 고전 41), 고양: 크리스챤 다이제스트, 2001

메츠거, B.M.(나채운 역): 『신약성서개설』, 서울: 대한기독교서회, 1998

람세이, W.(박우석 역): 『사도 바울』, 서울: 생명의 말씀사, 1988

로빈슨 2세, C.A.: 「알렉산드로스가 이룩한 두 세계」, in: W.L. 랭어 (ed.) (박상익 역), 『호메로스에서 돈키호테까지』 (서양사 깊이읽기 1), 서울: 푸른역사, 2003 (= 2001) 69-105

샌더스, E.P.(이영립 역): 『바울』, 서울: 시공사, 1999

샌더스, E.P.(김진영 역): 『바울, 율법, 유대인』, 서울: 크리스챤 다이제스트, 1998 (= 1994)

슈바이쳐, E.: 「제자직과 교회」, in: 칼홀 외 (전경연 역), 『신약의 교회개념』, (복음주의신학총서 29), 서울: 대한기독교서회, 1992) 174-194

스테게만, W.: 「사도 바울은 과연 로마 시민이었는가」 in; 김재

성 (엮음), 『바울 새로보기』, 서울: 한국신학연구소, 2000
497-539 (Orig. = ZNW 78 [1987] 200-229)

단행본, 소논문 (국외)

Alföldy, G.: Zur Beurteilung der Militärdiplome der Auxiliarsoldaten,
Hist. 17, 1968 215-227

Alföldy, G.: Freilassung von Sklaven und die Struktur der Sklaverei
der römischen Kaiserzeit, in: H. Schneider (Hg.), *Sozial- und
Wirtschaftsgeschichte der römischen Kaiserzeit*, (WdF 552)
Darmstadt 1981 336-271

Alföldy, G.: *Römische Sozialgeschichte*, Wiesbaden [3]1984

Aland, K.: *Vollständige Konkordanz zum griechischen Neuen Testament*,
Berlin u.a. 1983 Bd. I Teil 1-2 / Bd. II Spezialübersichten 1978

Amir, J.: Art. Gesetz II (Judentum), TRE 13, 1984, 52-58

Andresen, C.: *Einleitung zu Paulus Orosius*: Die antike Weltgeschichte
in christilicher Sicht I, Zürch-München 1985 5-57

Babcock, W.S.(ed.): *Paul and the Legacies of Paul*, Dallas, Southern
Methodist University Press, 1990

Babcock, W.S.: Comment: Augustine, Paul, and the Question of Moral
Evil, in: ders.(ed.): *Paul and the Legacies of Paul*, Dallas, Southern
Methodist University Press, 1990 251-261

Baeck, L.: Der Glaube des Paulus, in; ders, *Paulus, die Pharisäer und
das Neue Testament*, Frankfurt a.M. 1961 7-37

Bammel, E.: Judenverfolgung und Naherwartung Zur Eschalologie der
1 Thess, ZThK 56, 1959 294-315

Bammel, E.: Φίλος τοῦ Καίσαρος, ThLZ 77, 1952 205-210

Barnikol, E.: *Die vorchristliche und frühchristliche Zeit des Paulus*, FEUC 1, Kiel 1929

Barrett, C.K.: Acts and the Pauline Corpus, ET 88, 1976/77 2-5

Barrett, C.K.: Paul and the "Pillar" Apostels, in; J.N. Sevenster u.a. (Hg.), *Studia Paulina in honorem J. de Zwaan*, 1953 1-19

Barret, C.K./ Thornton, C.J.: *Text zur Umwelt des Neuen Testaments*, UTB 1591 [2]1991

Barth, G.: Art. pistis ktl., EWNT[2] 3, Sp. 216-231

Barth, K.: *Prolegomena zur Christlichen Dogmatik. Die Lehre vom Worte Gottes*, München: Christian Kaiser Verlag, 1928

Bauer, F.Chr.: *Paulus, der Apostel Jesu Christi*. Sein Leben und Wirken, seine Briefe und seine Lehre. Ein Beitrag zu einer kritischen Geschichte des Urchristentum, 2 Teile, [2]1866-1867 (Nachdruck 1968)

Bauer, W.: *Griechisch-deutsches Wörterbuch zu den Schriften des Neuen Testaments und der frühchristlichen Literatur*, Berlin u New York [6]1988

Becker, J.: *Der Apostel der Völker*, Tübingen [2]1992

Becker, J.: *Das Heil Gottes*. Heils- und Sündenbegriffe in den Qumrantexten und im Neuen Testament, StUNT 3, 1964

Ben-Chorin, Sch.: *Paulus*. Der Völkerapostel in jüdischer Sicht, dtv1550, [3]1983

Berger, K.: Art. charisma, EWNT[2], 3, 1102-1105

Bertram, G.: Art. ὕβρις κτλ., ThWNT 8, 295-307

Betz, O.: Art. ἰουδαΐζω, EWNT² 2, Sp. 470-472

Betz, O.: Paulus als Pharisäer nach dem Gesetz. Phil 3,5-6 als Beitrag zur Frage des frühen Pharisäismus, in; ders., *Jesus Der Herr der Kirche*. Aufsätze zur biblichern Theologie II, WUNT I/52, 1990 103-113

Bietenhard, H.: Die syrische Dekapolis von Pompeius bis Traian, ANRW II 8, Berlin/ New York 1978 220-261

Blass, F./Debrunner, A./Rehkopf, F.: *Grammatik des neutestamentlichen Griechisch*, Göttingen ¹⁷1990

Blinzler, J.: *Der Prozß Jesu*, Regensburg ⁴1964

Bloedhorn, H. (by M. Hengel): Der alte und der neue 'Schürer', JSS 35, 1990 19-72

Bornkamm, G.: Art. Paulus, RGG³ 5, Sp. 166-190

Bornkamm, G.: *Paulus*, UB 119, ⁶1987

Bornkamm, G.: Sünde, Gesetz und Tod (Röm 7), in: ders., Das Ende des Gesetzes. Paulusstudien, Ges. Aufs. I, BEvTh 16, 21958 51-69 (= Jahrb. der Theol. Schule Bethel NF 2, 1950 26ff)

Borse, U.: Art. Ἀραβία, EWNT² 1, Sp. 358-359

Bosch, C.: Die Kelten in Ankara, JKAF 2, 1952/53, 283-289

Botermann, H.: Die Synagoge von Sardes: Eine Synagoge aus dem 4. Jahrhundert?, ZNW 81, 1990 103-121

Brandenburger, E.: *Fleisch und Geist*. Paulus und die dualistische Weisheit, WMANT 29, 1968

Brandenburger, E.: Pistis und Soteria, ZThK 85, 1988 165-198

Bruce, F.F.: The Book of the Acts, NIC, London [2]1988

Bruce, F.F.: Christianity under Claudius, BJRL 44, 1961/62, 309-326

Bruce, F.F.: *Zeitgeschichte des Neuen Testaments*, 2 Bde., 1975/1976 Wuppertal

Bühner, J.-A.: Art. apostolos, EWNT[2] 1, 342-351

Bultmann, R.: Theologie des Neuen Testaments, UTB 630, [9]1984

Burchard, Chr.: *Der dreizehnte Zeuge*. Traditions- und kompositionsgeschichtliche Untersuchungen zu Lukas´ Darstellung der Frühzeit des Paulus, FRLANT 103 1970

Caird, G.B.: Art. Chronology of the NT, IBD 1, 1962 599-607

Chantraine, H.: Zur Entstehung der Freilassung mit Bürgerrechtserwerb in Rom, ANRW I,2, 1972 59-67

Chapp, L.: To the "Unknown God": The Church and Science at the Areopagus", Pro Ecclesia 8, 1999 pp. 274-307

Cho, G.-H. *Die Vorstellung und Bedeutung von 'Jerusalem' bei Paulus*, NET 7, Tübingen und Basel: A Franke Verlag, 2004

Clark, E.A.: Comment: Chrysostom and Pauline Social Ethics, in: Babcock, W.S.(ed.): *Paul and the Legacies of Paul*, (Dallas, Southern Methodist University Press, 1990), 193-199

Cohn, L./ Heinemann, I./ Adler, M./ Theiler, W. (Hg.): *Die Werke Philos von Alexandria in deutscher Übersetzung*, Teil 1-7, 1909-1964

Conzelmann, H.: Art. χάρισμα, ThWNT 9, 393-405

Conzelmann, H.: Art. Eschatologie (IV. Im Urchristentum), RGG[3] 2, Sp. 665-672

Conzelmann, H.: *Geschichte des Urchristentums*, NTD Ergänz. 5, [4]1978

Conzelmann, H.: *Grundriß der Theologie des Neuen Testaments*, UTB 1446, [4]1987

Conzelmann, H./ Lindemann, A.: *Arbeitsbuch zum Neuen Testament*, UTB 52, [10]1991

Cullmann, O.: *Petrus*. Jünger - Apostel - Märtyrer, Zürich [3]1985

Dalton, R.W.: "Electronic Areopagus": Communicating the Gospel in Multimedia Culture, Journal of Theology (United Theological Seminary) 103, 1999 pp. 17-33

Dautzenberg, G.: Art. ἀγών κτλ., EWNT[2] 1, Sp. 59-64

Deissmann, A.: *Paulus*. Eine kultur- und religionsgeschichtliche Skizze, Tübingen [2]1925

Dibelius, M.: Die Apostelgeschichte im Rahmen der urchristlichen Literaturgeschichte, in; ders., *Aufsätze zur Apostelgeschichte*, Berlin 1951 163-174

Dibelius. M./ Kümmel, W.G.: *Paulus*, Berlin [2]1956

Dietzfelbinger, Ch.: *Die Berufung des Paulus als Ursprung seiner Theologie*, WMANT 58, 1985 [2]1989

Donfried, K.P.: Art. Chronology (New Testament), ABD I, 1992 1011-1022

Doyle, A.D.: Pilate's Career and the Date of the Crucifixion, JTS 42, 1941 190-193

Dunn, J.D.G.: The Relationship between Paul and Jerusalem according to Galatians 1 and 2, NTS 28, 1982 461-478

Dunn, J.D.G.: *The Theology of Paul the Apostle*, Grand Rapids:

Eerdmans, 1998

Ewald, P.: Art. Aretas, RE I, 795-797

Elliger, W.: Art. en, EWNT[2] 1, Sp. 1093-1096

Ellis, E.E.: "Das Ende der Erde"(Apg 1,8), in: C. Bussmann/ W. Radl (Hg.), *Der Treue Gottes trauen*. Beiträge zum Werk des Lukas für G. Schneider, Freiburg u.a. 1991, 277-287

Ellis, E.E.: *Paul's Use of the Old Testament*, Baker Book House: Michigan [3]1991

Elsler, R.: ΙΗΣΟΥΣ ΒΑΣΙΛΕΥΣ ΟΥ ΒΑΣΙΛΕΥΣΑΣ. Die messianische Unabhängigkeitsbewegung vom Auftreten Joh. d. Täufers bis zum Untergang Jakobus d. Gerechten nach der neuerschlossenen Eroberung von Jerusalem des Flavius Josephus und den christlichen Quellen dargestellt. I, Heidelberg 1929

Feneberg, W.: *Paulus der Weltenürger*. Eine Biographie, München 1992

Flusser, D. Die jüdische und griechische Bildung des Paulus, in: Erich Lessing, *Paulus*. Freiburg i. Br.: Herder, 1980, 11-39

Foher, G./ Lohse, E.: Art. Σιών κτλ., ThWNT 7, 291-338

Fraser, P.M.: Archaeology in Greece, 1969-70, JHS N.S xc, 1970, 3-4

Fredriksen, P.: Beyond the Body/Soul Dichotomy: Augustine's Answer to Mani, Plotinus, and Julian, in: Babcock, W.S.(ed.): *Paul and the Legacies of Paul*, Dallas, Southern Methodist University Press, 1990 227-251

French, D.H.: The Roman Road-System of Asia Minor, ANRW II 7,2 Berlin/ New York 1980 698-729

Friedrich, J./ Pöhlmann, W./ Stuhlmacher, P.: Zur historischen

Situation und Intention von Röm 13,1-7, ZThK 73, 1976 131-166

Galling, K.: Art. Tempel, RGG³ 6, 681-686

Garnsey, P.: The Lex Iulia and Appeal under the Empire, JRS 56, 1966, 167-189

Garnsey, P.: *Social Status and Legal Privilege in the Roman Empire*, Oxford, 1970

Georgi, D.: *Die Geschichte der Kollekte des Paulus für Jerusalem*, ThF 38, 1965

Gese, H.: τὸ δὲ ῾Αγὰρ Σινὰ ὄρος ἐστὶν ἐν τῇ ᾿Αραβίᾳ (Gal 4,25), in; F. Maass (Hg.), Das ferne und nahe Wort. FS L. Rost, Berlin 1967 81-94

Gnilka, J.: Die Kollekte der paulinischen Gemeinden für Jerusalem als Ausdruck ekklesialer Gemeinschaft, in; Kampling, R./ Söding, Th. (Hg.), *Ekklesiologie des Neuen Testament*. FS K. Kertelge, 1996 301-315

Graf, D.F.: Art. Nabateans, ABD 4, 1992, 970-972

Grant, F.C.: *Antikes Judentum und das Neue Testament*, Frankfurt a.M. 1962

Grant, M.: *Paulus*. Apostel der Völker (Orig.: *Saint Paul*, London 1976), Bergisch Gladbach 1978

Grundmann, W.: Art. ἀναγκάζω κτλ., ThWNT 1, 347-450

Grundmann, W.: Art. δέξιος, ThWNT 2, 37-39

Grundmann, W.: Die Apostel zwischen Jerusalem und Antiochia, ZNW 39, 1940 110-137

Haacker, K.: Die Gallio-Episode und die paulinische Chronologie, BZ 16, 1972 252-255

Habicht, Ch.: *Die Inschriften des Asklepieions*, Berlin 1969

Hahn, F.: *Der urchristliche Gottesdienst*, SBS 41, 1970

Hahn, F.: Das Verständnis des Opfers im Neuen Testament, in; Lehmann, K./ E. Schlink (Hg.), *Das Opfer Jesu Christi und seine Gegenwart in der Kirche*. Klärungen zum Opfercharakter des Herrenmahles = Dialog der Kirche 3 (Freiburg u.a. 1983) 51-90

Hahn, F.: *Das Verständnis der Mission im Neuen Testament*, Neukirchen-Vluyn 1963

Hainz, J.: *Ekklesia. Strukturen paulinischer Gemeinde-Theologie und Gemeinde-Ordnung*, BU 9, 1972

Hammond, N.G.L.: Western Part of the Via Egnatia, JRS 64, 1974 185-194

Harding, M.: Comparing Acts 9:23-5 with 2 Corinthians 11.32-3, NTS 39, 1993 518-538

Harnack, A.v.: *Der kirchengeschichtliche Ertrag des exegetischen Arbeiten des Origenes* (2. Teil), TU 42/4 Leipzig 1919

Harnack, A.v.: *Marcion, Das Evangelium vom fremden Gott*. Eine Monographie zur Geschichte der Grundlegung der katholischen Kirche, Darmstadt: Wiss. Buchges. 2., 1996 (= Leipzig, 1921)

Harnack, A. v.: *Die Mission und Ausbreitung des Christentums in den ersten drei Jahrhunderten*, Leipzig [4]1924

Harrison, P.N.: *The Problem of the Pastoral Epistles*, Oxford, 1921

Helm R. (ed.): Die Chronik des Hieronymus, GCS 47, Berlin 1956

Hemer, C.J.: Alexandria Troas, TynB 26, 1975 79-112

Hemer, C.J.: *The Book of Acts in the Setting of Hellenistic History*, Eisenbaruns: Winona Lake, Indiana, 1990

Hemer, C.J.: The Name of Paul, TynB 36, 1985 179-183

Hemer, C.J.: Observation on Pauline Chronology, in: D.A. Hagner/ M.J. Harris (ed.), *Pauline Studies*. Essays presented to Professor F.F. Bruce, Exeter/Grand Rapids 1980, 3-18

Hendrix, H.L.: Art. Philippi, ABD 5, 313-317

Hengel, M.: Die Arbeit im frühen Christentum, ThBeitr 17, 1986 174-212

Hengel, M.: Christologie und neutestamentliche Chronologie. Zu einer Aporie in der Geschichte des Urchristentums, in; H. Baltensweiler/ B. Reicke (Hg.), *Neues Testament und Geschichte*, FS O. Cullmann, 1972 43-67

Hengel, M.: *Crucifixion*, Philadelphia, [3]1982

Hengel, M.: *Hellenization of Judea in First Century after Christ*, London/Philadelphia, 1989

Hengel, M.: Jakobus der Herrenbruder - der erste »Papst«?, in; *Glaube und Eschatologie*, FS W.G.Kümmel, 1985 71-104

Hengel, M.: Der Jakobusbrief als antipaulinischer Polemik, in: G.F. Hawthorne/ O. Betz (Hg.) *Tradition and Interpretation in the NT*, FS E.E. Ellis, 1987, 248-278

Hengel, M.: Zwischen Jesus und Paulus. Die "Hellenisten", die "Sieben" und Stephanus (Apg 6,1-15; 7,54-8,3), ZThK 72, 1975 151-206

Hengel, M.: *Judentum und Hellenismus*, Studien zu ihrer Begegnung unter besonderer Berücksichtigung Palästinas bis zur Mitte des 2. Jh.s v. Chr, WUNT 10; Tübingen: J.C.B. Mohr, [3]1988

Hengel, M.: Der vorchristliche Paulus, in; ders./ U. Heckel (Hg.), *Paulus und das antike Judentum*, WUNT 58, 1991 177-291

Hengel, M.: Proseuche und Synagoge. Jüdische Gemeinde, Gotteshaus und Gottesdienst in der Diaspora und in Palästina,, in; G. Jeremias u.a. (Hg.), *Tradition und Glaube*. Das frühe Christentum in seiner Umwelt. FS K.G. Kuhn, 1971 157-184

Hengel, M.: Die Ursprünge der christlichen Mission, NTS 18, 1971/72 15-38

Hengel, M.: *Die Zeloten*, AGJU 1, Leiden/Köln ^{2}1976

Hengel, M (with a contribution by H. Bloedhorn).: Der alte und der neue 'Schürer', JSS 35, 1990 19-72

Schneemelcher, W.(ed.) (R.McL Wilson[tr.]): *New Testament Apocrypha I,II*, Louisville: Westerminster/John Knox Press, 1992

Hirsch, E.: Die drei Berichte der Apostelgeschichte über die Bekehrung des Paulus, ZNW 28, 1929 305-312

Hock, R.F.: Paul's Tentmaking and the Problem of His Social Class, JBL 97, 1978, 555-564

Hofius, O.: Gal 1,18: ἱστορῆσαι Κηφᾶν, in: ders., Paulusstudien, WUNT 51, 1989 255-267 (= in: ZNW 75, 1984 73-85)

Holl, K.: Das Fortleben der Volkssprachen in Kleinasien in nachchristlicher Zeit, in: ders., *Ges. Aufs. zur Kirchengeschichte II*, Der Osten, J.C.B Mohr Tübingen 1928 238-248

Holtz, T.: Art. ἀποκαλύπτω κτλ., EWNT^2 1, Sp. 312-317

Holtz, T.: Die Bedeutung des Apostelkonzils für Paulus, in: ders., *Geschichte und Theologie des Urchristentums*, WUNT 57, 1991 140-170 (= in: NT 16, 1974 110-148)

Horn, F.W.: Art. Ethik (III.2. Neues Testament), RGG[4] 2, 1999 Sp. 1606-1610

Hübner, H.: Gal 3,10 und die Herkunft des Paulus, KuD 19, 1973 215-31, 216

Humphrey, C.J./ Waddington, W.G.: The Date of Crucifixion, JASA 37, 1885, 2-10

Humphrey, C.J./ Waddington, W.G.: Dating the Crucifixion, Nature 306, 1983 743-746

Hyldahl, N.: *Die paulinische Chronologie*, AThD XIX. Leiden 1986

Grundmann, W.: Die Apostel zwischen Jerusalem und Antiochia, ZNW 39, 1940 110-137

Jeremias, J.: *Die Gleichnisse Jesu*, Göttingen [10]1984

Jeremias, J.: *Jerusalem* zur Zeit Jesu, Göttingen [3]1962

Jeremias, J.: Der Schlüssel zur Theologie des Apostels Paulus, CH 115, 1971 7-30

Jervell, J.: Der Brief nach Jerusalem. Über Veranlassung und Adresse des Römerbriefes, StTh 25, 1971 61-73

Jewett, R.: *Paulus-Chronologie*. Ein Versuch, München 1982 (Orig.: *A Chronology of Paul's Life*, Fortress Press: Philadelphia 1979)

Johnson, S.E.: *Paul the Apostle and His Cities*, Wilmington, Delaware: Imchael Glazier, Inc, 1987

Jones, A.H.M.: The Cloth Industry under the Roman Empire, in: ders., *The Roman Economy*, Studies in ancient Economic and Administrative History, Oxford: Basil Blackwell, 1974 350-364 (Orig.: EcHR 13, 1960, 183-192)

Jülicher, A./ Fascher, E.: *Einleitung in das Neue Testament*, Tübingen [7]1931, 33

Jüngel, E.: Art. Barth, Karl, TRE 5, 1980 251-268

Käsemann, E.: Gottesgerechtigkeit bei Paulus, in; ders., *EVB* Bd.2 [2]1964 181-193 (= ZThK 58, 1961 367-378)

Kasher, A.: *Jews, Idumaeans, and Ancient Arabs. Relations of the Jews of Eretz-Israel with the Nations of the Frontier and the Desert during the Hellenistic and Roman Era (322 BCE- 70 CE)*, TSAJ 18, Tübingen 1988

Kertelge, K.: Art. dikaiosynē, EWNT[2] 1, Sp. 784-796

Kienast, D.: *Augustus, Princeps und Monarch*, Darmstadt 1982

Kittel, G.: Art. δοκέω κτλ., ThWNT 2, 235-240

Kittel, G.: *Rabbinica, Paulus in Talmud*, Leipzig: J.C. Hinrichs'sche Buchhandlung, 1920

Klauck, H.-J.: Kultische Symbolsprache bei Paulus, in; ders., *Gemeinde. Amt. Sakrament.* Neutestamentliche Perspektiven, Wüzburg 1989, 348-58 (= Freude am Gottesdienst. Aspekte ursprünglicher Liturgie. FS J.G. Pläger, Stuttgart 1983 107-118)

Klausner, J.: Von Jesus zu Paulus, Königstein 1980 (= 1950)

Knauf, E.A.: Zum Ethnarchen des Aretas 2 Kor 11,32, ZNW 74, 1983 145-147

Knoch, O.: Art. διώκω, κτλ., EWNT[2] 1, Sp. 816-819

Knox, J.: Rom 15,14-33 and Paul's Conception of his apostolic Mission, JBL 83, 1954 1-12

Koch, D.A.: *Die Schrift als Zeuge des Evangeliums*, BHTh 69,

Tübingen 1986

Kraeling, C.H.: The Jewish Community at Antioch, JBL 51, 1932 130-160

Krieger, K.S.: Die Problematik chronologischer Rekonstruktionen zur Amtszeit des Pilatus, BZ 61, 1992, 27-32

Krieger, K.S.: Chronologische Probleme in der Geschichte der ersten fünf Statthalter der Provinz Judaäa, BZ 68, 1993, 18-23

Kümmel, W.G.: *Einleitung in das Neue Testament*, Heidelberg [21]1983

Kümmel, W.G.: Römer 7 und die Bekehrung des Paulus, in: ders., *Römer 7 und das Bild des Menschen im Neuen Testament. Zwei Studien*, Theologische Bücherei 53, 1-160 (= Diss. Leipzig 1929)

Kuss, O.: *Paulus. Die Rolle des Apostels in der theologischen Entwicklung der Urkirche* (Auslegung und Verkündigung III), Regensburg 197

Lake, K.: Paul's Route in Asia Minor, in: Jackson, F.J./ ders., Beginings of Christianity V, London 1933 224-240

Lampe, P.: *Die stadtrömischen Christen in den ersten beiden Jahrhunderten*, WUNT 2.R 18, [2]1989

Lampe, P.: Paulus - Zeltmacher, BZ 31, 1987 256-261

Levick, B.M.: *Claudius*, London 1990

Lichtenberger, H.: Paulus und das Gesetz, in; M. Hengel/ U. Heckel (Hg.), *Paulus und das antike Judentum*, Tübingen-Durham-Symposium im Gedenken an den 50. Todestag Adolf Schlatters (19. Mai 1938) Tübingen, 1991 361-378

Liddell, H.G./ Scott, R/ Jones, H.St.: *A Greek-Englich Lexicon*, Oxford [9]1940 (= repr. 1966), ergänzt 1968 repr. 1985

Liebeschutz, J.H.W.G.: *Antioch*: City and Imperial Administration in the Later Roman Empire, Oxford: University Press, 1972

Lietzmann, H.: Paulus, in; K.H. Rengstorf (Hg.), *Das Paulusbild in der neueren deutschen Forschung*, WdF 24, 1964 380-409 (= ders., Der Weg der Kirche, H. 5, Berlin 1934 3-32)

Lindemann, A.: *Paulus im ältesten Chritentum*. Das Bild des Apostels und die Rezeption der paulinischen Theologie in der frühchristlichen Literatur bis Marcion (BHTh 58), Tübingen: J.C.B. Mohr, 1979

Lindemann, A.: Paulus und die korinthische Eschatologie. zur These von einer 'Entwicklung' im paulinischen Denken, NTS 37, 1991 373-99

Lindemann, A.: Die biblischen Toragebote und die paulinische Ethik, in: ders., *Paulus, Apostel und Lehrer der Kirche*. Studien zu Paulus und zum frühen Paulusverständnis, Tübingen 1999 91-114

Lindemann, A./ Conzelmann, H.: *Arbeitsbuch zum Neuen Testament*, UTB 52, [10]1991

Lindner, M.: Die Geschichte der Nabatäer, in: ders., *Petra und das Königreich der Nabatäer. Lebansraum, Geschichte und Kultur eines arabischen Volkes der Antike*, München [3]1980

Lohse, E.: *Paulus*. Eine Biographie, München 1996

Longenecker, R.N.: *Biblical Exegesis in the Apostolic Period*, Regent College Publishing: Vancouver [2]1999

Lüdemann, G.: Das Judenedikt des Claudius (Apg 18,2), in: C. Bussmann/ W. Radl (Hg.), *Der Treue Gottes trauen*. Beiträge zum Werk des Lukas für G. Schneider, Freiburg u.a. 1991, 289-298

Lüdemann, G.: *Paulus, der Heidenapostel Bd.I*: Studien zur

Chronologie, FRLANT 123, 1980

Lüderitz, G.: *Corpus jüdischer Zeugnisse aus der Cyrenaika*, TAVO.B 53, Wiesbaden 1983

Lührmann, D.: Abendmahlsgemeinschaft? Gal 2:11ff, in; ders./ G. Strecker (Hg.), *Kirche*. FS G. Bornkamm, 1980 271-286

Lührmann, D.: *Das Offenbarungsverständnis bei Paulus und in paulinischen Gemeinde*, WMANT 16, 1965

Luz, U.: *Das Geschichtsverständnisdes Paulus*, BEvTh 49, 1968

McRay, J.: Art. Damascus (The Greco-Roman Period), ABD 2, 7-8

Maier, J.: *Zwischen den Testamenten. Geschichte und Religion in der Zeit des zweiten Tempels*, Würzburg 1990

Markus, R.A.: Comment: Augustine's Pauline Legacies, in: Babcock, W.S.(ed.): *Paul and the Legacies of Paul*, Dallas, Southern Methodist University Press, 1990, 221-225

Marxsen, W.: *Einleitung in das Neue Testament.* Eine Einführung in ihre Probleme, Gütersloh [4]1978

Mayer, G.: *Index Philoneus*, Berlin u.a. 1974

Meeks, W.A.: *The first Urban Christians. The Social World of the Apostle Paul*, New Haven/ London 1983

Meeks, W.A./ Wilken, R.L.: *Jews and Christians in Antioch in the First Four Centuries of the Commen Era*, SBL SBibSt 13, 1978

Mendels, D.: *The Land of Israel as a Political Concept in Hasmonean Literature.* Recourse to History in Second Century B.C. Claims to the Holy Land, TSAJ 15, Tübingen 1987

Metzger, W.: *Die letzte Reise des Apostels Paulus. Beobachtungen und*

Erwägungen zu seinem Itinerar nach den Pastoralbriefen, ATh 59, Stuttgart 1976

Meyer, R.: Das Arbeitsethos in Palästina zur Zeit der werdenden Kirche, in: Neues Sächsisches Kirchenblatt 42, 1935 465-476

Michaelis, W.: *Einleitung in das Neue Testament*. Die Entstehung, Sammlung der Schriften des Neuen Testaments, Bern [3]1961

Michel, O.: Art. οἶκος κτλ., ThWNT 5, 122-161

Michel, O.: *Paulus und seine Bibel*, Darmstadt, 1972

Momigliano, A.: *Claudius, The Emperor and His Achievement*, London [2]1961

Mommsen, Th.: Die Rechtsverhältnisse des Apostels Paulus, ZNW 2, 1901, 81-96

Montgomery, J.A.: *Arabia and the Bible*, Philadelphia, 1934

Morgan, R.: *Romans*, Sheffield: Sheffield Academic Press, 1995

Mortensen, V.: The dialogue between science and religion and the dialogue between people of different faiths: Areopagus revisited, Zygon 37, 2002 pp. 63-82

Murphy-O'Connor, J.: Art. Corinth, ABD 1, 1992 1134-1139

Murphy-O'Connor, J.: Pauline Missions before the Jerusalem Conference, RB 89, 1982, 71-91

Murphy-O'Connor, J.: *St. Paul's Corinth*. Texts and Archaeology, GNS 6, Wilmington 1983

Nebe, G.: *'Hoffnung' bei Paulus*. Elpis und ihre Synonyme im Zusammenhang der Eschatologie, SUNT 16, 1983

Neusner, J.: *A History of the Jews in Babylonia* I, StPB 9, Leiden 1965

Neusner, J.: *Rabbinic Tradition about the Pharisees before 70*, 3 Bde Leiden 1970

Neusner, J.: Die pharisäischen rechtlichen Überlieferungen, in: ders., *Das pharisäische und talmudische Judentum*, TSAJ 4, Tübingen 1984

Niederwimmer, K.: Art. eleutheros ktl., EWNT² 1, Sp. 1052-1058

Norden, E.: *Die antike Kunstprosa vom VI. Jahrhundert v. Chr. bis in die Zeit der Renaissance*, II, Leipzig und Berlin, 1909

Oepke, A.: Art. εἰς, ThWNT 2, 418-432

Oepke, A.: Art. ἐν, ThWNT 2, 534-539

Oepke, A.: Art. ἰάομαι κτλ., ThWNT 3, 194-215

Oepke, A.: Probleme der vorchristlichen Zeit des Paulus, in; K.H. Rengstorf (Hg.), *Das Paulusbild in der neueren deutschen Forschung*, WdF 24, 1964 410-446 (= Theol. Studien und Kritiken CV, 1933 387-424)

Ogg, G.: *The Chronology of the Life of Paul*, London, 1968

Oliver, J.H.: The Epistle of Claudius Which Mentions the Proconsul Junius Gallio, Hesp 40 1971 239f

Ollrog, W.H.: *Paulus und siene Mitarbeiter. Untersuchung zu Theorie und Prexis der paulinischen Mission*, WMANT 50, Neukirchen-Vluyn 1979

Perowne, P.: *Die Reisen des Apostels Paulus*, Freiburg 1973

Pesch, W.: Art. orgē, EWNT² 2, 1293-1297

Pfleiderer, O.: *Der Paulinismus. Ein Beitrag zur Geschichte der urchristlichen Theologie*, Leipzig, 1873

Pherigo, L.P.: Paul's Life after the Close of Acts, JBL 70, 1951 277-284

Preuschen, E.: Chresto impulsore, ZNW 15, 1914 96

Preuschen, E.: Todesjahr und Todestag Jesu, ZNW 5, 1904 1-17

Preuß, H.D.: *Theologie des Alten Testaments,* Bd 2. Israels Weg mit JHWH, Stuttgart 1992

Procksch, O./ Kuhn, K.G.: Art. ἅγιος κτλ., ThWNT 1, 87-116

Räiäsnen, H.: Paul's Theological Difficulties with the Law, in; *Studia Biblica* 1978 Vol.3, Papers on Paul and Other New Testament Authors, 1980 (Journal for the Study of the New Testament. Suppl. Series 3), 301-320

Rajak, T.: Jews and Chrtians as Groups in a pagan World, in: J. Neusner/ E.S. Frerichs (Hg.), *To See Ourselves as Others See Us*: Christian, Jews, 'Others' in Late Antiquity, Chico 1985 247-262

Rajak, T.: Was there a Roman charter for the Jews, JRS 74, 1984, 107-123

Ramsay, W.: *The Cities of St. Paul. Their Influence on his Life and Thought*, London, 1907

Reicke, B.: *Neutestamentliche Zeitgeschichte*, Die biblische Welt von 500 v.Chr. bis 100 n.Chr., Berlin/ New York [3]1982

Rengstorf, K.H. (ed.) : *A Complete Concordance to Flavius Josephus*, 4 Vols., Leiden 1973-1983

Ridderbos, H.: *Paulus*. Ein Entwurf seiner Theologie, Wuppertal 1970 (Orig.: Paulus, Kampen 1966)

Riesner, R.: *Die Frühzeit des Apostels Paulus*. Studien zur Chronologie, Missionsstrategie und Theologie, WUNT 71, 1994

Riesner, R.: *Jesus als Lehrer*, WUNT II/7 [3]1988

Rigaux, B.: *Paulus und seine Briefe*. Der Stand der Forschung, München 1964 (Orig.: Saint Paulu et ses lettres, Paris 1962)

Robinson, J.A.T.: *The Priority of John*, London 1985

Robinson, J.M.(ed.): *The Nag Hammadi Library in English*, (San Francisco: Harper Collins, [3]1990)

Rohde, J.: Art. episkopos, EWNT[2], 89-91

Roloff, J.: Art. ekklēsia, EWNT[2] 1, Sp. 998-1011

Roloff, J.: *Apostolat-Verkündigung-Kirche. Ursprung, Inhalt und Funktion des kirchlichen Apostelamtes nach Paulus, Lukas und den Pastoralbriefen*, Gütersloh 1965

Roloff, J.: *Die Kirche im Neuen Testament*, GNT 10, Göttingen 1993

Rowlingson, D.T., The Geographical Orientation of Paul's Missionary, JBL 69, 1950 341-344

Ruckstuhl, E.: *Jesus im Horizont der Evangelien*, SBAB 3, Stuttgart 1988

Ruge, W.: Art. Tarsos, PRE 2.R. IV, 1932 2413-2439

Sack, D.: Damaskus. Entstehung und Struktur einer orientalisch-islamischen Stadt, Damaszener Forschung 1, Mainz 1989 7-18

Sanders, E.P.: Purity, Food and Offerings in the Greek-Speaking Diaspora, in: ders., *Jewish Law from Jesus to the Mishnah*, London u. Philadelphia 1990 255-308

Sanders, E.P.: *Paul and Palestinian Judaism*. A Comparison of Patterns of Religion, London: SCM Press, 1977

Sanders, E.P.: On the Question of Fulfilling the Law in Paul and

Rabbinic Judaism, in: *Donum Gentilicium*. New Testament Studies in Honor of David Daube, Oxford 1978 103-126

Schalit, A.: *König Herodes*, Der Mann und sein Werk, SJ 4, Berlin 1969

Schenk, G.: Art. δικη κτλ., ThWNT 2, 180-229

Schenke, L.: Die *Urgemeinde*. Geschichtliche und theologische Entwicklung, Stuttgart 1990

Schenke, H.M./ Fischer, K.M.: *Einleitung in die Schriften des Neuen Testaments I*, Die Briefe des Paulus und Schriften des Paulinismus, Berlin 1978

Schlatter, A.: *Paulus der Bote Jesu*. Eine Deutung seiner Briefe an die Korinther, Stuttgart 1934

Schlier, H.: *Ekklesiologie des Neuen Testaments*, MySal 4.1, Einsiedeln 1972

Schmauch, W.: Art. Aretas, RGG[3] I, 590

Schmitt, R.: *Die Sprachverhältnisse in den östlichen Provinzen des römischen Reiches*, ANRW II 29,2 1983 554-586

Schnackenburg, R.: Ephesus: Entwicklung einer Gemeinde von Paulus zu Johannes, BZ 35, 1991 41-64

Schneemelcher, W.: *Das Urchristentum*, UB 336, 1981

Schneider, C.: *Kulturgeschichte des Hellenismus*, München 1967

Schnelle, U.: *Paulus*. Leben und Denken, Walter de Gruyter u.a. 2003

Schnelle, U.: *Wandlungen im paulinischen Denken*, SBS 137, 1989

Schnider, F.: Art. prophētēs, EWNT[2] 3, 442-448

Schoeps, H.-J.: *Paulus*. Die Theologie des Apostels im Lichte der jüdischen Religionsgeschichte, Tübingen 1959 (= 1972)

Schöne, A.: *Eusebii Chronicorum Libri Duo I-II*, Dublin Zürich 1967 (= 1875)

Schreckenberg, H.: *Die Flavius-Josephus-Tradition*, ALGHJ 5, Leiden 1972

Schrenk, G.: Art. δίκη κτλ., ThWNT 2, 176-229

Schrenk, G.: Art. ἱερός κτλ., ThWNT 3, 221-284

Schürer, E.: Der Ethnarch des Königs Aretas, ThStKr 72, 1899 95-99

Schürer, E.: *Geschichte des jüdischen Volkes im Zeitalter Jesu Christi*, Leipzig, I. Einleitung und politische Geschichte, [3.4]1901, II. Die inneren Zustände [4]1907, III. Das Judentum in der Zerstreung und die jüdische Literatur [4]1909

Schuerer, E.: *The history of the Jewish people in the age of Jesus Christ*. A. New English Version Revised and Editied by G. Vermes/ F. Millar/ M. Black, I, III/1, Edinburgh: T&T Clark, 1973, 1986

Schultz, F.: Roman Registers of Births and Birth Certificaters, JRS 32, 1942 78-91

Schultz, F.: Roman Registers of Births and Birth Certificaters (Part II), JRS 33, 1943 55-64

Schwartz, D.R.: Ishmael ben Phiabi and the Chronology of Provincia Judaea, in: *Studies in the Jewish Background of Christianity*, WUNT I/60, Tübingen 1992 218-242

Schweitzer, A.: *Das Messianitäts- und Leidensgeheimnis*, Tübingen, J.C.B Mohr [2]1929

Seesemann, H.: Art. πάσχω, ThWNT 5, 903-940

Sellin, G.: *Der Streit um die Auferstehung der Toten* . Eine religionsgeschichtliche und exegetische Untersuchung von 1. Korinther 15, FRLANT 138, 1986

Sherwin-White, A.N.: *Roman Society and Roman Law in the New Testament*, Michigan: Grand Rapids, 1984 (= 1963)

Slingerland, D.: Acts 18:1-17 and Luedeman's pauline Chronology, JBL 109, 1990 686-90

Slingerland, D.: Achts 18:1-18, the Callio Inscription, and absolute pauline Chrology, JBL 110 (1991) 439-449

Slingerland, D.: Suetonius Claudius 25.4 and the Account in Dio Cassius, JQR 79, 1989 305-322

Smallwood, E.M.: *The Jews under Roman Rule from Pompey to Diocletian*. A Study in Political Relations, SJLA 20, Leiden ^{2}1981

Solin, H.: Juden und Syrer im westlichen Teil der römischen Welt. Eine ethnisch-demographische Studie mit besonderer Berücksichtigung der sprachlichen Zustände, ANRW II, 29.2, 1983 587-789

Stauffer, E.: Art. ἀγών κτλ., ThWNT 1, 134-140

Stegemann, W.: Zwei sozialgeschichtliche Anfragen an unser Paulusbild, EvErz 37, 1985 480-490

Stegemann, W.: Wer der Apostel Paulus ein römischer Bürger?, ZNW 78, 1987 200-229

Stendahl, K.: The Apostle Paul and the Introspective Conscience of the West, HThR 56, 1963 199-215

Strack, H.L./ Billerbeck, P.: *Kommentar zum Neuen Testament aus Talmud und Midrasch*, München I (^{5}1969 = 1926), II (^{5}1969 = 1924), III (^{5}1969 = 1926), IV (^{5}1969 = 1926), V/VI (^{5}1974)

Strecker, G.: Befreiung und Rechtfertigung. Zur Stellung der Rechtfertigungslehre in der Theologie des Paulus, in: J. Friedrich u.a. (Hg.), *Rechtfertigung*, FS E. Käsemann, 1976 479-508

Strobel, A.: Schreiben des Lukas? Zum sprachlichen Problem der Pastoralbriefe, NTS 15 1968/1969 191-210

Strobel, A: *Ursprung und Geschichte des frühchristlichen Osterkalenders*, TU 121, Berlin/Ost 1977

Strobel, A.: Zeitrechnung, BHH III, Göttingen 1966 2211-2228

Studer, O.S.B. Basil: Augustine and the Pauline Theme of Hope, in: Babcock, W.S.(ed.): *Paul and the Legacies of Paul*, (Dallas, Southern Methodist University Press, 1990), 201-221

Stuhlmacher, P.: Der Abfassungszweck des Römerbreifes, ZNW 77, 1986 180-193

Stuhlmacher, P.: *Das paulinische Evangelium I.* Vorgeschichte, FRLANT 95, 1968

Stuhlmacher, P.: Die Stellung Jesu und des Paulus zu Jerusalem, ZThK 86, 1986 140-56

Stuhlmacher, P.: *Die Gerechtigkeit Gottes bei Paulus*, FRLANT 87, [2]1966

Suhl, A.: *Paulus und seine Briefe*. Ein Beitrag zur paulinischen Chronologie, Gütersloh 1975

Swain, J.W.: Gamaliel's Speech and Caligula's Statue, HThR 37, 1944, 341-349

Teichmann, E.: *Die paulinischen Vorstellungen von Auferstehung und Gericht und ihre Beziehungen zur jüdischen Apokalyptik*, 1896

Tajra, H.W.: *The Trial of St. Paul*, WUNT 2.R, 35, Tübingen, J.C.B. Mohr, 1989

Teja, R.: Die römische Provinz Kappadokien in der Prinzipatszeit, ANRW II 7.2, Berlin/New York 1980 1083-1124

Theißen, G.: Soziale Schichtung in der korinthischen Gemeinde. Ein Beitrag zur Soziologie des Hellenistischen Urchristums, in; ders., *Studien zur Soziologie des Urchristentums*, WUNT 19, 1979 231-271 (= ZNW 65, 1974 232-272)

Thornton, C.J.: *Der Zeuge des Zeugen.* Lukas als Historiker der Paulusreisen, WUNT I/56, Tübingen 1991

Unnik, W.C.v.: Tarsus or Jerusalm. The City of Paul's Youth, in: Ders., Sparsa Collecta I, NT.S 29, Leiden, 1973 259-320

Vielhauer, Ph.: *Geschichte der urchristlichen Literatur. Einleitung in das Neue Testament, die Apokryphen und die Apostolischen Väter*, Berlin u.a. [4]1985

Vollenweider, S.: Art. Paulus, RGG[4], 6, 2003 1035-1065

Vouga, F.: *Geschichte des frühen Christentums* (UTB 1733), 1994

Walter, N.: Hellenistische Eschatologie bei Paulus? Zu 2 Kor 5,1-10, ThQ 176, 1996 53-64

Wanke, J.: Art. Ἑλλάς, EWNT[2] 1, Sp. 1061

Watzinger, C./ Wulzinger, K.: *Damaskus, die antike Stadt*, Wissenschaftliche Veröffentlichungen des deutsch-türkischen Denkmalschutz-Kommandos, Berlin-Lipzig, 1921

Wedderburn, A.J.M.: Keeping up with Recent Studies VIII: Some Recent Pauline Chronologies, ET 92, 1981, 103-108

Weiser, A.: Art. diakoneō, EWNT[2] 1, 726-732

Wengst, K.(J. Bowden[tr.]): *Pax Romana and the Peace of Jesus Christ*, London: SCM Press, 1987

Wennig, R.: *Die Nabäer - Denkmäler und Geschichte.* Eine

Bestandesaufnahme des archäologischen Befundes, NTOA 3, Freiburg/Schw - Göttingen 1987

Wiefel, W.: Die jüdische Gemeinschaft im antiken Rom und die Anfänge des römischen Christentums. Bemerkungen zu Anlaß und Zweck des Römerbriefs, Judaica 26, 1970 65-88

Wiefel, W.: Vätersprüche und Herrenworte, NovT 11, 1969 105-120

Wilkenhauser, A.: *Einleitung in das Neue Testament*, Freiburg [3]1959

Wilckens, U.: Art. στῦλος, ThWNT 7, 732-736

Wilckens, U.: Art. ὑποκρίνομαι, ThWNT 8, 558-569

Wilckens, U.: Über Abfassungszweck und Aufbau des Römerbriefs, in: Rechtfertigung als Freiheit. Paulusstudien, Neukirchen 1974 110-170

Yamauchi, E.M.: Art. Troas, ABD VI, 1992, 666-667

Zahn, Th.: *Einleitung in das Neue Testament*, 2 Bde. Leipzig 1897

Zahn, Th.: Zur Lebensgeschichte des Apostels Paulus, NKZ 15, 1904, 23-41, 189-200

성구 색인

창세기
2:16f - 206
2:24 LXX - 274
15:6 - 226
17:12 - 9
31:14 - 254

출애굽기
19:6 - 197, 387

레위기
4:5ff - 232
11:44 - 254
12:3 - 9
16:19 - 232
17:11 - 232
19:2 - 254, 275
19:18 - 272, 274
23:10f - 192

민수기
5:17 - 254

신명기
6:4ff - 197
6:24f - 198
17:7 LXX - 274,
21:22f - 60
27:15~26 LXX - 202
30:11 - 198

삼무엘 하
22:7 - 255

역대상
28:12 - 254
29:3 - 254

역대하
29:24 - 232

욥기
4:17 - 219

시편
18:7 - 255
19:10 - 198
39:18 LXX - 91
51:16f - 225
69:6 - 91
119:131 - 198
143:2 - 219

이사야
11:9 - 254
56:7 - 254

에스겔
4:13 - 95
20:11 - 198

요엘
3:4 - 194

요나
욘 3:5 - 227

미가
7:5 - 83

하박국
2:4 - 202, 228

마태복음
2:1,5 - 39
3:7 - 286
5:3 - 90
5:11 - 3, 337
5:17~20 - 306
16:18 - 239
18:17 - 239
23:14 - 40
23:37 - 39, 190
26:2 - 191
26:61 - 54, 339
27:27 - 144
27:62 - 191
28:7 - 35

마가복음
2:17 - 199
3:22 - 333
12:17 - 280
13:6 - 6

12:19 - 277
12:21 - 277
13:1ff - 277
13:11 - 235, 300
13:11f - 161, 299, 327
13:8 - 215, 235, 272
14:10 - 300
14:15 - 276
15:16 - 233, 275, 338
15:19 - 37, 66, 70, 151, 153, 159, 260, 300, 352, 338
15:20 - 159, 260
15:22 - 156, 158f
15:23 - 158, 269
15:25 - 252
15:25f - 338
15:26 - 91, 153, 155, 261
15:27 - 151, 155, 248, 261, 338
15:28 - 152, 155
15:39f - 156
15:30f - 39
15:31 - 6, 39, 154f, 262
16:3 - 99, 136, 156
16:4 - 136
16:16 - 239
16:22 - 159
16:23 - 136, 138

고린도전서
1:4 - 231
1:8 - 249
1:11 - 269
1:11f - 148
1:12 - 94, 148
1:14 - 136, 149
1:14~16 - 174
1:23 - 60, 74
2:6ff - 313
3:4ff - 136
3:6 - 149, 258, 276
3:7 - 258
3:11 - 239
3:13ff - 300
3:16 - 255, 270, 338
3:16f - 253
3:16ff - 233
3:22 - 94
4:5 - 277
4:9 - 353
4:10ff - 352
4:17 - 147, 241, 251
4:18ff - 147f
5:1 - 269
5:4 - 338
6:12 - 288
6:15 - 243
6:19 - 253, 256, 338
7:7 - 248
7:14 - 275

7:17ff - 277
7:26 - 277
7:29 - 275, 277
8:24 - 124, 155
9:1 - 57, 63
9:5 - 63
9:11 - 261
9:11f - 63, 352
9:19 - 351
9:20f - 4, 345
9:20ff - 276, 351
9:21 - 32
9:22 - 300
9:23 - 352
9:24f - 352
10:1 - 246
10:3 - 240
10:11 - 285, 299
10:12ff - 291
10:14ff - 95
10:16 - 242, 260
10:16f - 243
10:17 - 242, 244
10:23 - 288
10:32 - 241, 276
11:1 - 270
11:12 - 219
11:16 - 241
11:27 - 242
12:1 - 247
12:4 - 247f

■ 저자소개■

건국대학교 사학과(B.A.)를 졸업하고, 장로회신학대학교 신대원(M.Div.)에서 수학한 후, 독일의 베델 신학대학(Kirchliche Hochschule Bethel)에서 박사학위(Dr. theol.)를 취득하였다. 현재 서울장신대학교 신약학 교수로 있다. 저서는 *Die Vorstellung und Bedeutung von 'Jerusalem' bei Paulus*(2004),『성서헬라어』(2005),『자신과 세상을 바꾼 사람 바울』(2006 -초판),『복음에 나타난 하나님의 의』로마서 강해(2008),『사람과 세상을 이끈 인물 바울』 바울의 리더십 연구(2011),『고린도전서』한국장로교총회창립 100주년기념 표준주석(2012),『바울과 함께 걷는 지중해 성지순례』(2013),『예루살렘에서 땅끝까지』사도행전 주석(2014),『바울이 머물다 간 지중해 섬들』(2015),『경제위기 속에서 다시 읽는 복음서』(2015)가 있다.

자신과 세상을 바꾼 사람, 바울

2016. 6. 20. 재판 1쇄 발행

지은이　　조광호
발행인　　이영근
발행처　　비블리카
등　록　　2013년 2월 15일, 제2013-8호
주　소　　서울시 광진구 아차산로 78길, 44
　　　　　크레스코 빌딩 102호
전화　　　(02) 456-3123
팩스　　　(02) 456-3174
홈페이지　www.biblica.net
전자우편　biblica@biblica.net

값은 표지에 기재되어 있음
ISBN 89-88015-08-8 93230